成都局集团公司铁路职工岗位培训系列教材

铁路信号工
（车站与区间信号设备维修）

中国铁路成都局集团有限公司　编

中国铁道出版社有限公司

2024年·北　京

内 容 简 介

本书为铁路信号工(车站与区间信号设备维修)岗位培训教材。全书共十五章,包括专业安全、电子电工基础知识、计算机基础知识、继电器基础知识、道岔转辙设备、轨道电路、信号机、联锁设备、区间闭塞、电源设备、调度集中系统/列车调度指挥系统、信号设备防雷与接地、信号集中监测系统、与其他专业设备结合部相关知识、综合知识。

本书适用于集团公司"新职、转岗、晋升"人员岗前资格性培训,也可作为高职生"2+1"定向培养教材和日常岗位适应性培训教材。

图书在版编目(CIP)数据

铁路信号工. 车站与区间信号设备维修 / 中国铁路成都局集团有限公司编. -- 北京 : 中国铁道出版社有限公司, 2024. 10. --(成都局集团公司铁路职工岗位培训系列教材). -- ISBN 978-7-113-31487-3

Ⅰ. U284.92

中国国家版本馆 CIP 数据核字第 2024H2U518 号

书　　名: 铁路信号工(车站与区间信号设备维修)
作　　者: 中国铁路成都局集团有限公司

责任编辑: 王　烁　　　　**编辑部电话:** (010)51873167
编辑助理: 李嘉圆
封面设计: 郑春鹏
责任校对: 刘　畅
责任印制: 樊启鹏

出版发行: 中国铁道出版社有限公司(100054,北京市西城区右安门西街 8 号)
网　　址: https://www.tdpress.com
印　　刷: 天津嘉恒印务有限公司
版　　次: 2024 年 10 月第 1 版　2024 年 10 月第 1 次印刷
开　　本: 787 mm×1 092 mm 1/16　**印张:** 16.75　**字数:** 393 千
书　　号: ISBN 978-7-113-31487-3
定　　价: 90.00 元

成都局集团公司铁路职工岗位培训系列教材
编审委员会

本书编委会

主　　编：龙　瑶

副 主 编：达朝健　钱显明

主　　审：刘　刚　周　颖　刘秉炬　杨胜平
　　　　　范　婷

编写人员：黎玉川　何会连　李晓洁　赵　勋
　　　　　李尚彬　许　伟　鲁茜睿

前言

随着我国铁路事业快速发展，路网规模持续扩大、技术装备不断更新、职工队伍大规模迭代，对铁路专业技能人才，尤其是“新职、转岗、晋升”人员的知识技能结构提出了更高的要求。为进一步加强职工队伍建设，加快铁路高技能人才培养，适应铁路高质量发展对职工岗位素质的要求，依据《铁路特有工种技能培训规范》、教学大纲和岗位作业标准，中国铁路成都局集团有限公司组织编写了“铁路职工岗位培训系列教材”。

本套教材从各工种岗位工作实际出发，注重专业性、实用性和指导性，以新职、转岗、晋升人员基础知识和专业技能培训为重点内容，以适应岗位需求为主要目标，严格按照《铁路特有工种技能培训规范》培训科目要求，充分依据现行基本规章和作业标准，紧密结合现场各工种岗位作业实际组织编写，内容反映各工种岗位“新技术、新设备、新工艺、新规章”变化，重点突出岗位作业标准、安全规定、应急处置。

本套教材由中国铁路成都局集团有限公司教材编审委员会组织，以专业指导委员会为平台，职工培训部统筹，职工培训基地牵头，运输、客运、货运、机务、工务、电务、供电、车辆、土房专业部门组建以现场专业技术骨干为主体的编写团队进行编写，适用于“新职、转岗、晋升”人员岗前资格性培训，也可作为高职生“2＋1”定向培养教材和日常岗位适应性培训教材。

本书为铁路信号工（车站与区间信号设备维修）岗位培训教材，共十五章，主要内容包括：专业安全、电子电工基础知识、计算机基础知识、继电器基础知识、道岔转辙设备、轨道电路、信号机、联锁设备、区间闭塞、电源设备、调度集中系统/列车调度指挥系统、信号设备防雷与接地、信号集中监测系统、与其他专业设备结合部相关知识、综合知识。本书引用的基本规章、作业标准等为编写时现行文件，后续新发文件冲突时，以新发文件为准。

由于编者水平有限，书中难免存在疏漏和不妥之处，恳请广大读者提出宝贵意见，便于日后修订完善。

编委会

2024年4月

目录

第一章　专业安全

第一节　电务基本安全规则

一、基本安全制度

电务工作人员必须严格执行“三不动”、“三不离”、“四不放过”、电务作业纪律“七严禁”等基本安全制度。

1. 三不动

(1)未登记联系好不动；

(2)对设备性能、状态不清楚不动；

(3)正在使用中的设备(指已办理好进路或闭塞的设备)不动。

2. 三不离

(1)工作完成，不彻底试验良好不离；

(2)影响正常使用的设备缺点未修好前不离；

(3)发现设备有异状时，未查清原因不离。

3. 四不放过

(1)原因未查清不放过；

(2)责任人未受到处理不放过；

(3)责任人和周围群众没有受到教育不放过；

(4)制定的切实可行的整改措施未落实不放过。

4. 电务作业纪律“七严禁”

(1)严禁甩开联锁条件，借用电源动作设备；

(2)严禁采用封连线或其他手段封连各种信号设备电气接点；

(3)严禁在轨道电路上拉临时线沟通电路造成死区间，或盲目用提高轨道电路送电端电压的方法处理故障；

(4)严禁色灯信号机灯光灭灯时，用其他光源代替；

(5)严禁甩开联锁条件，人为沟通道岔假表示；

(6)严禁未登记要点使用手摇把转换道岔；

(7)严禁代替行车人员按压按钮、转换道岔、检查进路、办理闭塞和开放信号。

二、安全“红线”规定

1. 各级应严格执行中国国家铁路集团有限公司(以下简称国铁集团)、铁路局集团公司和电务专业安全“红线”，电务专业安全“红线”也适用于客车安全“红线”。

2. 电务系统安全红线内容[《关于修订电务系统安全红线内容的通知》(成铁安局〔2023〕199 号)]：

(1)违反“七严禁”电务作业纪律(适用管理人员和作业人员)。

(2)违规进行拆、改、配线作业(适用管理人员和作业人员)。

(3)尚未纳入联锁的设备与既有联锁设备连接(适用管理人员和作业人员)。

(4)进路上的道岔未纳入联锁(适用管理人员和作业人员)。

(5)违规进行联锁电路修改(适用管理人员和作业人员)。

(6)违规进行信号软件、数据置换(适用管理人员和作业人员)。

(7)简化联锁试验程序，联锁试验不彻底时开通设备(适用管理人员和作业人员)。

(8)进行模拟试验前，未完成配线核对(适用管理人员和作业人员)。

(9)错装或者漏装列车运行监控装置(LKJ)、轨道车运行控制设备(GYK)数据交付使用(适用管理人员和作业人员)。

(10)轮径值设置错误交付使用(适用管理人员和作业人员)。

(11)违规使用电源动作信号系统与异物侵限监测系统、地震预警监测系统间接口继电器(适用管理人员和作业人员)。

(12)任意配置、修改通信数据(适用管理人员和作业人员)。

三、现场作业规定

(一)高速铁路天窗上道作业

设备故障或其他非正常情况需上道作业时，必须按规定申请本线封锁、邻线限速，经准许后方可进行。

1. 上道检查、检测、维修工作都必须在天窗时间内进行，未得到准许作业的命令前，所有作业人员不得进入桥面、隧道和路基地段栅栏范围内。

2. 天窗上道作业，必须设置驻站(驻调度所)联络员和现场防护员。

3. 上道作业的人员、工器具进出高速铁路必须进行清点。

4. 上道作业使用的工机具、仪器仪表、照明灯具、通信工具等实行编号管理，并应带有反光标识。

5. 作业完毕，必须确认设备防松、防脱装置作用良好。

6. 作业负责人在确认作业人员、机具已全部安全撤出后，方可办理销记手续。

(二)普速铁路作业

1. 凡影响营业线行车的维修作业均应纳入天窗，不准利用列车间隔进行。天窗内无法完成的维修作业，必须纳入铁路局集团公司月度施工计划。

2. 上道作业必须设置驻站(驻调度所)联络员和现场防护员。

3. 驼峰设备检修实行“停轮修”。局部封锁时，应将封锁区域前端分路道岔置于隔开状态并单锁。

4. 普速铁路信号部门下列维修作业可在天窗点外进行，但严禁利用速度 160 km/h 及以上的列车与前一趟列车之间的间隔时间作业。其他维修项目必须纳入天窗，严禁利用列车间隔时间作业。

(1)光电缆径路检查。

(2)室内外设备巡视检查。

(3)道岔转换试验。

5. 普速铁路天窗点外作业须纳入作业计划管理。天窗点外维修作业计划由车间或电务(通信)段批准,具体审批程序由铁路局集团公司规定。

(三)车载设备作业

1. 禁止在机车行驶中检修机车外部的电务设备,机车入库或在车站停车检修机车外部的电务设备时,应挂红色信号旗或红灯防护,并在操纵手柄上悬挂红色“禁止操纵牌”。

2. 内燃机车、轨道车在柴油机启动状态及电力机车在升弓状态时,如相关单位配合人员未在现场,严禁上车作业,严禁操纵制动机、换向手柄、主控制手柄等非电务车载设备。

3. 电务车载设备登顶作业须在机务段(折返段)、动车段(所)、轨道车日常停放地点等库内特定地点进行。电气化区段,在办理接触网停电手续且已设好地线前,禁止攀登机车、动车组、轨道车顶部进行设备维修作业。

4. 电务车载设备车底检修、检测须在机车、动车组、轨道车进入库内地沟停稳后,确认在制动状态下,并设置防护人员后方可进行。

四、施工安全

铁路局集团公司营业线施工严格执行“施工管理八不准”和“施工作业八禁止”。

1. 营业线“施工管理八不准”

(1)无计划,不准施工;

(2)未按规定签订施工安全协议,不准施工;

(3)没有合格的施工负责人,不准施工;

(4)没有经过培训并考试合格的人员,不准施工;

(5)没有召开施工预备会,没有准备好必需、充分的施工料具及其他准备工作的,不准施工;

(6)擅自降低施工等级或变更施工方案,不准施工;

(7)配合单位人员不到位,不准施工;

(8)没有制订安全应急措施,不准施工。

2. 营业线“施工作业八禁止”

(1)禁止超范围、超项目或无命令作业;

(2)禁止点内作业点外干;

(3)禁止不登记要点进行施工;

(4)禁止无防护上道作业或防护中断冒险作业;

(5)禁止业务外包作业人员无正式职工带领上道作业、单独使用小车;

(6)禁止违章指挥、强令冒险作业;

(7)禁止擅自关闭施工路用列车运行监控设备或列车无线调度通信设备;

(8)禁止未确认开通条件放行列车。

五、网络与数据安全

(一)基本要求

1. 对电务设备机房应严格机房管理和交接班管理,保证设备物理安全,严禁无关人员随意接近网络设备及其他相关设备。

2. 禁止使用不安全的 U 盘和移动存储设备接入电务行车设备相关服务器和终端复制数据。

3. 加强对专用计算机外部接口的管理，需断开用户终端光驱、软驱和屏蔽 USB 接口时应采用物理方式。

4. 在电务行车设备相关系统中严禁使用无关软件，并不得与互联网相连。与铁路其他网络相连时应取得上级主管部门的批准。

5. 各级电务维护部门应对电务数据的制作、传递、修改、更换、备份、存取、运用等全过程建立严格的管理制度，未经批准，任何人不得擅自进行修改和更换。

（二）通信网络

1. 根据通信系统安全防护要求，采用防火墙、入侵扫描、安全评估、病毒防范、Web 信息防篡改和物理隔离等技术措施和网络监控手段，加强网络的日常监控和安全防范，保证网络安全、系统稳定运行。

2. 设备管理单位应建立健全网络安全管理制度，加强系统安全漏洞检测、系统软件更新、操作权限、网络地址、网管用户账户口令和商用密码密钥、鉴权数据的管理。

3. 网管系统用计算机不得兼做他用，严禁在网管计算机上进行与工作系统无关的操作、安装运行与本系统无关的软件。维护部门应设置查杀病毒的专用计算机，各种数据存储介质和调试用计算机在接入网络前必须经专用计算机检查，确认无病毒后，方可使用。

4. 定期备份通信网络数据、更新有关密码。

5. 接触通信网络商用密码密钥和鉴权数据的人员应与设备管理单位签订保密协议，严禁任何单位和个人对外泄漏保密信息。

6. 设备管理单位应指定专人负责商用密码密钥和鉴权数据管理，存储介质（包括笔记本电脑、移动硬盘、U 盘和纸质材料等）应专用，并在专用保险箱中保存。密码密钥和鉴权数据的传递采用人工方式传递，严禁通过网络传送、转发。存储介质的销毁应由 2 人以上人员进行盯控，并进行详细记录，严禁随意丢弃。

（三）调度集中系统/列车调度指挥系统（CTC/TDCS）

1. CTC/TDCS 系统应按照国家信息安全等级保护的相关要求进行信息安全管理，自成体系，单独成网，独立运行，严禁与其他系统直接联网。在与其他系统交换信息时，应采用安全可靠的网络隔离设备和措施，确保系统网络安全和信息安全。

2. CTC/TDCS 系统应构建由安全管理中心支持的计算环境安全、区域边界安全、通信网络安全构成的三重防护体系结构。

3. CTC/TDCS 设备应实行密码管理，建立密码台账，定期修改密码并做好记录。

4. 为保证 CTC/TDCS 系统安全，各级维护部门应对 CTC/TDCS 设备、基层网络终端设备的软驱、光驱、USB 接口进行拆除、禁用或加封，对车站车务终端等机柜加锁并定期检查。

5. 用于调试的计算机需接入 CTC/TDCS 系统时，必须按规定进行设备的病毒检测，严防系统调试、修改、升级、数据复制过程中将病毒带入 CTC/TDCS 系统。

6. 必须送外维修的存储设备，应与相关维修单位签订信息安全协议，限定维修单位不得进行故障修复以外的活动，未经允许，不得将存放在存储设备上的信息复制、迁移到其他设备。

(四)信号安全数据网

1. 禁止将网管服务器和网管终端接入 Internet 和非安全网络,禁止将网络结构、IP 地址、网络密码等重要信息外泄。

2. 指定专人管理信号安全数据网,定期修改网管服务器和网管终端登录密码,确保网络安全。

(五)数据安全

1. 凡涉及行车安全的数据更新、换装均应按规定程序通过审核批准后方可进行。

2. 在备份软件数据库中严禁安装与工作无关的软件,严禁存储与工作无关的数据。

3. 数据备份盘应存放在无潮湿、无强电磁、干净整洁的环境,定期检查其加封保管情况,确认封装良好。

4. 涉及安全的数据应采取保密措施进行管理,按数据的保密规定和用途,确定使用人员的存取权限、存取方式和审批手续。

5. 对所有重要数据(介质)应定期检查,根据介质的安全保存期限,及时更新复制。损坏、废弃或过时的重要数据(介质)应由专人负责销毁处理。

第二节 电务基本安全制度

一、劳动安全管理制度

1. 劳动安全管理坚持“安全第一,预防为主,综合治理”的方针,突出“以人为本,生命至上,安全发展”理念,履行服务员工的企业宗旨,努力实现劳动安全工作管理规范、措施有效、关键落实、过程受控、基础夯实。各单位要建立健全劳动安全管理长效机制,深化劳动安全专项治理,完善劳动安全考核办法,强化劳动安全责任制落实,加强劳动安全宣传和教育,不断提高从业人员安全风险意识和防范能力,改善现场生产作业条件,切实预防并减少从业人员伤亡事故和职业危害。所属各级工会组织依法对劳动安全工作进行监督,维护从业人员在安全生产方面的合法权益。各单位在制定或修订有关劳动安全管理办法、规章制度时,应依法听取工会组织的意见。

2. 各单位是劳动安全工作实施的责任主体,对本单位劳动安全负直接管理责任。各单位要贯彻执行有关劳动安全的法律、法规、规章、制度、措施和办法,健全和完善劳动安全规章制度,并组织实施;制订本单位年度劳动安全目标和工作计划,明确保障措施和负责人员,并及时进行总结;组织开展劳动安全风险辨识、研判、控制和整治;组织开展劳动安全检查和攻关,不断采取新技术、新方法,解决生产过程中劳动安全隐患和问题;按规定制订培训计划,组织对从业人员进行劳动安全培训、教育和考试工作;及时、如实报告从业人员伤亡事故,并依据事故调查权限和程序,配合事故调查处理工作;制定从业人员伤亡事故应急处置预案,并定期组织应急演练。

3. 车间是现场劳动安全责任落实主体,车间主任是第一责任人。要严格按本单位确定的劳动安全重点工作,制定本车间确保劳动安全工作落实的具体措施和办法,强化“两纪一化”管理控制,组织从业人员认真执行各项劳动安全规章制度、操作规程和人身安全作业标准;突出劳动安全风险关键控制,对关键作业岗位、关键作业环节、关键处所、关键设备、危险作业场所和生产作业环境、劳动防护用品、劳动安全防护设施和预防人身伤亡事故措施的落实情况进行动态检查监控，发现隐患问题及时处理；有针对性地开展岗位应急安全教育培训，不断提高作业人员的应急处置能力。

4. 各工区（班组）是现场劳动安全控制主体，工班长是第一责任人。要严格执行各项劳动安全规章制度、操作规程和人身安全作业标准，结合实际有针对性地开展劳动安全警示教育、岗位练兵和对规对标活动；加强班组安全基础管理，强化“两纪一化”管理控制，严格执行劳动安全风险关键和自控、互控、他控措施，认真落实“班前安全预想、班中互控联防、班后总结讲评”制度，强化作业过程中的联防联控，发现隐患问题及时处理。

5. 各级管理人员要坚持“管业务必须管安全、管生产经营必须管安全”，应严格落实岗位安全职责，承担安全管理责任，规范安全管理行为，监督规章制度执行。作业人员应依法履行安全生产责任和义务，严格遵守规章制度，执行作业标准和操作规程，保证安全生产。

6. 各级组织在召开安委会会议、月度安全分析会时，要认真分析研究当月劳动安全情况，剖析存在问题和安全隐患，及时提出整改措施并限期解决；同时对下期劳动安全重点工作提出要求，落实管控责任。各级要结合实际，确定现场作业控制点。

（1）段级控制点

联系防护安全、高速作业安全、施工作业安全、雷雨季节作业安全、高温作业安全、夜间作业安全、雾季作业安全、故障处理作业安全、机动车道路交通安全、劳动防护用品穿戴及使用、特种设备作业安全等。针对不同控制点，建立管理制度、明确作业标准、细化卡控措施，并实现时间、空间全覆盖监督检查和音视频手段的全覆盖控制。

（2）车间、工区控制点

高速作业安全，夜间作业安全，站内、区间作业安全，高柱信号机上作业安全，站区、区间、工作场地行走安全，驼峰溜放区域及调车作业安全，长大桥梁、隧道作业安全。要严格执行规章制度，加强现场作业控制，确保劳动安全。

7. 劳动安全保护。

严格遵照落实现场作业安全管理及控制措施规定，工作前做好相应的准备工作，编制作业方案应包含劳动安全控制要点及措施，要针对工作特点进行安全讲话并作安全提示和警示；对身体健康或身心状态不佳者，不得安排其工作；工作中加强联系防护，按规定穿戴劳动防护用品；认真做好自控、互控、他控，杜绝人身伤害事故；做好劳动防护用品的采购、发放及日常使用管理，加强“尘毒”治理与管理工作，合理使用劳动安全健康经费；贯彻执行女职工劳动保护条例，做好女职工的“四期”保护工作；工区（驻站点）应备有急救药箱，所有职工应掌握作业伤害、触电、中暑、摔伤、蛇毒和外伤处理等知识；完善特种设备“用、管、修”及相关制度，加强对特种设备的管理、维修，作业人员须取得特种（设备）作业操作证后方准上岗，保证使用安全；强化机动车驾驶人员的安全教育，严肃查处违章驾驶、公车私用、擅自动车和非专职人员驾驶等行为；健全完善各种机电设备的操作规程及安全使用注意事项，按规定对各种设备、工具进行保养，按期进行绝缘测试和检查。各种机电设备的安全地线必须安全可靠连接，每年须测试一次；检修工具及安全防护用品，应定期检查试验（包括绝缘工具），检修人员使用前，必须进行检查，发现超过安全期限或质量不良的，应及时更换，保持完好。

8. 劳动安全监督检查要以落实作业标准和安全防护措施等为重点，突出劳动安全风险点控制，明确检查方式，加大对作业现场的检查力度，及时发现和消除危及作业人员安全和健康的隐患和问题。

9. 劳动安全培训教育。

在组织开展职工资格性培训、适应性培训、技术比武和岗位练兵活动中，突出劳动安全主题，做好从业人员劳动安全教育培训工作。严格落实三级安全教育培训制度，“新职、转岗、晋升”人员，以及离岗一年及以上重新上岗者，必须经段、车间、工区三级安全教育培训考试合格后方准上岗，岗前脱产培训时间不得少于32学时。各单位必须每年对全部在岗人员开展一次劳动安全培训教育和考试，培训内容要结合各岗位实际，培训学时不少于8学时。

10. 劳动安全信息管理。

各单位必须畅通信息渠道，严格执行从业人员伤亡事故报告规定，及时如实准确报告，不得隐瞒不报、谎报或迟报。

11. 劳动安全监督管理台账和报表包括职工安全教育档案，职业卫生档案，作业人员伤亡事故档案，劳动安全风险研判、辨识及风险数据库，机动车安全管理台账，劳动防护用品管理台账，作业人员伤亡事故分析会记录簿。

12. 劳动安全考核评价。

实行劳动安全月、年考核评价，对各单位劳动安全事故、劳动安全管理、现场作业安全控制、现场“两违”等日常监督检查问题进行考核，纳入对单位的月度考核；结合年度安全评估实施劳动安全评估考核。

二、现场作业安全管理制度

（一）总体要求

1. 现场作业控制是组织各种力量、运用多种手段，对各类作业及专项控制中的安全管理、作业行为、作业程序、作业标准、设备质量进行有效控制的过程。

2. 电务部、段、车间、工区、岗位是现场作业安全风险防范及控制的主体，必须按照安全生产责任制要求，严格履行职责。

3. 各控制主体按照逐级负责、专业负责、岗位负责、分工负责的原则，分别确定控制重点、工作定量和方式方法。

4. 现场作业安全风险防范及控制以标准化作业控制为核心，各控制主体间既相互独立，又互相联系，构成“自控、互控、他控”有机结合的整体，形成职责清晰、立体交叉、全面覆盖的现场作业安全风险防范及控制体系。

（二）岗位现场作业控制职责

1. 严格执行现场作业安全风险控制制度各项规定，自觉执行劳动纪律和作业纪律，认真落实安全风险点各项防控措施。

2. 严格执行标准化作业程序，提高现场作业安全控制质量。

3. 高度敏感，时刻警醒，及时发现并纠正自身在作业中出现的问题，提高自控、互控能力。

4. 按照岗位互控要求，监控与自身工作有关的各岗位现场作业控制情况，及时发现问题并提醒责任人纠正。要敢于发现，对比较严重或屡教不改的问题和人员，及时上报工区或车间重点监控。

5. 认真完成上级安排的其他现场作业控制任务。

(三)现场作业安全防范及控制重点

根据电务系统现场作业的性质和特点，围绕设备运行、检修作业、施工、人员管理、机具管理等工作，确定以下为电务系统现场作业控制的重点作业、重点人员、重点设备、重点场所、重点时段、重点环节、重点内容。

1. 重点作业：施工作业、点外作业、联合作业及联锁试验、数据变更、转辙机更换、应急处置、高空作业等。

2. 重点人员：现场作业人员、联锁试验人员、室内外防护人员、机动车驾驶员、特种设备作业人员、新职及转岗人员、劳务工。

3. 重点设备：关键设备、杆塔、电源设备、特种设备、机动车等。

4. 重点场所：机械室、CTC 中心机房、RBC 机房、通信核心节点机房、主要客运站机房、车载设备检查场、监管施工区域。

5. 重点时段：交接班时间，夜间尤其是后半夜，天窗与点外作业交替时段，严寒酷暑、暴风雨雪、大雾、强雷电、凝冻、地震等恶劣天气时段，以及春运、暑运、防洪、节假日、“两会”等特殊时期。

6. 重点环节：作业准备及派工安排、安全技术交底、作业登销记、作业标准执行、出入网、安全防护及交接、开通条件确认。

7. 重点内容：标准化作业执行、设备运用状态、现场作业纪律、劳动人身安全、施工工艺标准、安全卡控措施执行、开通条件确认、安全风险控制等。

(四)现场作业安全及防范控制方式

各级分别结合自身实际，针对施工、设备检修及巡视养护、数据（软件）换装、故障处理等不同作业行为，对作业不同场所、时段、环节采取针对性的控制方式进行有效控制。主要可以采取以下控制方式：

1. 覆盖控制：不同控制主体要在不同时间、不同区域内，动员各种力量对各岗位、各环节、各种作业、各种设备及工器具使用等进行现场作业的覆盖控制。

2. 过程控制：对运输安全影响较大的重点作业，采取干部跟班作业、专人跟踪监控、音视频记录等方式，从头至尾全程进行控制。

3. 抽查控制：采取事前不通知、不打招呼、不确定时间和地点、不固定人员、调阅作业音视频、综合视频等形式，对现场作业控制项点进行抽查控制；重点抽查关键岗位、重点时段、关键设备、重点项目的现场作业控制情况。

4. 复查控制：对问题频发的、比较关键的部位、岗位、环节，薄弱单位、部门，风险控制难点以及已整改的隐患和问题等进行回头检查和重复检查；对通信信号设备检修质量，实行逐级把关复查。

5. 专项控制：对典型安全隐患和倾向性问题，集中进行重点控制，提出专项控制内容，并进行督办落实。

6. 帮促控制：对现场作业控制薄弱单位、车间、工区、岗位等，根据存在问题的类型、性质、严重程度等，组织专业力量进行集中帮促。

7. 动态控制：坚持现场监督检查、添乘机车检查、动态检查、音视频调阅等方式，对设备质量、现场作业、路材路料等进行动态控制。各级管理人员在日常检查中发现的各类问题，及时处理或反馈责任单位、车间、工区，督促整改。

8. 监测控制：充分发挥信号集中监测、LKJ 数据编制对比系统、LKJ 数据换装作业控制系统、通信网管、视频监控等监测监控装置、作业记录仪等手段，对现场作业进行监控，并利用记录数据，分析作业过程存在的问题，及时处理或反馈责任单位、车间、工区，督促整改。

9. 预防控制：逐级建立现场作业安全预警机制，通过全面分析现场作业控制，分析、预判可能的发展趋势或出现的不安全迹象、苗头、安全隐患，提前研究、制订、实施预防控制措施和日常监控措施。

10. 阶段控制：针对重点时段、进度情况，提前制订并实施阶段控制措施，采取不同方式进行阶段控制。

（五）电务系统现场作业安全卡控技术手段

主要包括录音设备、综合视频、机械室视频、现场作业手持终端、音视频作业记录仪、信号集中监测、通信网管、电务生产管理系统等。

（六）现场作业安全防范及控制的考核评价

各级干部严格按履职标准深入现场检查和调阅分析，监督检查现场作业控制制度的执行、落实。各级要将逐层、逐级监督检查分别纳入相应的考核体系。

三、现场作业安全卡控制度

（一）普速铁路、高速铁路、本线、邻线作业范围有关规定

1. 高速铁路：200 km/h 及以上的铁路和 200 km/h 以下仅运行动车组列车的铁路。具体为《成都局集团公司关于公布高速铁路区段范围的通知》规定范围。

2. 普速铁路：200 km/h 以下的铁路（仅运行动车组列车的铁路除外）。

3.“本线”是指列车或调车进路所在的线路，“邻线”是指在列车进路两边的左右两条线路。

（二）施工、维修有关规定

1. 凡影响行车的施工、维修作业，都必须纳入天窗，不得利用列车间隔进行。

2. 高速铁路严禁天窗点外上道作业。

3. 铁路局集团公司公布的“点外作业项目”必须严格执行点外作业管理的相关规定。

（三）关于限速的规定

1. 施工维修作业：在高速铁路线间距不足 6.5 m 地段施工维修而邻线行车时，邻线列车应限速 160 km/h 及以下，并按规定设置防护。高速铁路采取 V 形天窗时，V 形天窗时段邻线限速不超过 160 km/h。在编制作业方案，提报施工、维修作业计划时，应明确提出邻线限速条件。

2. 应急处置：高速铁路设备发生故障，需在双线及以上的区间（包括站场）的一线上道检查、处理设备故障时，本线应封锁、邻线列车限速 160 km/h 及以下。设备管理单位应在“行车设备检查登记簿”内登记，提出本线封锁、邻线列车限速 160 km/h 及以下的申请，必须确认得到列车调度员（车站值班员）签认、调度命令下达后，方可上道作业。

3. 各单位、车间、工区必须建立复线或多条线路并行地段的线间距台账。铁路线别、区段，以总工室公布的“线路允许速度表”为准。

(四)关于列控限速的规定

1. 列控限速的起点与终点均不得设置在线路短链点内。

2. 在提出限速请求时，应保证限速的起点与终点均不得在线路短链点内。

3. 各单位、车间、工区应建立 160 km/h 以上(不含)线路里程短链表台账。线路短链点，以总工室公布的“线路里程短链表”为准。

(五)作业人员要求

1. 严格进行新接收录用、外单位调入、晋升、转岗人员三级(段、车间、工区)安全培训教育，岗前脱产培训时间段级不得少于 24 学时，车间、工区级安全培训时间均不少于 4 学时，熟练掌握有关人身安全防范措施，并经考试合格后方可上岗。段长要为新职入职人员上好安全第一课。现职人员安全培训教育每年不少于 8 学时，考试不合格者不得上岗。非运输企业、集体企业电务作业人员及在管内从事电务相关工作作业人员比照上述规定执行。

2. 所有作业人员必须持证上岗，各级干部检查职工岗位培训合格证书时，一律检查电子证书。工区须统一打印本工区人员电子证书二维码并妥善保管，随时接受查验。室内外专职安全防护员，必须由经过铁路局集团公司营业线施工安全教育培训取得任职资质的正式职工担任，须携带电子二维码以备检查。

3. 严格执行高速铁路主要行车工种岗位准入制度。凡从事高速铁路及按高速铁路管理线路的技术管理和设备维护人员，必须经铁路局集团公司或以上的高速铁路任职培训考试合格，持证上岗。

4. 对跨不同作业环境(非电气化区段到电气化区段、普速到高速、单线到复线、沿线到枢纽等)、岗位变动(跨车间、工区调动等)的人员，以及离岗一年以上重新上岗的从业人员，须进行相应的安全培训教育，经考试合格后方可上岗。

5. 特种作业人员、特种设备作业人员，须参加特种作业安全技术培训，经考核机构考核通过并取得相应资格后，方准持证上岗作业。

6. 作业人员必须按规定穿防护服、戴安全帽、佩戴标志及携带规定的防护用具。专职防护人员、现场施工负责人、作业负责人、监督检查干部着带反光标志、单位简称的橙红色防护服(背心或衬衣)，其他作业人员(含劳务工)着带反光标志、单位简称的橙黄色防护服(背心或衬衣)。

7. 施工作业时，参与施工的人员必须按职责分工，分别佩带施工负责人、安全防护员、联锁试验员、联锁监督员等相应的上岗证。

8. 作业人员在进行施工、维修、日常养护(含道岔清扫、区间线路巡视)、测试及设备故障处理时，作业负责人、室外防护员必须携带可靠通信联络工具，并保证电量充足，区间或无线通信盲区作业必须携带有、无线电话。出工前须与驻站安全防护员进行频道、音量、通话校对试验，当通信工具不良时必须更换或处理，否则禁止作业。

9. 严格遵守劳动纪律和作业纪律，班前充分休息，严禁班前、班中饮酒；严禁脱岗、串岗、私自替班或换班，不得做与工作无关的事情。

10. 在生产作业场所、铁路线路上作业的人员须按规定着装，禁止穿拖鞋、高跟鞋、裙装、短下装上道作业，不得使用不符合劳动保护规定的物品。

11. 在任何情况下，均不得在机车、车辆、机械设备等下部，或有倒塌危险、有毒气体、过分潮湿的地点或附近休息、饮食、乘凉、避风雨等；严禁在边坡、危岩处休息、嬉戏、打闹；严禁在工作时间（或出差、施工期间）下河、塘游泳、洗浴。

12. 酷暑天作业应配带防暑降温药品，防止中暑发生；冬季室外作业时，所戴防寒帽应有耳孔；不准用围巾、衣帽等裹遮耳目。冰雪路面、冰雪凝冻天气，须采取防滑、防摔伤措施。

13. 使用被派遣劳动者时，应将被派遣劳动者纳入本单位从业人员统一管理，对被派遣劳动者进行岗位安全操作规程和安全操作技能的教育和培训。未经安全生产教育和培训合格的从业人员，不得上岗作业。

14. 对从事高空作业和电磁波辐射作业的场所、人员，应认真执行国家有关劳动保护和健康保健的规定。

四、现场作业安全卡控措施

（一）作业准备

1. 在编制作业计划时，应制定作业方案，根据作业现场地形条件、工作环境、作业内容、列车运行特点、人员位置，以及预防车辆、电击、高处坠落、机械、道路交通、物体打击等伤害情况，对安全防护、安全联络事项、往返基本路径等进行研判，明确相应控制措施。

2. 工长（作业负责人或安全人员）须组织列队可视化派工（驻站点人员可通过电话方式进行），对参加作业所有人员进行针对性的安全讲话教育和技术交底，并在安全讲话记录本上由参加作业人员签名，全程做好音视频记录。未参加安全讲话人员，不得上道和从事本次作业。倒班制的职工，每一班职工上岗时必须进行安全讲话。派工时，应了解参加作业（防护）工作的职工身体健康状况，合理调配和安排。

3. 出工前对劳动保护用品穿戴使用情况，以及联络工具进行检查及功能试验（如反光黄背心、橙红色背心、绝缘防滑鞋、安全带、安全帽、便携式扩音设备、通信联络工具、录音设备等）；备品器材不足立即补充完整，功能不良应立即更换。夜间及隧道内作业前还必须对照明器材（包括夜间信号灯）进行全面检查，并保证性能良好；照明器材不良，禁止上道。违反规定者立即责令整改，不改者停止其工作。

（二）高速铁路、动车区段工具、作业门安全卡控措施

1. 上道作业使用的工机具、仪器仪表、照明灯具、通信工具等实行编号管理，并应带有反光标识。

2. 携带使用的材料应清点清楚，携带的所有物品要提前根据实际情况制作清单，按清单列入的物品进行准备。

3. 上道前、进出作业门、作业地点变换、作业完毕后等几个时间节点均须专人负责按清单内容逐一进行清点，清点过程要做好音视频拍摄，拍摄时须对照清单一人念名称、数量，一人清点，清点完毕时须报总数，当实物与清单不符时要当即说明原因；以进、出栅栏门为关键，两次清理工具、仪器仪表、照明灯具、通信工具、材料清理的视频文件，要单独录制并录入铁路局集团公司音视频系统。

4. 高速铁路栅栏门管理严格执行铁路局集团公司栅栏门管理相关规定，进出栅栏门必须严格执行登销记制度，开启作业门必备条件由作业负责人落实，人员进出栅栏门、开启（锁闭）要做到全过程音视频拍摄上传。作业门钥匙必须专人专管、定置存放。

5. 室外作业做到集体出工、收工。

(1)室外作业人员上道前，由现场安全防护员与驻站安全防护员联系，确认同意后方可上道。

(2)到达作业点后，应立即向驻站安全防护员报告作业处所(设备的具体名称)、作业内容及请点时间。在正式作业前，由现场安全防护员与驻站安全防护员联系，在确认未准备相关接、发列车或调车后，经驻站安全防护员同意，方可进行作业。

(3)作业完成后，作业负责人须清点确认作业人数、工器具和材料，同时强调返回安全注意事项。返回时要集中行走，注意观察行走路径、环境并相互提醒，安全返回。

6. 作业人员应严格按照计划作业项目内容进行作业，严禁超范围施工和超范围维修作业，严禁“抢点”“偷点”作业。

7. 作业人员每完成一处(项)作业后，应主动向室外安全防护员报告下一步工作内容、作业地点、行走路线，室外安全防护员应及时将相应信息报告室内安全防护员。作业处所变化时，室外安全防护员应向室内安全防护员确认此阶段的列车及调车作业运行情况，在安全情况下方可转移作业地点，否则应下道等待时机。

8. 在站内、编组场内作业时，要实时注意瞭望列车运行，根据站场线路布置，找到安全避车地点，驼峰场应建立安全岛。

9. 在具备条件的地段，须列队在路肩、走行通道或路旁等安全地段行走；横越站场须走平过道或人行天桥、地道，上下应急天梯抓稳扶牢，做好自我保护。因工作需要或路肩不具备行走条件必须在道床上或道心行走时，须与室内防护加强联系，并不断前后瞭望；非工作需要且线路边有安全区域或走行过道的情况下，严禁行走道心；在复线区间，应逆列车运行方向行走，并不断前后瞭望。

10. 下道避让列车时机。

(1)站内：出发或调车信号开放时，本站进路及两侧线路的作业人员立即停止工作，下道避让列车；半自动闭塞(自动站间闭塞)区段邻站发车，本站有关接车进路及两侧线路的作业人员立即下道避车(列车运行速度不超过 80 km/h 区段，可在列车运行至本站接近区段时下道)。

(2)区间：在半自动闭塞区段的进站信号机及以外行走或作业，邻站开车或本站出发信号开放，作业人员立即停止工作，下道避让列车。

(3)在线间距不足 6.5 m 的复线区段或多线并行地段(两线间已有站台、栅栏等设施的除外)，邻线来车时须停止作业，下道撤至安全地方避车。

(4)在自动闭塞区段站内和区间行走或作业，列车与作业点最近相隔 4 个闭塞分区时下道撤至安全地方避车。

(5)普速铁路 V 形天窗或本线封锁且线间距小于 6.5 m 的情况，在设置好防护、瞭望条件良好、作业人员无任何可能侵入邻线限界(由作业负责人现场进行研判)的情况下：

①邻线限速 120 km/h 以下时，可不下道。

②邻线列车速度大于 120 km/h、小于 160 km/h 时，可不下道但必须停止作业。

③邻线列车速度大于 160 km/h 时，须下道避车。

(6)高速铁路本线封锁且邻线限速 160 km/h 以下时，本线作业，邻线来车时可不下道但必须停止作业。

11. 作业人员下道避车时，须将打开的箱盒关闭并固定良好，临时打开的设备防护罩、作业机具、材料及工器具等，随同人员撤至不侵限的安全地带。在桥上、隧道内的作业人员应在桥梁避车台、隧道避车洞等安全地带避车；不得在相邻线路或两线间侵限地段存放作业机具、材料及工具，以及停留避让列车。下道避车时，人员必须列队面向列车方向，站立在不侵限的安全处所，防止列车上抛落、坠落物或绳索等伤人。

12. 能见度不足 200 m 的大雾、暴风雨（雪）、雷电密集、扬沙等恶劣天气时禁止上道作业；大雾橙色及以上预警时，严禁点外上道作业。设备故障抢修或巡查作业必须上道时，应采取特殊安全措施，按规定设置防护并登记设备停用。在路肩上或其他安全区域行走，保证来车之前到安全地点避车。

13. 在桥梁地段进行临边作业时，应系挂安全带（绳）等可靠的安全防护设施。在未设置隔离设施的高处作业，人员不得上下重叠垂直施工。在桥梁上作业、行走时，应认真观察人行过道盖板、防护栏是否缺失、稳固，做好自我保护，严禁在人行过道盖板上蹦跳，严禁在桥上外挂电缆槽上站立、行走，严禁探出防护栏外的危险行为。在列车通过前，应按规定及时撤至桥梁避车台避让列车。

14. 夜间、隧道作业，必须保证足够的照明灯具、充足的照明时间和亮度。同时应事先熟悉作业点附近的地形、线路等作业环境情况，提前选好避让列车的安全地点，按下道时机规定，提前下道到安全地点避让列车。

15. 横越线路时，须执行“一站、二看、三确认、四通过”制度，执行“眼看、手比、口呼”措施，在确认横越线路无车的情况下安全跨越。禁止从车辆下部或车钩处通过，禁止抢越线路。在停留列车、车辆、机车的前部或尾部通过时，应与其保持 5 m 以上安全距离。

16. 严禁抢越股道和以车代步（扒乘机车、车辆）。

17. 雷雨、冰雪凝冻或暴风天气时，禁止登高在铁塔、杆塔、高柱信号机上作业。遇雷雨天气时，禁止检修避雷器、地线、拔测防雷元器件等作业，严禁在树下避雨。

18. 搬运、拆装重物时，每人负重一般不得超过 50 kg，应做好安全措施。

19. 在电气化区段作业时必须严格执行《电气化铁路有关人员电气安全规则》（铁运〔2013〕60 号）。

20. 设备设施地线必须连接牢固、接触良好，接地电阻应符合技术要求，作业时应确认地线接触良好。

21. 电务人员作业时，应按规定使用耐高压的绝缘防护用品，如高压绝缘手套、绝缘靴、绝缘垫等。

22. 手机使用规定。严禁作业负责人、作业人员、安全防护员、各类检查人员等任何人、任何时候在铁路建筑限界范围内使用手机或其他非作业用设备。

因故障处理、应急处置须使用手机时，须撤离到铁路建筑限界外的安全区域。问题整改须上传附件进行拍照时，要将拍照工作作为作业内容，由作业负责人在防护到位并确保安全的情况下完成。

站内作业、库检作业、登高作业人员，及检修所、修配所作业人员，作业期间不得使用手机。因问题整改须上传附件进行拍照时，要将拍照工作作为作业内容，由作业负责人在防护到位并确保安全的情况下完成。

23. 禁止攀登接触网支柱，不得在支柱上搭挂物品。严禁向接触网上搭挂绳索等物，发现接触网上挂有线头等物，不准接触。当发现接触网导线断落时，要远离该处 10 m 以外，将该处加以防护，并立即通知有关部门处理。

24. 禁止使用《铁路技术管理规程》（以下简称《技规》）所明确的轻型车辆及小车。

25. 严禁天窗点外发电机、钻孔机等机具上道。

（1）发电机、钻孔机等机具上道使用时，应取得段级审批许可下达调度命令，由工长（副工长或车间下达调度命令指定的胜任人员）任作业负责人，不得分散作业，按规定设置安全防护，保证能在列车接近前撤离线路。

（2）发电机、钻孔机等作业的安全防护员，要在线路旁随机移动、瞭望列车，随时通知作业人员携机具等下道撤离至安全地段，严防工器具侵限。作业时随机防护员与作业人员保持 10 m 以内距离，不得兼做其他工作。

（3）发电机、钻孔机等机具临时应急上道，必须请求封锁后方可上道。涉及大修配合换轨、换岔时，若道岔预铺、待换钢轨放线路旁的，在不侵限情况下，可不在天窗点内使用。

26. 移动式梯子在使用中应符合下列规定：

（1）移动式梯子（人字梯、木梯、竹梯等）上道使用必须在天窗点内，应取得车间及以上审批许可，由工长（副工长或车间下达调度命令指定的胜任人员）任作业负责人，每组人员应不得少于 3 人，其中安全防护人员不少于 1 人。

（2）梯脚底应坚实、稳固，并设专人扶持；梯子上端应有固定措施，人字梯铰链必须牢固；在同一梯子上不得 2 人同时作业。

（3）梯子等长、大工具运送，普速铁路可在点外，高速铁路必须纳入点内，运送安全防护和登销记必须遵守相关规定。

（4）梯顶作业按登高作业相关规定执行。

（5）在搬运、架设过程中必须与接触网保持 2 m 以上安全距离。

27. 发电机、需要使用发电机的大型照明灯具、钻孔机（需卡在钢轨上使用的）、充电式钻孔机、移动式梯子（人字梯、木梯、竹梯）、充电式电锤、焊割设备（乙炔瓶、氧气瓶）等机具，须建立台账，定人定置管理、定期检查试验，在存放机具近处、醒目处张贴机具使用警示标志，领取使用要做记录。

28. 严禁站立和行走于正在运转的砂轮机、切割机的切割方向、砂轮片方向。

29. 检修工具及安全防护用品，必须经常保持完好，发现不良要立即停用。作业人员每次工作前，必须检查一次；工长或指派专人每月检查一次；各单位组织在每年三月前检查试验（包括绝缘工具）一次。

30. 搭乘动车组、客车、货车、自轮运转设备应急处置安全卡控措施。

（1）在到达故障登记车站后，要在该站设置室内安全防护，履行室内安全防护职责。

（2）上下动车组、客车、货车、自轮运转设备时，应听从列车相关人员指挥，在指定地点上车，在命令要求地点下车，上下车应抓稳扶牢，确保安全。

（3）上下车时，应从列车运行方向非会车侧上下车，下车后及时撤至安全地点。

（4）搭乘时应遵守相关安全规定，不得影响司乘人员操作和进行车载相关设施操作。

31. 严禁劳务工、辅助工、实习（学习）人员单独上道作业。劳务工、辅助工、实习（学习）人员上道作业必须由正式职工带领，派专人全过程防护，做到劳务工、辅助工、实习（学习）人员和正式职工同时进、出防护网，做到集中上下工、集中休息、按规定路线集中行走。劳务工、辅助工、实习（学习）人员不能担任营业线施工的安全防护员和带班人员等工作。

(三)驼峰场作业安全卡控措施

1. 驼峰室外设备日常养护及检修作业必须全部纳入停轮修,施工纳入月度计划。严禁在驼峰溜放中、溜放间隙作业(故障处理时除外,但必须按规定登销记,设专人防护)。

2. 室外关闭阀门检修电空转辙机时,必须通知室内安全防护人员,室内安全防护人员应做好阀门关闭记录。检修完毕后,室内安全防护人员与室外作业人员检查确认已开启阀门,并进行道岔操作试验(至少2个往返)才能销记。室内安全防护人员要在"电务安全防护记录本"中记录阀门关闭、开启、试验情况。

3. 驼峰场更换钢轨时,必须要对钢轨进行除锈处理,若轨道电路区段存在分路不良,不得销记恢复设备正常使用,经分路测试良好后才能恢复驼峰正常溜放作业。

4. 拆卸压力容器元件、地沟风管路检修作业时,应先关闭相关电源、气源阀门,确认出风口处无人后,方可释放高压气体。

5. 压力容器设备、气管路排污,排污出口处严禁站人。

6. 设备隐患处理时,工区必须向车间请求上道作业计划,经车间主管(值班)干部审查同意后,按照应急处置方案流程将登记程序办理,分线束停用的隐患与故障处理作业,车间干部要到位参加。

7. 驻站安全防护员应将作业点前一级分路道岔扳至开通非作业点位置并单独锁闭,同时室外应断开该转辙机遮断器(安全接点)。驻站安全防护员扳动试验确认扳不动后,室内外安全防护人员联系确认已将作业点前一级道岔锁在非开通作业点的位置,才能通知室外人员上道作业。

8. 作业点安全防护员应站于安全区域,加强联系、瞭望,随时掌握车辆溜放及调车作业情况,及时通知作业人员下道避车。

9. 三部位减速器出口处增设的安全防护员,站于安全区域,加强瞭望,掌握编尾调车机编组作业情况,及时通知作业点防护人员。

10. 尾部停车器作业点的现场安全防护员,负责前后瞭望,同时由驻站安全防护员封锁作业股道,再单锁道岔,确认道岔扳不动之后,通知室外开始作业。

11. 现场安全防护人员应加强与室内安全防护人员的联系,上道前须向室内安全防护人员报告行走路线,了解并清楚车辆溜放运行状况;到达作业防护点后,应向室内安全防护人员报告作业处所和作业内容;作业完毕后主动向室内报告下一步工作内容和行走路线,并了解此阶段车辆溜放情况,做好途中自我保护。

12. 室内安全防护人员应主动与驼峰值班员联系,了解并及时向室外人员通报车辆溜放及调车作业情况;溜放车辆变更计划时,驻站安全防护员应立即通知室外人员。

13. 驼峰作业时严禁在减速器制动轨上行走(紧固制动轨螺栓作业除外);严禁用溜放车辆带送工具、材料。

14. 严禁在尖轨处和前后溜放车之间抢越线路;禁止以前方道岔开向来确定车辆运行进路。

15. 风动扳手、电动扳手使用过程中双手应握紧,避免伤及手臂。使用撬棍时应插牢,避免造成人身伤害。使用大锤时,手柄与锤体连接牢固,大锤活动范围内不得有人(协助作业人员除外),轴销经大锤用力时脱落方向不得有人,避免造成人身伤害。

16. 驼峰全场停轮作业前,驻站安全防护员要协调驼峰场车站值班员,将自控模式转换成站控模式；作业结束后，要协调车站值班员将站控模式改为自控模式。

17. 作业完毕，恢复相关转辙机遮断器（安全接点）并解锁，确认作业人员下道并避让到安全区域后，驻站安全防护员扳动试验良好后，销记恢复设备使用；室内安全防护人员在确认室外人员安全返回后，方可离开。

18. 驼峰管道沟内作业

（1）开启管道沟盖应使用专用工具，沟盖板不得竖立，应与孔口保持安全 1 m 以上距离；禁止只打开一个沟盖板（单孔除外）；进入管道沟内前，必须先经 10～15 min 通风，并确认无易燃、易爆及有毒、有害气体，方可进入；管道沟内有积水、杂物时应先排出后，方可进入。

（2）管道沟内作业时应设置专职防护。进入管道沟内应戴好安全帽，携带工作灯，必须使用梯子，严禁跳上、跳下，严禁采取抛掷方式递送材料、工具，严禁带入易燃、易爆品，严禁在管道沟内吸烟。

（3）管道沟内连续作业时间不得超过 1 h，遇头晕、呼吸困难等情况应立即离开；专职防护人员应至少每 3 min 与作业人员通话一次，随时关注管道沟内人员情况，禁止管道沟内有人时离开。

19. 驼峰作业场使用手推车辆时，不得侵入铁路建筑限界，必须设置随车移动防护，不得在车辆溜放时通过平交道口。

20. 驼峰溜放作业时，必须停止所有作业，并下道到安全位置避车，防止溜放车辆伤害及硫酸、烧碱等有害物溢出造成伤害。

（四）道岔转辙设备作业安全卡控措施

1. 进行电动（电空、电液）转辙机维护作业时，应打开遮断器，断开安全接点。

2. 安装、拆装机械设备时不得将手指探入螺孔或销子孔内。

3. 在道岔施工作业时，停用设备的调度命令下达前，严禁松动安装装置、转辙机固定螺栓；严禁拆除道岔方钢、各种杆件，构成转辙机的道岔假表示。

4. 提速道岔同时拆卸主机、副机与道岔杆件连接时，必须确认车务部门采取的斥离轨锁定措施。

5. 在整治提速道岔动作阻力的过程中，要防止完全拆除锁闭框上固定螺帽。

6. 提速道岔油路故障时，严禁采取拆卸锁闭框的方式动作道岔。

7. 电液道岔施工中，必须严格执行轨排预装制度。在预装完成后，上道前必须执行道岔扳动试验，试验表示、密贴良好。

8. 作业过程中，不准将手探入尖轨与基本轨间，或放置在尖轨或基本轨上；需扳动道岔时，应确认尖轨与基本轨之间无作业人员和工具。

9. 擦拭转子须用道岔手摇把扳动，严禁用电源扳动时擦拭转子。

10. 做 2 mm、4 mm 等试验时应防止被夹伤。

11. 转辙机内部作业时禁止戴手套。

12. 道岔清扫作业时，室外必须将安全木楔放置于尖轨与基本轨之间方可作业，防止挤伤手脚；清扫道岔滑床板应使用专用长柄腻子铲、笤帚。道岔每清扫完毕一组，室内安全防护人员应对该道岔进行扳动试验，确保道岔正常使用。高速铁路道岔清扫必须纳入天窗修计划实施。

(五)轨道电路设备作业安全卡控措施

1. 维修或更换扼流变压器、中心连接板、轨道电路扼流变压器引接线、站内横向连接线等器件时，应按规定采取相应的安全防护措施，保证牵引回流畅通后，方可开始作业。

2. 更换轨道电路绝缘时，应在确认扼流变压器连接线各部连接良好后，方可开始作业。

3. 检查轨道电路时，轨道变压器与扼流变压器连接的低压线圈断开之前，禁止切断其高压线圈回路。

4. 配合工务换轨、换岔时，必须先检查确认工务部门安装的疏通牵引回流引接线连接良好后，方可进行换轨、换岔作业。

5. 分解轨道绝缘，处理接头轨缝时须戴护目镜，并正确站位，防止物体打击伤害。

(六)登高作业安全卡控措施

1. 登高作业前应检查与高压线限界，满足 2 m 以上安全距离。

2. 高处作业必须按规定系安全带(绳、网)，戴安全帽；作业前必须确认机具、设施和用品完好。安全带使用要高挂低用或平行拴挂，切忌低挂高用；钩、环要挂牢，卡子扣紧，挂钩必须挂在绳的圆环上；吊带要放在腿的两侧，不要放在前侧或后侧；不得将挂绳打结，以免受到剪力而割断。

3. 高处作业时，不得上下重叠作业(确须在高处上下重叠作业时，应在上下两层中间用密铺棚板隔离或采用其他隔离设施)；不得将工具、材料放在机柱、杆顶、线担上或挂在天线上；不准上下抛递工具、材料等，上下传递物品必须使用干燥且绝缘的绳索。

4. 登高柱(信号机)、杆、塔前，应检查确认地线良好，应检查梯子是否牢固。登杆作业前应检查电杆的各部位强度和质量，电杆未回填夯实前不得登杆作业。禁止手持工具、零件、携带电线登杆或在角杆内侧利用拉线上下电杆。

5. 列车通过时，禁止在该股道两侧安全防护网内的高柱(信号机)、通信杆塔、视频杆塔上停留。

6. 在接触网带电情况下，高柱(信号机)、通信杆塔、视频杆塔距接触网小于 2 m 时，严禁登上高柱(信号机)、通信杆塔、视频杆塔作业。在距离接触网带电部分不足 2 m 的处所作业时，接触网必须停电，由供电专业人员安设可靠的临时接地线并验电确认后，方可开始工作。作业时应有供电专业人员在场监护。拆除临时接地线后，严禁再进行作业。

7. 作业时，须保持人身和所持工具材料与接触网带电部分距离不得少于 2 m，与回流线距离不得少于 1 m，否则应采取外移措施。如线间高柱(信号机)无移动条件时，应适当降低机柱的高度，以保证作业人员安全。

8. 高柱、杆、塔上有人作业时，在高柱、杆、塔下的“可能坠落范围”内不得有人[坠落范围参见《高处作业分级》(GB/T 3608)]。拆杆时应避免倒于线路上，不准有人逗留在倒下方向杆柱高 1.5 倍的范围内。杆、塔下防护人员应戴安全帽并保持安全距离。

9. 安装、拆除高柱信号机机柱、电杆时，必须有 3 个以上方向的牵引绳索；机构吊装必须有专用吊装机具。进行人工立杆、拆杆时，应使用叉杆或绞车等工具。

10. 登高作业人员应定期进行身体检查，患恐高症、高血压等职业禁忌人员不得从事登高作业，并按照《特种作业人员安全技术培训考核管理办法》等相关规定执行。

11. 雷雨、冰雪、能见度低或六级以上大风等恶劣环境条件下禁止高处作业。在寒冷地区，信号机、杆、塔上的工作时间不宜过长，以防手脚冻僵，发生意外。

12. 不准肩扛、手提笨重物品登高作业。

13. 铁塔作业人员必须要经过培训合格，取得高处作业证书后方可上岗。严禁未取得证书人员进行登塔作业。

（七）光电缆作业安全卡控措施

开挖电缆沟作业应注意以下事项：

1. 应掌握地下设备情况，过道、过轨开挖须工务人员配合，并设置防护；开挖后尽快恢复，并夯实捣固；土质松软处所应有防护和加固措施，以防坍塌。坑、沟一般不得过夜，必要时须采取防护措施。

2. 土石方、材料、工具堆放不得侵限。

3. 挖沟人员间距应在 3 m 以上，注意自身及他人安全。

4. 在站场内及危及人身安全地段进行电缆沟开挖作业时，应按规定拉防护彩旗（应有夜间反光标志），严禁人员、器具、渣土等侵限。

（八）车载设备作业安全卡控措施

1. 禁止登上机车车辆顶部或翻越车顶通过线路；禁止从车辆下部或车钩处通过；禁止在机车（含动车组，下同）行驶中检修机车外部的电务设备及上下车。

2. 内燃机车、自轮运转设备在柴油机启动状态和电力机车在升弓状态时，如相关单位配合人员未在现场，严禁上车作业，严禁操纵制动机、换向手柄、主控制手柄等非电务车载设备。

3. 机车升弓状态下，不得进入机车高压柜。机车降弓后，不得立即进入高压柜，防止电击伤。

4. 在库内或车站检修机车外部的电务设备时，应挂红色信号旗或红灯防护，并在司机操纵手柄上悬挂红色“禁止操纵”警示牌。

5. 电务车载设备车底检修、检测须在机车、动车组、自轮运转设备进入库内地沟停稳后，确认在制动状态下，并设置防护人员后方可进行。在车底作业时，作业人员须佩戴安全帽，在机车前后两端处必须挂红色信号旗或红灯防护，并在Ⅰ、Ⅱ端操纵手柄上悬挂“禁止操纵”警示牌，电力机车必须在降弓状态。

6. 进行车载设备机能试验时，必须与机务人员做好互控工作。在进行紧急和常用制动试验时，应鸣笛警示并对车下高声呼唤“紧急试验”，确认车下无人方可进行试验。

7. 电务车载设备登顶作业须在机务段（折返段）、动车段（所）、自轮运转设备日常停放地点等库内特定地点（无电区并实施可靠的接地）进行，并系好安全带（绳），在车顶防滑带行走，防止坠落。电气化区段，在办理接触网停电手续且已设好地线前，禁止攀登机车、动车组、自轮运转设备顶部进行设备维修作业。

8. 更换车载设备配件时，须断开电源。机车（动车组、自轮运转设备）启动后或运行中须进行车载设备作业时，对可能产生电弧的部位，必须采取有效的防护措施，必要时可关机或停车修理。

9. 上下机车必须手握紧机车扶手、脚踏实，禁止手持重物上下机车或从手把杆滑下。禁止反背上下机车，严禁上下抛掷工具。

10. 库(所)内严禁跨越地沟,严禁从高空吊物下通过。

11. 使用测试台时,禁止用手接触转动部位。

12. 在临时换装点作业时,必须向所在车站值班员了解清楚列车运行、停靠情况,按规定穿戴防护用品和做好安全防护措施。

13. 拆接检测机车信号连接线时,必须在机车驾驶室司机操作端设置防护人员,与机车乘务员联系妥当。开车前必须关好车门,运行途中及列车未停稳前禁止打开车门。

14. 严格执行动车组列控车载设备安全管理"八严禁"规定。

(九)室内及带电作业安全卡控措施

1. 对带有 220 V 及其以上电压的设备作业时,应切断电源并双人作业,一人作业一人监护。需停电检修作业时,应指派专人负责断电,并在电源开关处悬挂警示牌。恢复供电时,应确认人员作业完毕,脱离带电部件后,方可合闸,摘除警示牌。

2. G2 盘远动装置需要人工断开装置中的Ⅰ、Ⅱ路电操开关,应先断开远动控制模块的操作电源,将开关操作手柄转至"O"位,再将机械锁扣拉起,挂上机械锁,确认远动功能无效且挂好禁动牌后方可作业。作业结束后,须检查远动控制模块电源已开启、机械锁已取下并存放在正确位置,方可将电操开关操作手柄旋转至"Ⅰ"位。

3. 高于 36 V 电压设备带电作业时,必须使用绝缘性能良好的工具,穿绝缘鞋(室内应站在绝缘垫上);不得同时接触导电和接地部分;未脱离导电部分时,不得与站在地面的人员接触或相互传递工具、材料。

4. 检修整流、变流及磁饱和等电源设备时,电压高于 220 V 的设备应关闭电源,并通过人工放电,释放电容器电能后,方可开始工作。不准将电流互感器二次线圈开路,以免产生高电压击穿设备和危及人身安全。

5. 不得在机械室(机房)或综合站房内架空走线架上行走、站立。

6. 进入机械室(机房)时,注意防鼠挡板绊脚。

7. 单独使用自动消防系统的有人值班站,将火灾报警控制器设置为手动控制状态,无人值班站设置为自动控制状态;作业人员进入机械室(机房)必须将火灾报警控制器设置为手动控制状态,离开时须恢复规定状态。其他按消防管理规定执行。

8. 临时用电(包括室内)需符合电力使用规定,应有专人负责维护和管理,用完后及时撤除。电动机具和照明设备连接电源时,不得将线头直接插入插座或直接挂在灯头上。

9. 饮水机、电炊壶、插线板等用电设备不得乱放,不得乱拉乱接电源线。电烙铁应放在铁支架上,用毕立即断开电源。严禁在电烙铁、电炊壶、电磁炉、插线板等用电设备接通电源情况下人员离开。

(十)使用电动工具、机床作业安全卡控措施

1. 按规定使用防护用品,应戴袖套、护目镜,扎紧袖口,禁止戴手套和围巾,长发不外露。

2. 工作前要检查工具、机床的机械性能、电气特性、防护装置良好。

3. 安装和更换砂轮片前应断开电源并检查其良好,装好要空转 1 min 后方可使用;砂轮片与托板间隙不超过 3 min;磨削时不得强力推压,避免工件猛撞砂轮。

4. 在钢轨上钻孔时,钻孔机外壳必须接地良好,使用前应检查电线、插销,确认良好并连接可靠，方可使用。

（1）移动钻孔机时，不得提着电线或钻头，电钻未静止前，不得触及钻头和转动部位。

（2）钻孔时，不得超负荷运行，钻头与钻身应在一条直线上；停用时必须断开电源，将钻孔机放在安全地点。

（3）钻孔电源要用专用发电机，不得借用既有信号设备电源。发电机与钻孔机应在线路同侧，如不能同侧时，引接电源线要从钢轨底部穿过并固定好。停止作业时，应设专人看守或及时收回。

5. 严禁雨、雪天气露天使用发电机、钻孔机、电砂轮、电钻（锤）。严禁在发电机运转中加油。

（1）启动发电机前，必须检查机件、接线插座及导线绝缘良好，油箱盖紧，无燃油外溢，接线插座和进、排气孔处无油脂沾染。

（2）使用发电机须放置平稳。不准在存放易燃、易爆物品的房间及密闭的房间内工作，在室外工作时，距易燃、易爆物品 5 m 以上，周围禁止烟火。

6. 清除铁屑时，应用毛刷子，禁止用手拂或口吹。

7. 机床运转时，操作人员不得离开车床；机床变速时，应停车检查；装卸工具、夹具和测量工件尺寸、清除切屑等必须停车；床面不准摆放工具、量具和工件；人体勿接触旋转及齿合部分。

8. 打抡手锤、干铲活对面不得站人；有尖、有刺的工具要隔开存放；不准夹超过虎钳标准力量的工件；使用虎钳夹小工件时，防钳口夹手；钳台上使用虎钳作业时，工件厚度应不超过虎钳行程的 2/3；没有安全网时，严禁在同一工作台两人对面同时作业。

9. 电动机烘烤时，应等电动机冷却后取出，避免烫伤。

（十一）焊接作业安全卡控措施

1. 焊接作业时裤脚不准扎入靴筒内，衣服口袋不得敞开，穿戴好防护用品。

2. 使用电焊机时应接线正确，严禁裸露接头，电源线、焊把线不得破皮，焊条夹钳必须完好，绝缘接地可靠。

3. 作业点必须距氧气、乙炔瓶（租用的必须符合相关规定）10 m 以上，氧气、乙炔瓶之间保持 5 m 以上的距离。焊接地点附近不得有易燃、易爆物品。

4. 焊炬、割炬，及氧气、乙炔罐搬运、使用、保管必须严格执行操作规程。

（十二）特种设备安全卡控措施

1. 严格按各项特种设备安全操作规程要求操作设备或维修设备。

2. 特种设备必须按规定进行维护保养、定期检验。

（十三）机动车安全风险卡控措施

1. 机动车驾驶人员，严格遵守《中华人民共和国道路交通安全法》等相关法规。

2. 禁止在不备行驶条件的雨雾凝冻天气下出动汽车。

3. 禁止作业人员上下班乘坐无营运资格车辆。

4. 汽车驾驶员在行车中需严格按照道路规定行驶速度行车。禁止驾驶员酒后驾驶、疲劳驾驶和超速驾驶。长途行驶中超过规定驾车时间，需按要求进行休息。

5. 禁止非专职司机驾驶公车；禁止公车私用。

6. 在机动车内标明“禁止途中拨打接听手持电话”及在副驾驶标明“安全监督岗”标识；乘坐在副驾驶位置的人员认真履行安全监督岗职责。

（十四）关键作业安全卡控措施

1. 严格执行“三不动”“三不离”“七严禁”等电务基本安全制度。

2. 严格执行铁路局集团公司公布的安全“红线”规定。

3. 严禁在天窗点外进行天窗点内的作业项目，杜绝无计划、超范围施工。

4. 上道作业和影响行车设备正常使用的作业必须按规定履行登记手续，经车站值班员（列车调度员）签认同意后，方可开始。

5. 电务设备发生故障时，应首先在“行车设备检查登记簿”内登记停用相关设备并明确有关行车限制条件，经车站值班员（列车调度员）签认同意后，方可进行处理。

6. 施工、故障处理后，必须按程序和项目进行联锁试验，确保联锁试验全面、彻底、正确，对设备安全运行状态进行确认和监测复查。

7. 严禁进路有关道岔未纳入联锁时开放信号，接发列车。

8. 配合单位人员不到位，不准进行影响结合部的作业。

9. 分路不良区段未经测试确认，禁止销记。

10. 机具、路料不得侵入铁路建筑限界，施工完成后必须及时回收，一时不能回收的必须安排专人看管。

11. 作业完毕后，必须清点携带的工器具，确保工器具全部回收，严禁工器具遗留在线路上。

12. 作业完毕，必须确认设备防松、防脱装置作用良好。

13. 启用手摇把必须按规定办理相关手续，严禁将其他手摇把带入作业现场。任何情况下，严禁未与室内安全防护人员联系、未经车站值班员（现场车务配合人员）同意，使用手摇把转换。

（十五）安全防护员设置标准

1. 凡上道作业，必须设驻站安全防护员和现场安全防护员。

2. 在线路弯道上、隧道内作业，防护人员无法同时对作业点两端进行瞭望时，必须在两端分别增设现场安全防护人员。

3. 防护联系不能保证通信畅通时，应在适当地点增设现场安全防护员进行中转。

4. 现场安全防护员与作业人员之间距离应保持在 50 m 范围内，并确保对同组所有作业人员能够不间断瞭望。超出范围应增设现场安全防护员。

5. 设有站调楼的编组场（含驼峰）作业安全防护设置：

（1）编组场内施工维修作业，由各作业工区分别设驻站安全防护员和现场安全防护员。

（2）在驼峰场进行三部位作业时，在减速器出口处增设一名现场安全防护员。

（3）在尾部停车器作业时，在作业点设置一名现场安全防护员。

（4）驼峰管道沟内作业时，在管道外设专职防护人员。

6. 电务为主体的多专业联合作业，包括电务主体联合工务、供电等其他专业作业，以及信号、通信专业之间联合作业和维修段、电务段（工电段）之间联合作业，室内由作业主体单位指派一名防护员承担主体防护，室外由主体单位根据作业范围指派现场安全防护员，负责室外作业有效防护。

7. 涉及调度中心设备及涉及多站的通信设备的施工、维修、故障抢修，在列车调度台登销记时，由相关站段 CTC 工区、调度工区具有安全防护资格人员，作为驻调度所联络员，负责涉及施工维修的登销记工作。

(十六)安全防护员要求

1. 安全防护员必须由经过安全教育培训取得任职资质的正式职工担任，并佩带上岗证。

2. 安全防护员应身体健康、语音清晰，无眼(耳)疾、心脑血管等疾病；安全防护员对设备使用、操作、联锁关系熟悉，对站场、区间等作业环境清楚，熟练使用防护联系用品。

3. 安全防护员穿着带反光标志的橙红色防护服，带齐防护信号、持证上岗，佩戴防护标识。

(1)驻站安全防护员：手持无线电台、GSM-R 手机、录音设备、“防护通话记录簿”、日作业计划(派工单)、电子岗培证二维码。

(2)现场安全防护员：手持无线电台、GSM-R 手机、口笛、喇叭、红黄信号旗、信号灯(夜间、隧道、雾、雪)、电子岗培证二维码。

4. 防护员必须参加工区每天的派工会和施工结束后的总结会，应知道当日施工作业项目、位置、地形情况、作业组数、人数、相互之间联系方式、重点列车图定通过相邻车站时刻及机具使用情况等内容。

(十七)安全防护作业标准及安全卡控措施

1. 安全防护员必须参加当日作业安全讲话，并签字确认，工区应录音录像上传并存档。

2. 安全防护人员出工前，要做好通信设备(包括便携式扩音设备、电台、录音设备等)的检查、试验等工作，保证良好。

3. 室内安全防护员在作业人员上道前，须提前到达工作岗位；作业结束后，确认室外作业人员已全部返回安全区域(工区、车站)，方可离开；负责开启录音设备对联系防护作业全过程进行录音。

4. 室内安全防护员须加强与车站值班员(调度所行车调度)联系，实时掌握作业区段内的列车运行及调车作业情况，及时通知现场安全防护员、相关人员停止作业，下道列队避车。必须随时注意观察控制台的信号显示，掌握列车运行情况，加强与车站值班员联系，复诵回应值班员办理列车闭塞信息，及时准确地把本线及邻线列车车次及开车时分通知每处室外安全防护员，严禁臆测行车信息。

5. 室内安全防护员与室外安全防护员之间，点外作业必须至少保持 3～5 min 联络一次；天窗时段且无路用列车运行时，可 10～15 min 联络一次。遇紧急情况，以及如雨雪、大风、大雾等特殊情况要加密联系。

6. 室内外安全防护员必须严格执行标准联系用语和复诵制度，3 次呼叫未做复诵视为联系中断。联系中断后采取措施：

(1)现场安全防护员应立即要求作业人员停止作业，恢复设备正常使用，到安全区域等候，并采用应急联系措施进行联系确认，直至恢复联系为止。

(2)室内安全防护员应密切监视列车运行状态，利用车站站场监控系统观察室外人员动态，当列车将要接近作业点，危及室外人员人身安全时，可联系车站值班员，或者直接利用行车频道呼叫司机停车。同时采用应急联系措施进行联系确认，直至恢复联系为止。

7. 联系防护呼唤应答复诵：室内外“呼唤应答”内容须简明、扼要、清晰，用语标准、规范。联系防护标准用语中必须明确呼叫、复诵准确的姓名；双动道岔呼叫、复诵作业人员所在的那一组道岔单独的编号，避免和单动道岔混淆，比如13号与1/3号；必须按照下道避车时机明确“请下道避车”的用语，内容由各单位自行制定。

8. 作业现场噪声较大时，室外安全防护员应采取加戴有线或无线耳麦等有效措施，确保与室内外安全防护员保持准确、有效的联系；现场室外安全防护员应使用便携式扩音器（或口笛），确保及时通知作业人员下道避车。

9. 防护作业中不准从事与防护无关的工作，严禁参与作业，严禁擅离职守。

(1)现场安全防护员遇特殊情况离开岗位时，必须逐一通知作业人员停止工作，同时告知驻站安全防护员，并确认已停止作业，恢复设备使用，避让到安全区域，方可离开。

(2)驻站安全防护员遇特殊情况离开岗位时，必须逐一通知现场安全防护员，并确认停止作业、避让到安全区域，方可离开。

(3)原则上作业安全防护人员不得中途变更。遇特殊情况需变更时，必须报车间同意；与接替安全防护员交接清楚当日作业、防护要求、防护备品等，交接过程防护工作不得中断，交接全过程做好音视频记录。

10. 驻站安全防护员在列车闭塞或相邻的第二站（所）列车开出时，向现场安全防护员预报车次、进路和时刻。按下道避让列车时机要求，通知现场安全防护员，要求本线和相邻线路上的作业人员下道避车。在收到现场安全防护员的回复后，对列车运行进行监视，如遇改变进路，必须立即通知现场安全防护员。

11. 进行道岔设备作业时，道岔扳动前，驻站安全防护员必须通知作业人员，待作业人员回复可以扳动时，方能扳动。

12. 驻站防护员应充分利用站场视频监控系统观察室外作业人员动态，当室外作业人员人身安全受到威胁时，应立即采取特殊安全措施。

13. 现场安全防护员应站在便于瞭望和通知作业人员下道避车的安全地点，禁止站立于铁路建筑限界内。

14. 室外作业做到集体出工、收工。

(1)现场安全防护员应监督作业人员按规定线路行走，安全防护员应走在作业人员的后面，前后左右不断瞭望。

(2)室外作业人员上道前，由现场安全防护员与驻站安全防护员联系，同意后方可上道。

(3)到达作业点后，现场安全防护员应立即向驻站安全防护员报告作业处所（设备的具体名称）、作业内容等情况。

15. 多专业联合作业主体防护作业标准。

(1)作业主体单位应提前72 h向配合单位发出配合通知书，在作业前1日与配合单位约定会合时间、地点。会合地点须指定为工区、车站运转室或双方协商好的上线点之一。

(2)作业主体单位应明确配合项目的防护措施，主体安全防护措施未明确和落实，配合单位不予配合，自配合人员到达会合点后，作业主体对其防护负责，同时进行安全风险提示，严禁配合人员在无防护的情况下，上道前往作业地点。

(3)配合人员应遵守主体单位的防护管理和工作纪律要求，与主体单位共同前往作业地点，服从作业负责人的指挥，做好“自控、互控、他控”，不得超出防护范围及从事与配合工作无关的事项。

(4)主体单位须携带配合作业盯控表到现场。在双方人员到达会合点时，双方应在盯控表上记录双方会合时间、地点及防护人员情况。作业完成返回原会合地点后，双方在盯控表上记录下线返回的时间和地点，配合人员签字、室外防护人员签字。

(5)配合作业提前结束，如配合人员需提前离开，主体单位必须将配合人员防护到安全区域，并在盯控表上注明提前离开原因、时间、地点，配合人员在盯控表上签字确认。同时，主体单位要通知配合单位车间调度（或值班干部），在盯控表上注明通知的时间、接通知的车间值班干部姓名。

(6)大修、集中修等综合性施工配合的防护方式，按施工预备会上研究明确的防护要求执行。

16. 驼峰场作业安全岛建立时，防护人员须在“电务安全防护记录本”中进行记录，记录内容包含关闭道岔的道岔号码、关闭时间、开启时间、作业人员、试验情况等记录。作业安全岛建立后，现场作业区域（前后、左右）均须拉警戒线，作业人员需在警戒线内作业，防护人员根据地形情况，站位于警戒线内。

17. 红色信号旗（红色信号灯）的使用方法及标准严格执行《技规》相关规定，禁止在线路上随意展开红色信号旗（红色信号灯）。

18. 实行施工一体化防护（综合防护）系统区段，按铁路局集团公司相关管理规定办理。

19. 调度中心设备（CTC/TDCS 调度终端、涉及多站的通信设备、自然灾害及异物侵限监测系统等）施工维修作业，调度中心设备（CTC/TDCS 调度终端、涉及多站的通信设备等）故障及抢修，在调度台登销记。其他设备施工维修作业，自然灾害及异物侵限监测系统故障抢修、其他设备故障抢修，在车站行车室登销记。

20. 施工维修作业、设备故障抢修结束后，必须检查、试验设备良好，并确认人员、机具、材料等全数撤至安全地点，由作业负责人或驻站安全防护员在车站行车室（或调度台）进行销记。

21. 室内外作业从安全讲话开始，直至下线返回安全处所、班后总结，全过程做好音视频拍摄，按规定上传到铁路局集团公司音视频系统。

22. 除按照以上要求登销记外，还必须在“电务安全防护记录本”做好防护记录，并存放在班组（或车站机械室）。

五、营业线施工安全管理

（一）基本要求

电务施工必须坚持“安全第一、预防为主、综合治理”的方针，严格执行国铁集团、铁路局集团公司营业线施工安全有关规定，强化对影响行车、设备、人身安全各环节的管理，确保安全生产。

各单位应建立健全施工安全防护制度和监督管理制度，加强对施工的监督检查，预防和纠正影响行车安全、设备安全、人身安全的各类问题。

（二）施工组织

1. 电务施工等级

按规模、对运输影响和难易程度分为Ⅰ、Ⅱ、Ⅲ级。

2. 施工协调小组

由电务系统承担的主体施工，成立相应的施工协调小组。其他基建、站改等综合类施工，按照铁路局集团公司相关规定指派相应资质人员参加铁路局集团公司成立的施工协调小组。

3. 施工负责人

施工负责人由施工单位按照施工等级安排相应人员担当。施工负责人不得临时更换，遇特殊情况必须更换时，须安排同级别及以上且掌握该施工方案的专业人员担任。施工日计划下达后确需变更施工负责人时，施工单位须在施工预备会前提出，按规定填写“施工负责人变更通知书”，报主管业务部室审核后提交登记站和列车调度员。

施工负责人职责：

(1)施工前：组织全体参加施工人员学习施工方案、组织措施、施工安全风险控制措施、应急预案，安排施工及防护工作；与相关配合单位联系，协调配合施工事宜，督促各相关配合单位按时到位；亲自或指定驻站联系人员登记，提出施工请求；下达开始施工命令。

(2)施工中：检查组织措施、施工安全风险控制措施的落实及安全卡控到位情况；掌握施工进度；协调解决施工中发生的问题，确保施工正点开通。

(3)施工结束后：亲自或指定驻站联系人员登记设备开通使用；安排施工路料及时回收；组织设备复查、消缺；针对施工中存在问题，制订整改措施和安全防控措施并督促落实。

4. 施工监控人员

(1)施工监控人员规定

施工协调小组指派专职人员负责施工监控。

(2)施工监控人员职责

①施工安全管理。重点检查“施工组织设计”和“施工安全措施”是否制订并审批；相关单位是否制定非正常情况下行车组织办法和应急措施；是否签订施工安全协议；施工计划是否审批；是否召开施工预备会；施工负责人、安全负责人是否具备应有资质，施工单位、监理单位、设备管理单位、行车组织部门相关管理人员、监督检查人员是否到岗到位等。

②施工准备工作。重点检查是否准备好必需、充分、质量合格的施工料具，堆码是否侵限；施工人员、配合人员、防护人员是否到位；是否在准备阶段人员提前上道进行影响行车的施工作业。

③施工登销记情况。重点检查登销记情况是否规范，与施工计划是否相符。

④施工现场作业控制。监督现场严格按照施工方案、组织措施有序进行，协调解决施工临时发生的问题。重点检查是否存在超范围施工、轨道车违章行驶、违章使用封连线或手摇把、违章操纵施工机械等违章蛮干现象；慢行过程中安全卡控措施是否落实；施工机械、料具是否侵限；应急预案是否健全完善，施工过程中的突发问题是否及时有效处理；开通设备时联锁试验是否彻底、正确；联锁、数据变更程序是否符合规定；是否执行机房安全规定；对施工中不安全因素是否组织分析并严肃处理；检查各项施工安全风险控制措施、关键卡控环节的落实，督促施工路料及时回收。

⑤施工中的劳动安全。重点检查是否对作业人员(含劳务工)进行劳动安全培训并考试合格；安全防护员是否具备应有资质；施工前是否对施工机具进行安全检查；劳务工上道作业是否有带班人员带领；施工中防护人员是否到位，防护用品(备品)是否齐全有效，防护标

志设立是否标准，作业人员是否加穿防护服（黄背心），是否及时下道避车以及符合相关劳动安全作业标准等。

（三）施工安全监督及配合

1. 施工安全基本规定。

（1）没有施工计划、安全措施、调度命令（或在调度所/车站登记并经调度员、值班员签字同意）不准施工。

（2）不准随意取消或变更施工（天窗）计划。

（3）严禁降低施工等级、擅自扩大施工范围或调整施工内容。施工负责人未到现场不准施工，未签订安全协议不准施工，监控人员未到现场不准施工。在施工中严禁擅自变更设计或施工方案，因擅自变更设计或施工方案造成铁路交通事故、延误开通时间的，追究相关施工负责人责任。

（4）所有施工必须指派专人防护，防护联系中断必须停止施工。

（5）发现设备不良和安全隐患必须果断采取措施，并向列车调度员（车站值班员）报告。

2. 施工安全措施基本内容主要包括：施工前的准备措施，施工中的单项作业措施、安全卡控措施及安全防护措施，施工后检查试验措施，发生故障时的应急措施。

3. 设备管理单位要督促施工单位制定防护措施，加强现场监控，严格履行施工安全职责，严格执行《技规》《普速信号维护规则》《高速铁路信号维护规则》和有关规范等各项安全生产规定。对于施工前超范围准备、施工中机械和料具侵限、联锁试验不彻底、违章使用封联线或手摇把等易发事故和可能发生危及行车安全的问题，电务专业相关单位要针对每项施工制定施工现场安全关键卡控项目，并明确每项卡控项目责任人。

4. 施工负责人要加强相关施工的点前准备、点中控制、点后开通等情况的监护工作，实行开通签认制度。

5. 电务系统影响行车或行车设备稳定、使用的施工项目未经批准严禁施工，擅自施工或擅自扩大施工内容和范围的，严肃追究相关单位责任人责任。

6. 施工安全风险控制

（1）每一项施工，在编制施工组织方案的同时，必须根据施工中的风险制定风险防控措施，以及风险失控后的应急预案，并在施工组织措施中落实到具体负责人员。

（2）段、车间调度人员（值班干部）应充分利用信号集中监测、TDCS、网管等监测监控设备，严格按照施工盯控项目在生产管理系统中对施工、天窗进行盯控。

（3）强化机具上道作业安全和工电联合作业主体安全管控。严禁天窗点外发电机、钻孔机等机具上道，严格执行工电联合作业主体防护规定及安全管控措施。

（4）已开通交付使用的设备未经设备管理单位人员按有关规定办理作业申请、登记请点，严禁任何人员擅自调试设备。

（5）凡涉及联锁、数据修改的信号施工和影响闭塞，会签站改及过渡工程施工电报前，电务段、工电段、电务维修段必须向电务部提报施工安全风险控制措施、“信号施工安全风险卡控表”“通信施工安全风险卡控表”、电务部在确认相关工作完毕、具备施工条件后方可会签。

第二章　电子电工基础知识

第一节　电路和电路模型

一、电　　路

(一)电路的概念

电路是由元器件按一定方式连接起来的整体,它提供电流流通的路径。一个简单的电路,由电池、电阻、开关及连接导线组成。

(二)电路的基本物理量

1. 电流:导体中的自由电子在电场力的作用下做有规则的定向运动就形成电流。

(1)电流具备的条件:有电位差,电路一定要闭合。

(2)电流的大小:等于单位时间内通过导体截面的电荷量,计算公式为

$$I=Q/t$$

式中,Q 为电荷量(C);t 为时间(s);I 为电流(A)。

2. 电压:物体带电后具有一定的电位,在电路中任意两点之间的电位差,称为该两点的电压。

3. 功率:元件吸收或释放能量的速率。

4. 电阻元件:一种消耗电能的二端元件。电阻元件的两种特殊情况如下:

(1)开路:当一个电阻元件的端电压 U 不论为何值时,流过它的电流恒为零,则称"开路",即电阻 $R\to\infty$。

(2)短路:当一个电阻元件中的电流 I 不论为何值时,它的端电压 U 恒为零,则称"短路",即电阻 $R=0$。

5. 电容:一种能够储存电场能量的元件。在直流电路中,电容上即使有电压,但 $I=0$,相当于开路,即电容具有隔离作用。$U_c(0)$ 为初始时刻 $t=0$ 时电容的初始电压,反映 $t=0$ 前"历史"中电容电流的积累效应——电容对它的电流具有记忆能力。

6. 电感:一种能够储存磁场能量的元件。只有电感上的电流变化时,电感两端才有电压。在直流电路中,电感上即使有电流通过,但 $U=0$,相当于短路。$I(0)$ 为初始时刻 $t=0$ 时电感上的初始电流,反映 $t=0$ 前"历史"中电感电压的积累效应——电感对它的电压具有记忆能力。

7. 电压源(恒压源):无论负载电阻如何变化,输出电压不变;电源中的电流由外电路决定,输出功率可以无穷大。

8. 电流源（恒流源）：输出电流不变，其值恒等于电流源电流 I_s；输出电压由外电路决定。

二、电路模型

在实际电路中存在着各种各样的电器元件，如电阻器、电容器、电感器、灯泡、电池、晶体管、变压器等。实际的电路部件虽然种类繁多，但在电磁现象方面却有许多共同的地方，进行电路分析计算时，如果要考虑一个器件的所有的电磁性质是十分困难的，因此，对于实际电路的各种器件，通常用有限的几个理想化的电路元件来表示。例如，电阻器、灯泡扬声器等，它们都是消耗电能的，这样可以用理想电阻来反映其消耗电能的特征；各种电容器主要是储存电能的，用一个理想的二端电容来反映储存电能的特征；同样，用一个理想的二端电感来反映储存磁场的特征。

第二节　电阻的串联、并联和混联

一、欧姆定律的概念

在同一电路中，通过某段导体的电流跟这段导体两端的电压成正比，跟这段导体的电阻成反比，即

$$I=\frac{U}{R}$$

但是，由欧姆定律 $I=U/R$ 的推导式 $R=U/I$ 或 $U=IR$ 不能说导体的电阻与其两端的电压成正比，与其通过的电流成反比，因为导体的电阻是本身的一种属性，取决于导体的长度、横截面积、材料和温度、湿度，即使它两端没有电压，没有电流通过，它的阻值也是一个定值。电阻的单位欧姆简称欧（Ω）。

二、电阻的串联

将两个或多个电阻一个一个地首尾相接，中间没有分支的连接方式叫作电阻的串联。特点如下：

1. 电流处处相同，且为同一电流，即

$$I=I_1=I_2=I_3\cdots$$

2. 总电压等于各电阻上电压之和，即

$$U=U_1+U_2+U_3\cdots$$

3. 总电阻等于各电阻之和，即

$$R=R_1+R_2+R_3\cdots$$

串联电路的等效电阻比每个电阻都大，在端口电压一定时，串联电阻越多，电流则越小，因此串联电阻有“限流”作用。

4. 各电阻上电压降之比等于其电阻比，即

$$\frac{U_1}{U_2}=\frac{R_1}{R_2}$$

三、电阻的并联

将两个或多个电阻连接在两个公共的节点之间的连接方式叫作电阻的并联。特点如下：

1. 各电阻两端的电压均相等，即

$$U_1=U_2=U_3=\cdots=U_n$$

2. 电路的总电流等于电路中各支路电流之总和，即

$$I=I_1+I_2+I_3+\cdots+I_n$$

3. 电路总电阻 R 的倒数等于各支路电阻倒数之和，即

$$\frac{1}{R}=\frac{1}{R_1}+\frac{1}{R_2}+\frac{1}{R_3}+\cdots+\frac{1}{R_n}$$

并联电路的等效电阻比每个电阻都小，负载愈多，总电阻愈小，供应电流愈大，负荷愈重。

4. 并联电路具有分流作用，且各电阻的电流与各自电阻成反比。

四、电阻的混联

在实际应用中，电路里包含的常常不是单纯的串联或并联，而是既有串联又有并联，电阻的这种连接方式称为电阻的混联。

对于混联电路，最重要的是要分析清楚各电阻之间的串、并联关系。

混联电路的计算：先求出各元件串联和并联的电阻值，再计算电路的等效电阻值；由电路总电阻值和电路的端电压，根据欧姆定律计算出电路的总电流，再根据元件串联的分压关系和元件并联的分流关系，逐步推算出各部分的电流和电压。

第三节　半导体器件

一、半导体的概念

半导体是介于导体和绝缘体之间的物质，如硅、锗、硒等。

二、二极管及其应用

（一）二极管的结构和类型

晶体二极管的基本结构是由一块 P 型半导体和一块 N 型半导体结合在一起形成一个 PN 结。在 PN 结的交界面处，由于 P 型半导体中的空穴和 N 型半导体中的电子要相互向对方扩散而形成一个具有空间电荷的偶极层。偶极层阻止了空穴和电子的继续扩散而使 PN 结达到平衡状态。当 PN 结的 P 端（P 型半导体那边）接电源的正极而另一端接负极时，空穴和电子都向偶极层流动而使偶极层变薄，电流很快上升。如果把电源的方向反过来接，则空穴和电子都背离偶极层流动而使偶极层变厚，同时电流被限制在一个很小的饱和值内（称反向饱和电流）。因此，PN 结具有单向导电性。此外，PN 结的偶极层还起一个电容的作用，这个电容随着外加电压的变化而变化。在偶极层内部电场很强，当外加反向电压达到一定阈值时，偶极层内部会发生雪崩击穿而使电流突然增加几个数量级。

二极管有许多类型。按用途分，有整流二极管、检波二极管、稳压二极管、光电二极管和

开关二极管等；按使用的材料分，有硅二极管和锗二极管；按工艺分，有点接触型二极管和面接触型二极管。

在使用二极管时，必须注意外加电压的极性，不能接错。否则非但不能正常工作，还可能损坏二极管及其他电路元件。为此，一般在二极管的外壳上标有图形符号或色点、色带，以便于区分二极管的阳极和阴极。

（二）二极管的应用

二极管是电路中最常用的半导体器件，利用其单向导电性及导通时正向压降很小的特点，可以进行整流、检波、限幅、开关以及元件保护等各项工作。

1. 整流

整流就是将交流电变为单方向脉动的直流电。利用二极管的单向导电性可组成单相、三相等各种形式的整流电路，然后再经过滤波、稳压，便可获得平稳的直流电。

2. 检波

广义的检波通常称为解调，是从已调信号中检出调制信号的过程。因此解调的目的就是恢复被调制的信号。最常用的解调方法是整流检波和相敏检波。

3. 限幅

利用二极管正向导通后其两端电压很小且基本保持不变的特性，可以构成各种限幅电路，使输出电压的幅度限制在某一电压值以内。

三、三极管及其应用

半导体三极管由两个 PN 结、三个电极组成。两个 PN 结之间的一薄层半导体材料称为基区。接在发射结一端和集电结一端的两个电极分别称为发射极和集电极。接在基区上的电极称为基极。这两个 PN 结靠得很近，工作相互联系、相互影响，表现出与两个单独的 PN 结完全不同的特性。与二极管相比，三极管的功能有质的飞跃，因此在电子线路中得到广泛的应用。

（一）三极管的结构和类型

三极管是由两个 PN 结、三个杂质半导体区域组成，因杂质半导体有 P、N 两种类型，所以三极管的组成形式有 NPN 型和 PNP 型两种。

（二）三极管的放大特性

1. 三极管的工作状态

为使三极管正常工作，必须给三极管的两个 PN 结加上合适的直流电压，或者说，两个 PN 结必须有合适的偏置。三极管两个 PN 结的偏置方式（正偏和反偏），决定了三极管的工作状态。当发射结正偏，集电结反偏时，三极管工作在放大状态；当发射结正偏，集电结也正偏时，三极管工作在饱和状态；当发射结反偏，集电结反偏时，三极管工作在截止状态。

2. 三极管的电流分配关系

在放大电路中，三极管的三个极电流 I_E（发射极电流）、I_C（集电极电流）、I_B（基极电流）间满足关系 $I_E=I_C+I_B$。三个电流之间的关系符合基尔霍夫电流定律。I_B 最小，I_E、I_C 比 I_B 大得多，所以 $I_C \approx I_E$。I_B 虽然很小，但对 I_C 有控制作用，I_C 随 I_B 的改变而改变。

（三）三极管的应用

根据三极管输出特性曲线的特点，将三极管的工作范围划分为截止区、放大区和饱和区。三极管工作在放大区，具有电流放大作用，常用来构成各种放大电路；三极管工作在截止区和饱和区，相当于电子开关的断开和闭合，常用于开关控制和数字电路中。

四、其他半导体器件

常用的其他半导体器件还有场效应晶体管、光电探测器、发光二极管、半导体激光器、光电池等。此外，利用半导体的其他特性做成的器件还有热敏电阻、霍尔器件、压敏元件、气敏晶体管和表面波器件等。

第四节　数字电路

一、电子电路中的电信号

（一）模拟信号和数字信号

客观世界中存在的各种物理信号可分为模拟信号和数字信号两类。大部分的模拟信号不但幅值是连续的而且时间上也是连续的，还有一些模拟信号幅值是连续的，但时间是离散的。自然界中大部分物理量表现为模拟信号，如电压信号、温度信号、声音信号、视频信号等就是典型的模拟信号。

数字信号指幅度的取值是离散的，幅值表示被限制在有限个数值之内。在数字电路中，最常见的是由高、低逻辑电平描述的数字信号，它只有两种不同的电平，高电平表示逻辑 1，低电平表示逻辑 0。这种只有两个取值的数字信号又称二值信号。虽然只有两个取值，但可以表示各种各样的信息。从波形上看，数字信号具有“保持”和“突变”的特点，就是说数字信号在一段时间内保持低电平或高电平，低电平和高电平之间的转换是瞬时完成的。

（二）模拟电路和数字电路

用以传递和处理模拟信号的电路称为模拟电路。常见的模拟电路有放大电路、振荡电路、运算电路、有源滤波电路、整流稳压电路，以及混频、调制和解调等非线性电路。

用以传递和加工处理数字信号的电路称为数字电路。它注重的是输入、输出信号之间的因果关系，在数字电路中，晶体管一般工作在截止区和饱和区，起开关作用。

二、数制和码制

（一）数制转换

1. 二进制与十进制的转换

（1）二进制转换为十进制

将二进制数转换为十进制数的方法比较简单，二进制数按位权展开，用十进制运算法则求和，即可得到相应的十进制数。

（2）十进制转换为二进制

将十进制数转换为二进制数则比较复杂。常用方法是先把十进制数的整数部分和小数部分分别进行转换，然后合成结果。十进制数整数部分的转换采用“除 2 取余、余数倒级连”的方法，即把十进制整数反复除以 2 直到商为 0，并取出各次相除的余数，将余数倒向级连（即最后出现的置于最高位，最先出现的置于最低位），即得到相应的二进制数。小数部分的转换采用“乘 2 取整法”，即将十进制小数乘 2，所得的积中取出整数部分(0 或 1)作为二进制数的最高位；去掉整数部分后留下的小数部分继续乘 2 取整，依次得到二进制数的第二位、第三位……直到积为 0 或满足精度要求。

2. 二进制与十六进制的转换

由于十六进制的 16 个数码正好对应于 4 位二进制数的 16 种不同取值组合，所以将二进制转化为十六进制数的方法是：以小数点为基准，将二进制数的整数和小数部分每 4 位分为一组，不足 4 位的分别在整数的最高位前和小数的最低位后加 0 补足，然后每组用等值的十六进制码替代，即得十六进制数。

十六进制数转换为二进制数的过程正好与上述过程相反，将每位十六进制数用 4 位二进制数代替即可。

3. 二进制与八进制的转换

由于八进制的 7 个数码正好对应于 3 位二进制数的 8 种不同取值组合，所以将二进制转化为八进制数的方法是：以小数点为基准，将二进制数的整数和小数部分每 3 位分为一组，不足 3 位的分别在整数的最高位前和小数的最低位后加“0”补足，然后每组用等值的八进制码替代，即得八进制数。八进制数转换为二进制数的过程正好与上述过程相反，将每位八进制数用 3 位二进制数代替即可。

(二)码　　制

由于数字系统是以二值数字逻辑为基础的，因此其中数值、文字、符号、控制命令等信息都采用二进制形式的代码来表示。所谓编码就是用一串二进制数表示某种信息的过程。

实际上，编码是为不同的信息人为地规定一种二进制形式的代号，因此，编码过程是比较灵活的，对同一信息，可采用多种编码方案。常见的二进制编码方式包括二-十进制码(即 BCD 码，Binary-Coded Decimal)、可靠性编码(格雷码、奇偶校验码等)、字符编码(ASCII 码)等。

三、逻辑运算

(一)三种基本逻辑运算

基本逻辑关系为“与”“或”“非”三种。

1. 只有条件同时满足时，结果才发生。这种因果关系叫作逻辑与，或者叫逻辑乘。以“·”表示与运算。与：$Y=A\cdot B$ 或 $Y=AB$。

2. 只要条件之一满足时，结果就发生。这种因果关系叫作逻辑或，或者叫逻辑加。以“+”表示或运算。或：$Y=A+B$。

3. 只要条件满足，结果就不发生；而条件不满足，结果一定发生。这种因果关系叫作逻辑非，或者叫逻辑反。以变量上的“—”表示非运算。

能实现与、或、非三种基本逻辑运算的单元电路分别叫作与门、或门、非门(也叫反相器)，逻辑门电路是数字电路中最基本的逻辑元件。

(二)复合逻辑运算

实际的逻辑问题往往比与、或、非复杂得多，不过它们都可以用与、或、非的组合来实现。最常见的复合逻辑运算有与非、或非、与或非、异或、同或等。

第三章　计算机基础知识

第一节　计算机网络

一、计算机的组成

计算机包括硬件系统和软件系统。其中硬件系统包括中央处理器(CPU)、存储器、输入设备、输出设备等。软件系统包括系统软件、应用软件。

二、计算机网络基础知识

(一)网络的定义

网络是指由计算机或其他信息终端及相关设备组成,按照一定规则和程序对信息进行收集、存储、传输、交换、处理的系统。

(二)网络基础设备

1. 路由器:路由器是用于连接多个逻辑上分开的网络,所谓逻辑网络是代表一个单独的网络或者一个子网。当数据从一个子网传输到另一个子网时,可通过路由器的路由功能来完成。

2. 交换机:按照通信两端传输信息的需要,用人工或者设备自动完成的方法,把要传输的信息送到符合要求的响应路由上的技术的统称。交换机根据工作位置的不同,可以分为广域网交换机和局域网交换机。

3. 光纤收发器:一种将短距离的双绞线电信号和长距离的光信号进行互换的以太网传输媒体转换单元,在很多地方也被称之为光电转换器。

4. 网络电缆:一般由金属或玻璃制成,用来在网络内传递信息。常用的网络电缆有三种:双绞线、同轴电缆和光纤电缆。

5. 光纤:一种传输介质,由玻璃或塑料制成的纤维。

第二节　计算机在电务设备中的应用

一、计算机在调度集中系统中的应用

调度集中是控制中心对某一区段内的信号设备进行集中控制及对列车运行直接指挥和管理的技术装备。分散自律调度集中系统是综合了计算机技术、网络通信技术和现代控制技术,采用了智能化分散自律的设计原则,以列车运行调整计划控制为中心,兼顾列车与调车作业的高度自动化的调度指挥系统。系统融合计算机、网络通信技术等实现了列车运行计划人工调整、自动调整,实迹运行图自动描绘,行车日志自动生成、储存、打印,调度命令传

送，车次号校核等功能。在车站设置电务维护终端，用于监视车站 CTC 系统的运行状况，对所有操作控制命令、设备运用情况、故障报警信息和车站网络运行状态等进行分类存储、查询和打印，供电务维修人员参考使用。

二、计算机在计算机联锁系统中的应用

计算机联锁是用微型计算机和其他一些电子、继电器件以及各种计算机软件组成的具有故障—安全性能的实时控制系统。随着计算机技术的迅速发展，尤其是对可靠性技术和容错技术的深入研究，计算机联锁技术已日趋成熟。其应用现状可归纳为以下几个方面：

1. 计算机联锁制式主要有三取二和二乘二取二两种，通过软件、硬件容错技术提高计算机联锁系统的可靠性、安全性、可维护性。

2. 计算机联锁系统性能提高，如快速计算能力、高效率数据交换的通信能力，以适应高速铁路和综合化信号控制系统的要求。

3. 面向工程和服务，采用计算机软、硬件技术，开发功能非常完善和强大的 CAD(计算机辅助设计)系统，并从制度和设备上建立完善的维修体系和仿真检测体系。

4. 积极发展、推广使用全电子模块化的计算机联锁系统，使计算机联锁系统具有开放式结构，并且更加小型化、智能化。

5. 计算机联锁系统实现信号机、道岔、轨道电路联锁关系而直接控制信号设备是计算机联锁系统的基本功能。

6. 各种型号的计算机联锁系统均配备有监控系统、远程诊断系统，系统能够记录所有的操作和信号设备的状态监测，并报告系统故障，方便查询内存中储存的各种信息、存储和打印记录。目前计算机联锁系统属于安全设备，禁止联网，现场均不使用远程诊断功能。

三、计算机在信号集中监测系统中的应用

信号集中监测系统以主要信号设备为对象，融合现代传感器、现场总线、计算机网络通信、软件工程及数据库等技术，监测并记录设备运行状态、统计分析相关数据、加强设备管理，为信号维护管理部门掌握设备当前状态、进行故障分析、指导现场作业和管理提供科学依据。这些技术都迫切需要微型计算机监测系统的功能来发展和改进。

信号集中监测系统是三级三层结构，通过 CAN 总线实时采集设备信息，具有检测、报警、信息存储和状态再现等功能，便于现场设备的监测、诊断和维护。

第三节　病毒防治

一、计算机病毒的概念

计算机病毒是指编制或在计算机程序中插入的破坏计算机功能或毁坏数据，影响计算机使用，并能自我复制的一组计算机指令或者程序代码。

二、计算机病毒的分类

(一)按病毒存在的媒体分类

1. 网络病毒：通过计算机网络传播感染网络中的可执行文件。

2. 文件病毒：感染计算机中的文件（如 COM、EXE、DOX 等）。
3. 引导型病毒：感染启动扇区和硬盘的系统引导扇区。
4. 混合型病毒。

（二）按病毒传染的方法分类

1. 引导扇区传染病毒：主要使用病毒的全部或局部代码取代正常的引导记录，而将正常的引导记录隐藏在其他地方。
2. 执行文件传染病毒：寄生在可执行程序中，一旦程序执行，病毒就被激活，进行预订活动。
3. 网络传染病毒：这类病毒是当前病毒的主流，特点是通过互联网络进行传播。

（三）按病毒攻击操作系统分类

分为攻击 Microsoft DOS，Microsoft Windows 95/98/ME，Microsoft Windows NT/2000/XP，Unix（Linux），Macintosh，OS/2 的病毒。

三、计算机中毒现象

1. 屏幕出现一些无意义的显示画面或异常的提示信息。
2. 屏幕出现异常滚动。
3. 计算机系统出现异常死机和重启现象。
4. 系统不承认硬盘或硬盘不能引导系统。
5. 机器喇叭自动产生鸣叫。
6. 系统引导或程序装入时速度明显减慢，或异常要求用户输入口令。
7. 文件或数据无故丧失，或文件长度自动发生变化。
8. 硬盘出现坏簇或可用空间变小，或不识硬盘设备。
9. 编辑文本文件时，频繁地自动存盘。

四、病毒防范的一般技术措施

1. 经常从软件供应商下载、安装安全的补丁程序和升级杀毒软件。
2. 新购置的计算机和新安装的系统，一定要进行系统升级，保证修补所有的漏洞。
3. 使用高强度的口令。
4. 经常备份重要数据。特别是要做到经常性地对不易复得的数据完全备份。
5. 选择并安装经过公安认证的防病毒软件，定期对整个硬盘进行病毒检测、去除工作。
6. 安装防火墙（软件防火墙），提高系统的安全性。
7. 当计算机不使用时，不要接入互联网，一定要断掉连接。
8. 不要翻开陌生人发来的电子邮件，无论它们有多么诱人的标题或者附件。同时也要小心处理来自熟悉人的邮件附件。
9. 正确配置、使用病毒防治产品。
10. 正确配置计算机系统，减少病毒侵害事件。充分利用系统提供的安全机制，提高系统防范病毒的能力。

为了加强对计算机病毒的预防和治理，保护计算机信息系统安全，保障计算机的应用与发展，铁路局集团公司应根据《中华人民共和国计算机信息系统安全保护条例》的规定制定计算机病毒防治管理办法。

第四章　继电器基础知识

第一节　继电器概述

一、信号继电器

继电器是自动控制系统中常用的电器，用于接通和断开电路，用以发布控制命令和反映设备状态，以构成自动控制和远程控制电路。铁路信号技术中广泛采用的继电器称为信号继电器(在信号系统中可简称继电器)，是铁路信号技术中的重要部件。

继电器是一种电励开关，就是一个带接点的电磁铁。继电器由电磁系统和接点系统两大主要部分组成，如图 4-1-1 所示。其中电磁系统由线圈、固定的铁芯和轭铁及可动的衔铁构成，接点系统由动接点(中接点)和静接点(前、后接点)构成。继电器通过衔铁的动作带动接点系统，改变其状态，从而反映输入电流的状况。

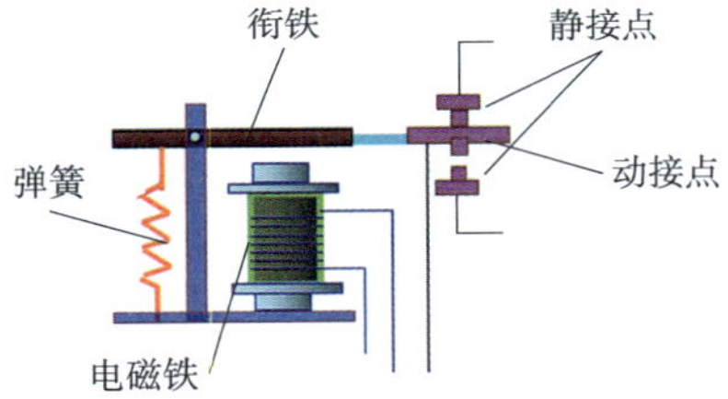

图 4-1-1　继电器基本结构

电磁继电器的基本原理如图 4-1-2 所示。当线圈中通入一定数值的电流后，由于电磁作用或感应方法产生电磁吸引力，吸引衔铁，当电流增大到一定值时，吸引力增大到能克服衔铁向铁芯运动的阻力时(主要是衔铁自重)，衔铁就被吸向铁芯。由衔铁带动的动接点(随衔铁一起动作的接点)也随之动作，与动合接点(以下称前接点)接通，此状态称为继电器励磁吸起(简称吸起)。

吸引力随电流的减小而减小，当吸引力减小到不足以克服衔铁重力时衔铁靠自重落下(称为释放)，衔铁带动动接点与前接点断开，与动断接点(以下称后接点)接通，此状态称为继电器失磁落下(简称落下)。

可见，继电器具有开关特性，可利用它的接点通、断电路，构成各种控制和表示电路。图 4-1-2(b)所示的信号点灯电路，前接点接通时点亮绿灯，后接点接通时点亮红灯。

二、继电器的作用

继电器由于具有开关特性，能以极小的电信号来控制执行电路中相当大的对象，能控制数个对象和数个回路，能控制远距离的对象，能用于发布控制命令和反映设备状态，以构成

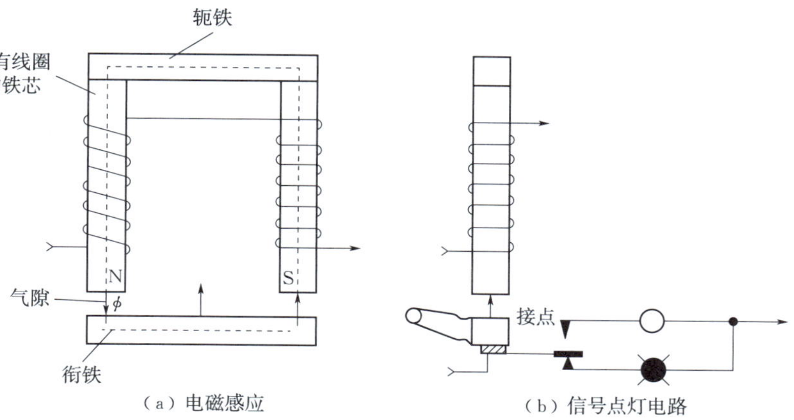

图 4-1-2　电磁继电器的基本原理

自动控制和远程控制电路。继电器动作的可靠性直接影响信号系统的可靠性和安全性。

虽然电子器件尤其是微型计算机以其速度快、体积小、容量大、功能强等技术优势，在相当程度上逐渐取代继电器，构成自动控制和远程控制系统，使控制技术的水平迅速发展。但是，继电器与电子器件相比，仍具有一定的优势，如开关性能好(闭合时阻抗小，断开时阻抗大)、有故障—安全(发生故障时导向安全)性能、能控制多个回路、抗雷击性能强、无噪声、不受周围温度影响等。因此，它仍然具有广阔的应用空间，仍将长期存在。

目前，信号继电器在以继电技术构成的系统，如继电集中联锁中，起着核心作用。而信号继电器在以电子元件和微型计算机构成的系统中，如计算机联锁等系统中，作为其接口部件，将系统主机与信号机、轨道电路、转辙机等执行部件结合起来。虽然已出现全电子化的系统，但要全部取消继电器仍然需要相当长的时间。所以，不仅现在，而且未来，信号继电器在铁路信号领域始终起着重要的作用。

三、继电器分类

继电器类型繁多，可按不同方式分类如下。

(一)按动作原理分类

继电器可分为电磁继电器、感应继电器和热继电器。

1. 电磁继电器是通过继电器线圈中的电流在磁路的气隙(铁芯与衔铁之间)中产生电磁力，吸引衔铁，带动接点动作的。此类继电器数量最多。

2. 感应继电器是利用电流通过线圈产生的交变磁场与另一交变磁场在翼板中所感应的电流相互作用产生电磁力，使翼板转动而动作的。

3. 热继电器是利用热效应原理来切断主电路的保护电器。

(二)按动作电流分类

继电器可分为直流继电器和交流继电器。

1. 直流继电器是由直流电源供电的，它按所通电流的极性，又可分为无极、偏极和有极继电器。直流继电器都是电磁继电器。

2. 交流继电器是由交流电源供电的。它按动作原理，分为电磁继电器和感应继电器。

整流式继电器虽然用于交流电路中，但它用整流元件将交流电整流为直流电，所以其实质上是直流继电器。

（三）按输入量的物理性质分类

继电器可分为电流继电器和电压继电器。

1. 电流继电器反映电流的变化，它的线圈必须串联在所反映的电路中。该电路中必有所被反映的器件，如电动机绕组、信号灯泡等。

2. 电压继电器反映电压的变化，它的线圈励磁电路单独构成。

（四）按动作速度分类

继电器可分为正常动作继电器和缓动继电器。

1. 正常动作继电器衔铁动作时间为 0.1～0.3 s。大部分信号继电器属于此类。

2. 缓动继电器，衔铁动作时间超过 0.3 s，又分为缓吸、缓放。时间继电器是利用脉冲延时电路或软件设定使之缓吸。缓放型继电器则利用短路铜环产生磁通使之缓动，主要取其缓放特性。

（五）按接点结构分类

继电器可分为普通接点继电器和加强接点继电器。

1. 普通接点继电器具有开断功率较小的接点的能力，以满足一般信号电路的要求，多数继电器为普通接点继电器。

2. 加强接点继电器具有开断功率较大的接点的能力，以满足电压较高、电流较大的信号电路的要求。

（六）按工作可靠程度分类

继电器可分为安全型继电器和非安全型继电器。

1. 安全型继电器是无须借助于其他继电器，亦无须对其接点在电路中的工作状态进行监督检查，其自身结构即能满足一切安全条件的继电器。

2. 非安全型继电器是必须监督检查接点在电路中的工作状态，以保证安全条件的继电器。

安全型继电器主要依靠衔铁自身释放，故又称重力式继电器。非安全型继电器主要依靠弹簧弹力释放衔铁，故又称弹力式继电器。一般说来，安全型继电器的安全性、可靠性高于非安全型继电器。

四、继电器型号及表示方法

AX 系列安全型继电器是由我国自行设计和制造的，是我国铁路信号继电器的主要定型产品，应用最为广泛。

安全型继电器是直流 24 V 系列的重弹力式直流电磁继电器，其典型结构为无级继电器。其他各型继电器由无极继电器派生。

（一）安全型继电器的分类

安全型继电器分为插入式和非插入式。插入式多为单独使用，非插入式常使用于有防尘外壳的组匣中。

插入式安全型继电器如图 4-1-3 所示，需加装继电器插座板，利用继电器下部螺栓露出部分将继电器插座板插入，用螺母紧固，然后用螺母紧固型别盖。各种继电器型别盖上的鉴别孔不同，应与插座板上的鉴别销相吻合。在实际使用中，为便于维修，多采用插入式安全型继电器。

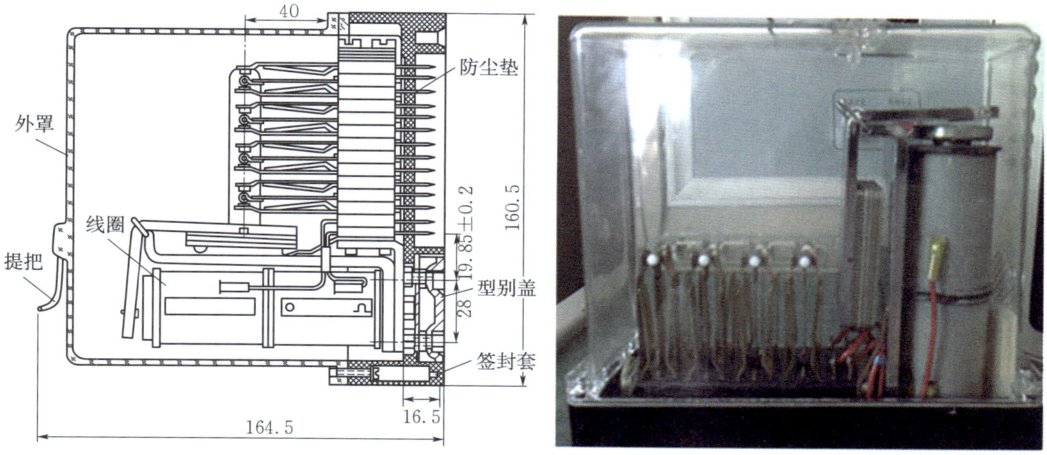

图 4-1-3　插入式安全型继电器(单位：mm)

(二)安全型继电器的型号表示法

安全型继电器型号用汉字拼音字母和数字表示，字母表示继电器种类，数字表示线圈的电阻值(单位：Ω)，如图 4-1-4 所示。

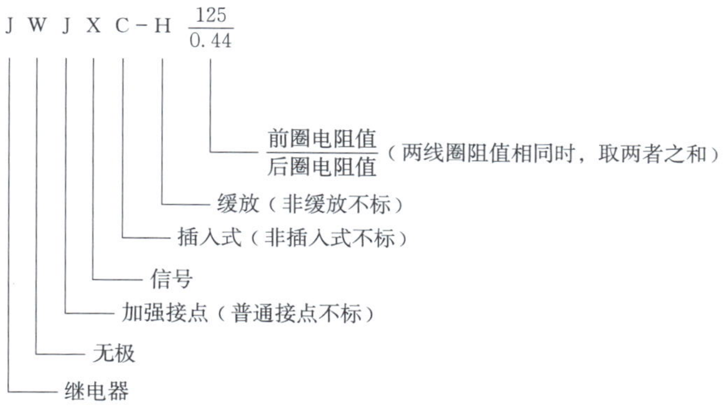

图 4-1-4　安全型继电器型号表示

继电器型号的文字符号含义见表 4-1-1。

表 4-1-1　继电器型号的文字符号含义

序号	含义		序号	含义	
	安全型	其他类型		安全型	其他类型
A		安全	C	插入	插入、传输、差动
B		半导体	D		单门、动态

（续）

序号	含义		序号	含义	
	安全型	其他类型		安全型	其他类型
DB	单闭磁		T		通用、弹力
H	缓放	缓放	W	无极	
J	继电器、加强接点	继电器、加强接点、交流	X	信号	信号、小型
P	偏极	Y	有极		
R		二元	Z	整流	整流、转换
S		时间、灯丝、双门			

(三)安全型继电器的品种及用途

安全型继电器具有无极、无极加强接点、无极缓放、无极加强接点缓放、整流式、有极、有极加强、偏极、单闭磁共9类。它们的特性和线圈电阻值各不相同，在信号电路中有不同的作用。以下对部分类型进行介绍。

1. 无极继电器

无极继电器对于通入线圈的电流极性没有要求。

无极继电器的线圈分为前圈和后圈，之所以采用双线圈，主要是为了增强控制电路的适应性和灵活性，可根据电路需要单线圈控制、双线圈串联控制或双线圈并联控制。如JWXC-1700型就是应用最广泛的无极继电器，用于各种信号电路。

2. 无极加强接点继电器

无极加强接点继电器是为通断功率较大的信号电路而设计的。

无极加强接点继电器的接点系统由普通接点和加强接点组成。普通接点与无极继电器相同，加强接点则具有特殊设计的大功率接点和磁吹弧器。磁吹弧器由磁钢制成，利用电弧在磁场中受力运动而产生吹弧作用，使电弧迅速冷却而熄灭。如JWJXC-480型就是应用最广泛的无极加强接点继电器。

3. 缓放继电器

当其线圈接通电源或断开电源时，铁芯中的磁通发生变化，在铜线圈架中产生感应电流(涡流)。感应电流所产生的磁通阻止原磁通的变化，使铁芯中的磁化变化减慢(即接通电源时感应电流产生的磁通与原磁通方向相反，使磁通增长减慢；切断电源时感应电流的磁通与原磁通方向相同，使磁通减小变慢)，从而使继电器缓吸、缓放。在具体电路中，利用最多的是它的缓放特性。如JWXC-H340型就是应用最广泛的缓放继电器。

4. 整流式继电器

整流式继电器用于交流电路中，它通过内部的半波或全波整流电路将交流电变为直流电而动作。如JZXC-480型就是应用较广泛的整流式继电器，在交流连续式轨道电路中作为轨道继电器使用。

5. 有极继电器

有极继电器根据线圈中电流极性不同而具有定位和反位两种稳定状态，这两种稳定状态在线圈中电流消失后，仍能继续保持，故又称极性保持继电器。它的特点是磁系统中增加了永久磁钢。在线圈中通以规定极性的电流时，继电器吸起，断电后仍保持在吸起位置；通以反方向电流时，继电器打落，断电后保持在打落位置。如 JYJXC-135/220 型就是应用广泛的有极继电器，用作道岔启动继电器。

6. 偏极继电器

偏极继电器是为了满足信号电路中鉴别电流极性的需要设计的。它与无极继电器不同，衔铁的吸起与线圈中电流的极性有关，只有通过规定方向的电流时，衔铁才吸起，而电流方向相反时，衔铁不动作。但它又不同于有极继电器，只有一种稳态，即衔铁靠电磁力吸起后，断电就落下，落下是稳定状态。如 JPXC-1000 型就是应用广泛的偏极继电器，最多用于道岔表示继电器。

(四)安全型继电器的特点

为了达到故障—安全要求，安全型继电器在结构上有以下特点：

1. 前接点采用熔点高、不会因熔化而使前接点粘连的导电性能良好的材料。

2. 增加衔铁质量，采用“重力恒定”原理在线圈断电时强制将前接点断开。

3. 采用剩磁极小的铁磁材料构成磁路系统，并在衔铁与极靴之间设有一定厚度的非磁性止片，当衔铁吸起时仍有一定的气隙以防剩磁吸力将衔铁吸住。

4. 衔铁不因机械故障而卡在吸起状态。

五、继电器插座

(一)继电器插座结构

插入式安全型继电器，须加装继电器插座板，并采用防错插措施，当插座板鉴别销与继电器型别盖的鉴别孔一致时，方能安装继电器，其结构如图 4-1-5 所示。

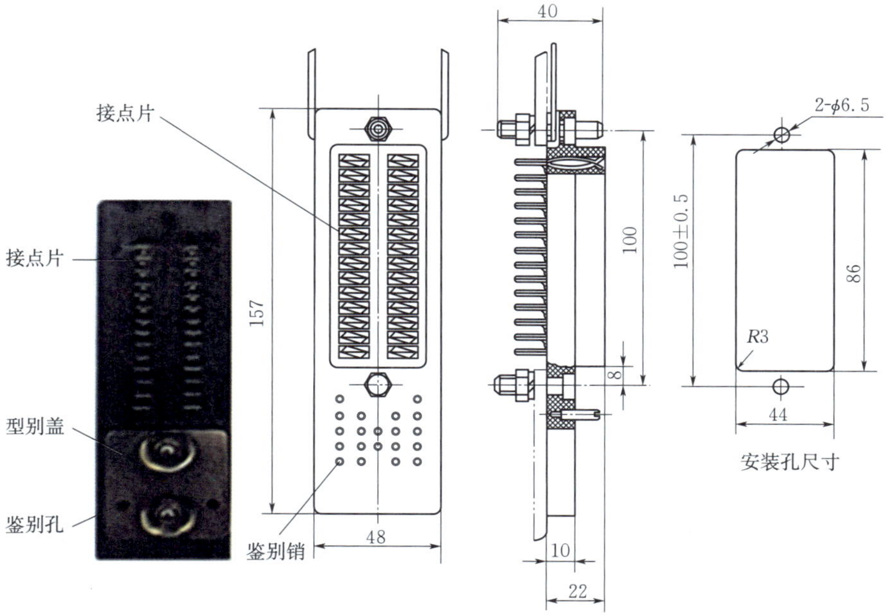

图 4-1-5　安全型继电器后视图及插座结构(单位：mm)

(二)继电器插座接点编号

插座插孔旁所注接点编号系无极继电器的接点编号，其他各型继电器接点系统的位置及使用编号与之不同，实际使用的插座仅此一种，所以必须按图 4-1-6 的插座接点编号与符号对照使用。

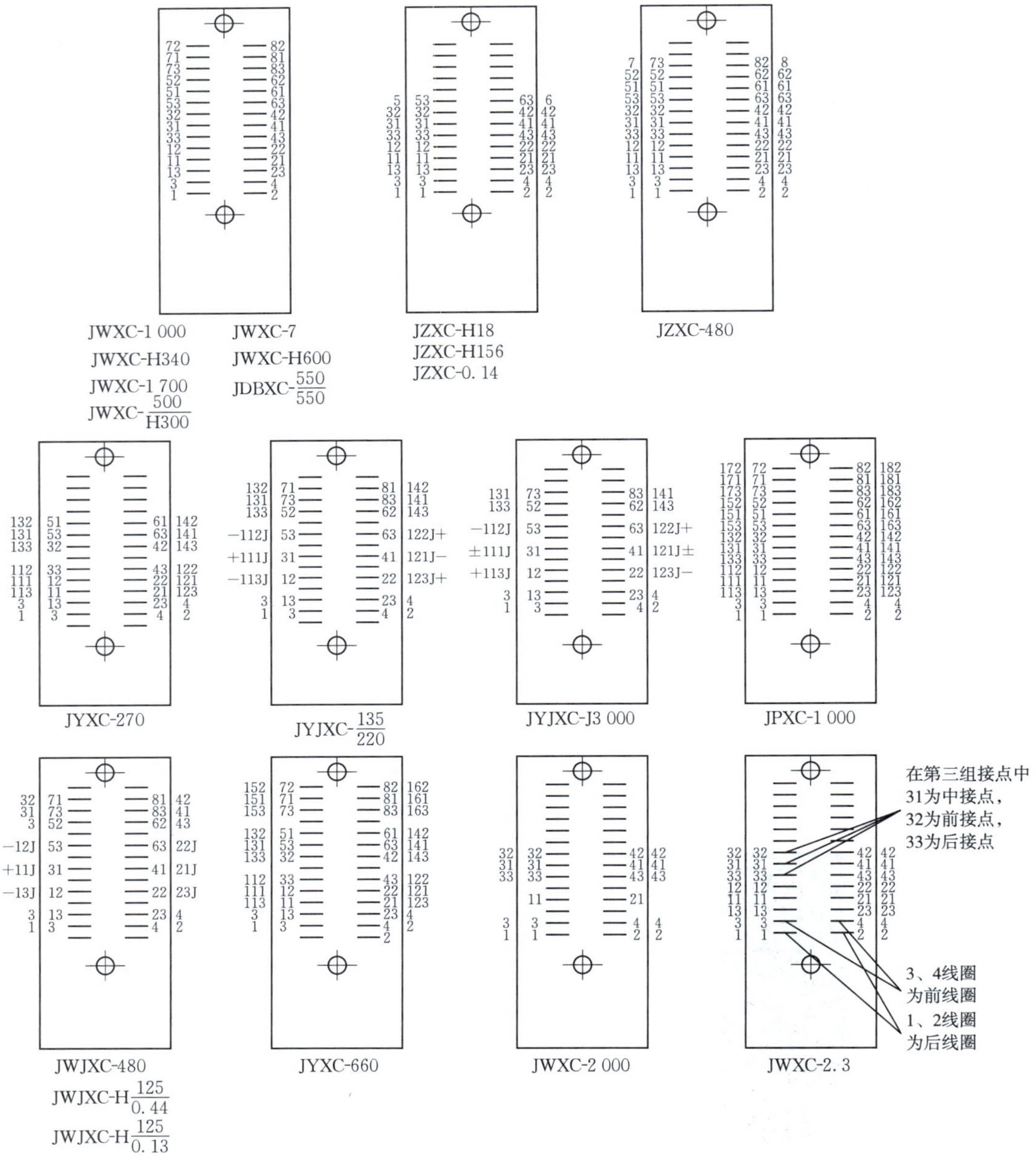

图 4-1-6　插座接点编号对照

(三)型别盖鉴别孔位置

不同类型的继电器由型别盖上的鉴别孔进行鉴别，根据规定将鉴别孔逐个钻成，以与鉴别销相吻合，鉴别孔位置如图 4-1-7 所示。

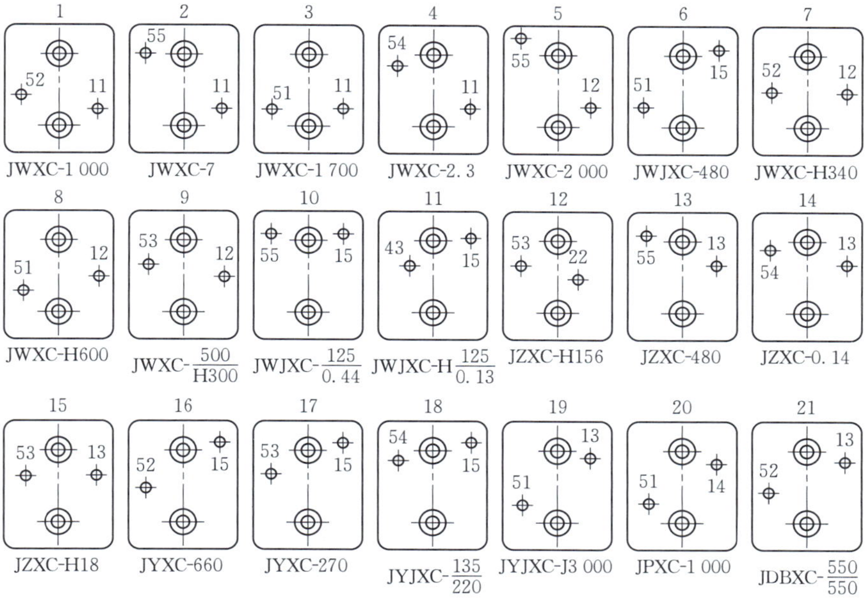

图 4-1-7　鉴别孔位置(单位:mm)

六、继电器的表述

(一)继电器名称符号

继电器根据主要用途和功能来命名,例如,反映按钮动作的继电器称为按钮继电器,控制信号的继电器称为信号继电器。为了便于标记,继电器符号用汉语拼音字头来表示,例如,按钮继电器表示为 AJ,信号继电器表示为 XJ。在一个控制系统中会用到许多继电器,同一作用和功能的继电器也不止一个,在名称上必须有所区别,例如,XLXJ 代表下行列车信号继电器,YBJ 代表移频报警继电器。在不同的控制电路中,同样符号的继电器代表的含义也有所区别,例如,DJ 在信号机点灯电路中代表灯丝继电器,在辅助改方电路中代表短路继电器。

同一个继电器的线圈和接点必须用该继电器的名称符号来标记,以免互相混淆。

(二)继电器状态

继电器有吸起和落下两个状态,在电路图中只用其中的一种状态表达。电路图中继电器呈现的状态称为通常状态(简称常态),或称为定位状态。

在电路图中,凡是以吸起状态为常态的继电器,其线圈和接点处均以“↑”标示;凡是以落下状态为常态的继电器,其线圈和接点处均以“↓”标示。

(三)继电器图形符号

继电器的图形符号见表 4-1-2、表 4-1-3,这些图形符号反映了继电器的某些特性,因此绘图时必须正确选用,以免混淆。表中的接点图形符号有工程图用和原理图用两种。工程图用的符号略为复杂,但能准确表达接点的状态,且不因笔误而造成误解,所以工程图中必须采用工程图用符号。原理图用的接点符号比较简单,但稍有笔误即易造成误认,仅限于设计草图和教学中使用。

表 4-1-2　继电器线圈图形符号

序　号	符　号	名　称	说　明
1		无极继电器	
	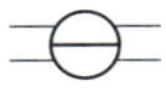		两线圈分接
2		无极缓放继电器	
3			单线圈缓放
4		无极加强继电器	
5		有极继电器	
6		有极加强继电器	
	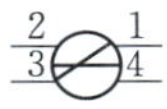		两线圈分接
7		偏极继电器	
8		整流式继电器	
9		时间继电器	
10		单闭磁继电器	
11	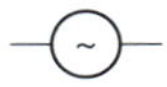	交流继电器	
12	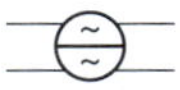	交流二元继电器	
13		动态继电器	
			两线圈分接

表 4-1-3　继电器接点图形符号

序　号	符　号		名　称	说　明
	标准图形	简化图形		
1	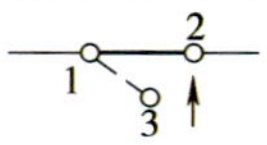		前接点闭合	
2	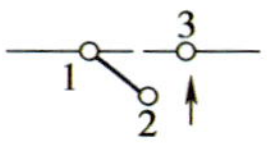	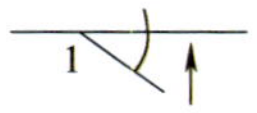	后接点断开	

（续）

序　号	符　号		名　称	说　明
	标准图形	简化图形		
3	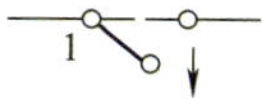		前接点断开	
4	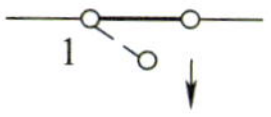		后接点闭合	
5	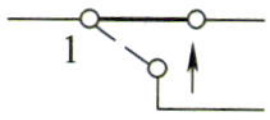		前、后接点组	前接点闭合 后接点断开
	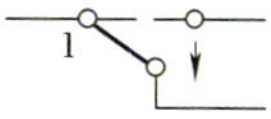	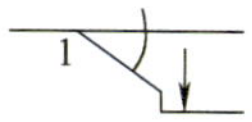		前接点断开 后接点闭合
6	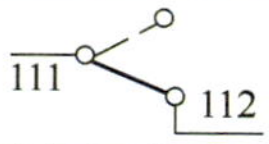	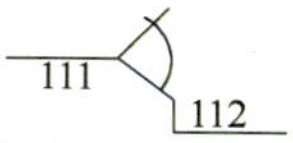	极性定位接点闭合	
7	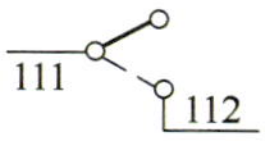	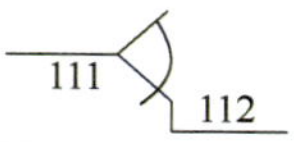	极性定位接点断开	
8	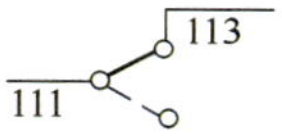		极性反位接点闭合	
9	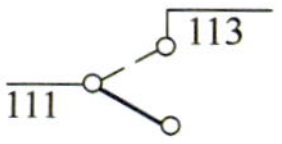	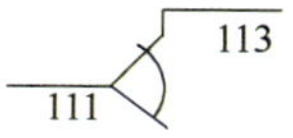	极性反位接点断开	
10	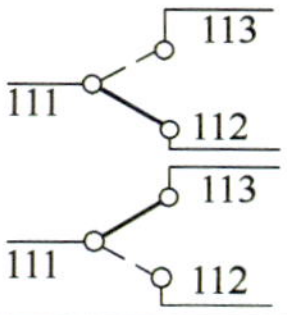	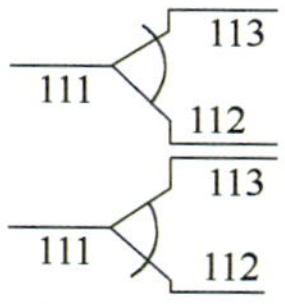	极性定、反位接点组	定位接点闭合 反位接点断开 定位接点断开 反位接点闭合

第二节　继电器应用

应用继电器可构成各种控制和表示电路，统称继电电路。在具体的应用过程中，涉及如何选用继电器、识读继电电路、分析继电电路及判断继电器故障等方面内容。掌握这些知识和技能，有利于正确运用继电器。

一、串联电路和并联电路

根据继电器接点在电路中的连接方式，继电电路可分为串联、并联和串并联三种基本形式。

（一）串联电路

串联电路指继电器接点串联连接的电路，其功能是实现逻辑“与”的运算，如图 4-2-1 所示，3 个接点必须同时闭合才能使 DJ 吸起。从逻辑功能来看，接点在电路中串接顺序是任意的，而且动接点是否接向电源也是任意的。但从工程角度出发，应考虑接点的有效使用，如 AJ 的后接点可用在别的电路中。

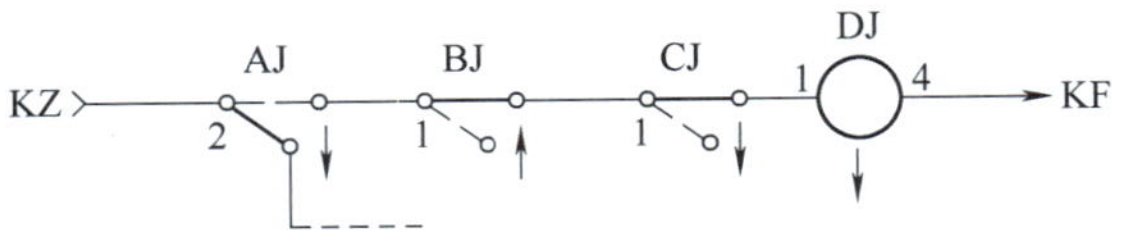

图 4-2-1　串联电路

(二)并联电路

由几个继电器接点并联连接的电路称为并联电路，它的功能是实现逻辑“或”运算。如图 4-2-2 所示，3 个接点并联，其中任意一个接点闭合都会使 DJ 吸起。

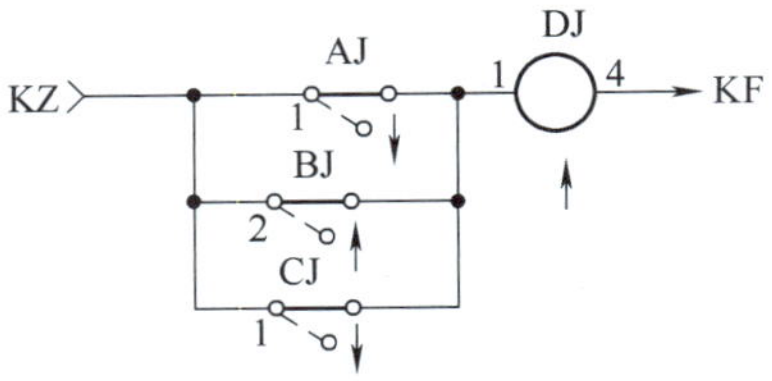

图 4-2-2　并联电路

(三)串并联电路

根据逻辑功能的要求，电路中有些接点串联，有些接点并联，这类电路称为串并联电路，如图 4-2-3 所示。

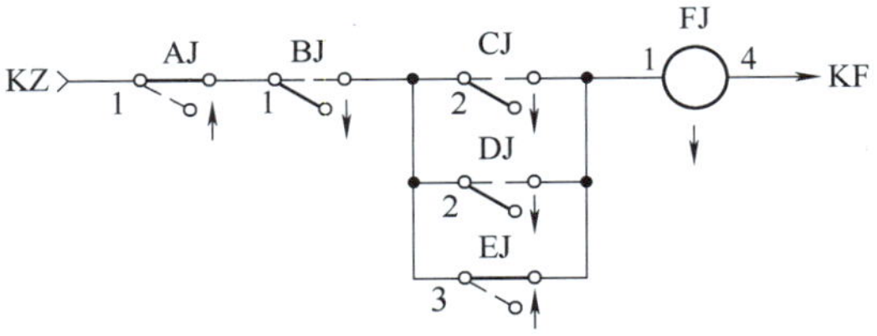

图 4-2-3　串并联电路

二、自闭电路

在继电器构成的控制系统中，常须将某一动作记录下来，为后续过程做准备。以按钮继电器电路为例，按下自复式按钮 A 后，AJ 经过励磁电路吸起，松开按钮后，继电器随着按钮松开复原将落下。为保持继电器吸起，须增加由其自身前接点构成的电路。这条由其自身前接点构成的电路称为自闭电路，如图 4-2-4 所示，当它完成任务后，由表示该任务完成的继电器（BJ）接点使其复原。

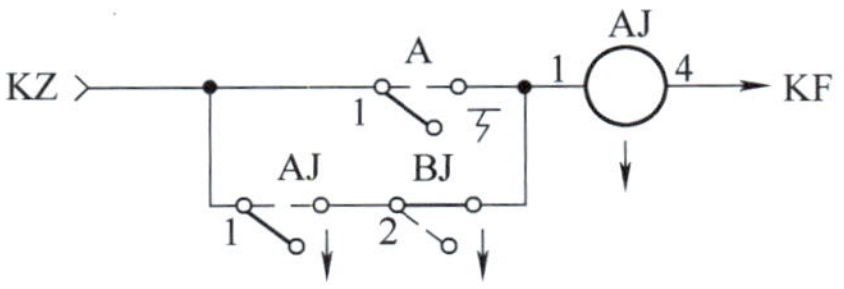

图 4-2-4　自闭电路

第五章　道岔转辙设备

第一节　基础知识

一、转辙机的作用

1. 转换道岔的位置，根据需要转换至定位或反位；

2. 道岔转至所需位置而且密贴后，实现锁闭，防止外力转换道岔；

3. 正确地反映道岔的实际位置，道岔的尖轨密贴于基本轨后，给出相应的表示；

4. 道岔被挤或因故处于“四开”(两侧尖轨均不密贴)位置时，及时给出报警及表示。

二、转辙机的技术要求

1. 联锁道岔转换设备的安装应方正，各种类型的转辙机及转换锁闭器外壳所属线路侧面的两端与基本轨或中心线垂直距离的偏差：内锁闭道岔不大于 10 mm；外锁闭道岔不大于 5 mm。

2. 列车运行速度大于 120 km/h 的道岔应采用外锁闭装置。

3. 多点(含两点及以上)牵引道岔应采用多机牵引方式。

4. 发生挤岔时，转换设备(快速转辙机除外)应可靠切断道岔表示。

5. 列车运行速度大于 120 km/h 的线路，道岔应采用三相 380 V 电源电压的交流电动、电液转辙机牵引。其他线路可采用额定电压 160 V 直流电动、电液转辙机牵引。

6. 驼峰调车场道岔应采用额定电压 180～200 V 的直流(或三相 380 V 电源电压的交流)快速电动、电液、电空转辙机牵引；还可采用额定电压 20 V 的直流快速电空转辙机牵引。

7. 多机牵引道岔使用的不同动程的转辙机，应满足道岔同步转换的要求。

8. 尖轨、心轨的第一牵引点转辙机，应采用动作杆和锁闭杆同时锁闭的方式。

9. 道岔密贴检查

(1)列车运行速度 120 km/h 及以下区段的道岔密贴检查应满足以下要求：

①单点牵引道岔牵引点中心线处有 4 mm 及其以上间隙时，密贴尖轨和心轨不得锁闭和接通道岔表示。

②驼峰调车场使用的快速转辙机可不设表示杆检查表示。如设表示杆时，在道岔牵引点中心线处有 7 mm 及其以上间隙时，密贴尖轨不得接通道岔表示。

③两点及三点牵引道岔第一牵引点中心线处有 4 mm 及其以上间隙时，密贴尖轨和心轨不得锁闭和接通道岔表示，其余牵引点检查 6 mm。尖轨的密贴段，在牵引点间有 10 mm 及以上缝隙时不得接通道岔表示。

(2)列车运行速度大于 120 km/h 且小于 160 km/h 区段的道岔密贴检查应满足以下要求：

①单点牵引道岔牵引点中心线处有 4 mm 及其以上间隙时，密贴尖轨和心轨不得锁闭或接通道岔表示。

②两点及三点牵引道岔第一牵引点中心线处有 4 mm 及其以上间隙时，密贴尖轨和心轨不得锁闭或接通道岔表示，其余牵引点检查 6 mm 间隙。尖轨的密贴段，在牵引点间有 10 mm 及以上缝隙时不得接通道岔表示。

(3)列车运行速度大于 160 km/h 区段的道岔密贴检查应满足以下要求：

①牵引点中心线处尖轨与基本轨、心轨与翼轨间有 4 mm 及以上间隙时，锁闭机构不得锁闭和接通道岔表示。

②尖轨、心轨的密贴段，在牵引点间有 5 mm 及以上缝隙时不得接通道岔表示。

③多点牵引道岔在尖轨与基本轨和心轨与翼轨不密贴段的牵引点可不设表示杆，也不进行密贴检查，其他牵引点应设置表示杆。

10. 道岔表示冗余系统

(1)在第一牵引点中心线处尖轨或心轨密贴时有 4 mm 及以上间隙时，锁闭机构不得锁闭或接通道岔表示。

(2)当尖轨或心轨从密贴位斥离至 5 mm 及以上缝隙时，应断开道岔表示。

11. 道岔表示电路中应采用反向电压不小于 500 V，正向电流不小于 300 mA 的整流元件；三相交流转辙机表示电路中应采用反向电压不小于 500 V，正向电流不小于 1 A 的整流元件。

12. 各种类型的转辙机及密贴检查装置应符合下列技术要求：

(1)能可靠地转换道岔。在尖轨与基本轨密贴后，将道岔锁闭在规定位置，并给出道岔位置的表示。

(2)正常转换道岔时，挤切销或保持联结装置应保证不发生挤切或挤脱。当道岔被挤时，同一组道岔上的转辙机或转换锁闭器、密贴检查装置的表示接点必须断开。

(3)安全接点应接触良好。在插入手摇把或钥匙时，安全接点应可靠断开，非经人工恢复不得接通电路。

(4)齿轮装置的各齿轮啮合良好，传动不磨卡，无过大噪声。

(5)各种类型的电液转辙机的油路系统不得出现渗漏和堵塞现象。

(6)整机密封性能良好，能有效防水、防尘。手摇把孔和钥匙孔处不漏水，不进尘土，机内无积水、无粉尘及杂物。各种零部件无锈蚀。

(7)机内配线的接线片和接线端子的螺母无松脱、虚接和滑扣现象。配线的绝缘层无损伤。

13. 凡用于正线道岔第一牵引点的转辙机，动作杆和表示杆必须具备锁闭功能。

三、转辙机的分类

(一)按动作能源和传动方式分类

转辙机可分为电动转辙机、电动液压转辙机和电空转辙机。

1. 电动转辙机由电动机提供动力，采用机械传动的方式。多数转辙机都是电动转辙机，包括我国铁路大量使用的 ZD6 系列转辙机和 S700K 型电动转辙机。

2. 电动液压转辙机简称电液转辙机，由电动机提供动力，采用液力传动的方式。ZY(J)系列转辙机即为电液转辙机。

3. 电空转辙机由压缩空气作为动力，由电磁换向阀控制。ZK 系列转辙机即为电空转辙机。

(二)按供电电源种类分类

转辙机可分为直流转辙机和交流转辙机。

1. 直流转辙机采用直流电动机，工作电源是直流电。ZD6 系列电动转辙机就是直流转辙机，由直流 220 V 供电。ZY 系列电液转辙机也是直流转辙机，亦由直流 220 V 供电。电空转辙机则由 24 V 直流电供电。直流电动机的缺点是，由于存在换向器和电刷，易损坏，故障率较高。

2. 交流转辙机采用三相交流电源或单相交流电源，由三相异步电动机或单相异步电动机(现大多采用三相异步电动机)作为动力。目前推广的提速道岔用的 S700K 型电动转辙机和 ZYJ7 系列电液转辙机均为交流转辙机。交流转辙机采用感应式交流电动机，不存在换向器和电刷，因此故障率低，而且单芯电缆控制距离远。

(三)按动作速度分类

转辙机分为普通动作转辙机和快动转辙机。

大多数转辙机转换道岔时间在 3.8 s 以上，属于普通动作转辙机，无须说明。ZD7 型电动转辙机和 ZK 系列电空转辙机转换道岔时间在 0.8 s 以下，属于快动转辙机。快动转辙机主要用于驼峰调车场，以满足分路道岔快速转换的要求。

(四)按锁闭道岔的方式分类

转辙机可分为内锁闭转辙机和外锁闭转辙机。

1. 内锁闭转辙机依靠转辙机内部的锁闭装置锁闭道岔尖轨，是间接锁闭的方式。ZD6 系列等大多数转辙机均采用内锁闭方式。内锁闭方式锁闭可靠程度较差，列车对转辙机的冲击大。

2. 外锁闭转辙机虽然内部也有锁闭装置，但主要依靠转辙机外的外锁闭装置锁闭道岔，将密贴尖轨直接锁于基本轨，斥离尖轨锁于固定位置，是直接锁闭的方式。用于提速道岔的 S700K 型电动转辙机和 ZYJ7 系列电液转辙机均采用外锁闭方式。外锁闭方式锁闭可靠，列车对转辙机几乎无冲击。

第二节　设备组成

一、电动转辙机

ZD6 系列电动转辙机内部主要由电动机、减速器、摩擦联结器、摩擦弹簧、齿条块、自动开闭器、主轴、动作杆、表示杆或锁闭杆、移位接触器、底壳、机盖等主要部件组成，如图 5-2-1 所示。

ZD6 系列电动转辙机外部主要由短角钢、长角钢、动作杆、表示杆、尖端杆、方钢、L 形铁、安装装置绝缘、电缆盒等组成，如图 5-2-2 所示。

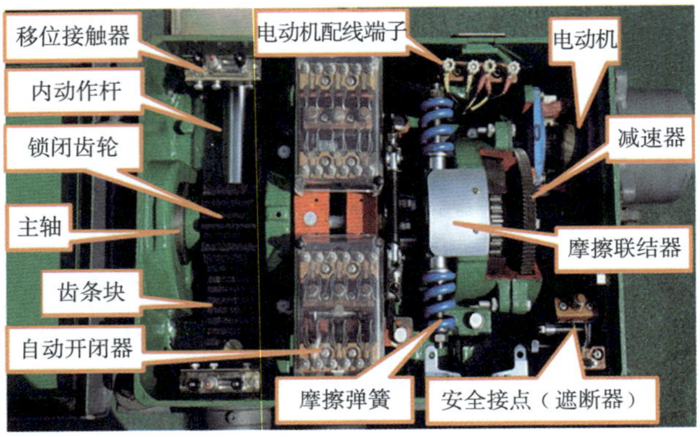

图 5-2-1　ZD6 系列电动转辙机结构

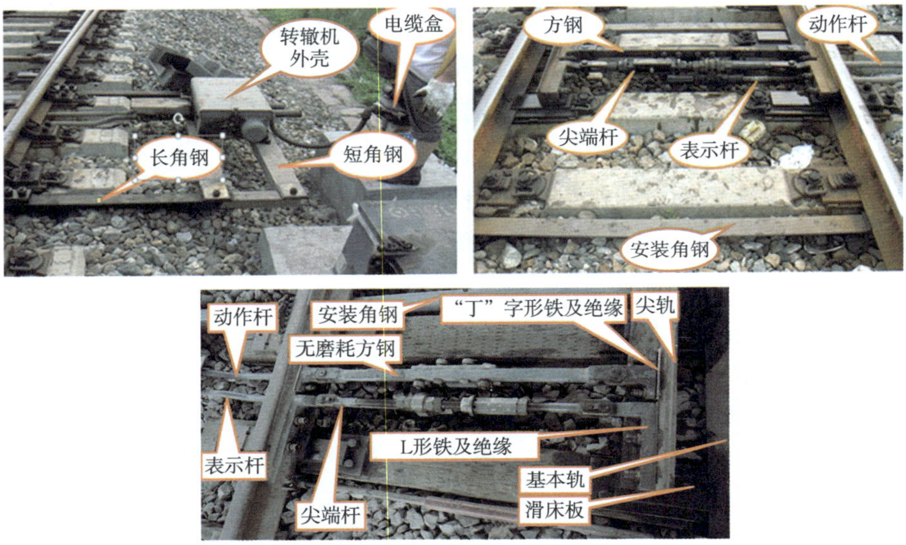

图 5-2-2　ZD6 系列电动转辙机外部组成

二、电液转辙机

（一）ZY4 型电液转辙机

ZY4 型电液转辙机由 ZY4 型转辙机（亦称主机，用于第一牵引点）、SH5 型转换锁闭器（亦称副机，用于第二、第三等牵引点）和液压站组成，主机与副机共用一套动力系统，之间靠油管连接传输动力。主机由手动阀、手动齿轮板、箱体、油缸、锁闭柱、锁闭铁、油管、动作杆、接点组、表示杆、活塞杆、推板套、端子柱等主要零部件组成。液压站由电动机、油箱、油泵、接头体、溢流阀、压力表阀、流量平衡阀、安全接点等组成。SH5 型转换锁闭器由表示杆、挤脱器、检查柱、推板套、动作杆、接点组、活塞杆等组成。ZY4 型电液转辙机主要结构及外部组成如图 5-2-3～图 5-2-7 所示。

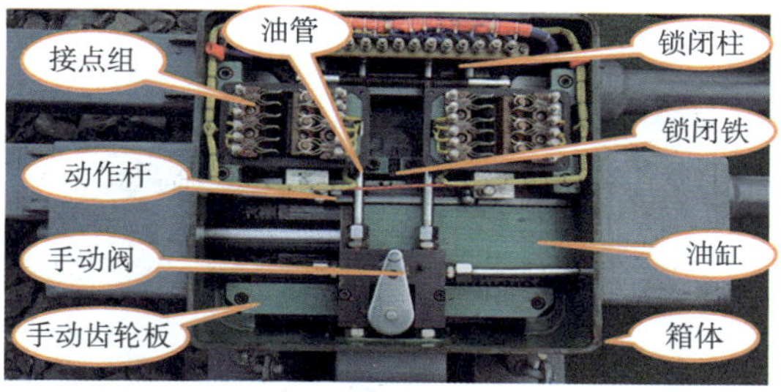

图 5-2-3　ZY4 型电液转辙机主机结构

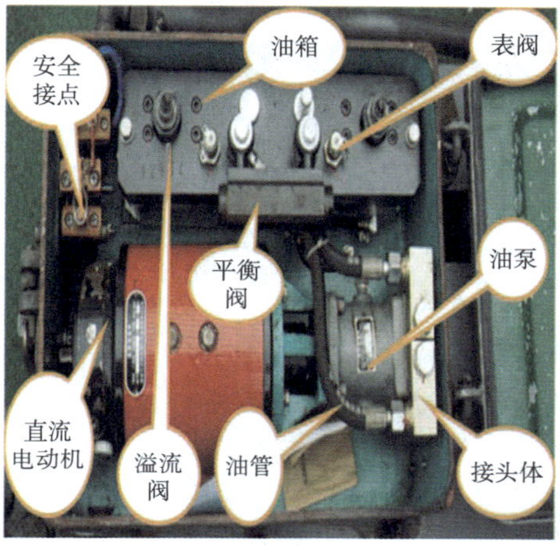

图 5-2-4　液压站结构

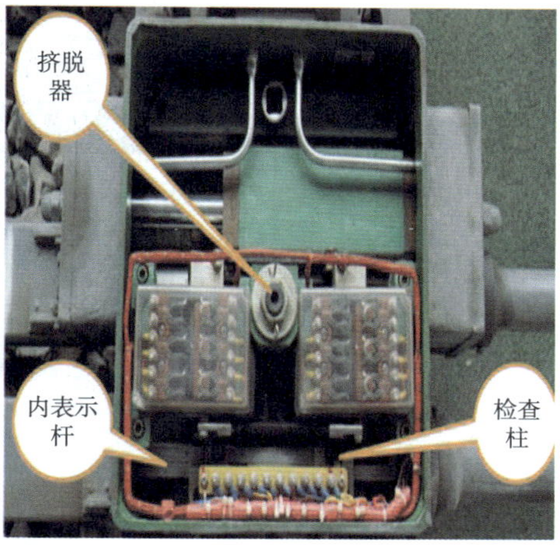

图 5-2-5　SH5 型转换锁闭器结构

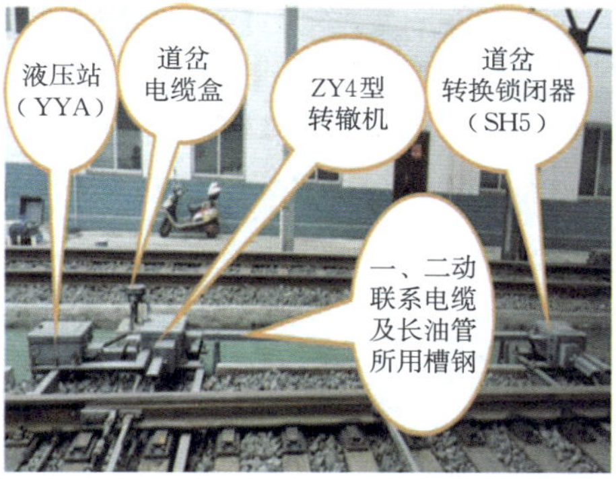

图 5-2-6　ZY4 型电液转辙机外部组成(1)

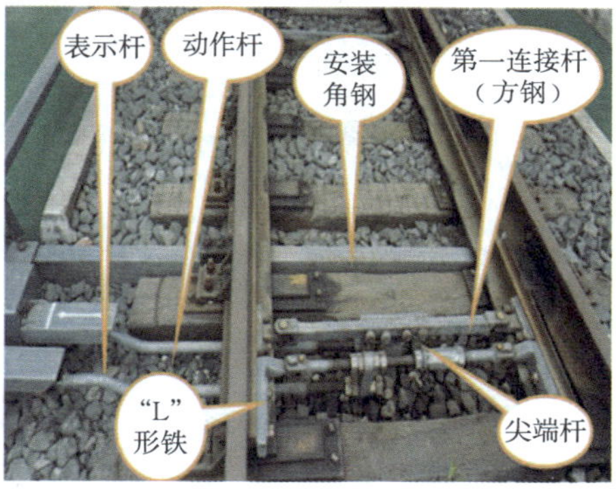

图 5-2-7　ZY4 型电液转辙机外部组成(2)

(二)ZYJ7 系列电液转辙机

ZYJ7 系列电液转辙机主要由电动机、惯性轮、联轴器、油泵、油箱、溢流阀、单向阀、油缸、油管、遮断器、动作板、滚轮、启动片、速动片、流量调节阀、推板套、活塞杆、锁闭铁、锁块、接点组、启动油缸、动作杆、表示杆等组成。SH6 型转换锁闭器主要由油缸、动作杆、表示杆、挤脱器、动作板、滚轮、启动片、速动片、流量调节阀、推板套、活塞杆、锁闭铁、锁块、接点组组成。ZYJ7 系列电液转辙机主要结构及外部组成如图 5-2-8～图 5-2-11 所示。

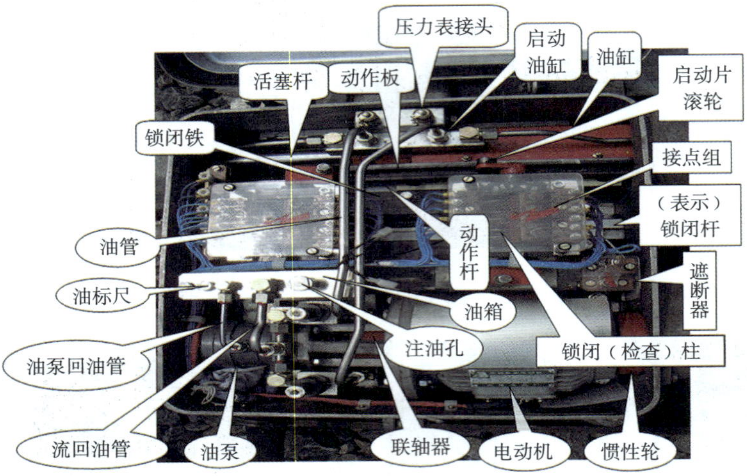

图 5-2-8　ZYJ7 系列电液转辙机内部结构

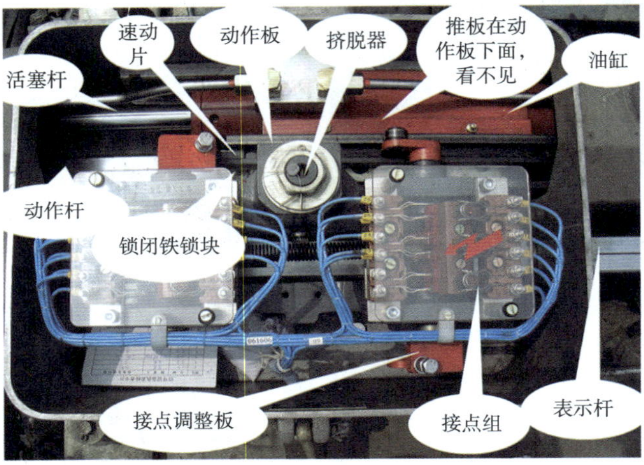

图 5-2-9　SH6 型转换锁闭器结构

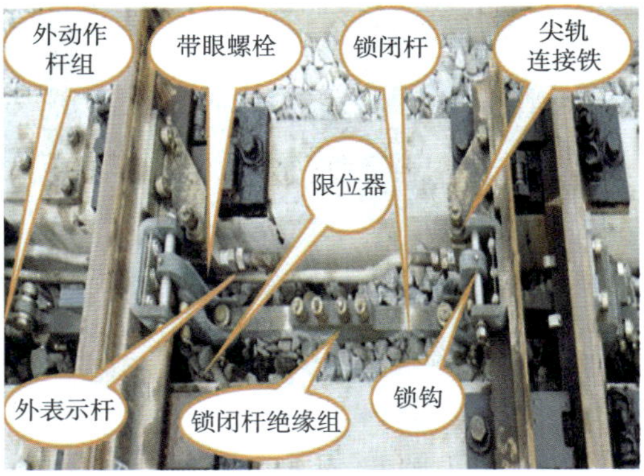

图 5-2-10　ZY(J)7 系列电液转辙机外部组成(1)

图 5-2-11　ZY(J)7 系列电液转辙机外部组成(2)

第三节　基本原理

一、电动转辙设备

ZD6 系列电动转辙机传动原理如图 5-3-1 所示，其中各零部件所处的位置是动作杆缩入箱体内，转辙机停止并处于锁闭状态下的正确位置。要使动作杆向右由箱体内伸出，其传动过程如下。

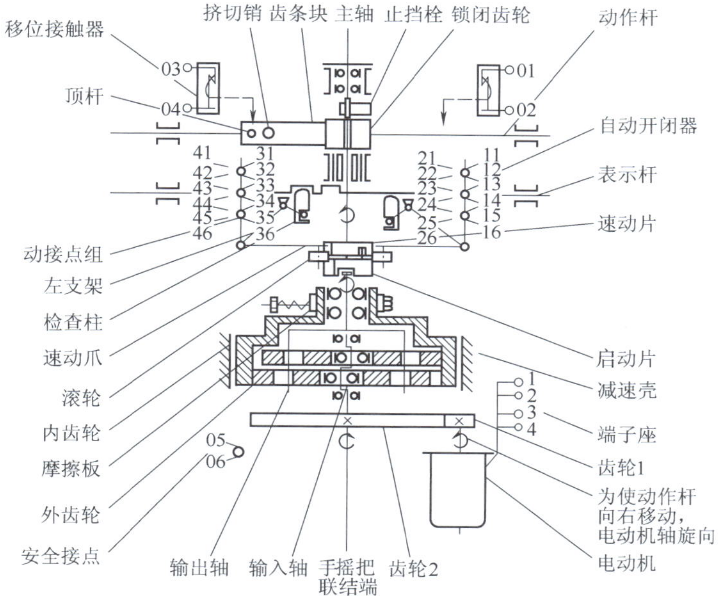

图 5-3-1　ZD6 系列电动转辙机传动原理

1. 来自道岔控制电路的电源，经由自动开闭器的第一排处于接通状态下的接点接至电动机，使电动机按逆时针方向旋转（从电动机尾端看）。

2. 电动机轴上的齿轮 1 与减速器中的齿轮 2 啮合，使输出轴按逆时针方向旋转。

3. 输出轴通过启动片带动主轴以及与主轴花键联结的锁闭齿轮同方向旋转。

4. 锁闭齿轮拨动齿条块向右做直线运动，同时齿条块也带动了动作杆由箱体内向外伸出，牵引道岔实现转换。

5. 当主轴旋转过一定的角度时，锁闭齿轮与齿条块脱离了齿形啮合部分而进入了以圆弧相接触的部分，因此齿条块与动作杆停止运动，道岔转换完毕，此时动作杆位置则被固定，即实现了道岔的锁闭。

6. 启动片在随着输出轴旋转的过程中，首先将左侧的动接点组与第 3 排静接点由接通状态转为断开，即切断原表示电路，随即与第 4 排静接点接通，即接通动作电路。当输出轴的旋转到达终了位置时，也就是道岔密贴后，右侧的动接点组与第 1 排静接点由接通状态转为断开，即切断动作电路，随即与第 2 排静接点接通，即接通新的表示电路，对道岔所处的位置给出正确的表示。

7. 动接点与检查柱相连，动接点的摆动带动检查柱上下运动。由于表示杆与尖轨相连，当动作杆伸出到位，尖轨与基本轨密贴时，右侧的检查柱应该落入表示杆对应的缺口内，此时第 2 排静接点才能接通，因此检查柱是起到对道岔密贴状况进行检测的作用。

以上是转辙机由动作杆缩回在箱体内转换到伸出状态的整个动作过程，反之亦然。

二、电液转辙设备

（一）ZY4 型电液转辙机的工作原理

1. 油路原理

ZY4 型电液转辙机油路系统如图 5-3-2 所示。

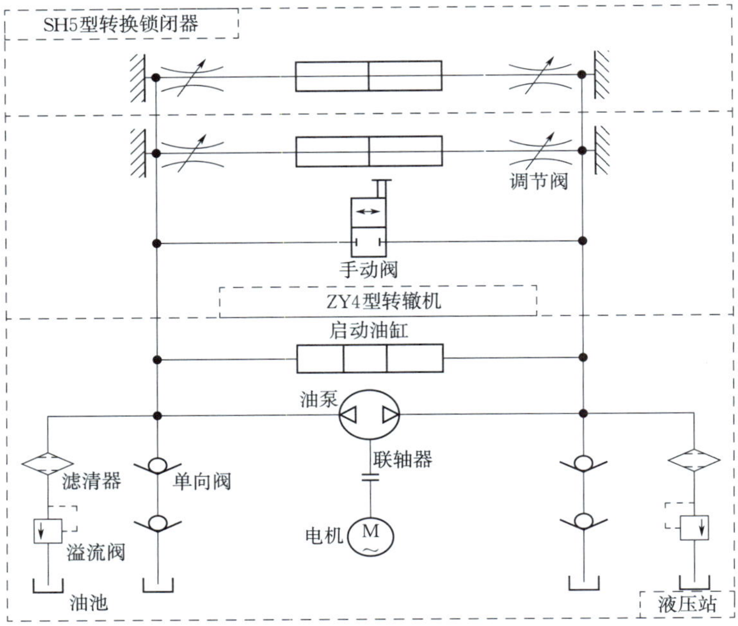

图 5-3-2　ZY4 型电液转辙机油路系统

(1)在正常情况下:手动阀处于截止位,当电动机带动油泵顺时针方向转动,油泵从主、副机油缸的左侧腔内吸出油,泵出的压力油进入主、副机油缸的右侧腔,此时右侧腔为压力油,由于活塞杆固定不动,所以油缸向右移动(若油缸左侧腔内的油液不足以使油缸走完行程,泵就经左边单向阀吸入油)。

(2)当电动机带动油泵继续旋转而油缸走不到规定位置时(如机械卡阻、道岔卡石转不到位等),泵即从左边单向阀吸油,泵出的压力油使右侧油路系统压力达到溢流压力,此时右边溢流阀阀芯开启,压力油经右边的过滤器和右边溢流阀回油箱,再从左边单向阀吸油,使油液在此回路中循环。

(3)当电动带动油泵旋转,手动阀处于开启位置时,此时油液在油泵和手动阀之间循环,由于只有管阻,压力极低,建立不起工作压力而使执行机构停止工作。电动机带动油泵反转时,其液压原理完全一样,仅方向不同而已。

通过以上 ZY4 型电液转辙机液压传动系统全工作过程,可以看出,液压传动系统是通过运动着的压力油在油缸中容积的变化来传递动力的,故此种液压传动又称为容积式液压传动。

2. 机械动作原理

(1)ZY4 型电液转辙机动作原理

电机经联轴器带动油泵,顺时针方向旋转,右边油管为压力油,压力油由活塞杆中心的圆孔进入油缸内。由于活塞杆固定不动,使油缸向右动作。油缸侧面固定着动作板,当油缸向右移动至 1.4 mm 时,动作板的斜面开始推动接点组的滚轮,当油缸移动至 17.2 mm 时,接点组转换 28 度断开定位表示接点,接通动作接点。油缸动作至 25 mm,油缸侧面的推板接触反位锁块,同时推板将定位锁块解锁,油缸走完了解锁过程。

再向前移动,推板推动反位锁块,带动动作杆向反位移动,由于动作杆的运动,在底壳上固定的锁闭铁将定位锁块推进油缸侧面推板旁的空隙内。当油缸继续移动到反位锁块与锁闭铁的锁闭面时,再走 15.2 mm,将反位锁块推入锁闭铁的反位锁闭面。此时动作杆的行程为 7.6 mm,而在反位锁块动作时作用在动作杆上的转换力只有一半传给油缸,因此在此阶段,转辙机的转换力可增力一倍。

当尖轨密贴基本轨时,油缸走完转换动程,油缸侧面的推板进入反位锁块的锁闭面,此时动作杆不动作,油缸再移动锁闭动程为 17.2 mm,继续移动至动程的 23.6 mm 时,接点组的启动片在弹簧作用下快速掉入动作板上速动片圆弧内,切断电动机电源,接通反位表示。油缸继续移动 1.4 mm,完成锁闭动程,推板完全进入锁块锁闭面。

当转辙机动程 200 mm 时,油缸动程为 250 mm,解锁和锁闭动程均为 25 mm。当接点轴上启动片转换接通表示接点时,同时要检查道岔正确与否。动接点通过拐臂与锁闭柱一起动作。如道岔反位尖轨已密贴良好,锁闭柱能插入锁闭杆的锁闭缺口内。主机油缸动程为 250 mm,减去解锁、锁闭动程各 25 mm,作用在动作杆上的动程为 200 mm。转辙机的锁闭有两处锁闭,动作杆通过锁块、推板与锁闭铁锁闭,锁闭杆通过锁闭柱与锁闭座(固定座)锁闭,由于主机用于正线上的弹性轨道岔,故不设保护装置。

(2)SH5 型转换锁闭器的动作原理

电动机带动油泵转动,压力油经一动油管注入副机油缸,其动作原理与转辙机相同。只是锁闭铁是通过挤脱连接器固定在底壳上,挤脱力 27.4 kN～30.4 kN,由蝶形弹簧产生挤脱抗力。

副机油缸动程为 144 mm，减去解锁、锁闭动程各 25 mm，动作杆动程为 94 mm。

在被挤岔时，检查柱斜面上升至表示杆上平面，断开表示接点，切断表示电路。同时，动作杆将锁闭铁挤脱，锁闭铁的斜面，经顶杆使动接点断开静接点，给出挤岔表示，当锁闭铁位移 5mm 或检查柱在表示杆上平面时，动接点与静接点片断开的距离不小于 2.5 mm，与对方接点距离不小于 2.0 mm。

(二)ZYJ7 系列电动液压转辙机动作原理

1. 转换锁闭机构动作原理

电动机经联轴器带动油泵顺时针方向旋转，由于活塞杆固定不动，使油缸向右动作，油缸侧面的推板接触反位锁块[图 5-3-3(a)]后，油缸继续向前移动时，通过推板和反位锁块带动动作杆向右移动，同时定位锁块开始解锁；当油缸走完解锁动程后，反位锁块和定位锁块处于锁闭铁和推板的间隙内，油缸继续通过推板和反位锁块带动动作杆向右移动[图 5-3-3(b)]；当动作杆继续移动到反位锁块与锁闭铁的锁闭面将要作用时，开始进入锁闭过程，继续向右移动 15.2 mm，将反位锁块推入锁闭铁的反位锁闭面，此时，动作杆的行程为 7.6 mm，因此，在此动程内，动作杆上的转换力可增加一倍；油缸继续向右移动，动作杆不动作，油缸侧面的推板进入反位锁块的锁闭面，进入锁闭状态[图 5-3-3(c)]。

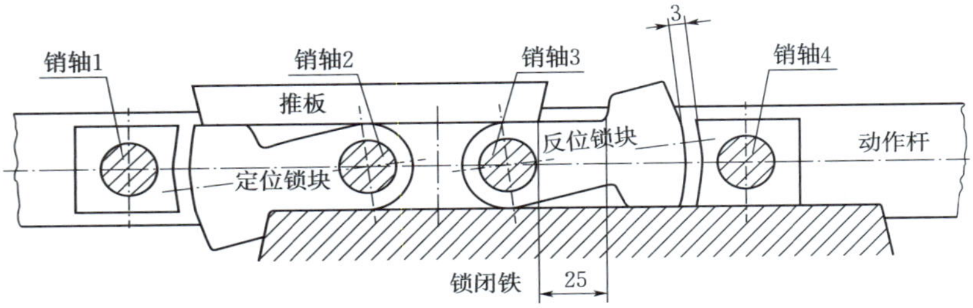

(a) 定位锁闭

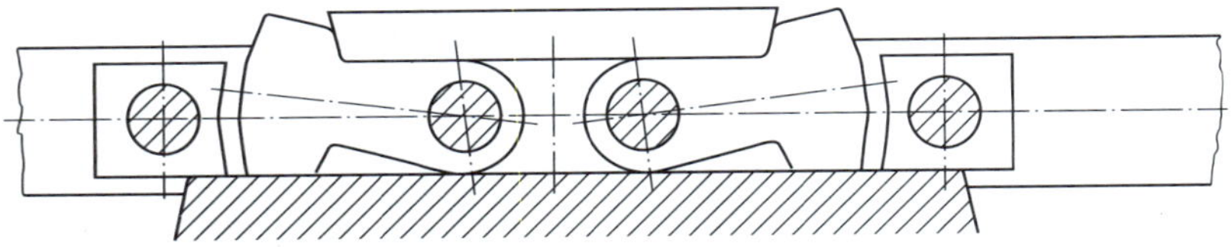
(b) 转换

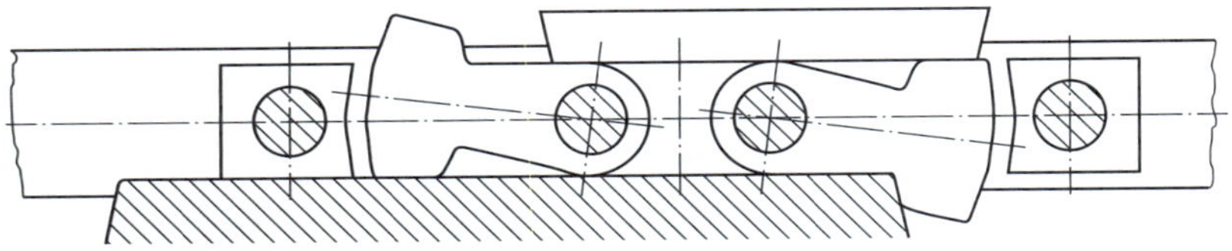
(c) 反位锁闭

图 5-3-3　转换锁闭机构解锁、转换、锁闭过程(单位：mm)

2. 表示锁闭机构动作原理

当油缸向右移动，动作板的斜面推动接点组转换，断开原表示接点，油缸继续向前移动至接近锁闭时，接点组的启动片在接点组拉簧的动作下快速掉入动作板上速动片圆弧内，快速切断电源，接通反位表示(图 5-3-4)；同时锁闭柱插入锁闭杆缺口内(图 5-3-5)，锁闭柱在锁闭杆缺口内的间隙为 L，内锁闭时 L 应为(1.5±0.5) mm，外锁闭时 L 应为(2±0.5) mm。

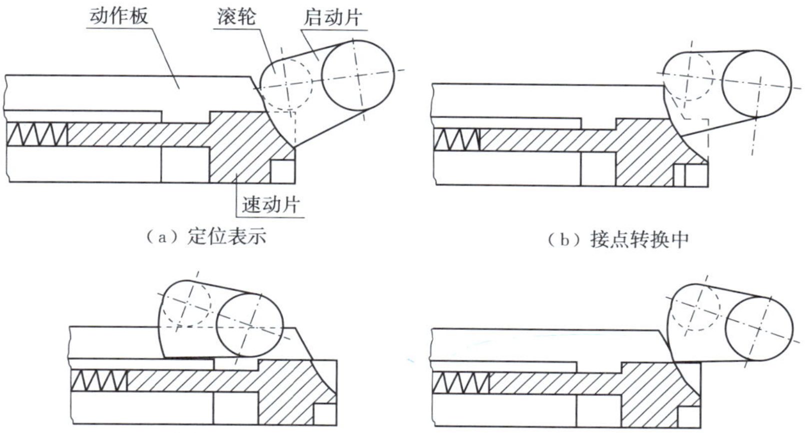

（a）定位表示　（b）接点转换中　（c）接点在动作位　（d）接点即将由动作位快速转换至表示位

图 5-3-4　动作板、速动片、启动片动作关系

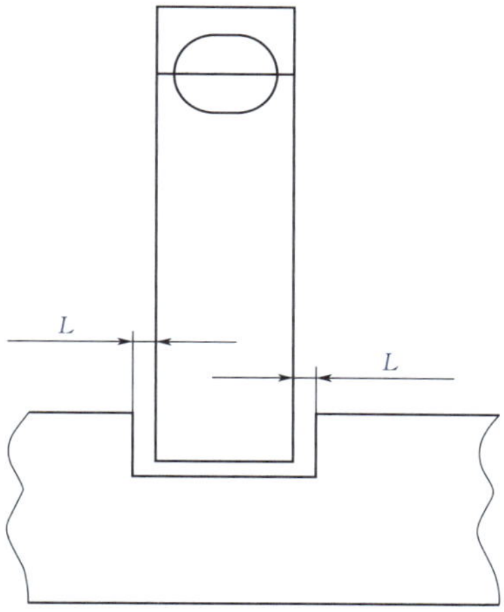

图 5-3-5　锁闭杆锁闭及锁闭缺口位置示意

3. 尖轨钩型外锁闭装置结构及工作原理

尖轨钩型外锁闭装置由锁闭框、尖轨连接铁、锁钩等组成，如图 5-3-6 所示。

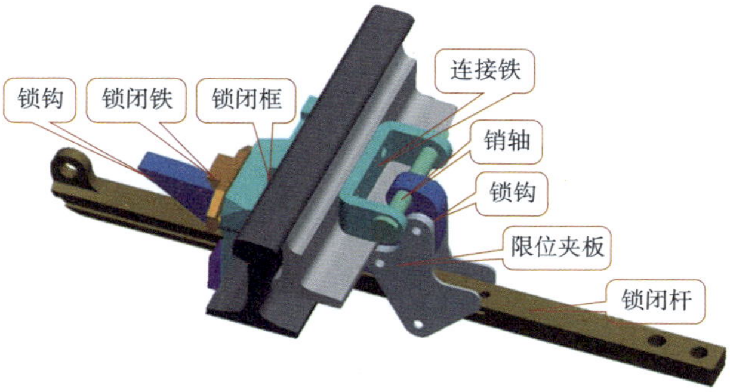

图 5-3-6　尖轨钩型外锁闭装置

尖轨钩型外锁闭装置解锁、转换、锁闭过程(图 5-3-7)如下。

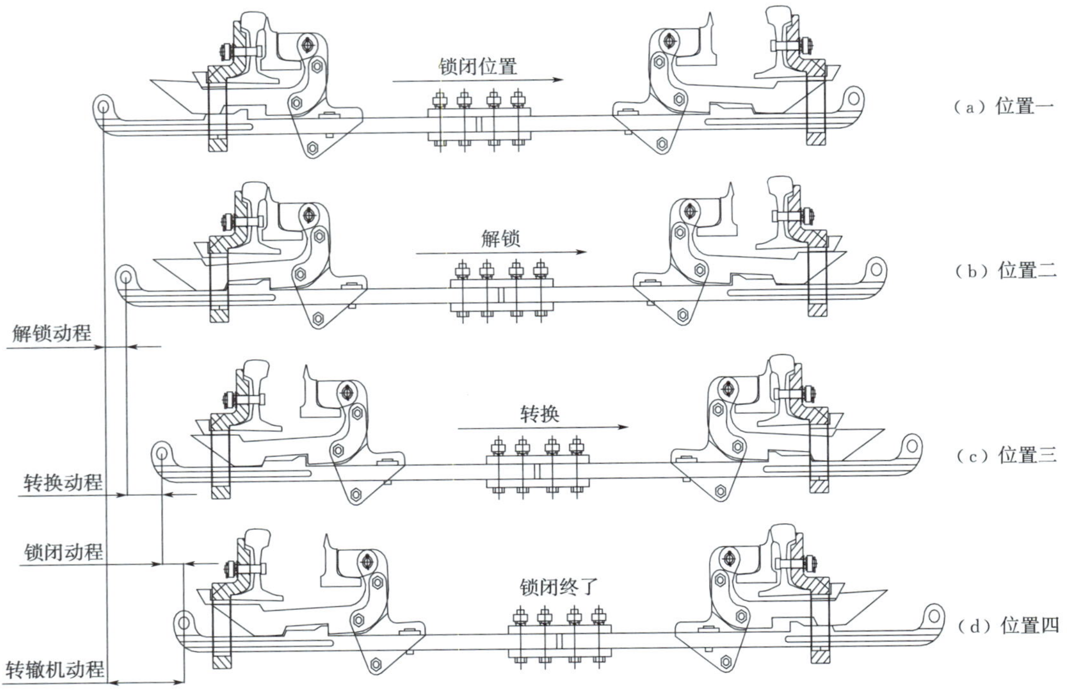

图 5-3-7　尖轨钩型外锁闭装置动作过程

(1)初始状态如图 5-3-7(a)所示,左侧密贴尖轨处于锁闭状态,右侧斥离尖轨与基本轨保持要求的开口,密贴尖轨锁钩同时被锁闭铁和锁闭杆卡住不能落下,斥离尖轨锁钩的缺口卡在锁闭杆的凸起处不能移动(外锁闭装置有空动时除外),从而保持斥离尖轨与基本轨的开口基本不变。

(2)解锁状态如图 5-3-7(b)所示,锁闭杆向右移动,斥离尖轨向密贴位移动,同时密贴尖轨处锁闭杆相对锁钩移动,当锁闭杆凸起与密贴尖轨锁钩缺口对齐时,锁钩落下卡在锁闭杆凸起内，尖轨与基本轨解锁。

(3)锁闭杆继续向右移动,通过锁钩带动斥离尖轨和密贴轨同步向右移动,当锁闭杆带动道岔转换至右侧尖轨与基本轨密贴时,开始进入锁闭过程,如图 5-3-7(c)所示。

(4)锁闭杆继续向右移动,右侧锁钩沿锁闭杆斜面向上爬起,当锁钩升至锁闭杆凸起顶面时,进入锁闭状态,完成转换过程,如图 5-3-7(d)所示。

4. 心轨钩型外锁闭装置结构及工作原理

心轨钩型外锁闭装置如图 5-3-8 所示。

心轨钩型外锁闭装置解锁、转换、锁闭过程(图 5-3-9)如下:

(1)初始状态如图 5-3-9(a)所示,心轨与左侧翼轨处于锁闭状态。

(2)解锁状态如图 5-3-9(b)所示,锁闭杆向右运动,锁钩转动解锁。

(3)如图 5-3-9(c)所示,锁闭杆继续向右移动到达位置,并通过锁钩带动心轨转换到另一侧。

(4)如图 5-3-9(d)所示,锁闭杆继续向右移动到达位置,锁钩转动锁闭完成一个动作过程;锁闭杆向左运动动作过程与前述过程一致,完成另一个解锁—转换—锁闭动作。

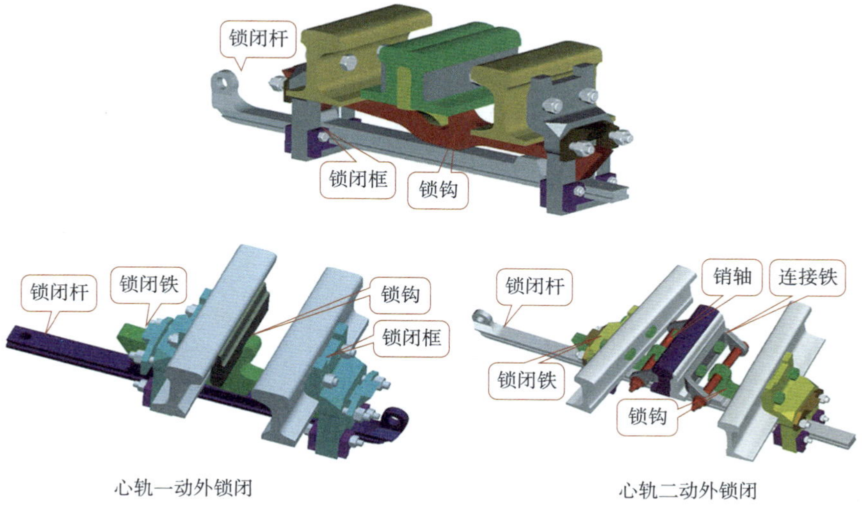

图 5-3-8 心轨钩型外锁闭装置

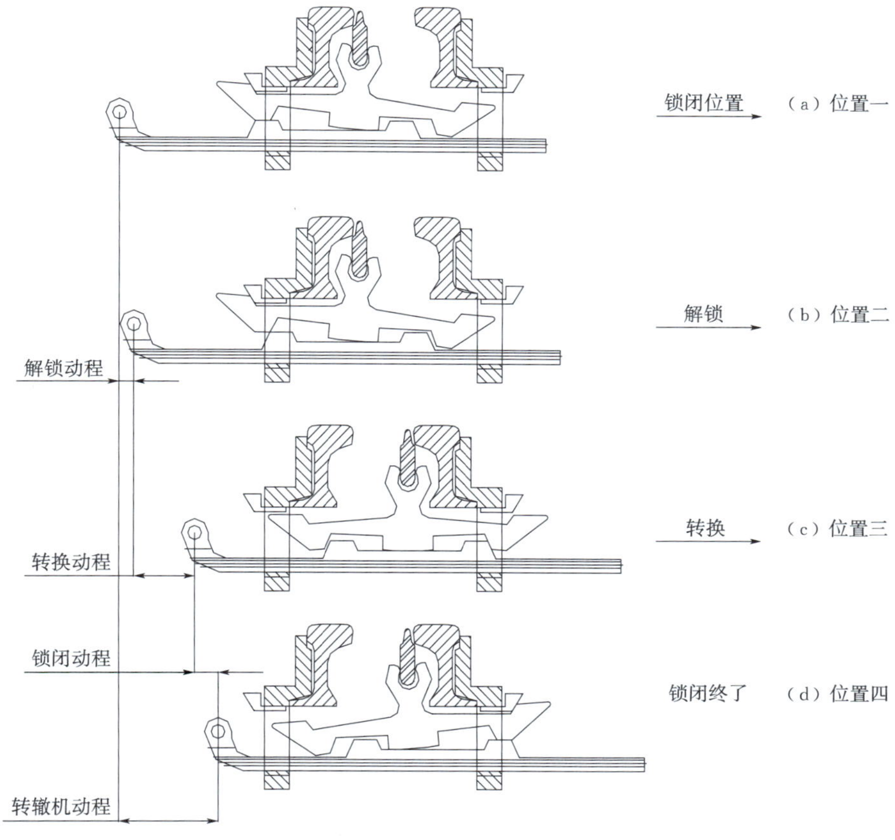

图 5-3-9 心轨钩型外锁闭装置动作过程

三、道岔控制电路

(一)四线制道岔控制电路(图 5-3-10)

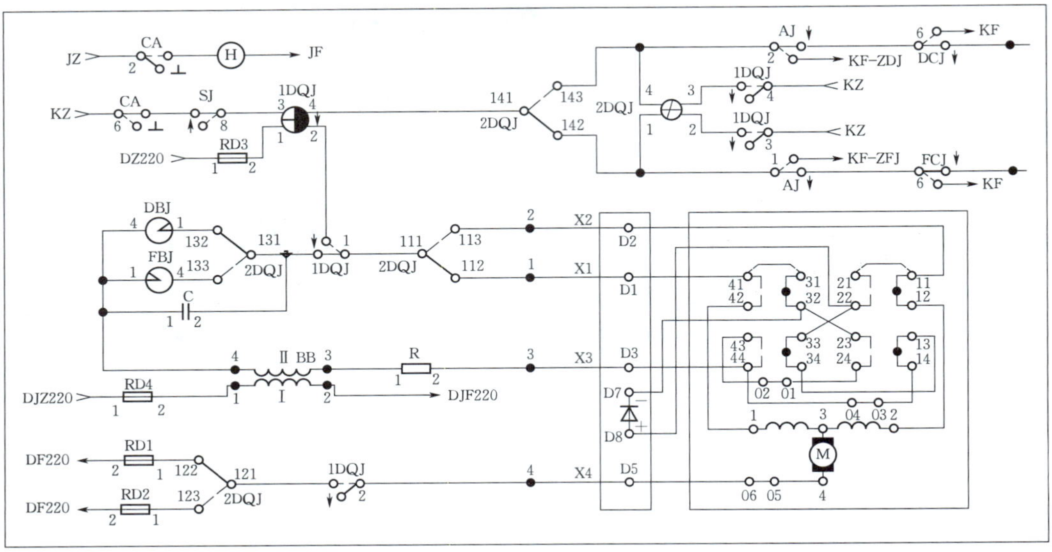

图 5-3-10　四线制道岔控制电路

1. 元件说明

四线制道岔控制电路如图 5-3-10 所示，室内与室外联系用四条电缆芯线，其中 X1、X2 为启动和表示共用线，X3 为表示专用线，X4 为启动专用线。RD1～RD4 为熔断器，BB 表示变压器，1DQJ 为道岔 1 启动继电器，2DQJ 为道岔 2 启动继电器，DBJ 为定位表示继电器，FBJ 为反位表示继电器，DCJ 为定位操纵继电器，FCJ 为反位操纵继电器，AJ 为按钮继电器，SJ 为锁闭继电器(SJ↑表示道岔区段空闲，进路在解锁状态)。另外在方向组合内还有 ZDJ 为总定位继电器，ZFJ 为总反位继电器。DZ220、DF220 为直流 220 V 道岔动作电源。DJZ220、DJF220 为交流 220 V 道岔表示电源。室外设备主要有电缆盒和电动转辙机。

2. 表示电路

图 5-3-10 所示电路中自动开闭器 1、3 排接点接通，DBJ 吸起，其定位表示电路如下：BB_3→$R_{1\text{-}2}$→X3→电缆盒 3→移位接触器 04-03→开闭器 14-13-34-33→整流盒 D8(＋)-D7(－)→开闭器 32-31-41→电缆盒 1→X1→$2DQJ_{112\text{-}111}$→$1DQJ_{11\text{-}13}$→$2DQJ_{131\text{-}132}$→$DBJ_{1\text{-}4}$→BB_4。道岔反位表示电路如下：BB_3→$R_{1\text{-}2}$→X3→电缆盒 3→开闭器 44-43→移位接触器 02-01→开闭器 24-23→整流盒 D7(－)-D8(＋)→开闭器 22-21-11→电缆盒 2→X2→$2DQJ_{113\text{-}111}$→$1DQJ_{11\text{-}13}$→$2DQJ_{131\text{-}133}$→$FBJ_{4\text{-}1}$→BB_4。

电容 C 为防止表示继电器颤动而设，因表示电路用的是交流电源，经过二极管半波整流后，其中交流成分较大，为了不使表示继电器颤动，在表示继电器线圈两端并联了一只 4 μF 的电容。

DBJ↑控制台定位表示灯亮绿灯，反之，FBJ↑反位表示灯亮黄灯。

3. 启动电路

图 5-3-10 中道岔处于定位位置，现以定位向反位操纵为例说明启动电路。操纵方式有如下两种。

(1)进路式操纵：排列进路时，按压始、终端按钮后，由选择组网络线使 FCJ↑。

(2)单独操纵：按压该道岔单操按钮使 AJ↑，按下道岔总反位按钮使 ZFJ↑→KF-ZFJ 有电。

4. 电动机电路

道岔由定位扳反位时，DZ220→RD3(5 A 熔断器)→$1DQJ_{1\text{-}2}$→$1DQJ_{12\text{-}11}$→$2DQJ_{111\text{-}113}$→X2→电缆盒 2→开闭器 11-12→电动机 2-3-4→安全接点 05-06→电缆盒 5→X4→$1DQJ_{21\text{-}22}$→$2DQJ_{121\text{-}123}$→RD2(3 A 熔断器)→DF220。

道岔由反位扳定位时，电路动作过程与上述基本相同，所不同的是单操时按下的是总定位按钮 ZDJ↑→KF-ZDJ 有电，进路式操纵时是 DCJ↑。2DQJ 加的是正极性电源，由落下状态变为吸起状态，在转辙机内开闭器 41-42 接点接通电动机电路。电动机开始转动时，自动开闭器接点由 2 排接通变为 1 排接通，电动机转到底后，自动开闭器接点由 4 排接通变为 3 排接通，41-42 接点断开，切断电动机动作电路，1DQJ 落下，接通道岔定位表示电路如前所述。

(二)五线制道岔控制电路(图 5-3-11)

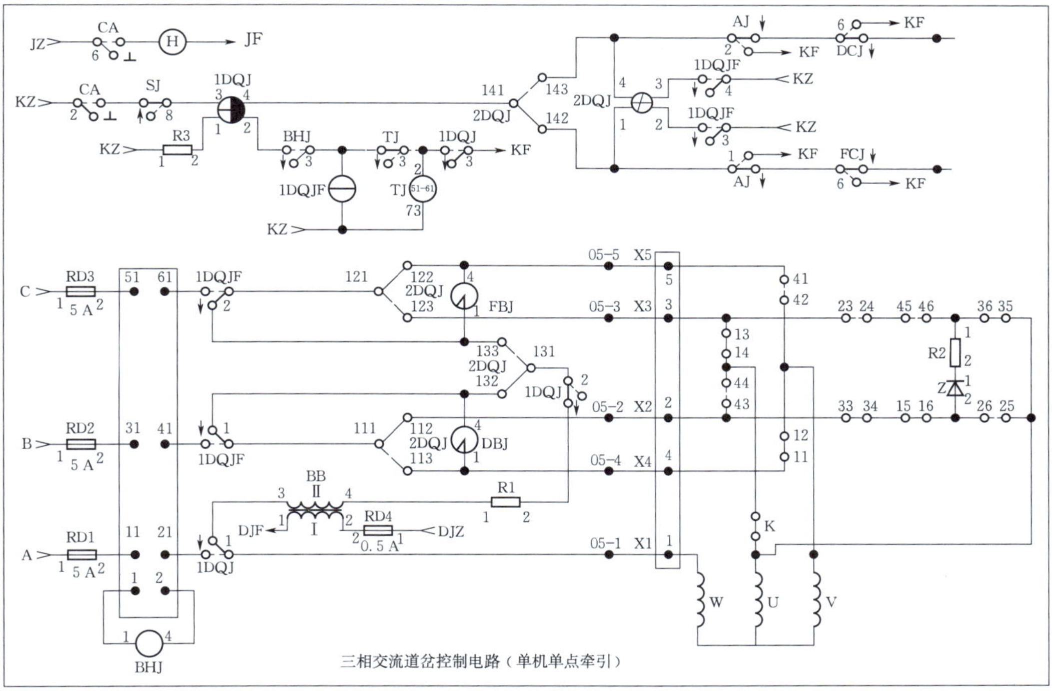

图 5-3-11　五线制道岔控制电路

1. 元件说明

五线制道岔控制电路如图 5-3-11 所示。

1DQJ 为道岔一启动继电器。1DQJF 为道岔一启动复示继电器，型号为 JWJXC-480。

2DQJ 为道岔二启动继电器，型号为 JYJXC-135/220。DBQ 为断相保护监督器，实质是变压器。BHJ 为保护继电器，型号为 JWXC-1700。DBJ、FBJ 为定、反位表示继电器，型号为 JPXC-1000。当转辙机受阻，转换时间超过道岔的正常转换时限后，及时自动切断启动电路。

2. 启动电路

道岔由定位向定反位操纵时，向室外送电电路如下。

（1）A 相→RDl→$DBQ_{11\text{-}21}$→$1DQJ_{12-11}$→Xl→电缆盒 1→电动机 W 线圈。

（2）B 相→RD2→$DBQ_{31\text{-}41}$→$1DQJF_{12-11}$→$2DQJ_{111\text{-}113}$→X4→电缆盒 4→开闭器 11-12→电动机 V 线圈。

（3）C 相→RD3→$DBQ_{51\text{-}61}$→$1DQJF_{22\text{-}21}$→$2DQJ_{121\text{-}123}$→X3→电缆盒 3→开闭器 13-14→K→电动机 U 线圈。

A、B、C 三相电源同时接通，DBQl、2 端子输出稳定的直流使 BHJ↑。

1DQJ 通过 KZ→R3→$1DQJ_{1\text{-}2}$→$BHJ_{32\text{-}31}$→$TJ_{33\text{-}31}$→$1DQJ_{32\text{-}31}$→KF 的电路保持吸起。

当转辙机转换到位，其开闭器 1、3 排接点断开时，造成三相负载不平衡，使 DBQ 失去输出，BHJ 失磁落下，切断 1DQJ 自闭电路，导致动作电路停止工作。

道岔由反位向定位操纵时，通过 2DQJ 的接点和转辙机内开闭器的接点使 B 相接至电动机 U 线圈，C 相接至电动机 V 线圈，A 相仍接电动机 W 线圈，电动机向反方向转动。

3. 表示电路

以道岔在定位为例，DBJ 电路如下。

BBⅡ3→$1DQJ_{13\text{-}11}$→X1→电缆盒 1→电动机 W 线圈→电动机 V 线圈→开闭器 12-11→电缆盒 4→X4→$DBJ_{1\text{-}4}$→$2DQJ_{132\text{-}131}$→$1DQJ_{21\text{-}23}$→R1→BBⅡ4。

BBⅡ4→R1→$1DQJ_{23\text{-}21}$→$2DQJ_{131\text{-}132}$→$1DQJF_{13\text{-}11}$→$2DQJ_{111\text{-}112}$→X2→电缆盒端子 2→开闭器 33-34-15-16→Z→R2→开闭器 36-35→电动机 U 线圈→电动机 W 线圈→电缆盒 1→X1→$1DQJ_{11\text{-}13}$→BBⅡ3。

第四节　标准化作业程序

一、道岔检修前准备

1. 预测预判。通过信号集中监测、缺口监测等手段，对被检道岔进行调阅分析，针对可能存在的问题，提出检修要求。

2. 派班会。明确作业（负责人、项目、人员分工、地点、时间、标准及要求）、试验内容、防护设置、安全卡控措施及安全讲话等。

3. 作业前检查。工具及仪表、材料等齐全、良好。按规定着装，做好劳动安全防护。

4. 按要求进行联系登记。集体出工（在室外防护员的带领下按规定的安全路线到达设备处所，进行设备编号的核对）。

二、ZD6 道岔检修标准化程序

（一）检修作业

1. 箱盒外部检查（图 5-4-1）

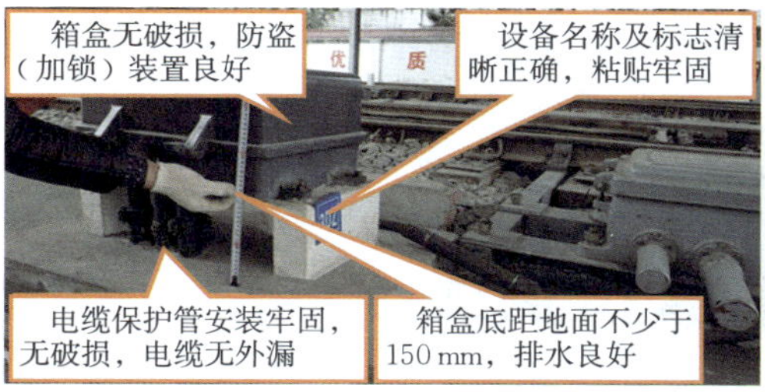

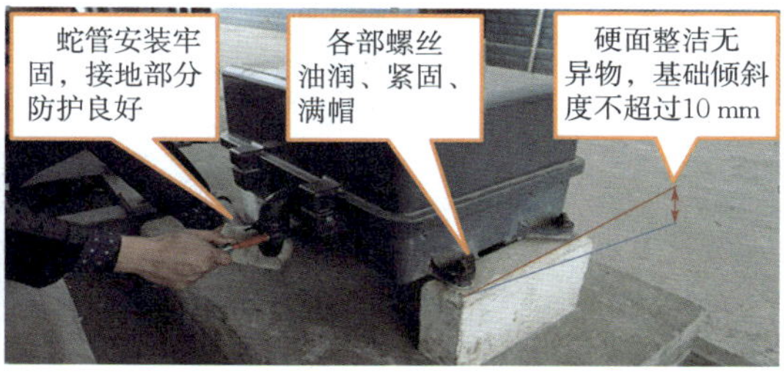

图 5-4-1 箱盒外部检查(ZD6)

(1)箱盒无破损，蛇管、防盗(加锁)装置良好。

(2)硬面整洁无异物，基础倾斜度不超过 10 mm，箱盒底距地面不少于 150 mm，排水良好。

(3)各部螺丝油润、紧固、满帽。

(4)设备名称及标志清晰正确，粘贴牢固。

2. 转辙机外部检查(图 5-4-2)

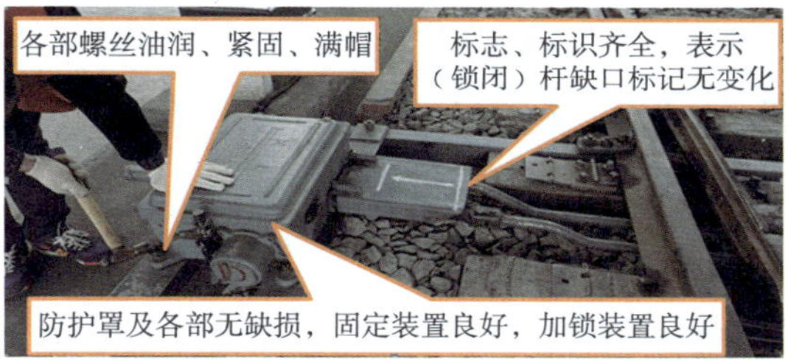

图 5-4-2 转辙机外部检查(ZD6)

(1)防护罩及各部无缺损，固定装置良好，加锁装置良好。

(2)各部螺丝油润、紧固、满帽。

(3)表示(锁闭)杆缺口标记无变化。

3. 安装装置检查

(1)安装装置紧固件、开口销、连接销、表示杆和动作杆螺母齐全、不松动，防松措施良好，开口销角度 60°～90°，两臂劈开角度应基本一致，如图 5-4-3 所示。

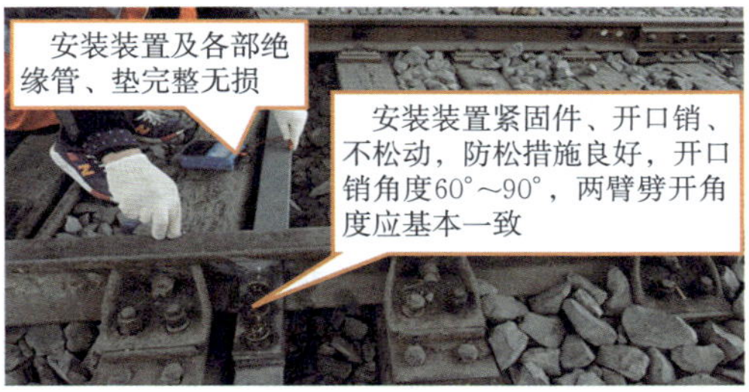

图 5-4-3 安装装置检查(ZD6)(一)

(2)各种杆件的螺纹部分的内、外调整余量应不少于 10 mm，如图 5-4-4 所示；表示杆的销孔旷动量应不大于 0.5 mm，其余各部销孔旷动量应不大于 1 mm；连接杆锈蚀或磨耗减少量不得超过 1/10，如图 5-4-5 所示。

图 5-4-4　安装装置检查(ZD6)(二)

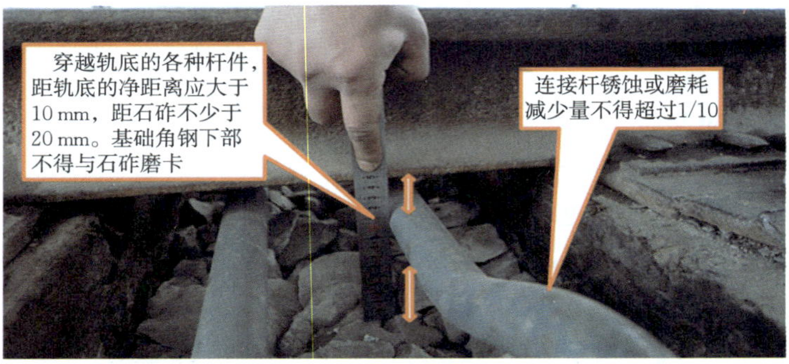

图 5-4-5　安装装置检查(ZD6)(三)

(3)密贴调整杆动作时，其空动距离应大于 5 mm，如图 5-4-6 所示。

图 5-4-6　安装装置检查(ZD6)(四)

(4)各种杆件的连接销、摩擦面应油润。

(5)穿越轨底的各种杆件，距轨底的净距离应大于 10 mm，距石砟不少于 20 mm。基础角钢下部不得与石砟磨卡。

(6)安装装置及各部绝缘管、垫完整无损。

(7)防松措施良好。防松铁捆绑线作用良好。

4. 道岔状态检查(图 5-4-7)

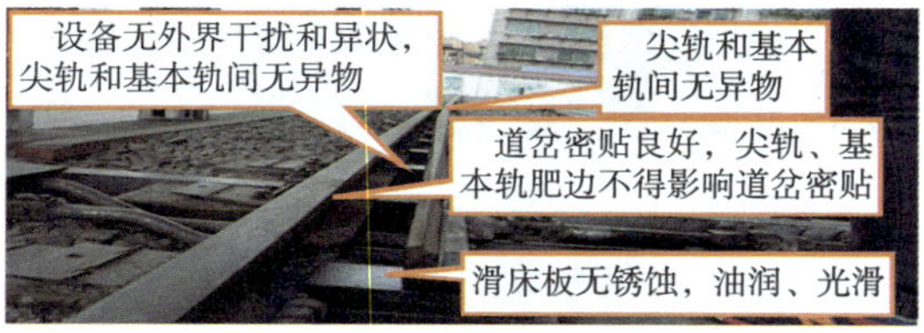

图 5-4-7　道岔状态检查(ZD6)

(1)设备无外界干扰和异状，尖轨和基本轨间无异物。

(2)滑床板无锈蚀，油润、光滑，吊板不超限(连续 3 块吊板)。

(3)道岔密贴良好，尖轨、基本轨肥边不得影响道岔密贴，尖轨、基本轨爬行、窜动不超标(20 mm)。

5. 转辙机的安装与道岔安装成方正检查

(1)密贴调整杆、表示杆、尖端杆、第一连接杆与直股基本轨垂直，各杆的两端间与直股基本轨垂直线的偏差均不大于 20 mm，如图 5-4-8 所示。

图 5-4-8　转辙机的安装与道岔安装成方正检查(一)

(2)转辙机外壳纵侧面的两端与直股基本轨垂直距离的偏差不大于 10 mm。

(3)道岔拉杆的水平方向的两端高低偏差应不大于 5 mm(以两基本轨工作面为基准)，如图 5-4-9 所示。

图 5-4-9　转辙机的安装与道岔安装成方正检查(二)

6. 箱盒内部检查

(1)箱盒内部清洁，防尘、防潮设施良好，铭牌齐全、正确，字迹清楚，如图 5-4-10、图 5-4-11 所示。

(2)螺丝紧固，配线良好、整洁，无破皮、老化及混线可能，焊点焊接良好。

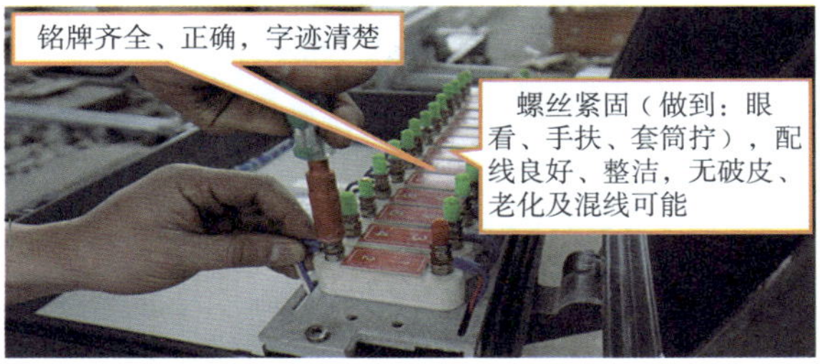

图 5-4-10　箱盒内部检查(ZD6)(一)

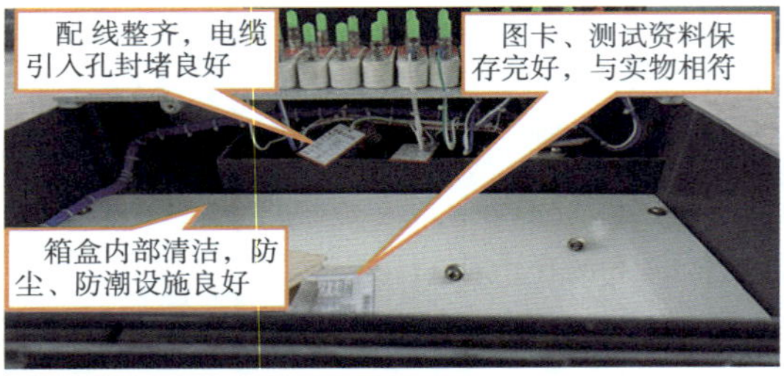

图 5-4-11　箱盒内部检查(ZD6)(二)

(3)器材类型正确，无过热现象，不超期，印封完整，安装牢固，防脱设施良好。

(4)图卡、测试资料保存完好，与实物相符。

7. 转辙机内部检修

(1)机件安装牢固、完整，无裂纹、异状，机内防水、防尘良好，无锈蚀，如图 5-4-12 所示。

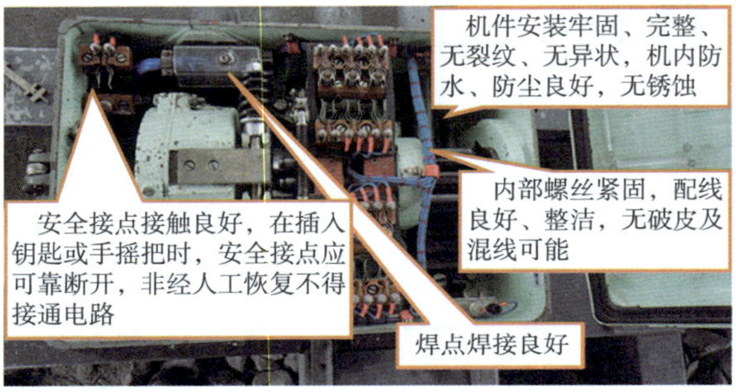

图 5-4-12　转辙机内部检修(一)

(2)内部螺丝紧固，配线良好、整洁，无破皮及混线可能，焊点焊接良好。

(3)安全接点接触良好，在插入钥匙或手摇把时，安全接点应可靠断开，非经人工恢复不得接通电路。

(4)电动机碳刷与换向器接触面积不少于碳刷面积的 3/4(同心弧面接触)，碳刷长度不小于碳刷全长的 3/5；换向器表面光滑干净，换向器片间的绝缘物不得高出换向器的弧面，碳刷引线完好，碳刷帽不松动如图 5-4-13 所示。

图 5-4-13　转辙机内部检修(二)

(5)摩擦带与内齿轮伸出部分保持清洁、不锈蚀、不沾油,如图 5-4-14 所示。

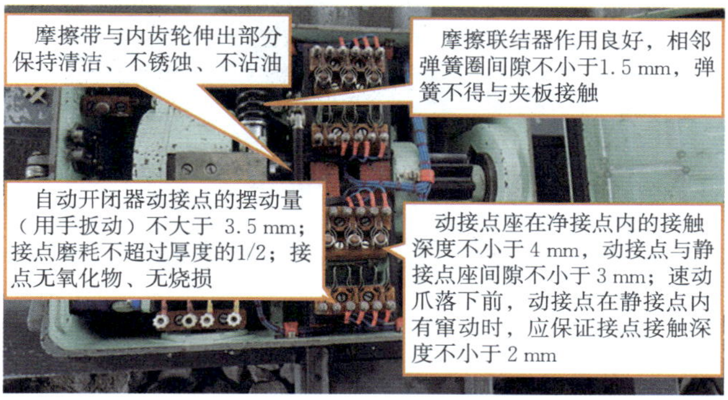

图 5-4-14 转辙机内部检修(三)

(6)摩擦联结器作用良好,相邻弹簧圈间隙不小于 1.5 mm,弹簧不得与夹板接触。

(7)自动开闭器拉簧弹力适当;动接点座在静接点内的接触深度不小于 4 mm,动接点与静接点座间隙不小于 3 mm;速动爪落下前,动接点在静接点内有窜动时,应保证接点接触深度不小于 2 mm;自动开闭器动接点的摆动量(用手扳动)不大于 3.5 mm;接点磨耗不超过厚度的 1/2;接点无氧化物、无烧损。

(8)速动爪与速动片的间隙在解锁时不小于 0.2 mm,锁闭时为 1~3 mm;速动爪的滚轮落下后不得与启动片缺口底部相碰,应有 0.5 mm 以上间隙,如图 5-4-15 所示。

图 5-4-15 转辙机内部检修(四)

(9)定、反位表示缺口符合标准

检查表示缺口。ZD6-A、D、E、F、G、H、K 型电动转辙机定、反位表示缺口为 1.5 mm±0.5 mm;ZD6-J 型为单边检测,缺口间隙为尖轨与基本规的间隙之和,应不大于 7 mm;牵引脱轨器的 ZD6 系列电动转辙机定、反位表示缺口为 3 mm±1 mm,如图 5-4-16 所示。

(10)取出主挤切销手摇道岔时,移位接触器接点应可靠断开,非经人工恢复不得接通电路,其所加的外力不得引起接点簧片变形。

(11)检查、更换挤切销。挤切销、连接销无伤痕、变形、裂纹,标记清楚正确,与销孔间的旷动量不大于 0.3 mm。正线、复式交分道岔主销半年更换,其他主销一年更换,副销检查、不良更换。

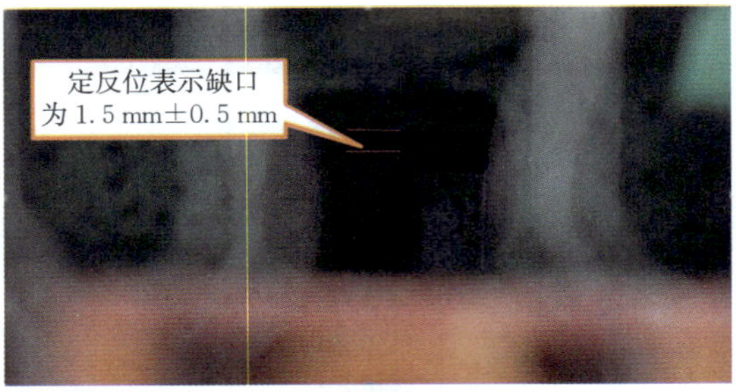

图 5-4-16　定、反位表示缺口

（12）齿轮装置的各齿间啮合良好，转动时不磨卡，无过大噪声。

（13）机内清扫、注油，注油位如图 5-4-17 所示。

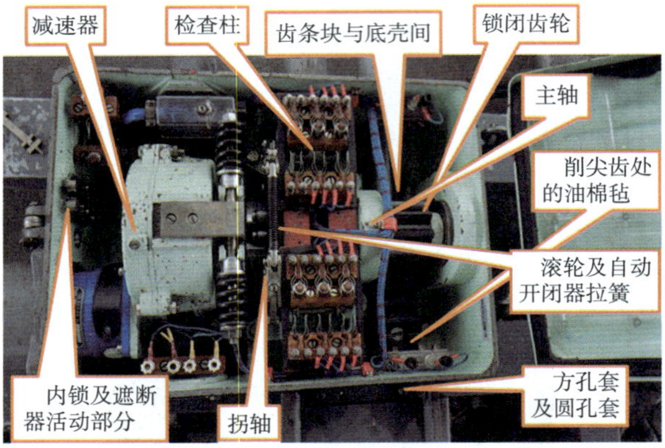

图 5-4-17　注油位

8. 转换试验

（1）扳动道岔道时各部动作灵活、稳定，无异声、异状，碳刷无过大火花。

（2）手摇把转换试验。道岔尖轨密贴，锁闭良好，尖轨无过大反弹力，密贴强度应调整适当。

（3）试验 2 mm 锁闭、4 mm 不锁闭并记录。

（二）电气特性Ⅰ级测试

电气特性测试记录样表如图 5-4-18 所示。

站名：＿＿＿＿＿＿　　道岔编号：＿＿＿＿＿＿

测试日期	工作电流（A）		动作电压（V）		摩擦电流（A）		2 mm 锁闭		4 mm 不锁闭		挤切销更换记录		仪表编号	测试人
	定位	反位	定位	反位	定位	反位	定位	反位	定位	反位	主	副		

图 5-4-18　电气特性测试记录样表

1. 工作电流测试

将万用表放在直流 5 A 挡，断开安全接点，两表笔分别搭在 05、06（应分正负表笔）端子上，转换道岔时测得的电流为工作电流，应不大于 2 A，如图 5-4-19 所示。

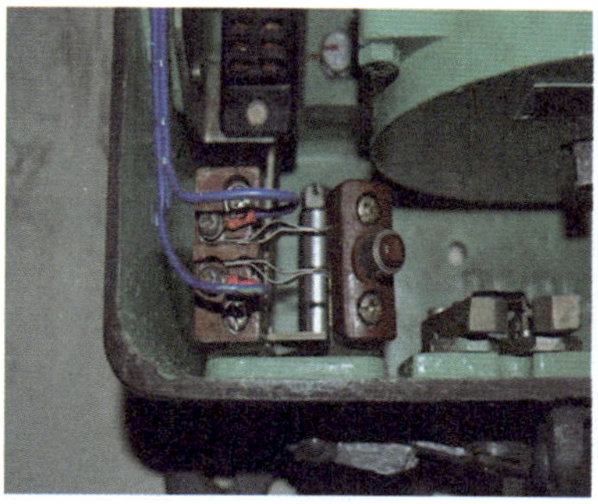

（a）遮断器断开

（b）万用表串接

图 5-4-19　测试工作电流示意

2. 动作电压测试

用万用表直流 250 V 挡，测定位动作电压时，正表笔搭在电机 1 端子上，负表笔搭在电机 4 端子上；测反位动作电压时，正表笔搭在电机 2 端子上，负表笔搭在电机 4 端子上，转换道岔时所测试的电压为动作电压，应不小于 160 V，如图 5-4-20 所示。

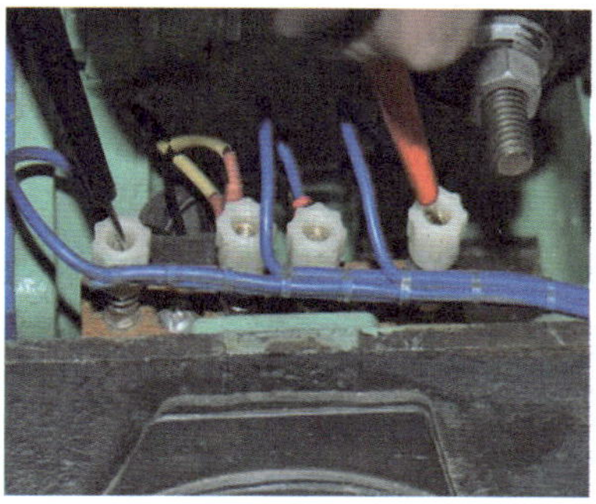

（a）定位的动作电压（1、4端子）

（b）反位动作电压（2、4端子）

图 5-4-20　测试动作电压示意

3. 摩擦电流测试

将万用表放在直流 5 A 挡（或 5 A 电流表），断开安全接点。将表笔搭在 05、06（应分正负表笔）端子上，并在第一连接杆处尖轨与基本轨间夹入 4 mm 试验片，然后转换道岔。在摩擦联结器空转时，测得的电流值为故障电流，应符合下列要求。

（1）正反向摩擦电流相差应小于 0.3 A。

（2）ZD6-A、D、F、G、H 型电动转辙机单机使用时，摩擦电流为 2.3～2.9 A。

（3）ZD6-E 型和 ZD6-J 型电动转辙机双机配套使用时，单机摩擦电流为 2.0～2.5 A。

4. 摩擦电流调整方法

（1）面对转辙机站在电机侧，动作杆拉入位置侧摩擦电流超标时，对摩擦带邻钢轨侧弹簧螺栓的松紧进行调整；动作杆伸出位置侧摩擦电流超标时，对摩擦带另一侧弹簧螺栓的松紧进行调整。

(2)注意事项：弹簧有效圈的相邻圈最小间隙不小于 1.5 mm，弹簧不得与夹板圆弧部分触碰。

5. 测试线圈电阻

将万用表放在 R×1 挡，将安全接点断开，在电机 1、3 或 2、3 端子测出两个定子线圈的阻值，为 2.85 Ω±0.14 Ω，在 3、4 端子上测转子线圈的阻值，为 4.9 Ω±0.245 Ω，如图 5-4-21 所示。不同机型数值不一样。

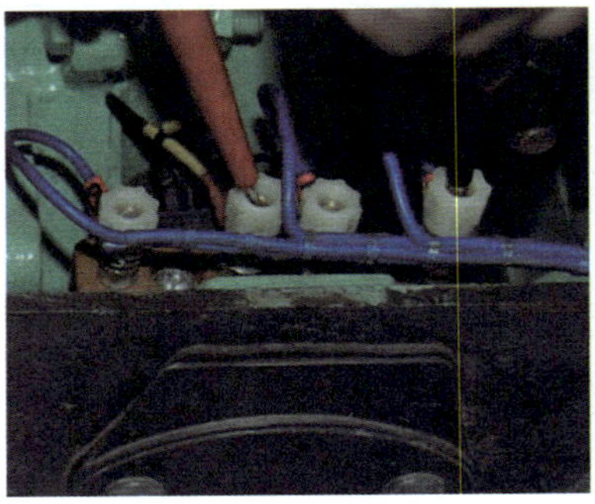

1、3端子电阻

2、3端子电阻

图 5-4-21　测试线圈电阻

6. 安装装置绝缘测试

测试安装装置绝缘有电阻法和电压法。电阻法：将万用表旋至 R×10 挡，一支表笔接角钢，另一表笔接两轨面进行测试，正常时电阻应大于 1 kΩ；反之将绝缘进行分解。电压法：将万用表放在交流 2.5 V 挡，一表笔搭在角钢上，另一表笔分别对两轨面进行测试，无电压或电压约相等，说明绝缘良好；若在某轨面测出电压与轨面电压相等，则说明另一侧角钢绝缘破损，但不能断定两根角钢中哪根角钢螺栓的绝缘破损，需要分解一根角钢绝缘，再测量另一根角钢绝缘；若还不好，说明未分解的那根角钢螺栓绝缘破损。如果分解了所有角钢绝缘未发现破损，应考虑工务连接杆、尖端杆的绝缘是否破损。

三、ZY4 道岔检修标准化程序

(一)检修作业

1. 箱盒外部检查(图 5-4-22)

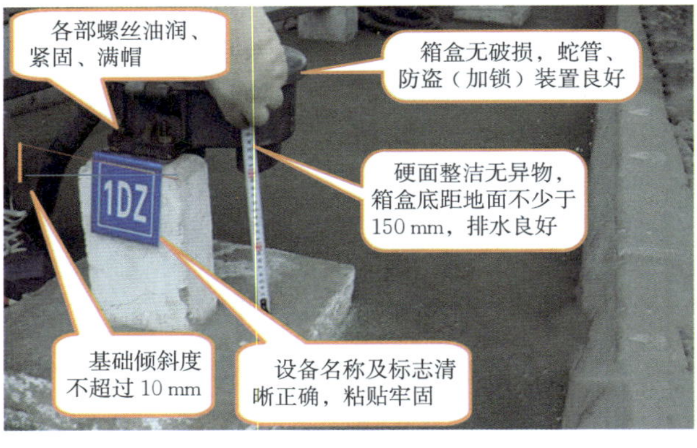

图 5-4-22　箱盒外部检查(ZY4)

(1)箱盒无破损,蛇管、防盗(加锁)装置良好。

(2)硬面整洁无异物,基础倾斜度不超过 10 mm,箱盒底距地面不少于 150 mm,排水良好。

(3)各部螺丝油润、紧固、满帽。

(4)设备名称及标志清晰正确,粘贴牢固。

2. 转辙机及液压站外部检查(图 5-4-23)

图 5-4-23　转辙机及液压站外部检查

(1)防护罩及各部无缺损,固定装置良好,加锁装置良好。

(2)各部螺丝油润、紧固、满帽。

(3)外部油路无渗漏,油管无破损,油管外层橡胶无较大龟裂,固定、防护良好,转角处弯曲半径应不小于 150 mm。

(4)表示(锁闭)杆缺口无变化。

3. 安装装置检查

(1)安装装置紧固件、开口销、连接销、表示杆和动作杆螺母齐全、不松动,防松措施良好,开口销角度 60°～90°,两臂劈开角度应基本一致,如图 5-4-24 所示。

图 5-4-24　安装装置检查(ZY4)(一)

(2)各种杆件的螺纹部分的内、外调整余量应不少于 10 mm;表示杆的销孔旷动量应不大于 0.5 mm,其余各部销孔旷动量应不大于 1 mm,连接杆锈蚀或磨耗减少量不得超过 1/10,如图 5-4-25 所示。

(3)密贴调整杆动作时,其空动距离应大于 5 mm。

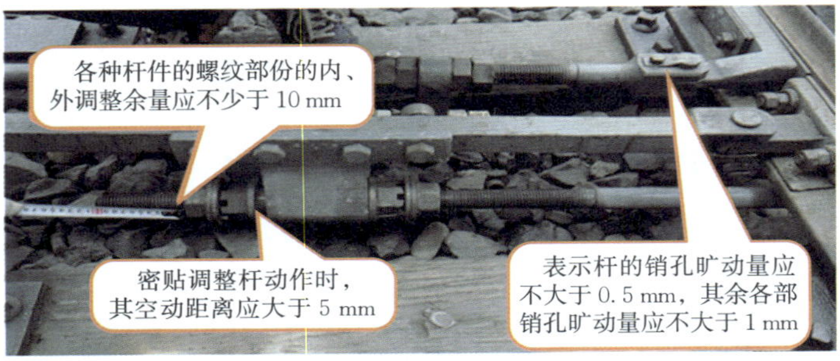

图 5-4-25　安装装置检查(ZY4)(二)

(4)各种拉杆的连接销、摩擦面应油润。

(5)穿越轨底的各种杆件,距轨底的净距离应大于 10 mm,距离石砟不少于 20 mm;基础角钢(含托盘)下部不得与石砟磨卡,如图 5-4-26 所示。

图 5-4-26　安装装置检查(ZY4)(三)

(6)安装装置及各部绝缘管、垫完整无损;防松铁捆绑线作用良好,如图 5-4-27 所示。

图 5-4-27　安装装置检查(ZY4)(四)

(7)防松措施良好。

4. 道岔状态检查

(1)设备无外界干扰和异状,尖轨和基本轨间无异物。

(2)滑床板无锈蚀,油润、光滑,吊板不超限。

(3)道岔密贴良好,尖轨、基本轨肥边不得影响道岔密贴,尖轨、基本轨爬行、窜动不超标(20 mm),如图 5-4-28 所示。

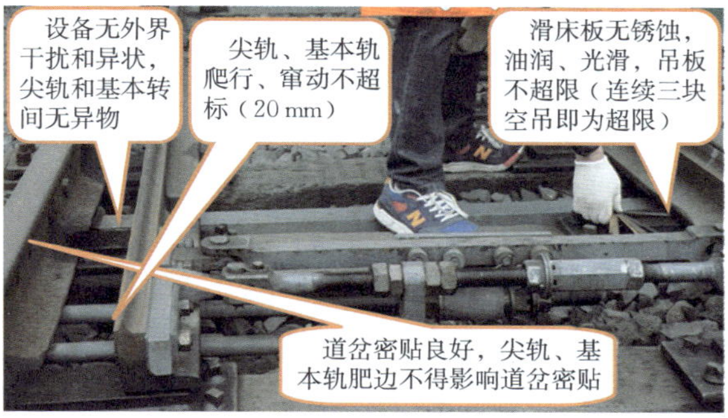

图 5-4-28　道岔状态检查(ZY4)

(4)转辙机的安装与道岔安装方正，如图 5-4-29 所示。

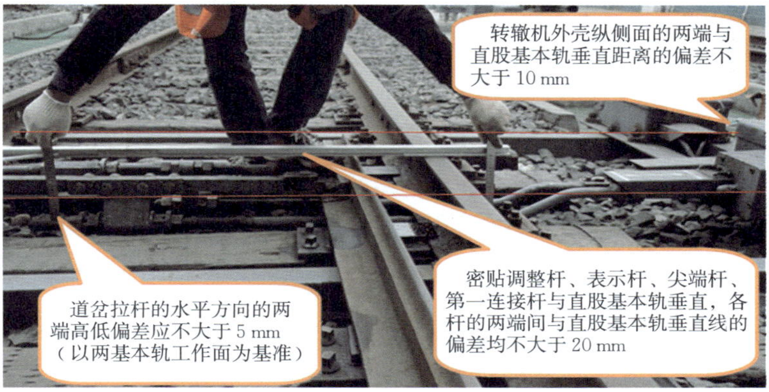

图 5-4-29　转辙机的安装与道岔安装

①密贴调整杆、表示杆、尖端杆、第一连接杆与直股基本轨垂直，各杆的两端间与直股基本轨垂直线的偏差均不大于 20 mm；

②转辙机外壳纵侧面的两端与直股基本轨垂直距离的偏差不大于 10 mm；

③道岔拉杆的水平方向的两端高低偏差应不大于 5 mm(以两基本轨工作面为基准)。

5. 箱盒内部检查(图 5-4-30)

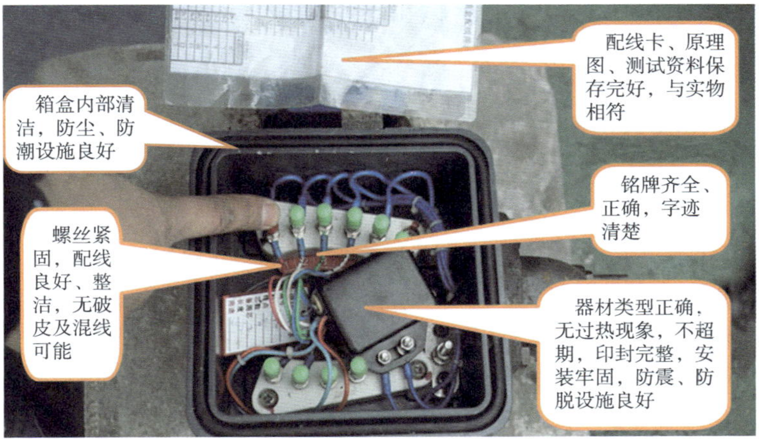

图 5-4-30　箱盒内部检查(ZY4)

(1)箱盒内部清洁,防尘、防潮设施良好,铭牌齐全、正确,字迹清楚。

(2)螺丝紧固,配线良好、整洁,无破皮及混线可能,焊点焊接良好。

(3)器材类型正确,无过热现象,不超期,印封完整,安装牢固,防震、防脱设施良好。

(4)配线卡、原理图、测试资料保存完好,与实物相符。

6. 液压站内部检修

(1)机件无松动、断裂、损坏和异状,机盖防尘、防水良好,无锈蚀,如图 5-4-31 所示。

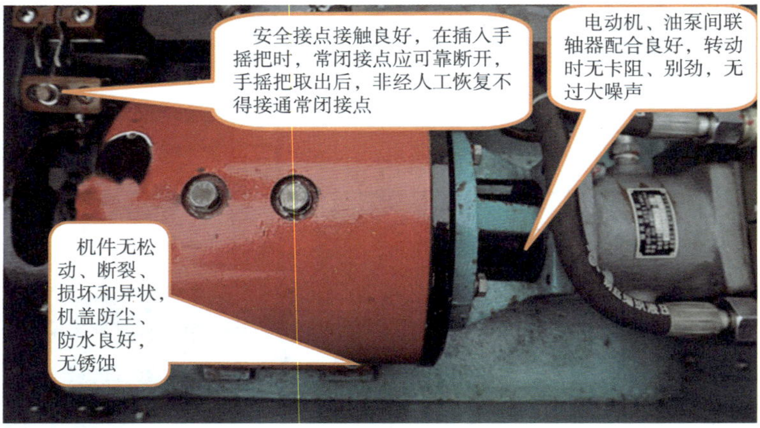

图 5-4-31　液压站内部检修(一)

(2)内部螺丝紧固,配线良好、整洁、无破皮及混线可能,焊点焊接良好,如图 5-4-32 所示。

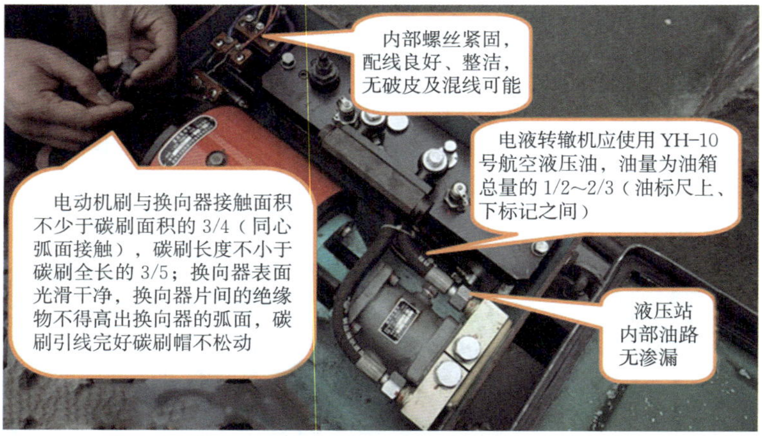

图 5-4-32　液压站内部检修(二)

(3)安全接点接触良好,在插入手摇把时,常闭接点应可靠断开,手摇把取出后,非经人工恢复不得接通常闭接点。

(4)电动机、油泵间联轴器配合良好,转动时无卡阻、别劲,无过大噪声。

(5)电液转辙机应使用 YH-10 号航空液压油,油量为油箱总量的 1/2～2/3(油标尺上、下标记之间)。

(6)溢流阀应保证液压系统有足够的压力;道岔转换终了时,电动机应稍有空转;道岔尖轨因故不能转换到位时，溢流阀应溢流。

(7)溢流阀调整灵活，溢流压力符合标准(不大于 4.5 MPa)。

(8)电动机碳刷与换向器接触面积不少于碳刷面积的 3/4(同心弧面接触)，碳刷长度不小于碳刷全长的 3/5；换向器表面光滑干净，换向器片间的绝缘物不得高出换向器的弧面，碳刷引线完好，碳刷帽不松动。

7. 电液转辙机及转换锁闭器内部检修

(1)机件无松动、断裂、损坏和异状，机盖防尘、防水良好，无锈蚀，如图 5-4-33 所示。

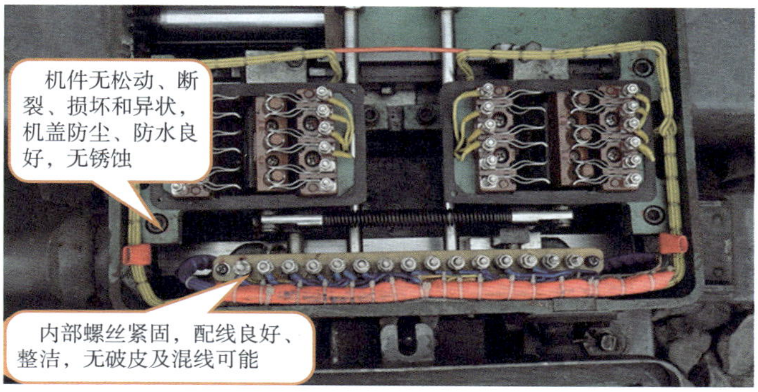

图 5-4-33　电液转辙机及转换锁闭器内部检修(一)

(2)内部螺丝紧固，配线良好、整洁，无破皮及混线可能，焊点焊接良好。

(3)油缸、动作杆动作平稳无颤抖。油缸、油管、油管接头及各种阀体的调节部位无泄漏，如图 5-4-34 所示。

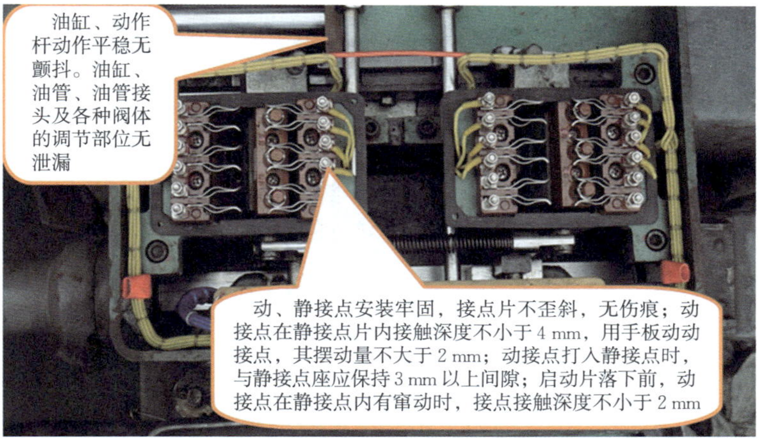

图 5-4-34　电液转辙机及转换锁闭器内部检修(二)

(4)动、静接点安装牢固，接点片不歪斜，无伤痕；动接点在静接点片内接触深度不小于 4 mm，用手扳动动接点，其摆动量不大于 2 mm；动接点打入静接点时，与静接点座应保持 3 mm 以上间隙；启动片落下前，动接点在静接点内有窜动时，接点接触深度不小于 2 mm。

(5)当滚轮在动作板上滚动时，启动片尖离开速动片的间隙应为 0.3～1.3 mm，如图 5-4-35 所示。

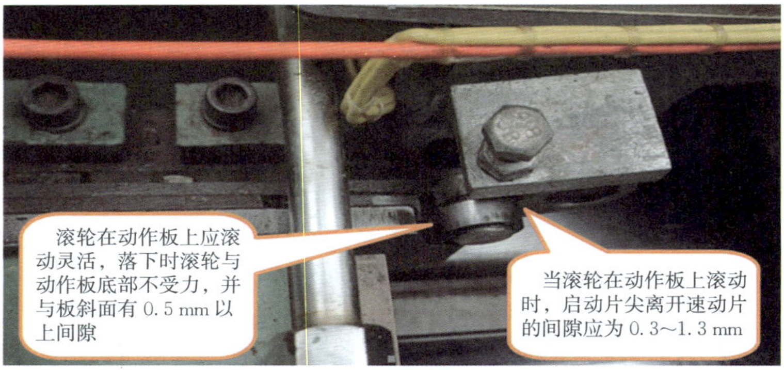

图 5-4-35　电液转辙机及转换锁闭器内部检修（三）

（6）启动片不得与动作板或动作板上的盖板相磨卡。当转辙机转换终了，启动片尖离开速动片时，应快速切断动作接点。

（7）滚轮在动作板上应滚动灵活，落下时滚轮与动作板底部不受力，并与动作板斜面有 0.5 mm 以上间隙。

（8）在动作杆、表示杆、锁闭杆正常伸出或拉入过程中，拉簧弹力适当，作用良好，保证动接点迅速转接并带动锁闭柱、检查柱上升和落下。

（9）当锁闭（检查）柱因故落在锁闭（表示）杆上平面时，动接点环的端点距离应不小于 2.5 mm，与另一侧接点距离不小于 2.0 mm。

（10）在锁闭位时，锁块与锁闭铁的接触面积应不小于 2/3；在动作位时，锁块与锁闭铁的间隙不大于 0.6 mm，如图 5-4-36 所示。

图 5-4-36　电液转辙机及转换锁闭器内部检修（四）

（11）定、反位表示缺口符合标准，如图 5-4-37 所示。

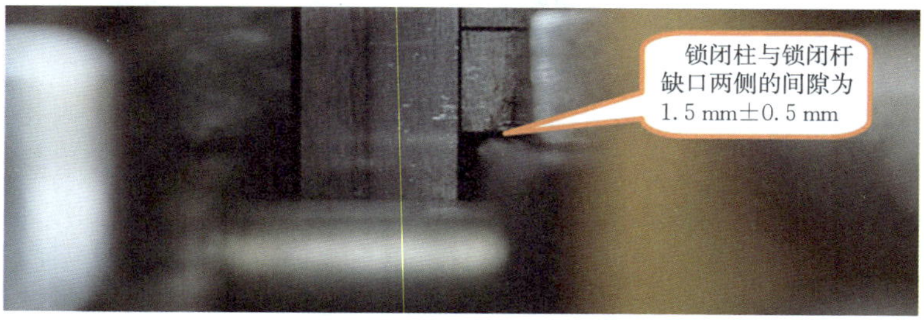

图 5-4-37　定、反位表示缺口

①锁闭柱与锁闭杆缺口两侧的间隙为 1.5 mm±0.5 mm；

②检查柱与表示杆检查缺口为 4 mm±1.5 mm。

(12)挤脱器无异状。当道岔被挤时，SH5 型转换锁闭器内接点应能可靠断开。

(13)机内重点部位清扫注油。

8. 转换试验

(1)扳动道岔时各部件动作灵活、稳定，无异声、异状，碳刷无过大火花。

(2)手摇把转换试验。道岔尖轨密贴，锁闭良好，尖轨无过大反弹力，密贴强度应调整适当，如图 5-4-38 所示。

图 5-4-38　转换试验示意

(3)扳动试验：第一牵引点 2 mm 锁闭、4 mm 不锁闭；SH5 型转换锁闭器处，尖轨与基本轨宏观密贴，密贴段(包切段)的牵引点处有 6 mm 以上的间隙时，道岔不能锁闭和接通表示；两牵引点间有 10 mm 及以上间隙时，道岔不能接通表示。

(二)电气特性Ⅰ级测试

1. 动作电压测试

如图 5-4-39 所示，用万用表直流 250 V 挡，测定位动作电压时，正表笔搭在电动机 1 端子上，负表笔搭在电动机 4 端子上；测反位动作电压时，正表笔搭在电动机 2 端子上，负表笔搭在电动机 4 端子上；转换道岔时所测试的电压为动作电压，应不小于直流 160 V。

2. 油路系统压力测试

工作压力的测试：将 10 MPa 压力表接在 YYA 表阀，如图 5-4-39 所示。

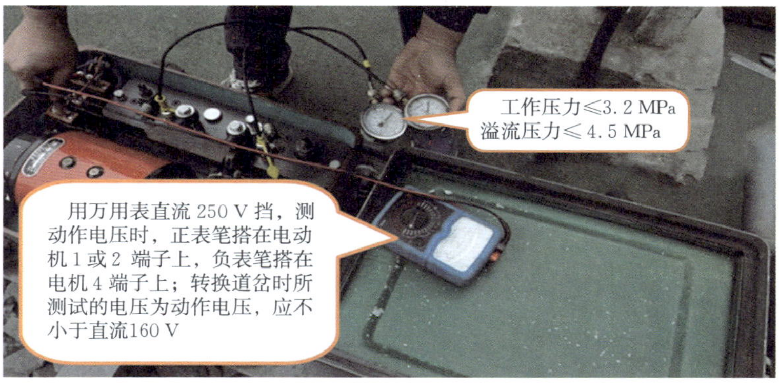

图 5-4-39　动作电压及油路系统压力测试示意

3. 线圈电阻测试

（1）将万用表放在 R×1 挡，将安全接点断开，在电动机 1、3 或 2、3 端子测出两个定子线圈的阻值，为 2.85 Ω±0.14 Ω，在 3、4 端子上测转子线圈阻值，为 4.9 Ω±0.245 Ω。不同机型数值不一样。

（2）注意事项：在测试转子阻值的过程中，应用手摇把慢摇电动机转动一周，期间万用表指针应无过大变化，这样就能发现转子断线（断匝）的隐患。

4. 安装装置绝缘测试

测试安装装置绝缘有电阻法和电压法。电阻法：将万用表旋至 R×10 挡，一支表笔接角钢，另一表笔接两轨面进行测试，正常时电阻应大于 1 kΩ，反之将绝缘进行分解。电压法：将万用表放在交流 2.5 V 挡，一表笔搭在角钢上，另一表笔分别对两轨面进行测试，无电压或电压约相等，说明绝缘良好；若在某轨面测出电压与轨面电压相等，则说明另一侧角钢绝缘破损，但不能断定两根角钢中哪根角钢螺栓的绝缘破损，需要分解一根角钢绝缘，再测量另一根角钢绝缘，若还不好，说明未分解的那根角钢螺栓绝缘破损。如果分解了所有角钢绝缘未发现破损，应考虑工务连接杆、尖端杆的绝缘是否破损。

四、ZYJ7 道岔检修标准化程序

1. 箱盒外部检查（图 5-4-40）

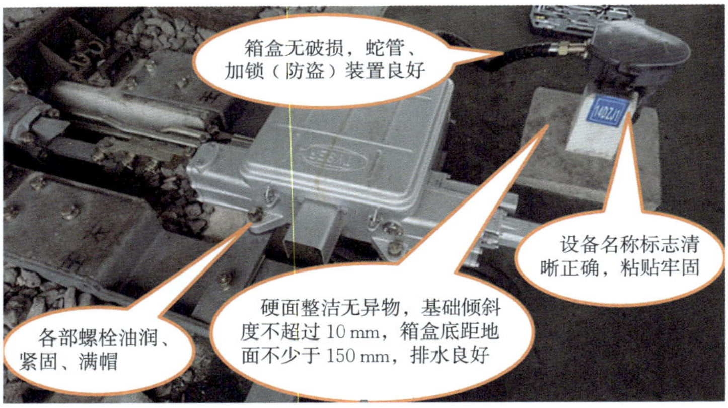

图 5-4-40 箱盒外部检查（ZYJ7）

（1）箱盒无破损，蛇管、加锁（防盗）装置良好。

（2）硬面整洁无异物，基础倾斜度不超过 10 mm，箱盒底距地面不少于 150 mm，排水良好。

（3）各部螺栓油润、紧固、满帽。

（4）设备名称标志清晰正确，粘贴牢固。

2. 转辙机、转换锁闭器（含密贴检查器）外部检查（图 5-4-41）

（1）防尘罩及各部无缺损，固定装置良好，加锁装置良好。

（2）各部螺栓油润、紧固、满帽。

（3）外部油路无渗漏，油管无破损，油管外层橡胶无较大龟裂，固定、防护良好，转角处弯曲半径应不小于 150 mm。

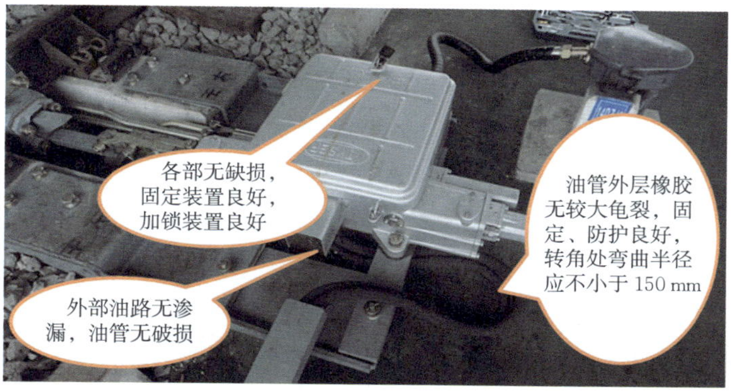

图 5-4-41　转辙机、转换锁闭器(含密贴检查器)外部检查

3. 安装装置、外锁闭装置检查,道岔状态检查

(1)安装装置和外锁闭装置紧固件、开口销、连接销、连接轴压板、表示杆和动作杆螺母齐全、不松动,防松措施良好,开口销角度 60°～90°,两臂劈开角度应基本一致,如图 5-4-42 所示。

图 5-4-42　安装装置、外锁闭装置检查(一)

(2)各种杆件的螺纹部分的内、外调整余量应不少于 10 mm;表示杆的销孔旷动量应不大于 0.5 mm,其余各部销孔旷动量应不大于 1 mm,连接杆锈蚀或磨耗减少量不得超过 1/10,如图 5-4-43 所示。

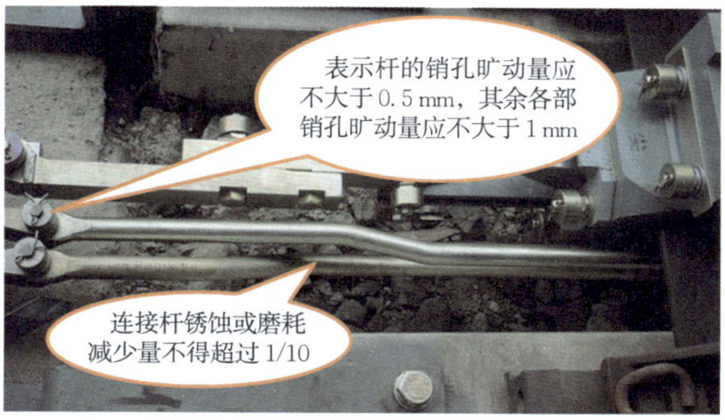

图 5-4-43　安装装置、外锁闭装置检查(二)

(3)穿越轨底的各种杆件,距轨底的净距离应大于 10 mm,距离石砟不少于 20 mm。基础角钢(含托盘)下部不得与石砟磨卡,如图 5-4-44 所示。

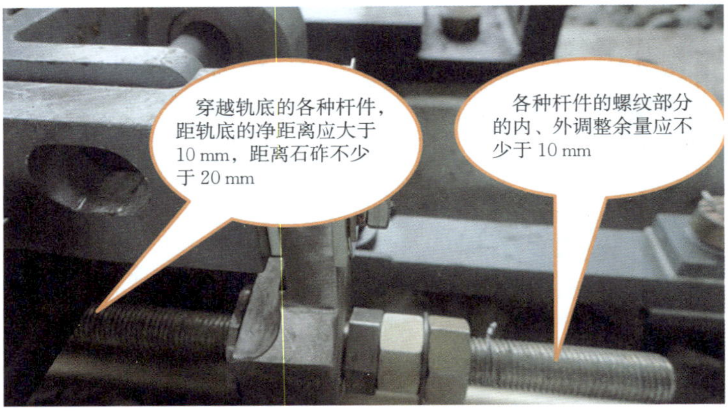

图 5-4-44　安装装置、外锁闭装置检查（三）

（4）各种拉杆的连接销、摩擦面应油润。

（5）安装装置及各部绝缘管、垫完整无损。防松铁捆绑线作用良好。

（6）固定尖轨、心轨第一、第二拉板的防松螺栓齐全、紧固、无松动。

（7）转辙机（包括第一、第二、第三牵引点）动作杆、表示杆，密贴检查器表示杆伸出端、外锁闭机构及安装装置的各连接销摩擦面应油润。

（8）锁闭框两侧应有效插入锁闭杆两侧导向槽内，不得脱落，不得接触锁闭杆；限位块与锁闭框间隙不大于 3 mm，如图 5-4-45 所示。

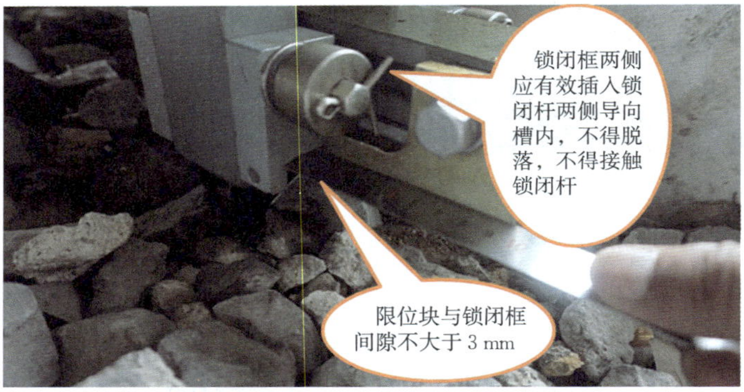

图 5-4-45　安装装置、外锁闭装置检查（四）

（9）锁钩与锁闭杆接触面及动作范围内无砂石、杂物，如图 5-4-46 所示。

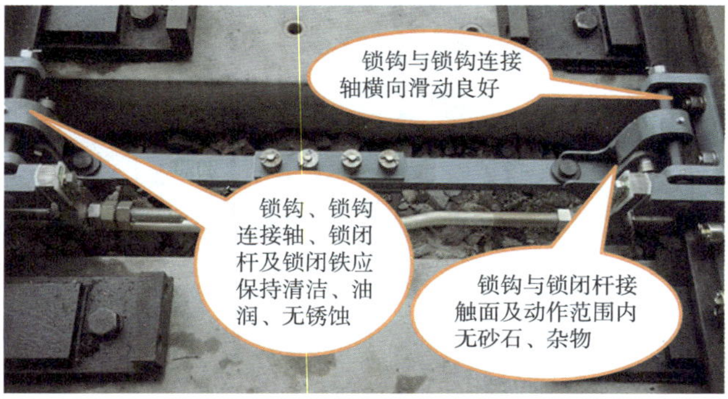

图 5-4-46　安装装置、外锁闭装置检查（五）

(10)锁钩、锁钩连接轴、锁闭杆及锁闭铁应保持清洁、油润、无锈蚀，锁钩与锁钩连接轴横向滑动良好。

(11)同一牵引点和密贴检查部位的尖轨斥离轨与基本轨间动程和外锁闭装置的锁闭量定、反位应均等，其均等偏差应小于 2 mm；各牵引点动程和锁闭量符合标准，如图 5-4-47 所示。

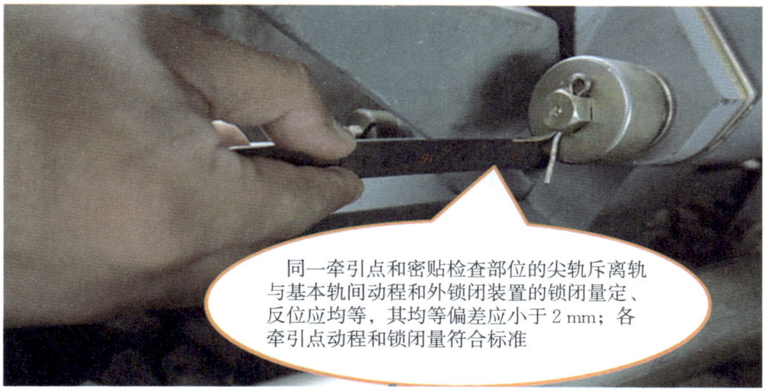

图 5-4-47　安装装置、外锁闭装置检查(六)

(12)各连接头、T 形拐与锁轴之间旷动量及锁闭调整铜块磨耗旷动量不大于 1 mm。

(13)锁钩与锁钩连接轴横向滑动良好。

(14)设备无外界干扰和异状，尖轨和基本轨间无异物，各部无意外破损，如图 5-4-48 所示。

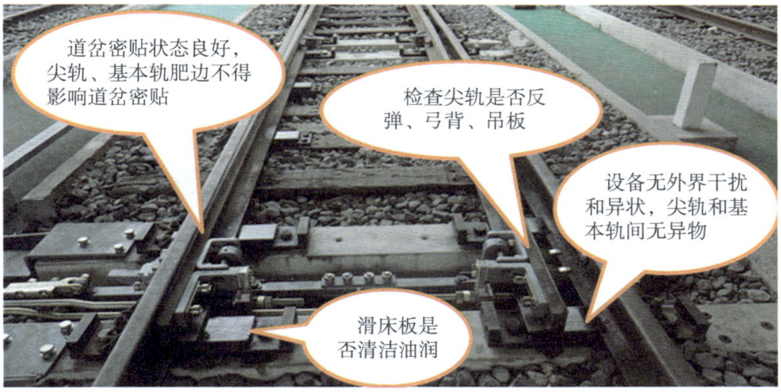

图 5-4-48　安装装置、外锁闭装置检查(七)

(15)道岔密贴状态良好，尖轨、基本轨肥边不得影响道岔密贴；检查尖轨是否反弹、弓背、吊板，滑床板是否清洁油润。

(16)检查、测试钢枕固定螺栓绝缘、外锁闭装置和各种杆件的绝缘性能。

(17)测试道岔转换力。

(18)检查、测试钢枕固定螺栓绝缘、外锁闭装置和各种杆件的绝缘性能。

(19)尖轨爬行不影响外锁闭装置正常转换，心轨表示拉杆接头不碰钢轨，并有 10 mm 以上间隙。

(20)转辙机的安装与道岔安装成方正：转辙机外壳纵侧面的两端与直股基本轨垂直距离的偏差不大于 5 mm；各牵引点锁闭杆、表示杆的两端间与直股基本轨垂直线的偏差均不大于 10 mm；锁闭杆、表示杆水平方向的两端高低偏差应不大于 5 mm(以两基本轨工作面为基准)。连接轨枕的托板与两基本轨轨顶面的延长线平行，托板两端及两托板的高低偏差应不大于 5 mm。

4. 箱盒内部检查

(1)箱盒内部清洁，防尘、防潮设施良好，铭牌齐全、正确，字迹清楚，如图 5-4-49 所示。

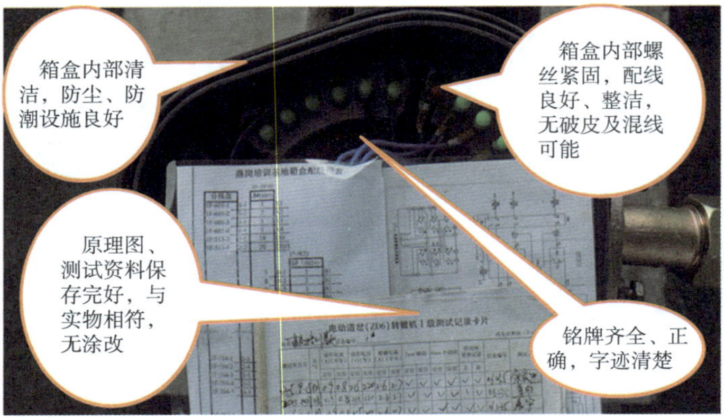

图 5-4-49　箱盒内部检查(ZYJ7)

(2)箱盒内部螺丝紧固，配线良好、整洁、无破皮及混线可能，焊点焊接良好。

(3)器材类型正确，无过热现象，不超期，印封完整，安装牢固，防震、防脱设施良好。

(4)配线卡、原理图、测试资料保完好，与实物相符，无涂改。

5. 转辙机、转换锁闭器(含密贴检查器)内部检修(图 5-4-50)

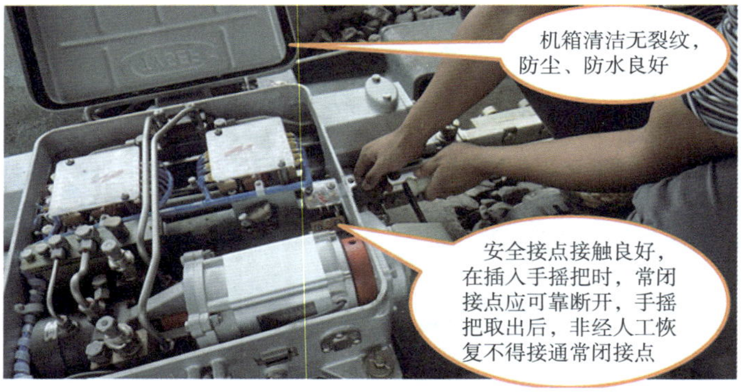

图 5-4-50　转辙机、转换锁闭器(含密贴检查器)内部检修

(1)机箱清洁无裂纹，防尘、防水良好。

(2)安全接点接触良好，在插入手摇把时，常闭接点应可靠断开，手摇把取出后，非经人工恢复不得接通常闭接点。

(3)电动机检查(图 5-4-51)。

①电动机安装牢固不松动。

②惰性轮与电动机轴摩擦作用良好、接点不得反弹，手动检查不抱死。

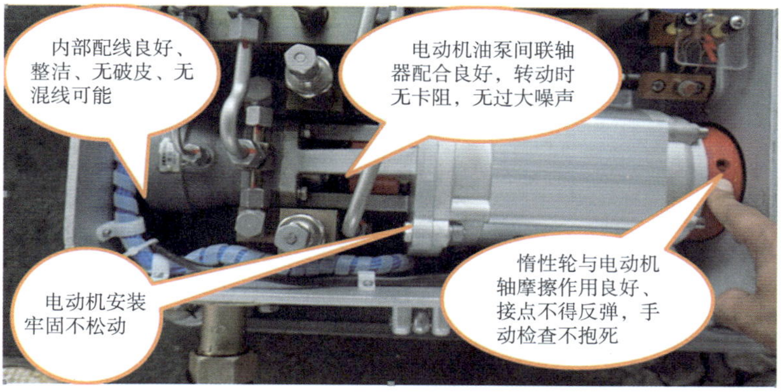

图 5-4-51　配线检修

③电动机油泵间联轴器配合良好,转动时无卡阻,无过大噪声。

④内部配线良好、整洁,无破皮及混线可能。

(4)油路检查(图 5-4-52)。

图 5-4-52　油路检修

①接头体、油箱、油泵、焊接处及密封处无泄漏,箱内油量在油标刻度范围内。

②道岔在正常转换时,保证液压系统有足够的压力;道岔转换终了时,电动机应稍有空转;道岔尖轨因故不能到位时,溢流阀应溢流。

(5)油缸和动作杆检查(图 5-4-53)。

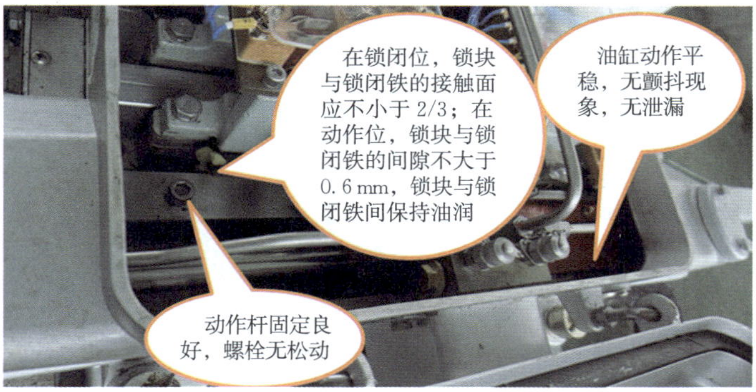

图 5-4-53　油缸和动作杆检修

①动作杆固定良好，螺栓无松动。

②油缸动作平稳，无颤抖现象，无泄漏。

③动作杆在圆孔套的旷动量不超过 1 mm，动作杆在圆孔套内应油润。

④在锁闭位，锁块与锁闭铁的接触面应不小于 2/3；在动作位，锁块与锁闭铁的间隙不大于 0.6 mm，锁块与锁闭铁间保持油润。

(6)自动开闭器检查。

①自动开闭器各部及绝缘座安装牢固，完善无裂损，动作正常无卡阻。

②滚轮动作灵活，轮轴铆接牢固不活动。

③接点端子螺丝紧固，配线整齐，接点及接点环清洁；动接点打入静接点两边受力均匀，动接点在静接点内接触深度不小于 4 mm，用手扳动动接点，其摆动量不大于 2 mm；动接点距静接点座应保持 3 mm 以上间隙；启动片落下前，动接点在静接点内有窜动时，应保证接点接触深度不小于 2 mm，如图 5-4-54 所示。

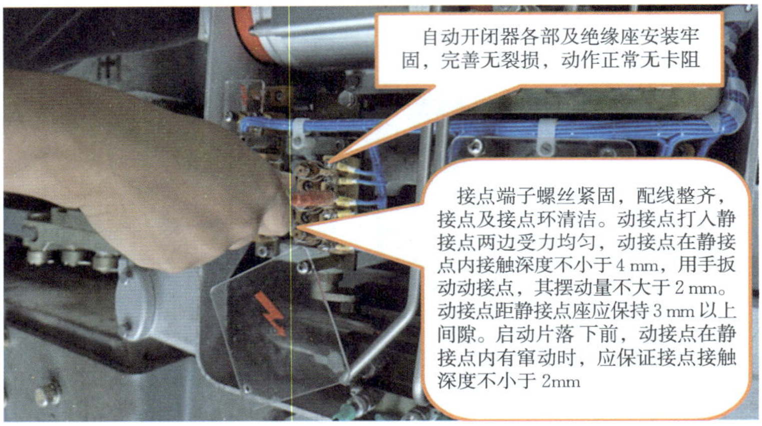

图 5-4-54　自动开闭器检修示意(一)

④启动片滚轮在动作板上滚动灵活，启动片离开速动片上平面的间隙为 0.3～1.3 mm；落下后滚轮不得与动作板或动作板上的盖板相磨卡，并与动作板斜面有 0.5 mm 以上间隙，如图 5-4-55 所示。

图 5-4-55　自动开闭器检修示意(二)

⑤在动作杆、锁闭杆正常伸出或拉入过程中，弹簧拉力适当，作用良好，保证动接点迅速转接，并带动锁闭柱上升和落下。

(7)锁闭杆检查。

①锁闭杆打入锁闭缺口的深度不小于 6 mm，并不打锁闭杆缺口底面。锁闭柱与锁闭杆缺口两侧的间隙：外锁闭为 2 mm±0.5 mm；内锁闭为 1.5 mm±0.5 mm，如图 5-4-56 所示。

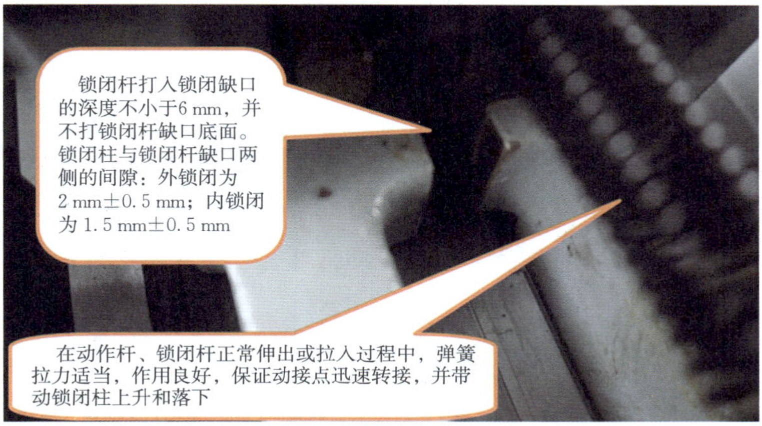

图 5-4-56　锁闭杆检修示意

②锁闭柱在解锁位，其下平面与锁闭杆上平面的间隙应大于 0.5 mm。

(8)表示杆检查。

①检查柱在锁闭位打入表示杆缺口深度不小于 6 mm，并不打表示杆缺口底面，与表示杆缺口两侧间隙为 4.0 mm±1.5 mm。

②检查柱在解锁位，其下平面与表示杆上平面的间隙应大于 0.5 mm。

(9)转换锁闭器挤脱器及动作板检查。

①检查挤脱器是否顶开，标志是否良好。

②动作板固定良好，螺栓无松动，速动片无卡阻。

(10)接线端子检查。

接线端子螺丝紧固、配线紧固，无损伤、混线可能，如图 5-4-57 所示。

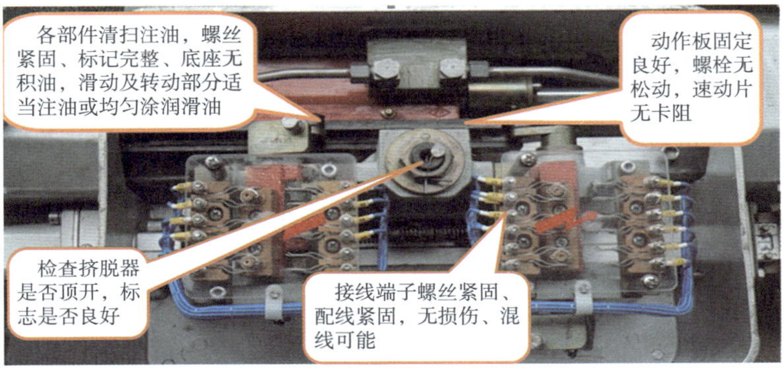

图 5-4-57　接线端子检修示意

(11)注油。

各部件清扫注油，螺丝紧固、标记完整、底座无积油，滑动及转动部分适当注油或均匀涂润滑油。

6. 扳动试验、Ⅰ级测试(图 5-4-58)

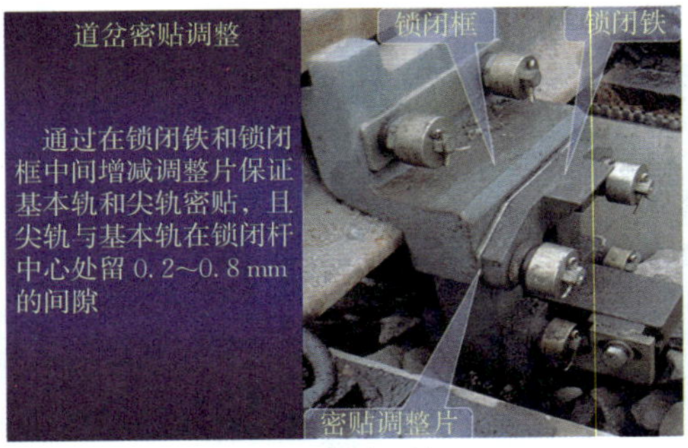

（a）密贴调整

（b）开程调整

（c）缺口调整

图 5-4-58　扳动试验、Ⅰ级测试

(1)扳动转辙机动作良好、无异状，机内各部件动作灵活、协调，无机械卡阻。

(2)手摇把转换试验。道岔尖轨密贴，锁闭良好，尖轨无过大反弹力，密贴强度应调整适当。

(3)扳动试验：道岔尖轨与基本轨、心轨与翼轨间密贴检查。牵引点及密贴检查位置处，道岔尖轨与基本轨、心轨与翼轨间密贴间需满足下列要求：

①列车运行速度小于 120 km/h 线路上的道岔，单点牵引及多点牵引的第一牵引点，牵引点处有 4 mm 及其以上间隙时，道岔不能锁闭和接通表示；多点牵引密贴段(刨切段)的其余各牵引点处有 6 mm 以上间隙时，道岔不能锁闭和接通表示；两牵引点间有 10 mm 及以上间隙时，道岔不能接通表示。

②列车运行速度大于 120 km/h 且小于 160 km/h 线路上的道岔，密贴段牵引点处有 4 mm 及其以上间隙时，道岔不能锁闭和接通表示；两牵引点间有 10 mm 及以上间隙时，道岔不能接通表示。

③列车运行速度大于 160 km/h 线路上的道岔，密贴段牵引点处有 4 mm 及其以上间隙时，道岔不能锁闭和接通表示；两牵引点间有 5 mm 及以上间隙时，道岔不能接通表示。

五、复　　验

1. 检修及测试作业完毕，对各部进行全面复查。注意检查开口销、防松扎线不缺少，道岔转换无异样，表示缺口符合标准等。

2. 做好道岔相关参数的记录，并纳入一岔一档管理。

3. 试验良好，道岔表示的三核对(道岔实际开通位置、控制台显示的道岔位置、机械室道岔表示继电器位置)无问题，集中监测曲线调阅(道岔检修前后对比)无问题，加锁良好，清点工具、材料，清除周围杂物等，做到现场工完料清。

4. 作业完毕时作业负责人对设备状态、工机具清理、人员撤离、防护撤除等进行检查，确认开通条件。符合要求，无其他问题后按规定履行销记手续。

六、退 班 会

1. 针对检修中存在的问题进行梳理总结(安全等各种注意事项)。

2. 对检修发现的工电结合部问题，纳入待修台账并联系工务部门及时进行处理。

3. 道岔相关参数纳入一岔一档进行管理，并录入电气特性分析报告。

七、道岔工电结合部技术要求

1. 道岔各部框架轨距、牵引点处开程、锁闭量应符合标准。

2. 尖轨、心轨、基本轨的爬行、窜动量不得超过 20 mm，限位铁两边应有间隙，尖轨、心轨、基本轨爬行、窜动不得影响道岔方正，不得造成杆件别劲、磨卡及外锁闭锁闭框调整孔无调整间隙。

3. 道岔的转换阻力不得大于电动(液)转辙机的牵引力，转辙机的牵引力应符合规定标准。

4. 尖轨、心轨无影响道岔转换、密贴的翘头、拱曲、侧弯、肥边和反弹，甩开转换道岔杆件，人工拨动尖轨、心轨，刨切部分应与基本轨、翼轨密贴。心轨、尖轨尖端至第一牵引点范围内其缝隙不应大于 0.5 mm，其余部位不应大于 1 mm。

5. 尖轨、心轨顶铁与轨腰的间隙均不应大于 1 mm，且间隙均匀。

6. 道岔转辙部位的轨枕间距符合标准，窜动不得造成杆件别劲、磨卡，影响道岔方正和道岔的正常转换。

7. 道岔转换时基本轨横移不得导致道岔的 4 mm 锁闭。道岔尖轨防跳限位器、各部轨距调整块作用良好，不得影响道岔正常转换，斥离轨游离不得造成道岔静态失去表示。

8. 尖轨、心轨底部与滑床台、辊轮间隙符合要求。

9. 滑床板无影响道岔转换的脱焊、断裂、塌陷、凹槽、侧斜等。

第六章　轨道电路

轨道电路是利用钢轨线路和钢轨绝缘构成的电路。它用来监督线路的占用情况，以及将列车运行与信号显示等联系起来，即通过轨道电路向列车传递行车信息。轨道电路是铁路信号的重要基础设备，它的性能直接影响行车安全和运输效率。

第一节　基础知识

一、轨道电路的基本原理

轨道电路是以铁路线路的两根钢轨作为导体，两端加以机械绝缘（或电气绝缘），接上送电和受电设备构成的电路。最简单的轨道电路如图 6-1-1 所示。

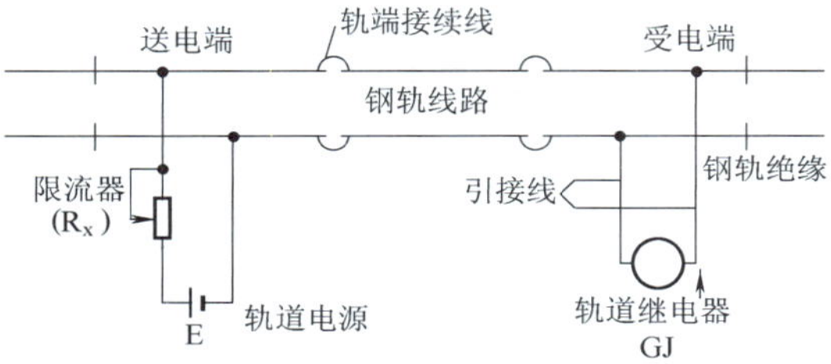

图 6-1-1　最简单的轨道电路

轨道电路的送电设备设在送电端，由轨道电源 E 和限流电阻 R_x 组成。限流电阻的作用是保护电源不至因过负荷而损坏，同时保证列车占用轨道电路时，轨道继电器可靠落下。接收设备设在受电端，一般采用继电器，称为轨道继电器，由它来接收轨道电路的信号电流。

送、受电设备一般放在轨道旁的变压器箱或电缆盒内，轨道继电器设在信号楼内。送、受电设备由引接线（钢丝绳）直接接向钢轨或通过电缆过轨后由引接线接向钢轨。

钢轨是轨道电路的导体，为减小钢轨接头的接触电阻，增设了轨端接续线。钢轨绝缘是为分隔相邻轨道电路而装设的。两绝缘节之间的钢轨线路，称为轨道电路的长度。

当轨道电路内钢轨完整，且没有列车占用时，轨道继电器吸起，表示轨道电路空闲。轨道电路被列车占用时，它被列车轮对分路，轮对电阻远小于轨道继电器线圈电阻，流经轨道继电器的电流大大减小，轨道继电器落下，表示轨道电路被占用。

二、轨道电路的作用

轨道电路的第一个作用是监督列车的占用。利用轨道电路监督列车在区间或列车和调车车列在站内的占用，是最常用的方法。由轨道电路反映该段线路是否空闲，为开放信号、建立进路或构成闭塞提供依据，还利用轨道电路的被占用关闭信号，把信号显示与轨道电路是否被占用结合起来。

轨道电路的第二个作用是传递行车信息。例如，移频自动闭塞利用轨道电路中传递信号不同的频率来反映前行列车的位置，决定各通过信号机的显示，为列车运行提供行车命令。轨道电路中传送的行车信息，还为列车运行自动控制系统直接提供控制列车运行所需要的前行列车位置、运行前方信号机状态和线路条件等有关信息，以决定列车运行的目标速度，控制列车在当前运行速度下是否停车或减速。即轨道电路广泛作为传递行车信息的通道。

三、轨道电路的分类

轨道电路有较多种类，也有多种分类方法。

（一）按动作电源分类

轨道电路可分为直流轨道电路和交流轨道电路。

1. 轨道电路电源采用直流，称为直流轨道电路，如图 6-1-2 所示。它用于交流电源不可靠的非电力牵引区段。采用蓄电池浮充供电方式，交流有电时，由整流器供电；交流停电时，由蓄电池供电。该轨道电路电源设备安装较困难，检修不方便，易受迷流影响，现已很少采用。

2. 采用交流供电的轨道电路，称为交流轨道电路。交流轨道电路的种类很多，频带用得很宽，大体可分为三段：低频，300 Hz 以下；音频，300～3 000 Hz；高频，10～40 kHz。一般交流轨道电路注明电源频率，以示区别。国产移频轨道电路的频率在 495～905 Hz，UM71 型轨道电路的频率在 1 689～2 611 Hz，均属音频范围。道口用轨道电路的频率则在 14～40 kHz，属于高频。

（二）按工作方式分类

轨道电路可分为开路式轨道电路和闭路式轨道电路。

1. 开路式轨道电路平时呈开路状态，如图 6-1-3 所示，它的发送设备和接收设备安装在轨道电路的同一端。轨道电路无车占用时，不构成回路，其轨道继电器落下。有车占用时，轨道电路通过车辆轮对构成回路，轨道继电器吸起。由于轨道继电器经常落下，不能监督轨道电路的完整，遇有断轨或引接线、接续线折断等故障，不能立即发现。若此时有车占用，轨道继电器也不能吸起，很不安全。因此，极少采用。

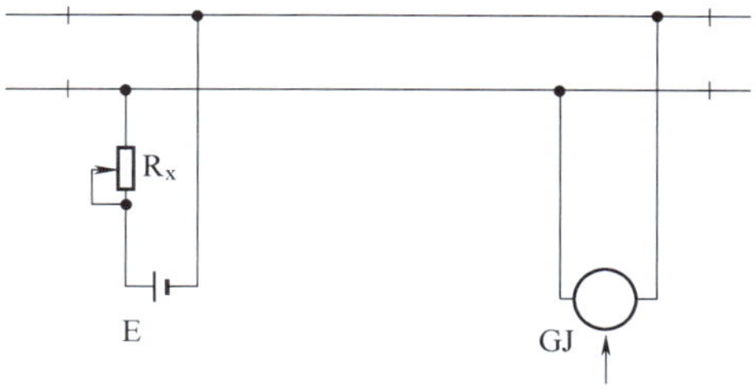

图 6-1-2　直流轨道电路

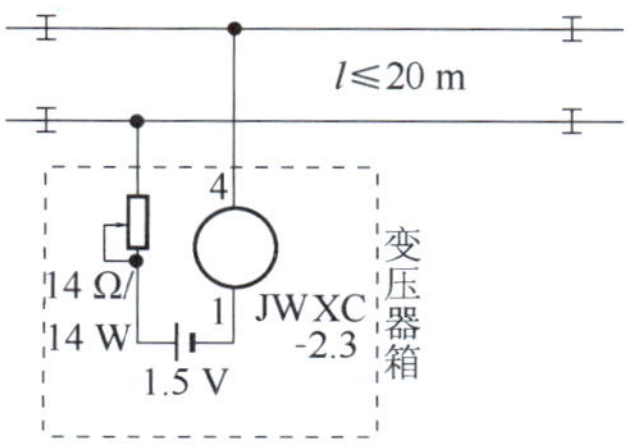

图 6-1-3　开路式轨道电路

2. 闭路式轨道电路平时构成闭合回路，如图 6-1-2 所示，其发送设备（电源）和接收设备（轨道继电器）分别装设在轨道电路的两端。轨道电路上没有车占用时，轨道继电器吸起。有车占用时，因车辆分路，轨道继电器落下。当发生断轨、断线等故障时，轨道继电器落下，能保证安全。所以几乎所有轨道电路都采用闭路式。

（三）按所传送的电流特性分类

轨道电路可分为连续式、移频式以及数字编码式。

1. 连续式轨道电路中传送连续的交流或直流电流。这种轨道电路的唯一功能是监督轨道的占用与否，不能传送更多信息。

2. 移频轨道电路在钢轨中传送的是移频电流，在发送端用低频（几赫兹至几十赫兹）作为行车信息去调制载频（数百赫兹至数千赫兹），使移频频率随低频周期性变化。在接收端将低频解调出来，去动作轨道继电器。移频轨道电路可传送多种信息的信号。

3. 数字编码式轨道电路也采用调频方式，但它采用的不是单一低频调制频率，而是一个若干比特的一群调制频率，根据编码去调制载频，编码包含速度码、线路坡度码、闭塞分区长度码、路网码、纠错码等，可以传输更多的信息。

（四）按分割方式分类

轨道电路可分为有绝缘轨道电路和无绝缘轨道电路。

1. 有绝缘轨道电路用钢轨绝缘将轨道电路与相邻的轨道电路互相隔离，大部分轨道电路是有绝缘的。一般的轨道电路即指有绝缘轨道电路。

钢轨绝缘在车辆运行的冲击力、剪切力作用下很容易破损，使轨道电路的故障率较高。绝缘节的安装给无缝线路带来一定的麻烦，有时需锯轨，降低线路的轨道强度，增加线路维护的复杂性。电气化铁路的牵引回流不希望有绝缘节，为使牵引回流能绕过绝缘节，必须安装扼流变压器。因此有绝缘的轨道电路不理想。无缝线路和电气化铁路希望采用无绝缘轨道电路。

2. 无绝缘轨道电路在其分界处不设钢轨绝缘，通常采用电气隔离式。

电气隔离式又称谐振式，利用谐振槽路，采用不同的信号频率，谐振回路对不同频率呈现不同阻抗，来实现相邻轨道电路间的电气隔离。

（五）按使用处所分类

轨道电路分为区间轨道电路和站内轨道电路。

1. 区间轨道电路主要用于自动闭塞区段，不仅要监督各闭塞分区是否空闲，而且要传输有关行车信息。一般来说，区间要求轨道电路传输距离较长，要满足闭塞分区长度的要求，轨道电路的构成也比较复杂。

2. 站内轨道电路，用于站内各区段，一般只有监督本区段是否空闲的功能，不能发送其他信息。为了使机车信号在站内能连续显示，要对站内轨道电路实现电码化，即在列车占用本区段或占用前一区段时用预叠加方式转为能发码的轨道电路。站内轨道电路除了股道外，一般传输距离不长。

（六）按轨道电路内有无道岔分类

站内轨道电路分为无岔区段轨道电路和道岔区段轨道电路。

1. 无岔区段轨道电路内钢轨线路无分支，构成较简单，一般用于股道、尽头调车信号机前方接近区段、进站信号机内方、两差置调车信号机之间。

2. 在道岔区段，钢轨线路有分支，道岔区段的轨道电路就称为分支轨道电路或分歧轨道电路。在道岔区段，道岔处钢轨和杆件要增加绝缘，还要增加道岔连接线和跳线。当分支超过一定长度时，还必须设多个受电端。

(七)按适用区段分类

轨道电路分为非电气化区段轨道电路和电气化区段轨道电路。

1. 非电气化区段轨道电路,没有抗电气化干扰的特殊要求,一般的轨道电路指非电气化区段轨道电路,不必说明。

2. 电气化区段轨道电路,既要抗电气化干扰,又要保证牵引回流的畅通无阻。因钢轨中已流有 50 Hz 的牵引电流,轨道电路就不能采用 50 Hz 电源,而必须采用 50 Hz 以外的频率。对于有绝缘的轨道电路,必须安装扼流变压器,使牵引回流能顺利越过绝缘节。

我国电气化铁路目前站内多采用 25 Hz 相敏轨道电路,区间多采用无绝缘移频轨道电路。

(八)按轨道电路利用钢轨作为通道的方式分类

轨道电路分为双轨条和单轨条轨道电路。

1. 多数轨道电路均利用同一线路的两根钢轨作为传输通道。一般的轨道电路均为双轨条轨道电路,不必说明。

2. 单轨条轨道电路是利用线路的一条钢轨作为传输通道,另一通道由电缆构成。例如,驼峰用的移频机车信号,地面发送设备即采用单轨条移频轨道电路。因其发送的区段有车占用,两根钢轨被轮对分路,无法构成轨道电路。计轴自动闭塞区段也用单轨条轨道电路发送移频信息,供机车信号接收。

第二节 轨道电路设备(25 Hz)

一、设备组成

25 Hz 相敏轨道电路主要由轨道电源、发送设备、接收设备以及连接室内外设备的电缆等组成,如图 6-2-1 所示。发送设备、接收设备因制式不同,设备布置有所不同,有全部安装在室外轨旁的,有部分装在室内、部分装在室外的,有全部装在室内的。

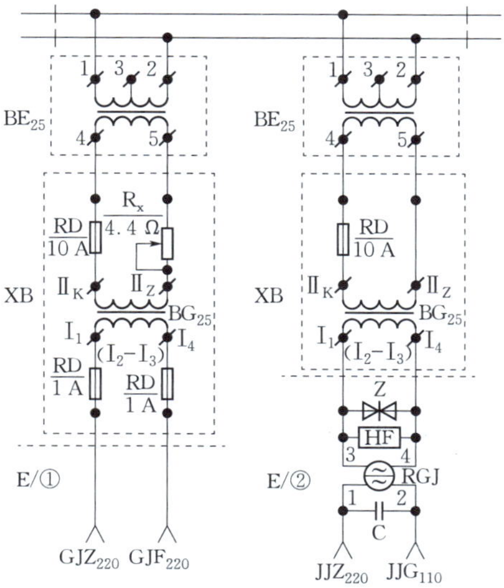

图 6-2-1 25 Hz 相敏轨道电路

连接发送设备的一端叫作送电端，用于把轨道电源（信号）送到钢轨上。

连接接收设备的一端叫作受电端，用于根据接收到的轨道信号动作轨道继电器 GJ。

（一）送电端设备

25 Hz 相敏轨道电路送电端包括轨道电路电源、熔断器、轨道变压器、限流电阻、扼流变压器等设备。

1. 室内轨道电源

为轨道电路提供 220 V、25 Hz 的连续工作电源，大部分采用室内集中送电（电源屏），如图 6-2-2 所示，在室外利用电缆盒分别送往不同的区段。

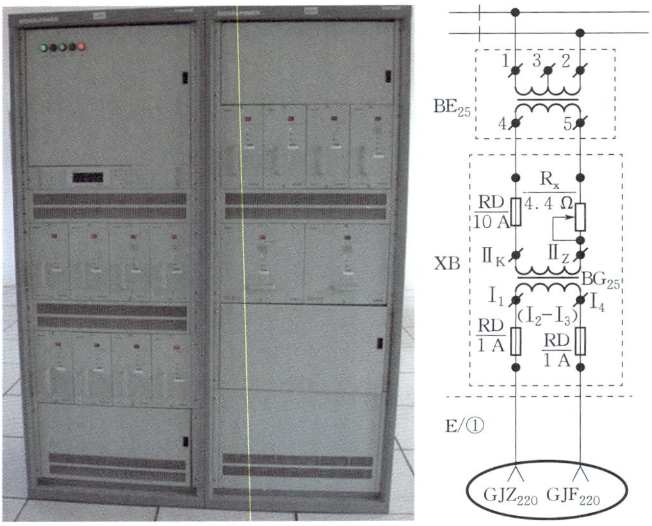

图 6-2-2　25 Hz 相敏轨道电路电源屏

2. 送电端 1 A 熔断器

熔断器（图 6-2-3）用于保护室内轨道电源用电安全。

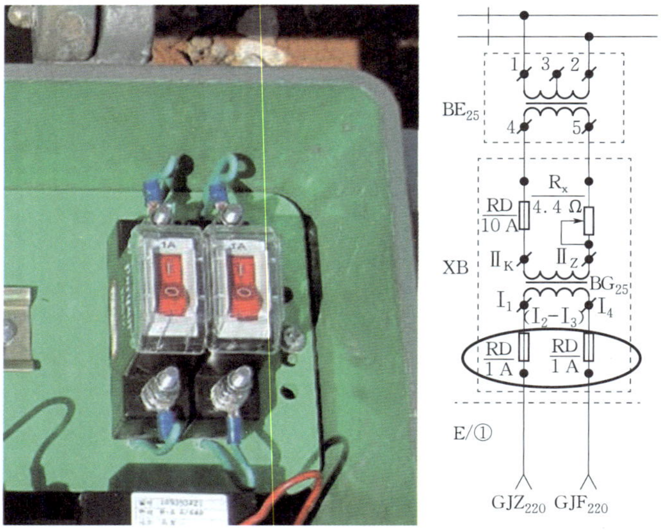

图 6-2-3　25 Hz 相敏轨道电路送电端 1 A 熔断器

3. 送电端轨道变压器

轨道变压器(图 6-2-4)用于实现室内外电路电气隔离,送电端、受电端阻抗匹配,调整轨道电路。轨道变压器变比根据调整表设置,连接扼流变压器的是Ⅱ次侧,连接轨道电路电源的是Ⅰ次侧。

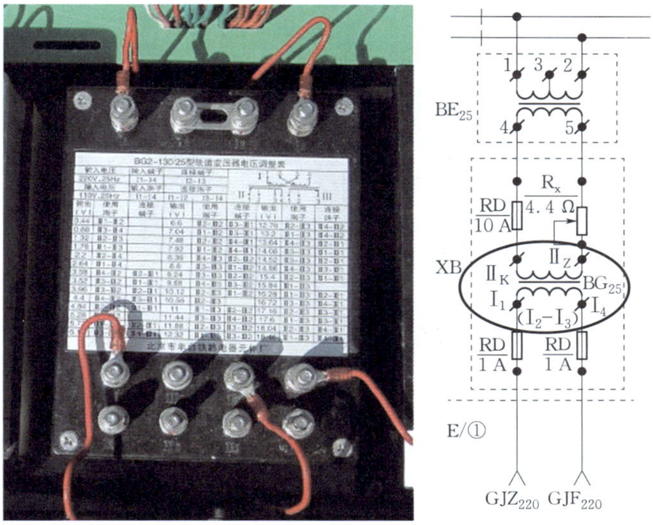

图 6-2-4　25 Hz 相敏轨道电路送电端轨道变压器

4. 送电端限流电阻

限流电阻(图 6-2-5)用于保护轨道变压器用电安全,调整轨道电路。限流电阻阻值应根据轨道电路调整表设置,予以固定,不得调小,更不得调至零值。

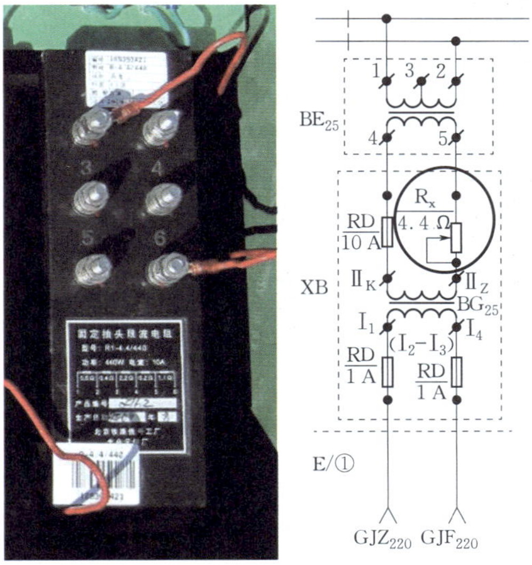

图 6-2-5　25 Hz 相敏轨道电路送电端限流电阻

5. 送电端 10 A 熔断器

熔断器(图 6-2-6)用于保护轨道电路设备不受瞬间牵引电流冲击而损坏。

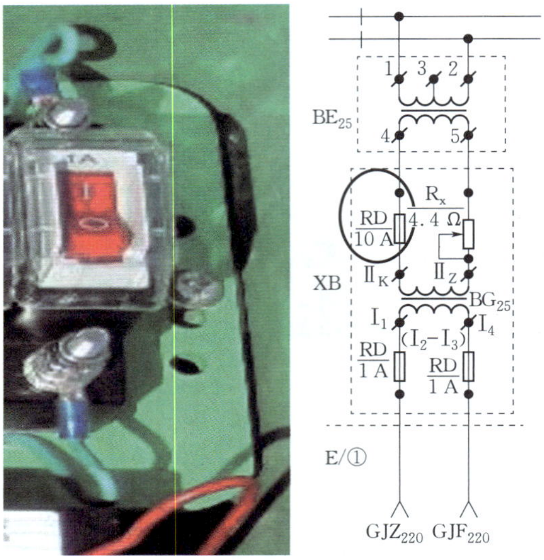

图 6-2-6　25 Hz 相敏轨道电路送电端 10 A 熔断器

6. 送电端扼流变压器

扼流变压器(图 6-2-7)用于电气化区段沟通牵引电流，实现送电端设备与钢轨回路的电气隔离。扼流变压器连接钢轨的一侧为牵引圈，连接轨道变压器的一侧是信号圈，牵引圈与信号圈变比为 1∶3。

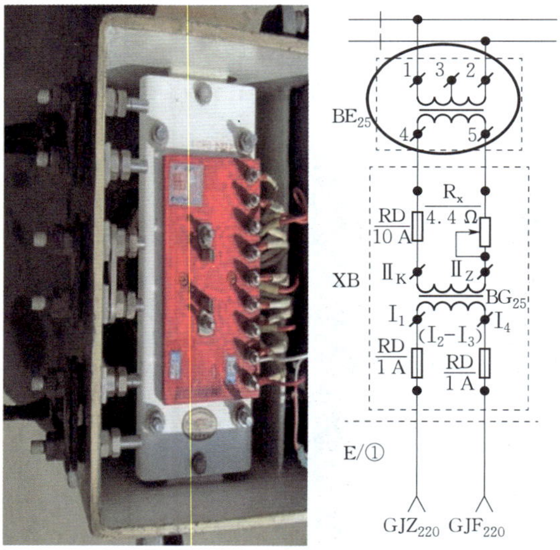

图 6-2-7　25 Hz 相敏轨道电路送电端扼流变压器

(二)受电端设备

25 Hz 相敏轨道电路受电端包括扼流变压器、熔断器、轨道变压器等室外设备，防护盒、轨道继电器、防雷补偿器、局部电源等室内设备。

1. 受电端扼流变压器

设备同送电端扼流变压器。

2. 受电端 10 A 熔断器

设备同送电端 10 A 熔断器。

3. 受电端轨道变压器

设备同送电端轨道变压器，如图 6-2-8 所示，用于实现室内外电路电气隔离；送电端、受电端阻抗匹配。受电端轨道变压器变比固定使用，不可更改，连接扼流变压器的是Ⅱ次侧，连接室内设备的是Ⅰ次侧。

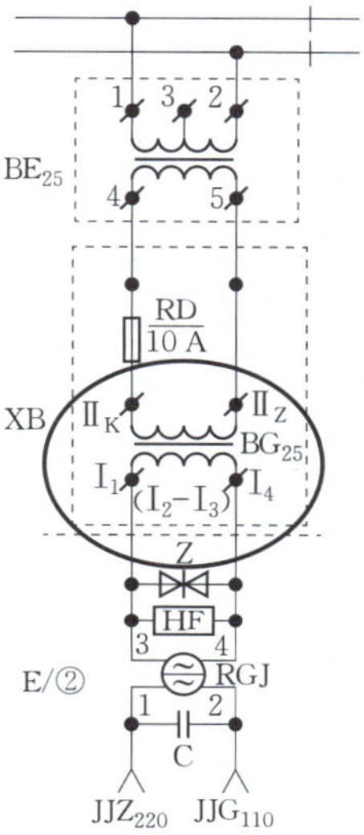

图 6-2-8　25 Hz 相敏轨道电路受电端轨道变压器

4. 室内防雷补偿器

防雷补偿器(图 6-2-9)内包括整流硒堆和电容两项设备，常用 FB-1 或 FB-2 两种型号，FB-1 可供两个区段使用，FB-2 供一个区段使用。

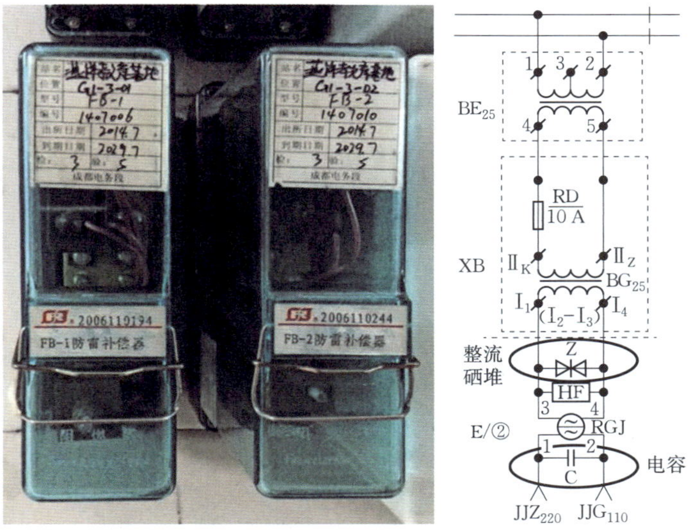

图 6-2-9　25 Hz 相敏轨道电路防雷补偿器

整流硒堆作用是当不平衡牵引电流过大时作为二级防护。

电容用于补偿局部电源功率。

5. 室内防护盒

室内防护盒(图 6-2-10)用于对 25 Hz 信号频率的无功分量进行补偿;减少 25 Hz 信号在传输中的衰耗和相移,调整相位角;对 50 Hz 相当于短路,防护轨道继电器免受 50 Hz 牵引电流干扰,保证轨道继电器的正常工作。

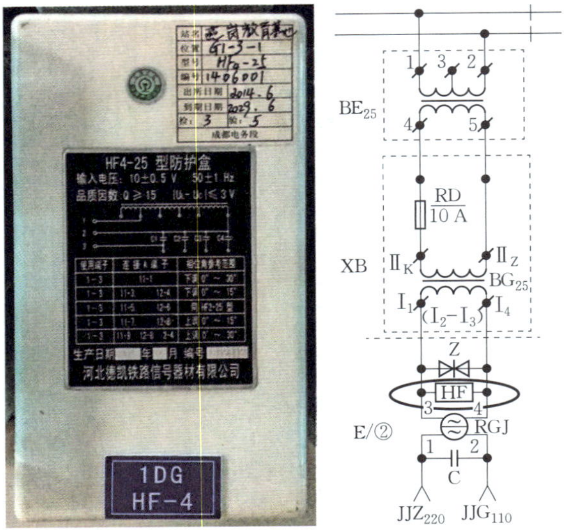

图 6-2-10　25 Hz 相敏轨道电路 HF4-25 型防护盒

6. 室内接收器

25 Hz 相敏轨道电路的接收器采用 JRJC 型二元继电器或微电子接收器,用于表示轨道电路的情况,它们的共同特点是工作时对相位有严格的要求。

JRJC 型二元继电器(图 6-2-11)属于交流感应式继电器,是根据电磁铁所建立的交变磁场与金属转子中感应电流之间相互作用产生转矩而动作的。1、2 线圈接入 110 V 局部电源,3、4 线圈接入轨道电路受电端,有两组前接点、两组后接点,轨道电路中只使用前接点,吸起表示轨道电路处于调整状态、落下表示轨道电路处于占用状态。

图 6-2-11　25 Hz 相敏轨道电路轨道继电器

二元继电器要检查从轨道接收到的 25 Hz 轨道电路电压幅度与频率满足要求，同时还要检查轨道电压与局部电压的相位满足要求，才能动作。

微电子接收器(图 6-2-12)是以单片机为基础，由数字处理电路构成。通过快速数据处理软件，分析接收到的轨道电路信息，判断轨道电路状态，向执行继电器输出电压，完成 25 Hz 轨道电路接收功能。

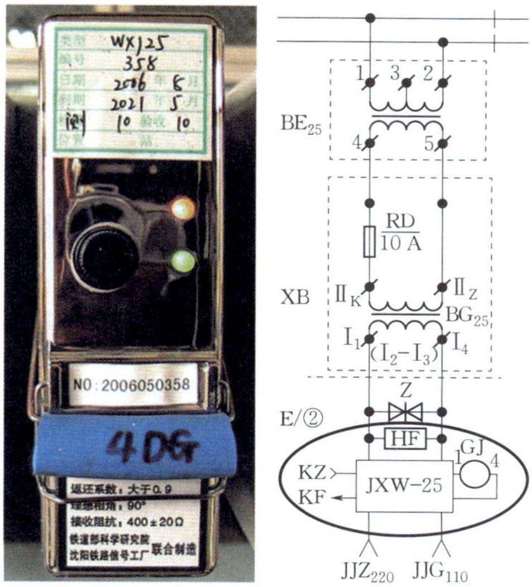

图 6-2-12　25 Hz 相敏轨道电路 JXW-25 型微电子接收器

微电子接收器的电气特性应符合下列要求。

(1)微电子接收器工作电压为直流 24 V±3.6 V，工作电流小于 100 mA。

(2)轨道接收阻抗 $Z=400\ \Omega\pm20\ \Omega$，相位角 $\theta=72^\circ\pm10^\circ$。

(3)在轨道电路空闲状态下，微电子接收器输出给执行继电器的电压为 20～30 V。

(4)微电子接收器的应变时间为 0.3～0.5 s。

(5)微电子接收器在接收理想相位角的 25 Hz 轨道信号时，返还系数大于 90%。

(6)微电子接收器的局部电源电压为 110 V、25 Hz；轨道信号电压滞后于局部电压的理想相位角为 90°。

(7)微电子接收器执行继电器为 JWXC-1700 型。

7. 室内局部电源

室内局部电源(图 6-2-13)用于为轨道继电器的局部线圈(1、2 线圈)提供 110 V、25 Hz 的局部电压，由电源屏供电。

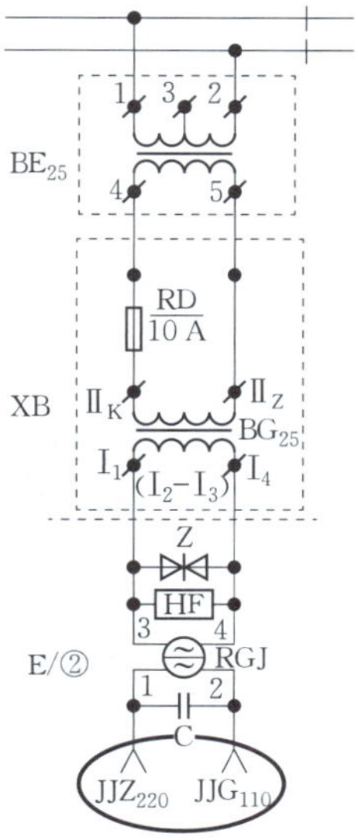

图 6-2-13　25 Hz 相敏轨道电路室内局部电源

二、基本原理

25 Hz 轨道电路工作原理由 25 Hz 电源屏分别供出 25 Hz 轨道电源和局部电源。轨道电源由室内供出，通过电缆供向室外，经送电端变压器、送电端限流电阻、送电端扼流变压器、钢轨线路、受电端扼流变压器、受电端中继变压器、电缆线路送回室内，经过室内防雷硒堆、防护盒给二元继电器的轨道线圈供电。局部线圈的 25 Hz 电源由室内供出，当轨道线圈和局部线圈所得电流满足规定的相位和频率要求时，二元继电器吸起，轨道电路处于工作状态。

三、检修标准化作业程序

（一）检修前准备

1. 预测预判

通过信号集中监测，对被检轨道电路进行调阅分析，针对可能存在的问题，提出检修要求。

2. 派班会

明确检修作业负责人、室内外防护员、作业人员、作业时间、地点、检修要求和安全预判及安全讲话。

3. 工具及仪表准备

联络工具（频道及通话质量核对）、照明灯（夜间作业）、手锤、扳手、克丝钳、尖嘴钳、长嘴钳、各种规格套筒扳手、各种规格螺丝刀、钢卷尺、冲子、开箱钥匙、防护员防护用具、万用表等。

4. 材料准备

机油、棉纱、ϕ1.6 mm 铁绑线、各种规格导接线（连接线）、不同规格的螺丝、垫片及防松弹垫若干等。

5. 集体出工

在室外防护的带领下按规定的安全路线到达设备处所，进行设备编号的核对。

（二）检修作业

外观检查程序：信号变压器箱→扼流变压器箱→连接线→绝缘节→区段内钢轨接续线→道岔跳线→区段内的各种绝缘（道岔安装装置绝缘、极性绝缘、工务轨距杆等）。

1. 箱盒外部检查（图 6-2-14）

图 6-2-14　箱盒外部检查（25 Hz 相敏轨道电路）

（1）箱盒无破损、裂纹，防盗（加锁）装置良好。

（2）硬化面整洁无异物，基础倾斜度不超过 10 mm，箱盒底距地面不少于 150 mm，排水良好。

(3)各部螺丝油润、紧固、满帽。

(4)设备名称标志清晰正确,粘贴牢固。

2. 引接线、连接板检查

(1)各种引接线应固定在枕木或其他专用设备上,平、直、整齐,不得埋于石砟中,油润不锈蚀,断股不超过 1/5;塞钉头打入深度至少与轨腰平,塞钉头与塞钉孔接触良好,如图 6-2-15 所示。

图 6-2-15　25 Hz 相敏轨道电路轨面连接设备检查

(2)引接线处不得有防爬器、轨距杆等物,横过轨底时距轨底 30 mm 以上。

(3)引接线、中间连接板各部连接螺栓紧固、接触良好,如图 6-2-16 所示。

图 6-2-16　引接线、连接板各部螺栓检查

3. 轨道绝缘、导接线检查

(1)钢轨绝缘无破损,绝缘垫齐全,钢轨接头夹板(俗称鱼尾板)与钢轨、槽型绝缘、轨端应吻合;道钉、扣件不得碰钢轨接头夹板;装有绝缘的轨缝应保持在 6～10 mm,两钢轨头应保持水平,高低相差不大于 2 mm,如图 6-2-17 所示。

(2)道岔安装装置绝缘及各种有绝缘杆件的绝缘部件无破损,绝缘良好。

(3)塞钉式接续线 2 根齐全,塞钉头焊接牢固,打入深度最少与钢轨平,露出不超过 5 mm,线条紧贴钢轨接头夹板,达到平、紧、直,并采用“325”(三道、双股、五圈)方式绑扎,塞钉头涂漆封闭,如图 6-2-18 所示。

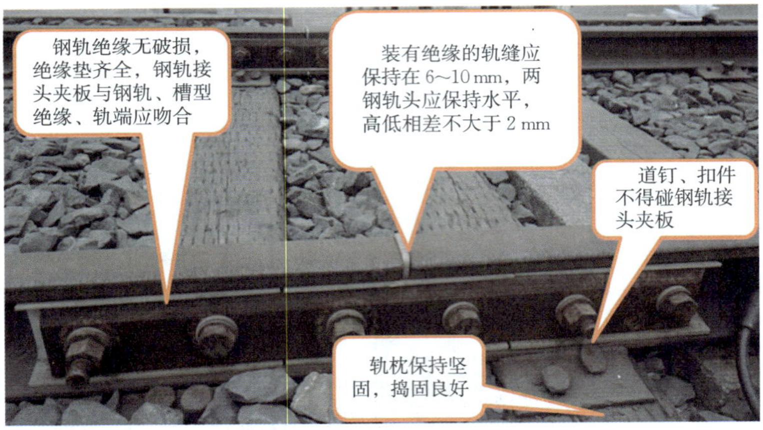

图 6-2-17　轨道绝缘、导接线检查(一)

图 6-2-18　轨道绝缘、导线检查(二)

(4)焊接式接续线焊接牢固,焊点的上端距轨面不少于 11 mm,与钢轨接头夹板固定螺母竖向中心线的间距不小于 10 mm,钢绞线应油润、无锈蚀,断股不超过 1/5。

(5)各种跳线应双套化,岔心导电销焊接良好,横过钢轨应距轨底 30 mm 以上,跳线应油润、无锈蚀,断股不超过 1/5,不得与可能造成短路的金属物件接触,如图 6-2-19 所示。

图 6-2-19　钢轨跳线检查

(6)电气化区段扼流横向连接线、中性连接紧固良好，长度超过 5 m 的应采用地下电力电缆。

4. 箱盒内部检查(图 6-2-20)

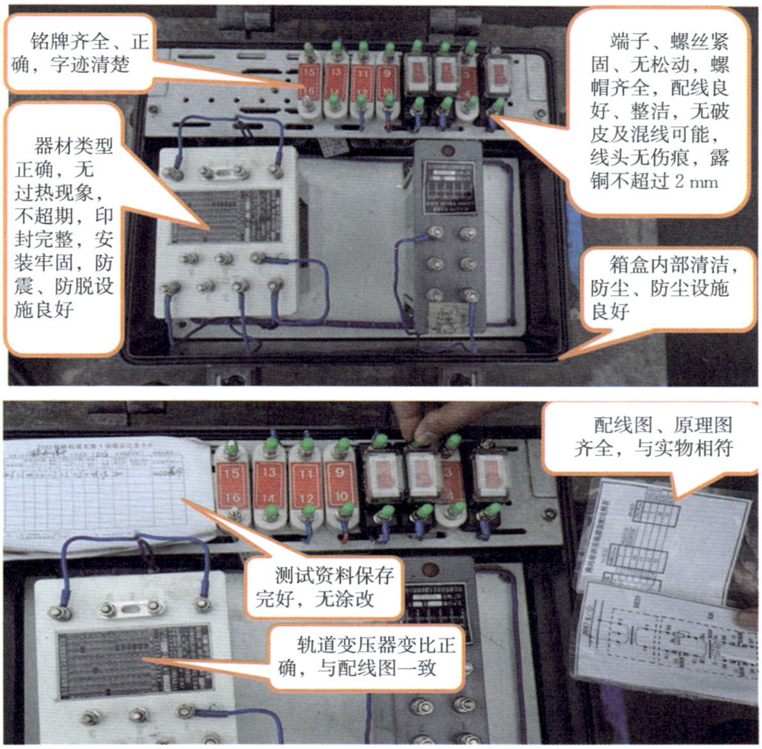

图 6-2-20　箱盒内部检查(25 Hz 相敏轨道电路)

(1)箱盒内部清洁，防尘、防潮设施良好，铭牌齐全、正确，字迹清楚。

(2)端子、螺丝紧固、无松动，螺帽齐全，配线良好、整洁，无破皮及混线可能，线头无伤痕，露铜不超过 2 mm。

(3)器材类型正确，无过热现象，不超期，印封完整，安装牢固，防震、防脱设施良好。

(4)配线图卡、测试资料保存完好，与实物相符。

(5)扼流变压器内部螺丝、端子紧固，无过热现象。

(6)轨道变压器变比正确，与配线图一致。

(三)轨道电路测试

1. Ⅰ级测试内容

(1)电源电压；

(2)送电、受电端轨道变压器Ⅰ、Ⅱ次侧电压；

(3)限流电阻电压；

(4)送电、受电端轨面电压；

(5)送电、受电端扼流变压器信号线圈、轨道线圈电压；

(6)继电器轨道线圈端子电压；

(7)分路残压测量(入口电流)；

(8)极性交叉检查；

(9)电码化电码校验；

(10)轨道与局部电压相位角测试；

(11)箱连线检查测试。

2. 其他测试及试验

(1)绝缘破损试验；

(2)胶接绝缘检查测试。

四、故障处理

(一)轨道电路故障分类

轨道电路故障从性质来分，可以分为开路故障和短路故障；从发生地点来分，可以分为室内故障和室外故障，查找顺序应当先室内后室外。

(二)轨道电路故障处理流程

1. 接到车站值班员电话通知设备故障后，2 min 之内向段调度、车间值班干部、工长汇报，同时通知防护及备班人员。

2. 到达运转室后，先在“行车设备检查登记簿”签到，然后向车站值班员询问故障现象，试验、验证故障现象并正确登记停用。

3. 处理故障。故障处理完毕后，试验良好，销记恢复正常使用，并进行处理情况汇报(故障原因、发生时间、恢复时间、影响车次、最后一次检修时间、检修人、电气特性、参与处理人员等)。

(三)轨道电路故障抢修程序(图 6-2-21)

当不能直观判断故障点是在室内还是在室外的时，先利用万用表测量分线盘送电端和受电端端子，如果送电端端子正线有 110 V 和侧线送电端端子有 220 V 电压，说明室内送电部分良好，即故障在室外，反之说明室内送电部分故障。如果受电端端子电压高于平时正常电压，说明室内受电部分有断线故障，如果受电端端子比平时正常电压明显下降，应甩开受电端端子进行测量，如果电压升高，故障点在室内，这时还应测量局部线圈和防雷硒堆部分是否正常，如果甩开受电端端子测量电压仍然低，为室外故障，应及时去室外查找。

(四)查找轨道电路室外故障

当故障发生时，在送电端测量电压和电流，总结一句话，即“压”“流”单高朝受走，“压”“流”双低向送行。顺此方向去查找，故障就在测量的突变处，如果在测量中发现有电压升高或电流降低的现象，可以判断为开路故障。

(五)查找开路故障

1. 发生开路故障时，其现象是送电端电压上升，送电端电阻两端电压下降，开路故障可能发生的地点可能为电缆、轨道变压器、扼流变压器、适配器、器材之间的连接线，也可能发生钢轨断轨、钢轨引接线、扼流线开路等。

2. 查找开路故障，可使用交流电压表，根据轨道电路实际配线，从电源端开始逐段测量有无电压，根据电压数值变化情况进行分析判断。

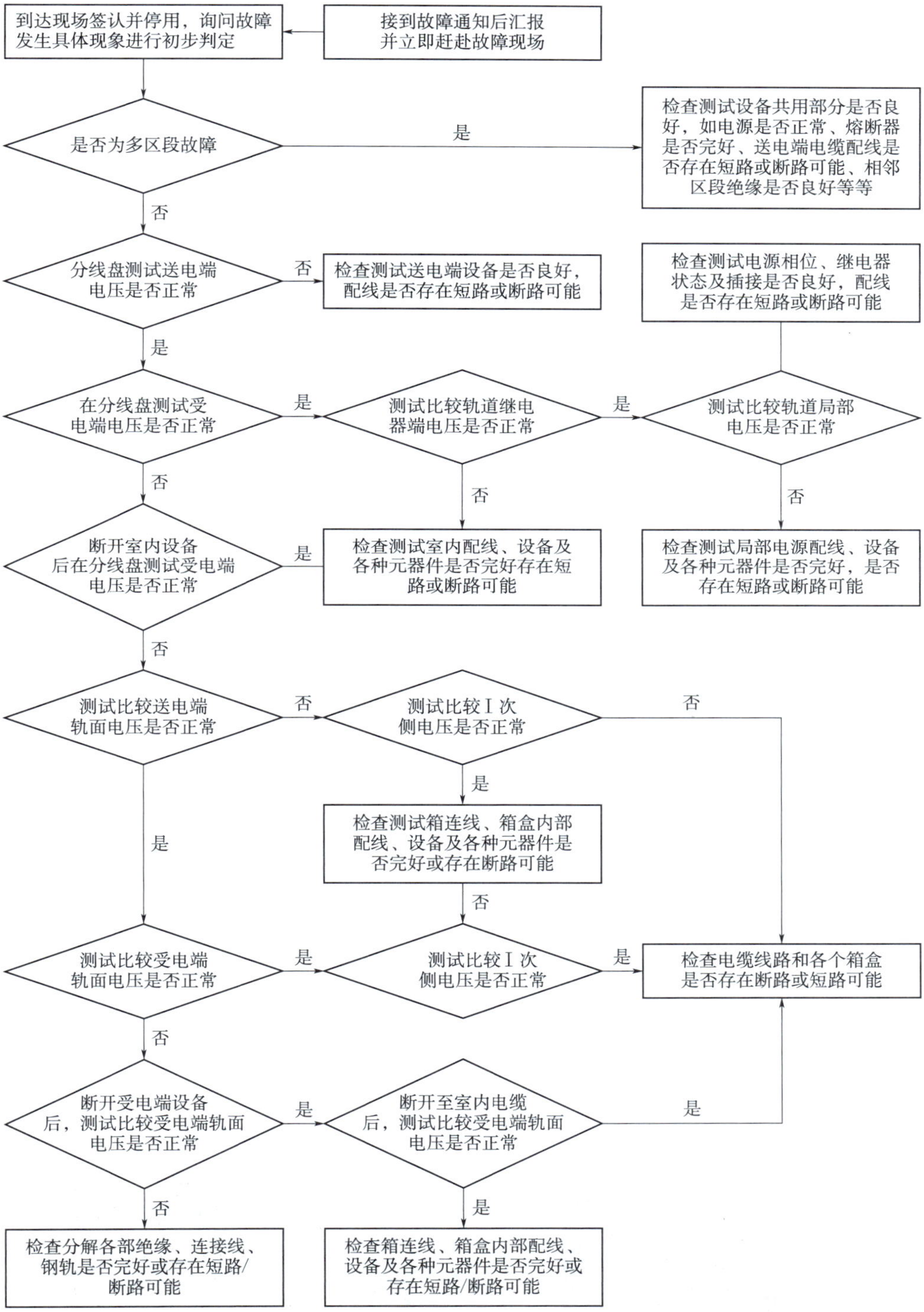

图 6-2-21　轨道电路故障抢修程序

第三节　轨道电路设备(ZPW-2000A)

一、设备组成

ZPW-2000A 型无绝缘轨道电路由主轨道和小轨道两部分组成,如图 6-3-1 所示。

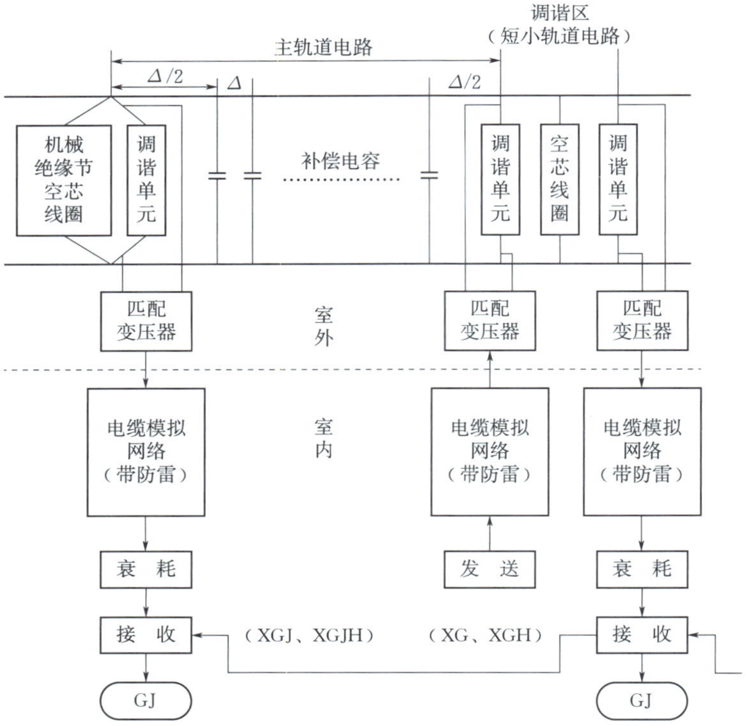

图 6-3-1　ZPW-2000A 型无绝缘移频轨道电路结构

本区段主轨道的状态信息通过本区段接收器处理。

本区段小轨道的状态信息通过前方相邻区段接收器处理,通过小轨道检查条件(XG、XGH)送回本区段接收器后,成为本区段小轨道检查条件(XGJ、XGJH)。

(一)发送器 FS(图 6-3-2)

1. 发送器作用

(1)产生 8 种载频(上下行各四种),18 种低频的高精度、高稳定、足够功率的移频信号输出;

图 6-3-2　发送器

(2)调整轨道电路；

(3)对移频信号特征的自检测，故障时给出报警及“$N+1$”的冗余切换条件。

2. 发送器冗余方式

(1)普速铁路采用图 6-3-3(a)中“$N+1$”发送器冗余方式。

(2)高速铁路采用图 6-3-3(b)中“1+1”发送器冗余方式。

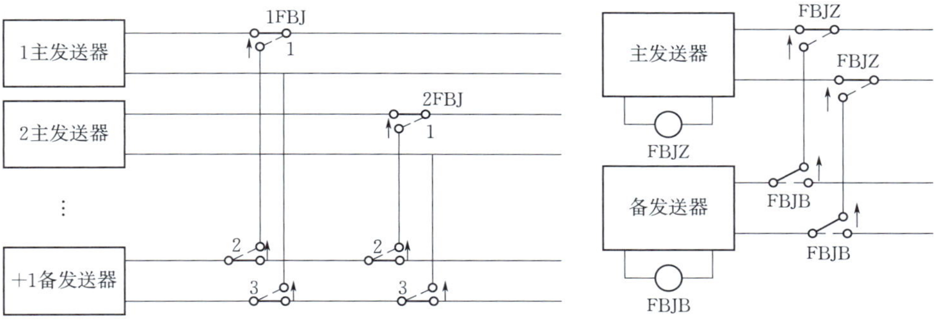

(a) 发送器 $N+1$ 热备冗余结构　　(b) 发送器 1+1 热备冗余结构

图 6-3-3　发送器冗余方式

3. 发送器技术指标(表 6-3-1)

表 6-3-1　发送器技术指标

序　号	项　目		指标范围	备　注
1	低频频率		F_c±0.03 Hz	F_c 为 10.3～29 Hz，共 18 个信息码
2	载频频率	1 700-1	1 701.4 Hz±0.15 Hz	载频-1=载频+1.4 Hz±0.15 Hz 载频-2=载频−1.3 Hz±0.15 Hz 频偏：±11 Hz
		1 700-2	1 698.7 Hz±0.15 Hz	
		2 000-1	2 001.4 Hz±0.15 Hz	
		2 000-2	1 998.7 Hz±0.15 Hz	
		2 300-1	2 301.4 Hz±0.15 Hz	
		2 300-2	2 298.7 Hz±0.15 Hz	
		2 600-1	2 601.4 Hz±0.15 Hz	
		2 600-2	2 598.7 Hz±0.15 Hz	
3	输出电压(1 电平)		161～170 V	发送器电源电压为直流(24+0.5) V 400 Ω 负载 输出 5 个交流电平
	输出电压(2 电平)		146～154 V	
	输出电压(3 电平)		128～135 V	
	输出电压(4 电平)		104.5～110.5 V	
	输出电压(5 电平)		75～79.5 V	
4	故障转换时间		≤1.6 s	发送器故障导致 FBJ 后接点闭合

4. 发送器正常工作条件

(1)电源正常且极性正确(23.5～24.5 V)。

(2)有且只有一个载频选择。

(3)有且只有一个型号(-1 或-2 型)选择。

(4)有且只有一个低频接通。

(5)功出负载无短路现象(正常电阻为 400 Ω 左右)。

5. 发送器低频信息码(表 6-3-2)

表 6-3-2　发送器低频信息码

码序	代码	频率/Hz	显示		含义(四显示区段)
			地面	车载	
F1	H	29	冒进	H	紧急停车
F2	JC	27.9	—	—	区段占用检测
F3	HU	26.8	H	HU	停车
F4	QH	25.7	—	—	载频切换
F5	HB	24.6	HB	HUS	引导、容许
F6	L4	23.5	L	L	前方空闲 6 个分区
F7	L6	22.4	U	U	次一架信号机为进站或出站信号机且显示 H
F8	L5	21.3	L	L	前方空闲 7 个以上分区
F9	U2S	20.2	U	U2S	次一架信号机显示 USU
F10	UUS	19.1	USU	UUS	前方经过大号码道岔侧向
F11	UU	18	UU	UU	前方站进侧线
F12	U	16.9	U	U	前方空闲 1 个分区或前方进站显示 U
F13	LU2	15.8	LU	LU	次一架信号机显示 U
F14	U2	14.7	U	U2	次一架信号机显示 UU 或直进弯出
F15	LU	13.6	LU	LU	前方空闲 2 个分区
F16	L2	12.5	L	L	前方空闲 4 个分区
F17	L	11.4	L	L	前方空闲 3 个分区
F18	L3	10.3	L	L	前方空闲 5 个分区
低频信号 $F_c=10.3+N\times1.1$ Hz，式中 $N=0\sim17$					

6. 发送器外部接线(图 6-3-4)

(二)防雷模拟网络盘(ML)(图 6-3-5)

1. 防雷模拟网络盘作用

(1)用于对通过传输电缆引入室内的雷电冲击进行横向、纵向防护；

(2)通过六节电缆模拟网络(普速铁路为 0.5 km、0.5 km、1 km、2 km、2 km、2×2 km，高速铁路为 0.25 km、0.5 km、1 km、2 km、2 km、2×2 km)补偿实际室外 SPT 数字信号电缆，使二者总长度为设计值(普速铁路为 10 km，高速铁路为 7.5 km 和 10 km)。采用这种方式便于轨道电路调整及构成改变列车运行方向电路。

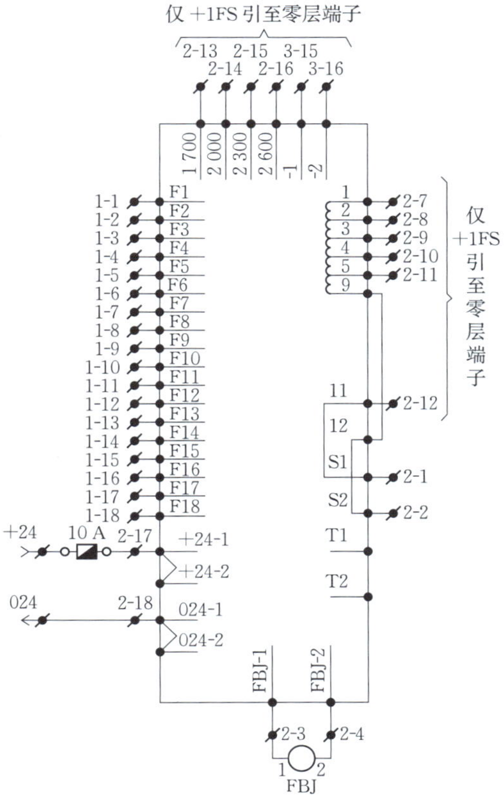

序号	代号	用途
1	D	地线
2	+24-1	+24 V电源外引入线
3	+24-2	载频编码用+24 V电源（+1FS除外）
4	024-1	024电源外引入线
5	024-2	备用
6	1 700	1 700 Hz载频
7	2 000	2 000 Hz载频
8	2 300	2 300 Hz载频
9	2 600	2 600 Hz载频
10	-1	1型载频选择
11	-2	2型载频选择
12	F1~F18	29 Hz~10. 3 Hz低频编码选择线
13	1~5、9、11、12	功放输出电平调整端子
14	S1、S2	功放输出端子
15	T1、T2	测试端子
16	FBJ-1、FBJ-2	外接FBJ（发送报警继电器端子）

图 6-3-4 发送器外部接线

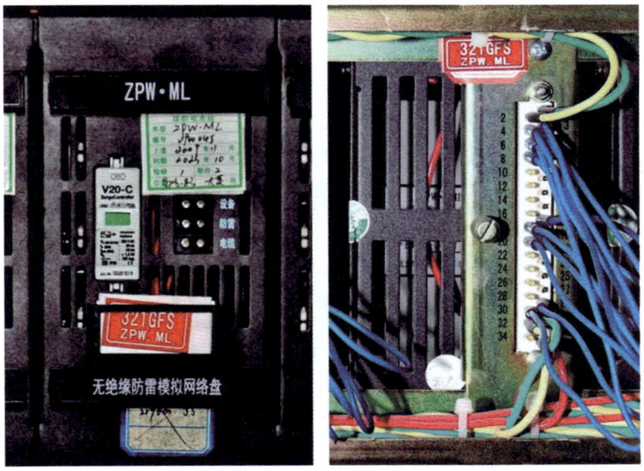

图 6-3-5 防雷模拟网络盘

2. 防雷模拟网络盘原理(图 6-3-6)

(三)内屏蔽铁路数字信号电缆 SPT

1. 内屏蔽铁路数字信号电缆作用

内屏蔽铁路数字信号电缆用于铁路电气化和非电气化区段信号系统，可实现 1 MHz(模拟信

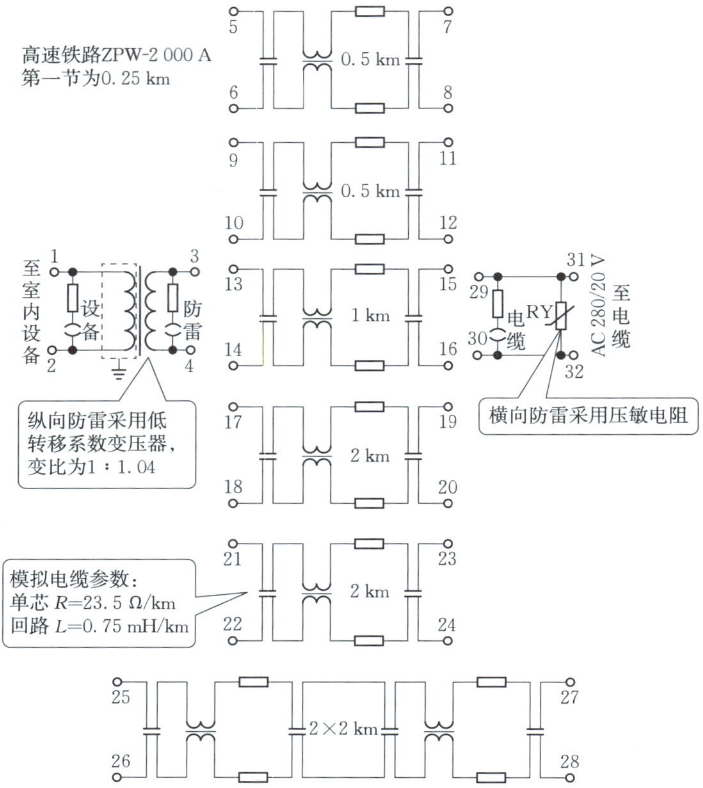

图 6-3-6　防雷模拟网络盘原理

号)、2 Mbit/s(数字信号)、额定交流 750 V 或直流 1 100 V 及以下设备间的连接，传输相关信息。

2. 内屏蔽铁路数字信号电缆使用原则

(1)同频的发送、接收线对不能同缆；

(2)同频线对不能同一四线组；

(3)无同频线对时，采用非内屏蔽 SPT 电缆。

(四)匹配单元(TAD)(图 6-3-7)

1. 匹配单元作用

匹配单元用于钢轨(轨道电路)与 SPT 铁路数字信号电缆的匹配连接。

2. 匹配单元的结构及原理(图 6-3-8)

图 6-3-7　匹配单元

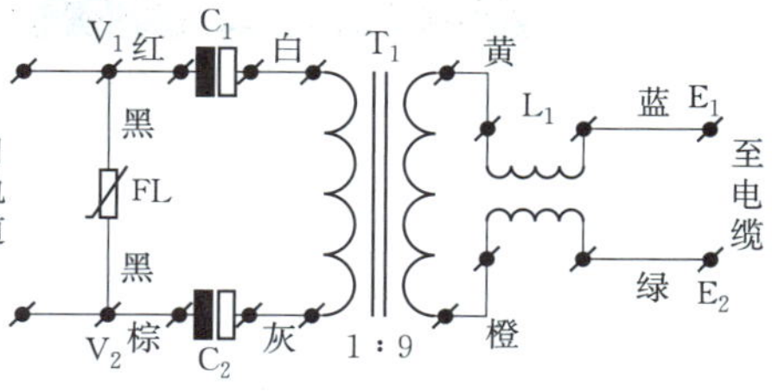

图 6-3-8　匹配单元内部电路

匹配单元内设置了两个电容 C_1、C_2，防雷模块 FL，变压器 T_1，电感 L_1。

V_1、V_2 经调谐单元端子接至轨道，E_1、E_2 经 SPT 电缆接至室内。

L_1 由设在同一线圈骨架两个槽上的单独线圈组成，以便在两条电缆线的每一条线上表现出同样的阻抗。由于 L_1 电感阻抗的降低将造成接收器电平的增高，故电感采用弹性物质灌封，以防止震动或撞击造成电感损坏，使电感值降低或丧失。

考虑到 1.0 Ω·km 道床电阻，并兼顾低道床电阻，T_1 变压器变比优选为 1∶9；高速铁路道床电阻较高，1 700 Hz 载频区段、2 000 Hz 载频区段为 1∶13.5，2 300 Hz 载频区段、2 600 Hz 载频区段为 1∶12。

轨道侧电路中，串联接入两个极性反接的 C_1、C_2 电解电容（16 V/4 700 μF），构成无极性联结，起到"隔直通交"作用。保证设备在直流电力牵引区段运用中，不至因直流成分造成 T_1 磁路饱和。

采用 75 V 防护等级的压敏电阻防雷模块 FL 并联在轨道侧，作为匹配单元雷电横向防护元件。

（五）调谐单元（BA）

1. 调谐单元作用

调谐单元配合空芯线圈及 29 m 钢轨构成电气绝缘节，用于实现两相邻轨道电路间的电气隔离。

2. 调谐单元结构及原理（图 6-3-9）

图 6-3-9 调谐单元内部电路

电气绝缘节两端各设一个 BA，为减少轨旁设备数量，方便安装和维护，高速铁路 ZPW-2000A 型无绝缘轨道电路将 BA 和 TAD 合并为调谐匹配单元（PT）设置在一个单元盒体内。

F_1 型 BA 由 L_1、C_1 两个元件组成，用于 1 700 Hz、2 000 Hz 载频的轨道电路。

F_2 型 BA 由 L_2、C_2、C_3 三个元件组成，用于 2 300 Hz、2 600 Hz 载频的轨道电路。

F_1（F_2）端 BA 的 L_1、C_1（L_2、C_2）对 F_2（F_1）端的频率为串联谐振，呈现较低阻抗（约数十毫欧姆），称"零阻抗"，相当于短路，阻止了相邻区段信号进入本轨道电路区段。

F_1（F_2）端的 BA 对本区段的频率呈现电容性，并与调谐区钢轨、SVA 的综合电感构成并联谐振，呈现较高阻抗，称"极阻抗"（约 2 Ω），相当于开路，以此减少了对本区段信号的衰耗，如图 6-3-10 所示。

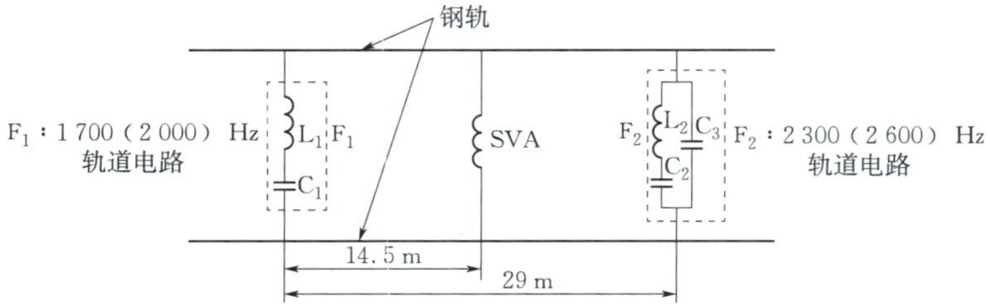

图 6-3-10　电气绝缘节(小轨道电路)

(六)空芯线圈(SVA)(图 6-3-11)

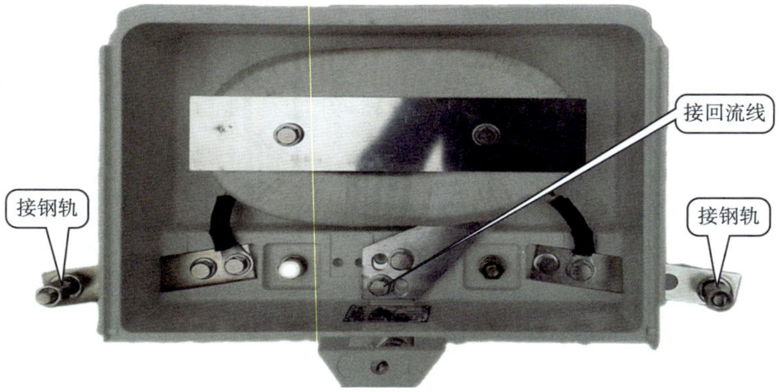

图 6-3-11　空芯线圈

1. 空芯线圈作用

(1)逐段平衡牵引电流;

(2)沟通牵引电流,提供等电位连接;

(3)改善电气绝缘 Q 值。

2. 空芯线圈结构及原理

空芯线圈由直径 1.53 mm 的 19 股电磁线绕制,截面积为 35 mm^2。

空芯线圈设置在调谐区两个调谐单元的中间,由于它对于 50 Hz 牵引电流呈现甚小的交流阻抗(约 10 mΩ),故能起到对不平衡牵引电流电动势的短路作用。图 6-3-12 中,I_1、I_2 有 100 A 不平衡电流,SVA 阻抗可近似视为短路,由此减小了牵引干扰对轨道电路设备的影响。

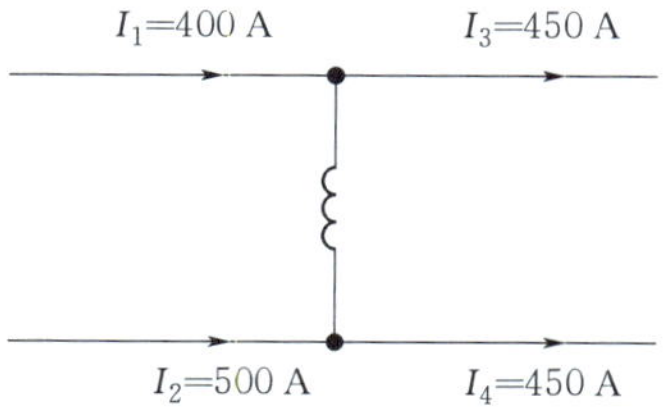

图 6-3-12　空芯线圈工作原理

空芯线圈中间设置接点,既可以实现线路间的等电位连接,平衡线路间牵引电流,保证维修人员安全,也可以沟通站内道岔区段牵引电流,如图 6-3-13 所示。SVA 长时间用作抗流变压器时,其总电流小于等于 200 A。

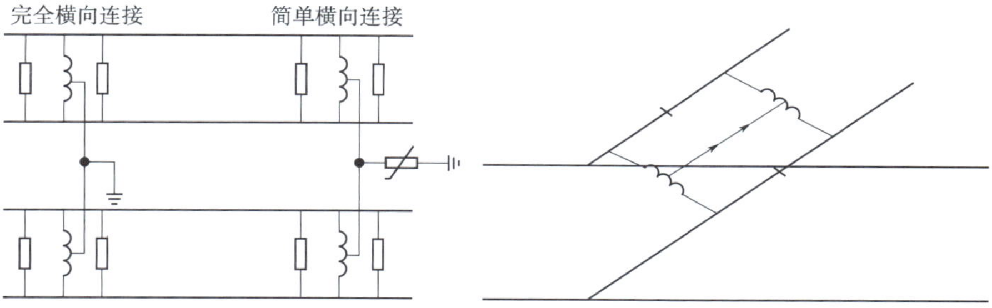

图 6-3-13　空芯线圈应用场景

空芯线圈对 1 700 Hz 感抗值仅有 0.35 Ω,对 2 600 Hz 也只有 0.54 Ω,在调谐区中作为并联谐振槽路的组成部分,可为谐振槽路提供一个较为合适的 Q 值,保证调谐区工作的稳定性。

(七)衰耗器(SH)(图 6-3-14)

图 6-3-14　衰耗器

1. 衰耗器作用

(1)调整主轨道电路接收端输入电平;

(2)调整小轨道电路正反向输入电平;

(3)给出有关发送、接收用电源电压、发送功出电压、轨道接收电压等的测试条件;

(4)给出发送、接收故障和轨道占用等灯光提示报警;

(5)在 $N+1$ 冗余运用中,实现接收器故障转换时主轨道继电器和小轨道继电器的落下延时。

2. 衰耗器原理(图 6-3-15)

3. 衰耗器外部配线(图 6-3-16)

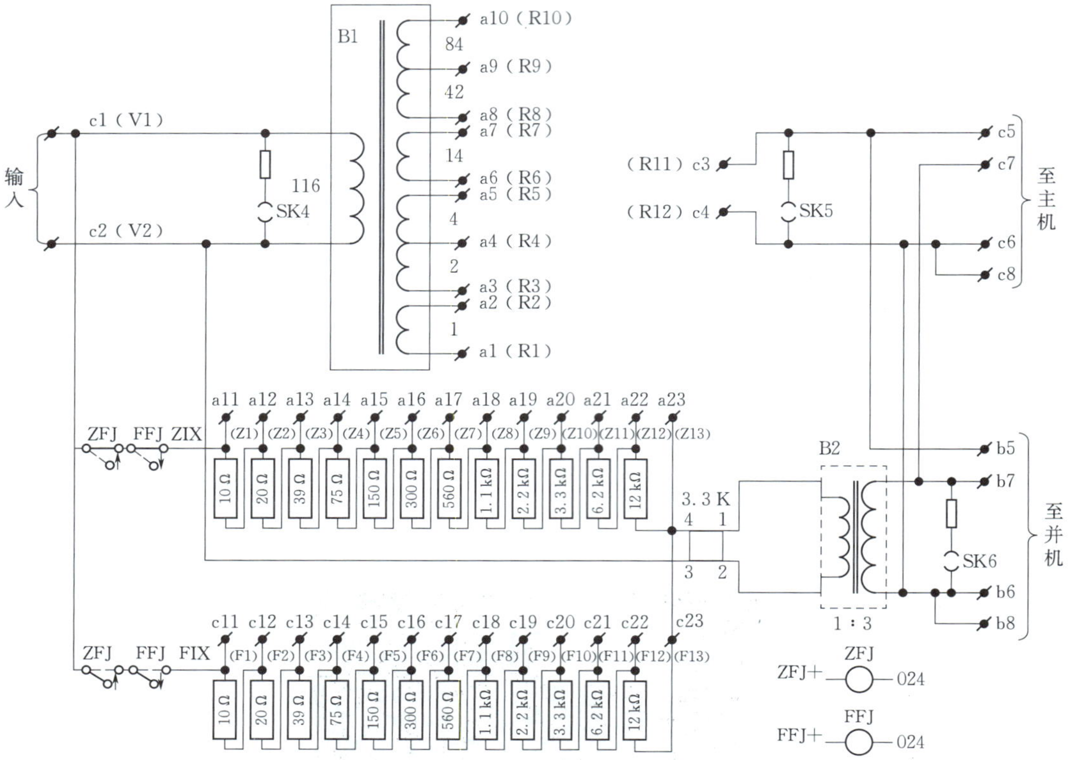

图 6-3-15　衰耗器原理

序号	端子号	用途
1	c1	轨道信号输入
2	c2	轨道信号输入回线
3	a24	正向小轨道信号输入
4	c24	反向小轨道信号输入
5	a1~a10、c3、c4	主轨道电平调整
6	a11~a23	正向小轨道电平调整
7	c11~c23	反向小轨道电平调整
8	c5	主机主轨道信号输出
9	c7	主机小轨道信号输出
10	c6、c8	主机主轨道、小轨道信号输出共用回线
11	b5	并机主轨道信号输出
12	b7	并机小轨道信号输出
13	b6、b8	并机主轨道、小轨道信号输出共用回线
14	a30、c30	轨道继电器（G、GH）
15	a31、c31	小轨道继电器（XG、XGH）
16	a29	发送+24直流电源
17	c29	接收+24直流电源
18	c9	024电源
19	a25、c25	发送报警继电器FBJ-1、FBJ-2
20	a26、c26	接收报警条件JB+、JB−
21	a27	移频报警继电器YBJ
22	c27	移频报警检查电源YB+
23	a28、b28	发送报警条件BJ1-BJ2
24	b28、c28	接收报警条件BJ2-BJ3
25	a32、c32	功放输出S1、S2

图 6-3-16　衰耗器外部配线

4. 衰耗器的在线测试技术指标(表 6-3-3)

表 6-3-3　衰耗器技术指标

序号	名　称	用　途	技术指标	说　明
1	发送电源/V	发送器用+24 电源电压测试	DC 24±0.5	参考点 024
2	接收电源/V	接收器用+24 电源电压测试	DC 24±0.5	
3	轨入/mV	自轨道 U_{V1}、U_{V2} 来的接收输入电压测试	主轨调整≥AC 240 小轨调整≥AC 42	采用多载频测试
4	轨出 1/mV	主轨道经过电平级调整后的输出电平测试	≥AC 240	主轨道输出单载频测试 主轨分路≤AC 140
5	轨出 2/mV	小轨道经过衰耗电阻分压后的输出电平测试	≥AC 100	小轨道输出单载频测试断轨时小轨分路电压≤AC 63
6	GJ(Z)/V	主机主轨道继电器电压测试	≥DC 20	
7	GJ(B)/V	备机主轨道继电器电压测试	≥DC 20	
8	GJ/V	并机主轨道继电器电压测试	≥DC 20	
9	XG(Z)/V	主机小轨道继电器电压测试	≥DC 20	
10	XG(B)/V	主机小轨道继电器电压测试	≥DC 20	
11	XG/V	并机小轨道继电器(或执行条件)电压测试	≥DC 24(空载≥50)	
12	XGJ/V	邻区段小轨道继电器检查条件测试	≥DC 24(空载≥50)	
13	发送功出/V	发送器功出电压的测试	AC 74.5～177	采用单载频测试

(七)接收器(JS)(图 6-3-17)

图 6-3-17　接收器

1. 接收器作用

(1)用于对主轨道电路移频信号的解调,并配合与送电端相连接调谐区小轨道电路的检查条件,动作轨道继电器;

(2)实现对与受电端相连接调谐区小轨道电路移频信号的解调,给出小轨道电路执行条件，送至相邻轨道电路接收器；

(3)检查轨道电路完好，减少分路死区长度，用接收门限控制实现对 BA 断线的检查。

2. 接收器冗余方式

接收器采用双机并联型冗余方式，如图 6-3-18 所示。

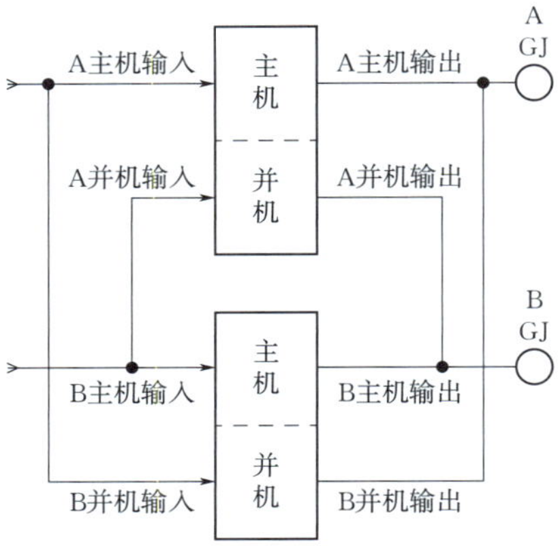

图 6-3-18　接收器冗余方式

3. 接收器接线

接收器外部接线如图 6-3-19 所示。

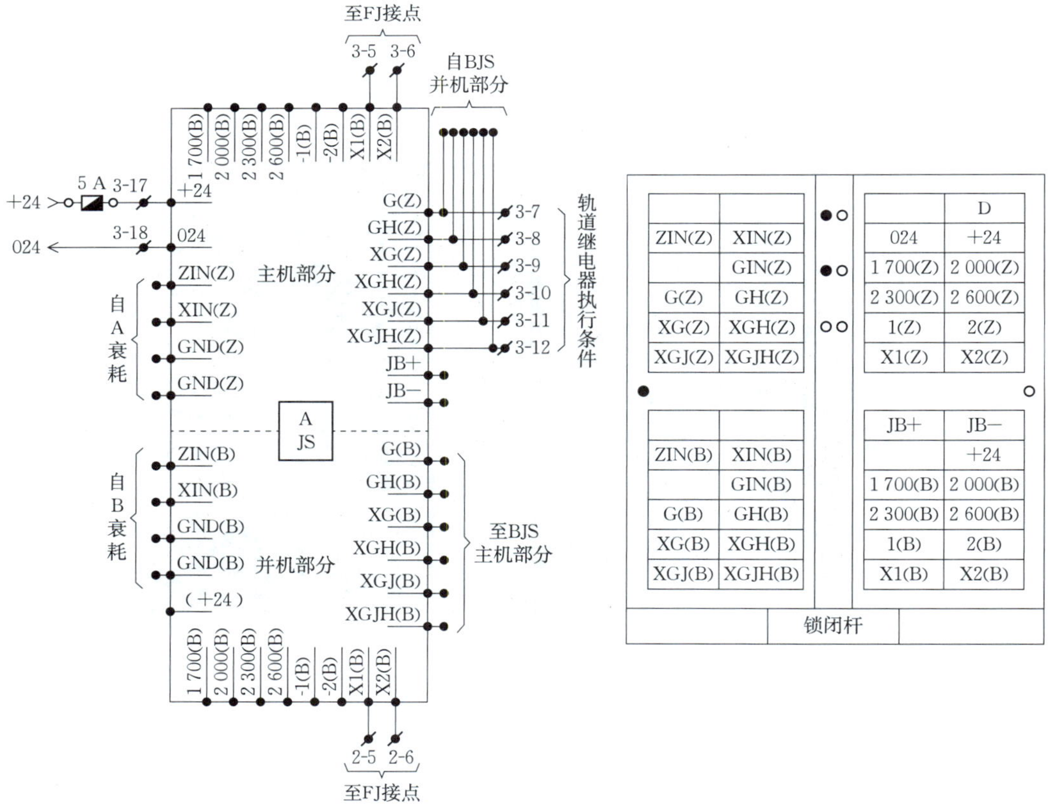

图 6-3-19　接收器外部接线

接收器测试接线见表 6-3-4。

表 6-3-4　接收器测试接线

序　号	代　号	用　途
1	D	地线
2	24	+24 V 电源
3	+24	+24 V 电源(由设备内给出,用于载频及类型选择)
4	024	024 V 电源
5	1 700(Z)	主机 1 700 Hz 载频
6	2 000(Z)	主机 2 000 Hz 载频
7	2 300(Z)	主机 2 300 Hz 载频
8	2 600(Z)	主机 2 600 Hz 载频
9	1(Z)	主机 1 型载频选择
10	2(Z)	主机 2 型载频选择
11	X1(Z)	主机正向小轨道载频选择
12	X2(Z)	主机反向小轨道载频选择
13	ZIN(Z)	主机轨道信号输入
14	XIN(Z)	主机邻区段小轨道信号输入
15	GIN(Z)	主机轨道信号输入共用回线
16	G(Z)	主机轨道继电器输出线
17	GH(Z)	主机轨道继电器回线
18	XG(Z)	主机小轨道继电器(或执行条件)输出线
19	XGH(Z)	主机小轨道继电器(或执行条件)回线
20	XGJ(Z)	主机小轨道检查输入
21	XGJH(Z)	主机小轨道检查回线
22	1 700(B)	并机 1 700 Hz 载频
23	2 000(B)	并机 2 000 Hz 载频
24	2 300(B)	并机 2 300 Hz 载频
25	2 600(B)	并机 2 600 Hz 载频
26	-1(B)	并机主轨道 1 型载频选择
27	-2(B)	并机主轨道 2 型载频选择
28	X1(B)	并机正向小轨载频选择
29	X2(B)	并机反向小轨载频选择
30	ZIN(B)	并机轨道信号输入
31	XIN(B)	并机邻区段小轨道信号输入

（续）

序　号	代　号	用　途
32	GIN(B)	并机轨道信号输入共用回线
33	G(B)	并机轨道继电器输出线
34	GH(B)	并机轨道继电器回线
35	XG(B)	并机小轨道继电器(或执行条件)输出线
36	XGH(B)	并机小轨道继电器(或执行条件)回线
37	XGJ(B)	并机小轨道检查输入
38	XGJH(B)	并机小轨道检查回线
39	JB+	接收故障报警条件“+”
40	JB−	接收故障报警条件“−”

(八)补偿电容(图 6-3-20)

图 6-3-20　补偿电容

当 ZPW-2000A 型无绝缘移频轨道电路长度超过 300 m 时，主轨道需要加装补偿电容。

1. 补偿电容作用

补偿电容用于补偿钢轨电感，使轨道电路特性阻抗趋于阻性，以保证：

(1)提高轨道电路的“信干比”及传输长度；

(2)实现对钢轨断轨的检查；

(3)提高轨道电路入口端机车信号短路电流。

2. 补偿电容设置要求

(1)补偿电容的设置个数“N”根据轨道电路调整表进行确定；

(2)补偿电容设置在主轨道范围内，N 个电容等间距布置：电容间距(步长)为 Δ，第一个和最后一个电容距离调谐单元为 $\Delta/2$，Δ＝主轨道电路长度/N；

(3)补偿电容参数应符合表 6-3-5 要求。

表 6-3-5 补偿电容参数

序号	项目	指标及范围		备注
1	电容容量/μF	1 700 Hz 区段	55±2.75	测试频率:1 000 Hz
		2 000 Hz 区段	50±2.5	
		2 300 Hz 区段	46+2.3	
		2 600 Hz 区段	40±2.0	
2	损耗角正切值	$\leqslant 70\times10^{-4}$		测试频率:1 000 Hz
3	绝缘电阻	≥500 MΩ		两极间,直流 100 V

(九)主要技术指标

1. 标准分路灵敏度。

(1)道床电阻为 1.0 Ω·km 或 2.0 Ω·km 时,为 0.15 Ω;

(2)道床电阻不小于 3.0 Ω·km 时,为 0.25 Ω。

2. 可靠工作电压:轨道电路调整状态下,接收器接收电压(轨出 1)不小于 240 mV,轨道电路可靠工作。

3. 可靠不工作:在轨道电路最不利条件下,使用标准分路电阻在轨道区段的任意点分路时,接收器接收电压(轨出 1)原则上不大于 140 mV,轨道电路可靠不工作。

4. 调谐区分路死区小于等于 5 m。

5. 在最不利条件下,在轨道电路任一处轨面测试机车信号短路电流,在载频为 1 700 Hz、2 000 Hz、2 300 Hz 的区段,不小于 0.50 A;在载频为 2 600 Hz 的区段,不小于 0.45 A。

6. 调谐区长度。

路基线路调谐区长度为 29 m,有砟混凝土桥梁线路调谐区长度为 30 m,无砟混凝土桥梁线路调谐区长度为 32 m。

7. 载频布置。

下行载频按 2 300-1、1 700-1、2 300-2、1 700-2 进行交错排列。

上行载频按 2 600-1、2 000-1、2 600-2、2 000-2 进行交错排列。

站内一体化轨道电路或叠加电码化载频,与区间闭塞分区载频应统一考虑交错排列。

二、基本原理

1. ZPW-2000A 型无绝缘移频轨道电路分为主轨道电路和调谐区小轨道电路两部分,小轨道电路视为列车运行前方主轨道电路的所属“延续段”。

2. 主轨道电路的发送器由编码条件控制产生表示不同含义的低频调制的移频信号,该信号经电缆通道(实际电缆和模拟电缆)传给匹配变压器及调谐单元。因为钢轨是无绝缘的,该信号既向主轨道传送,也向调谐区小轨道传送,主轨道信号经钢轨送到轨道电路受电端,然后经调谐单元、匹配变压器、电缆通道,将信号传至本区段接收器。

3. 接收器:一方面对主轨道电路移频信号进行解调,同时配合与送电端相连接的本区段调谐区小轨道电路检查条件(由运行前方区段接收端送来的 XGJ、XGJH 条件)动作本区段轨道继电器。另一方面接收器还对小轨道电路信号进行解调，给出小轨道执行条件（XG、XGH），经衰耗盘送至相邻区段接收器。

三、检修标准化作业程序

（一）检修前准备

1. 预测预判

通过信号集中监测手段，对被检轨道电路进行调阅分析，针对可能存在的问题，提出检修要求。

2. 派班会

明确检修作业负责人、室内外防护员、作业人员、作业时间、地点、检修要求和安全预判及安全讲话。

3. 工具及仪表准备

联络工具（频道及通话质量核对）、照明灯（夜间作业）、手锤、扳手、克丝钳、尖嘴钳、长嘴钳、各种规格套筒扳手、各种规格螺丝刀、钢卷尺、万可端子专用工具、开箱钥匙、防护员防护用具、移频在线测试仪、地线测试仪等。

4. 材料准备

机油、棉纱、ϕ1.6 mm 铁绑线、各种规格导接线（连接线）、不同规格的螺丝、垫片及防松弹垫若干、卡钉等。

5. 集体出工

在室外防护的带领下按规定的安全路线到达设备处所，进行设备编号的核对。

（二）检修作业

1. 箱盒外部检查（图 6-3-21）

图 6-3-21 室外箱盒外部检查（ZPW-2000A 型无绝缘轨道电路）

（1）箱盒无破损、裂纹，防盗（加锁）装置良好。

（2）硬面化整洁无异物，基础倾斜度不超过 10 mm，箱盒底距地面不少于 150 mm，排水良好。

（3）各部螺丝油润、紧固、满帽。

(4)设备名称标志清晰正确,粘贴牢固。

2. 引接线检查(图 6-3-22)

图 6-3-22　ZPW-2000A 型无绝缘轨道电路轨面连接设备引接线检查

(1)各种引接线应固定在枕木或其他专用设备上,平直、整齐,不得埋于石砟中,油润不锈蚀(防腐蚀、免维护线除外),断股不超过 1/5,塞钉头打入深度至少与轨腰轨平,塞钉头与塞钉孔接触良好。

(2)引接线处不得有防爬器、轨距杆等物,横过轨底须距轨底 30 mm 以上,防混措施良好。

(3)检查塞钉头上的固定螺帽是否松动,塞钉头与轨面间接触电阻是否超标,冷压铜端头根部是否有裂纹,不良整治或更换。塞钉涂油良好。

3. 箱盒内部检查(图 6-3-23)

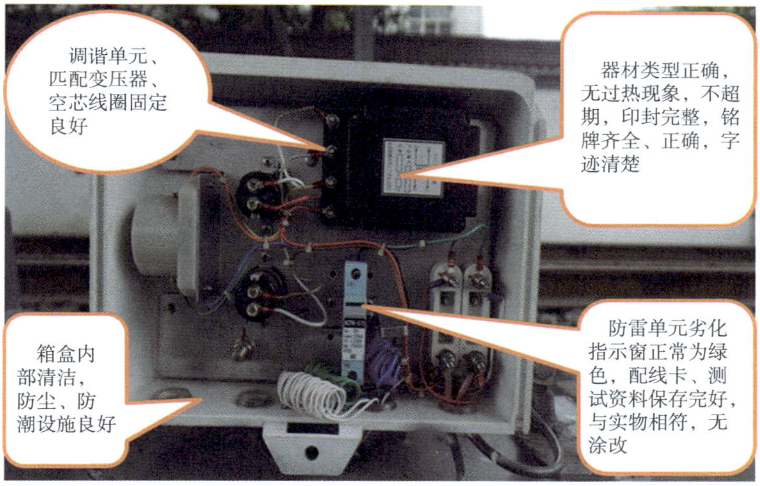

图 6-3-23　箱盒内部检查(ZPW-2000A 型无绝缘轨道电路)

(1)箱盒内部清洁,防尘、防潮设施良好,铭牌齐全正确,字迹清楚。

(2)调谐单元、匹配变压器、空芯线圈固定良好,不松动。

(3)各部螺丝紧固,无锈蚀,备帽齐全,防松标记完好。

(4)匹配变压器与调谐单元的连线采用截面积为 7.4 mm^2 的铜缆，线头两端采用 ϕ6 mm 的铜端头冷压连接，不松动。

(5)防雷单元劣化指示窗颜色正常。

(6)器材类型正确，无过热现象，不超期，印封完整，安装牢固，防震、防脱设施良好。

(7)配线卡、测试资料保存完好，与实物相符，无涂改。

(8)箱盒内部螺丝、端子紧固，无过热现象。

(9)轨道电路送电端调谐区设备电气特性在线测试并记录。

(10)贯通地线检查测试，贯通地线电阻不得大于 1 Ω，无贯通地线时，地线电阻不得大于 10 Ω。

(三)测试项目

1. 室内测试项目

(1)防雷模拟网络盘测试，见表 6-3-6。

表 6-3-6　防雷模拟网络盘测试指标

测试插孔	电压值	
	发送	接收
SK1“设备”防雷变压器室内侧	与发送功出同	约数百毫伏
SK2“防雷”防雷变压器室外侧	与发送功出同	高于 SK1 电压值
SK3“电缆”与电缆连接侧	经模拟网络衰减低于功出电压	未经模拟网络衰减，高于 SK2 电压值

(2)衰耗器测试时，其外部配线如图 6-3-16 所示，其技术指标见表 6-3-3。

2. 室外测试项目

(1)匹配单元(TAD)测试

①电压测试

电压在 TAD 的 E_1、E_2 及 V_1、V_2 端子上以及送、受电端轨面、调谐单元 BA 两端测试。

②电流测试

电流在 TAD 室内侧及室外侧 E_1、E_2 及 V_1、V_2 与外部连线上测试，以及测试机车发码电流。

(2)补偿电容测试

①从补偿电容塞钉轨面测试电压。

②用电流钳在补偿电容引线上测试电流。

③由于引线电感对测得电容值的影响，实测电容值指标由 5%扩大至 10%。

④在仪表显示值稳定后，读取与区段载频对应的电容值。

⑤电容引线断股及塞钉接触不良，引起损耗角变化，将造成较大测试误差。

四、故障处理

(一)故障处理一般程序

1. 接到车站值班员电话通知设备故障后，2 min 之内向段调度、车间值班干部、工长汇报，同时通知防护及备班人员。

2. 到达运转室后首先在“行车设备检查登记簿”签到，然后向车站值班员询问故障现象，试验、验证故障现象。并正确登记停用。

3. 处理故障。故障处理完毕后试验良好销记恢复正常使用，并进行处理情况汇报（故障原因、发生时间、恢复时间、影响车次、最后一次检修时间、检修人、电气特性、参与处理人员等）。

（二）观察重点

1. 观察控制台现象，以及各种声光报警。

2. 观察衰耗盒表示灯，查看故障区段衰耗盒上发送、接收的工作灯（绿）是否灭灯，灭灯设备为故障点。

3. 快速判断故障是否影响行车，如只一台发送器故障并已转为“＋1FS”工作，接收器仍正常工作，不影响行车。

4. 如只一台接收器故障，由于双机并联另一方仍保持工作，不影响行车。

5. 当发送、接收器不工作，检查发送器、接收器工作必要条件，查验发送器、接收器工作必要条件，可以迅速将故障定位到一个较小的范围。

（三）有报警故障一般处理程序

1. 发送器：检查电源→断路器→低频编码电源→功出电压等等，查明发送器内、外故障。如果＋1 发送工作正常，一般为发送器内部故障，可更换新发送器。

2. 接收器：检查电源→断路器→输入电压（主轨道、小轨道）等等，查明接收器内、外故障。

3. 如果并机工作正常，仍可保证 GJ 工作，多为单一接收故障，可更换新接收器。

（四）无报警故障一般处理程序

无故障报警一般多属于无检测非冗余环节故障。这类故障多由控制台红光带表示以及司机行车受阻报告得知故障信息。

（五）衰耗盒测试孔非正常值故障判断

1. GJ 电压不小于 20 V、XG 电压不大于 24 V，主机或并机有一路未接入，系统单机运行；

2. GJ 电压大于 29 V 且 XG 电压大于 29 V，负载开路；

3. 送电端 BA 断线，接收端电压降低约 50％；

4. 受电端 BA 断线，接收端电压升高约 500～700％；

5. 断轨，接收器的残压约为可靠落下值的 50％以下。

第七章　信　号　机

第一节　基础知识

为指示列车运行及调车作业的命令，铁路必须根据需要设置各种信号机和信号表示器，它们是各种信号系统中不可缺少的组成部分，用来形成信号显示，指示运行条件。信号显示方式的使用，必须严格按《铁路技术管理规程》(以下简称《技规》)的规定执行。

一、固定信号分类

(一)按设置部位分类

固定信号可分为地面信号和机车信号。

地面信号是设于车站或区间固定地点的信号机或信号表示器，用来防护站内进路或区间闭塞分区以及道口。机车信号设于机车驾驶室内，用来复示地面信号显示。

(二)按信号机构造分类

地面信号机可分为色灯信号机和臂板信号机。

1. 色灯信号机是用灯光的颜色、数目及亮灯状态表示信号含义的信号机。它具有昼夜显示一致、占用空间小等特点，但需可靠的交流电源。色灯信号机按信号机构的构造又分为探照式、透镜式、组合式和 LED 式。

探照式色灯信号机以反射镜为集光器，其特点是一个灯位的信号机构可显示多种(一般为三种)灯光颜色，故又称为单灯信号机。其缺点是易发生卡阻引起信号显示升级，这是绝对不允许的。探照式色灯信号机早已停产，也已停止使用。

透镜式色灯信号机是以凸透镜组为集光器的色灯信号机。透镜组由无色的外透镜和有色的内透镜组成，显示的颜色取决于内透镜的颜色。它的每个灯位固定一种颜色，多种颜色由多个灯位完成显示，故又称多灯信号机。信号基本灯光颜色的图形符号应符合信号设计相关规范要求，见表 7-1-1。其主要优点是结构简单、维修容易，因而使用很广泛。但其光系统存在一定的缺点，光通量不能充分利用，在曲线线段上不能连续显示。

表 7-1-1　信号基本灯光颜色图形符号对照

序　号	图形符号	名　称
1	●	红色灯光
2	⊘	黄色灯光
3	○	绿色灯光
4	◎	白色灯光

（续）

序　　号	图形符号	名　　称
5	⦿	蓝色灯光
6	Ⓘ	透明灯光
7	⊗	空位灯
8	Ⓩ	紫色灯光

组合式色灯信号机是为克服透镜式色灯信号机的缺点而研制的新型信号机构。信号灯泡发出的光由反射镜会聚，经滤色片变成色光，再由非球面镜聚成平行光束，偏散镜折射偏散，能保证信号显示在曲线线段上的连续性。信号机构采用组合式，一个灯位为一个独立单元，配一种颜色，使用时根据需要进行组合，故称为组合式色灯信号机。它是信号机比较理想的更新换代产品。

LED 信号机以 LED 发光盘代替信号灯泡和透镜组，并采用组合式结构。LED 信号机显示距离远、使用寿命长，安全可靠，免维护，具有显著优点。其信号机构及控制系统与现有信号点灯控制电路兼容。

2. 臂板信号机是以臂板的形状、颜色、数目、位置表达信号含义的信号机。我国铁路规定臂板呈水平位置为关闭，与水平位置向下夹 45°角为开放，夜间则以臂板信号机上的灯光颜色与数目来显示。臂板信号机须通过机械装置由人工开放，也有通过电动机开放的，后者称为电动臂板信号机。臂板信号机存在较多缺点，难以自动化，不能构成现代化信号系统，正在与所从属的臂板电锁器联锁设备一起逐渐淘汰。

目前我国铁路信号普遍采用色灯信号机，包括广泛使用的透镜式色灯信号机和新型的组合式色灯信号机、LED 信号机，其他类型的信号机已逐渐淘汰。

（三）按用途分类

固定信号可分为信号机和信号表示器两大类。

1. 信号机是表达固定信号显示所用的机具，用来防护站内进路、防护区间、防护危险地点，具有严格的防护意义。信号机按防护用途的不同又可分为进站、出站、进路、调车、驼峰、遮断、预告、复示等信号机。另有设于铁路平交道口的道口信号机。

2. 信号表示器是对行车人员传达行车或调车意图的，或对信号进行某些补充说明所用的器具，没有防护意义。信号表示器按用途又分为发车表示器、调车表示器、进路表示器、发车线路表示器、道岔表示器、脱轨表示器等。

（四）按地位分类

信号机可分为主体信号机和从属信号机。

1. 主体信号机是能独立地显示信号，指示列车或调车车列运行条件的信号机，如进站、出站、进路、通过、驼峰、调车等信号机。

2. 从属信号机是本身不能独立存在，只能附属于某种信号机的信号机，如预告信号机从属于进站信号机、所间区间的通过信号机、遮断信号机；复示信号机从属于进站、进路、出站、驼峰、调车等信号机。

（五）按停车信号的显示意义分类

固定信号可分为绝对信号和非绝对信号（亦称容许信号）。

1. 绝对信号是指当显示停止运行的信号时，列车、调车车列必须无条件遵守的信号显示。所有站内信号机的禁止信号显示均为绝对信号（但调车信号的禁止信号对列车来说不作为停车信号）。

2. 非绝对信号是指列车在列车信号机显示红灯、显示不明或灯光熄灭时允许列车限速通过，并准备随时停车的信号。在自动闭塞区段内，当货物列车在上坡道上的通过信号机前停车后启动困难时，在该信号机上应装设容许信号。在进站信号机前方第一架通过信号机上，不得装设容许信号。

（六）按安装方式分类

信号机可分为高柱信号机、矮型信号机、信号托架和信号桥。

1. 高柱信号机的信号机构安装在信号机柱上，一般用于距离要求较远的信号机。高柱信号机具有显示距离远、观察位置明确等优点。因此，为保证安全，提高效率，进站、正线出站、接车进路、通过、预告、驼峰等信号机必须采用高柱信号机。

2. 矮型信号机设于位于建筑限界下部外侧的信号机基础上，一般用于显示距离要求不远的信号机。因高柱信号机的设置受建筑限界的限制，另外应考虑信号机的设置不影响到发线有效长，站线出站、发车进路、一般情况下的调车信号机等采用矮型信号机。

设于特殊地形和特殊条件下的信号机，其中包括进站信号机，经铁路局集团公司批准，亦可采用矮型信号机，如设于桥隧的预告信号机、通过信号机，双线双向自动闭塞区段的反方向进站信号机。

3. 因受限界限制，不能安装信号机柱时，则以信号托架和信号桥代替。信号托架为托臂形结构建筑物，信号桥为桥形结构建筑物，如图 7-1-1 所示。

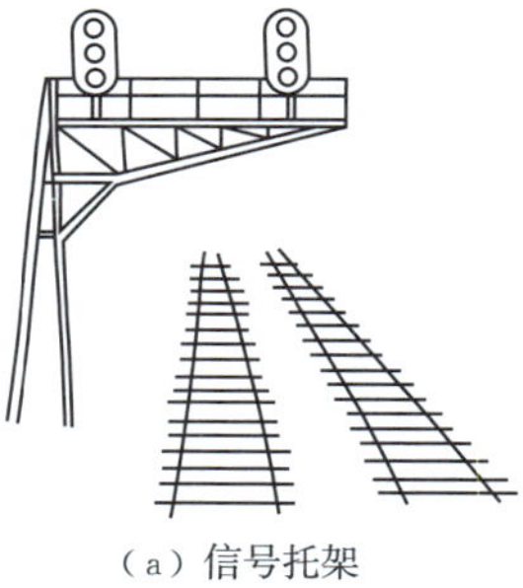

（a）信号托架

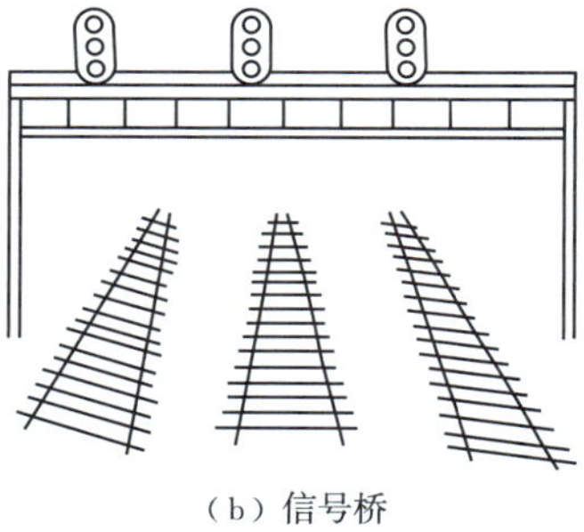

（b）信号桥

图 7-1-1　信号托架和信号桥

二、色灯信号机

现多采用透镜式色灯信号机，因其结构简单、安全方便、控制电路所需电缆芯线少，所以得到广泛采用。组合式色灯信号机则是为提高在曲线上的显示距离而研制的新型信号机。

（一）透镜式色灯信号机

XS 型透镜式色灯信号机有高柱和矮型两种类型，高柱信号机的机构安装在钢筋混凝土信号机柱上，矮型信号机的机构安装在信号机水泥基础上。

高柱透镜式色灯信号机如图 7-1-2 所示。它由机柱、机构、托架、梯子等部分组成。机柱用于安装机构和梯子。机构的每个灯位配备有相应的透镜组和单独点亮的灯泡，给出信号显示。托架用来将机构固定在机柱上，每一机构需上、下托架各一个。梯子用于给信号维修人员攀登及作业。

矮型透镜式色灯信号机如图 7-1-3 所示。它用螺栓固定在信号机基础上，没有托架，更不需要梯子。

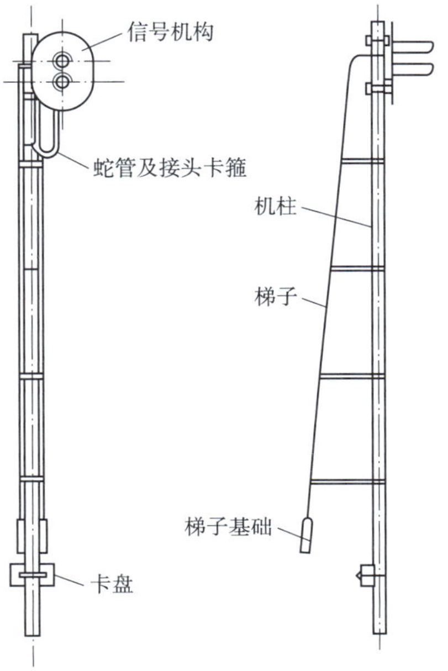

图 7-1-2　高柱透镜式色灯信号机

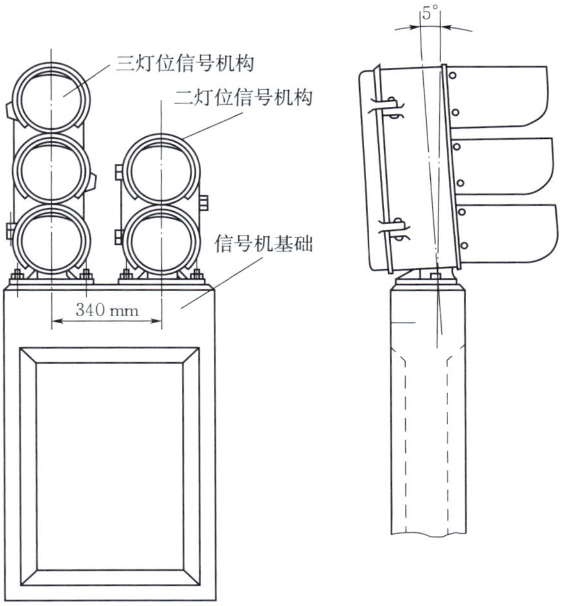

图 7-1-3　矮型透镜式色灯信号机

色灯信号机可构成二灯位、三灯位和单灯位信号机，图 7-1-2 中即为二灯位信号机，图 7-1-3 中即为双机构二灯位、三灯位信号机。各种信号机根据需要还可以分别带引导信号机构或进路表示器。

透镜式色灯信号机的每个灯位由灯泡、灯座、透镜组、遮檐和背板等组成，如图 7-1-4 所示。

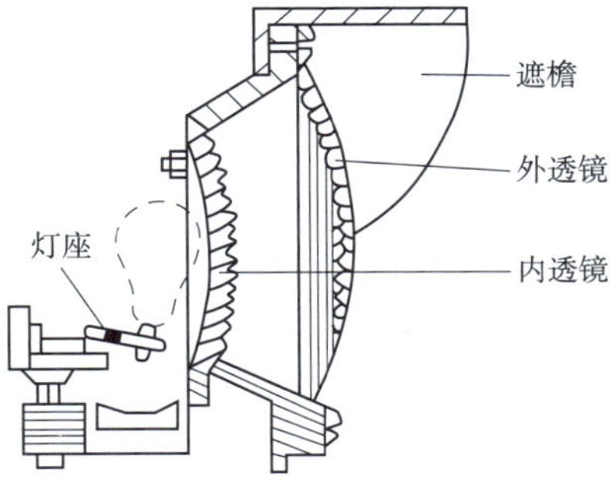

图 7-1-4　透镜式色灯信号机的结构

灯泡是色灯信号机的光源，采用直线双丝铁路信号灯泡。

灯座用来安放灯泡，采用定焦盘式灯座，在调整好透镜组焦点后固定灯座，更换灯泡时无须再调整。

透镜组装在镜架框上，由两块带棱的凸透镜组成，里面是有色带棱外凸透镜（可有红、黄、绿、蓝、月白、无色六种），外面是无色带棱内凸透镜。之所以采用两块透镜组成光学系统，是利用光的折射和反射原理，将光源发出的光线集中射向所需要的方向，即增强该方向的光强。这样，就能满足信号显示距离远而且具有很好的方向性的要求。信号机构的颜色取决于有色透镜，可根据需要选用。

遮檐用来防止阳光等光线直射时产生错误的幻影显示。

背板是黑色的，构成较暗的背景，可衬托信号灯光的亮度，改善瞭望条件。只有高柱信号机才有背板，一般信号机采用圆形背板，复示信号机等采用方形背板。与信号机配套的信号变压器安装在变压器箱内。

（二）组合式色灯信号机

XS 型透镜式色灯信号机构的光系统射出的平行光线，两侧分别只有 2°的散角，覆盖面很窄，在曲线线段上只能在局部范围内能看到，即使加了偏光镜也很难在整个曲线范围内得到连续显示。为解决曲线区段信号显示连续性的问题，20 世纪 80 年代研制了适合我国铁路需要的新型组合式信号机构，是信号机比较理想的更新换代产品。组合式色灯信号机适用于瞭望困难的线路，适用于曲线半径 300～20 000 m 的各种曲线和直线轨道上，在距信号机 5～1 000 m 范围内得到连续信号显示。该信号机光系统设计合理，光能利用率高，显示距离远，主光源显示距离可达 1 000 m，如不加偏散镜可达 1 500 m。曲线折射性能强，偏散角度大，可见光分布均匀，能见度高，有利于司机瞭望。组合式色灯信号机每个机构只有一个灯室，使用时根据信号显示要求分别组装成二灯位、三灯位及单灯位机构，故称为组合式。灯室间无串光的可能。

组合式色灯信号机构如图 7-1-5 所示。

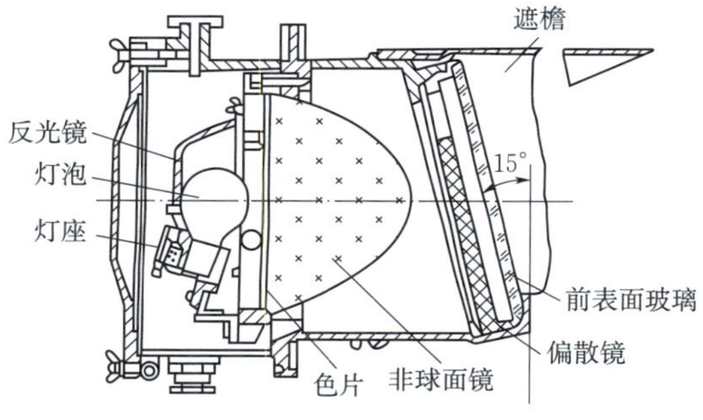

图 7-1-5　XSZ-135 型组合式色灯信号机构

组合式色灯信号机构的光系统由反光镜、灯泡、色片、非球面镜、偏散镜及前表面玻璃组成。反光镜是椭球面镜，用来将光源发出的光反射后聚焦起来。灯泡采用专用信号直丝灯泡。机构内可装红、黄、绿、蓝、月白五种颜色的色片，根据需要配备其中的一种颜色，可组合成 20 个品种。非球面镜用于聚光。偏散镜全称偏散透镜，由多个棱镜及曲面镜组成，是使部分光线按所需方向偏散一定角度的光学元件。偏散镜用光学性能极好的聚甲基丙烯酸甲酯（俗称有机玻璃）制造，精确度高，透光性能好，性能较稳定。偏散镜还可增强部分近距离能见度，使得在距信号机 5 m 处时也能看到信号显示。为了防止信号机因反光造成信号误认,信号机的前表面玻璃罩设计成向后倾斜 15°。当外界光直射信号机时,可以将反射光反射到机构上方的遮檐上而被散射或吸收,从而杜绝了由于反光造成误认信号的现象。

机构的外壳用硅铝合金压铸而成。内外表面均涂无光黑漆,可防止光反射。结构合理,密封性能好,且体积小、质量轻,每个机构包括遮檐约 7 kg,便于携带安装。

机构的遮檐采用玻璃纤维增强不饱和聚酯(俗称玻璃钢)制造,质量轻,耐腐蚀性能好,强度高。其几何形状设计成既能遮挡阳光,又能满足偏散光显示的需要。

(三)LED 色灯信号机

LED 色灯信号机构大小同透镜式色灯信号机,信号点灯单元由 LED 发光二极管构成。LED 信号显示系统作为一种节能、免维护的新型光源被成功运用。

LED 色灯信号机构采用轻便、耐腐蚀的单灯铝合金机构,组合灵活、安装简单;显示距离超过 1.5 km 且清晰可辨,安全可靠。通过监测控制系统的电流,可监督信号显示系统的工作状态,可预警异常情况,有助于准确判断故障点,便于及时处理。LED 色灯信号机构质量大大减少,便于施工安装,密封条件好,使用寿命长,可达 10^5 h 用,LED 取代传统的双丝信号灯泡和透镜组,从而彻底消除灯丝断丝这一多发性的信号故障,可靠性高,聚焦稳定,光度性好,无冲击电流,可以做到免维护。和普通信号机相比,不用定期更换信号灯泡,减少维修工作量,节省维修费用。

现使用的铁路 LED 色灯信号机有 XSLE 型、XLL 型、XSZ(G、A)型、XLCY 型。现以 XSL 型 LED 铁路色灯信号机为例进行介绍。

XSL 型 LED 色灯信号机由铝合金信号机构、PFL-Ⅰ型铁路 LED 发光盘和 FDZ 型发光盘专用点灯装置组成。

发光盘的型号由汉语拼音字母和罗马数字组成,如图 7-1-6 所示。

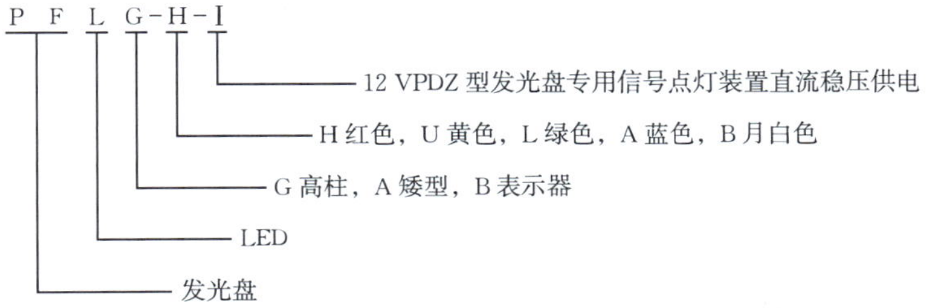

图 7-1-6 发光盘型号

铝合金信号机构分为高柱机构和矮型机构。高柱机构由背板总成、箱体总成、遮檐和悬挂装置四部分组成。背板总成带有背板,并用来安装箱体总成。把每个灯位组装成一个整体称为高柱箱体总成。遮檐用螺钉装在机构箱体上的玻璃卡圈上。悬挂装置将背板总成固定在信号机水泥机柱上。矮型机构安装方法与透镜式色灯信号机构相同。另有遮断及复示信号铝合金机构、灯列式进站复示信号铝合金机构。

PFL-Ⅰ型铁路 LED 发光盘(以下简称发光盘)是采用发光二极管制成的铁路信号灯的新光源。发光盘分为高柱发光盘、矮型发光盘和表示器发光盘。发光盘为圆形盘状结构,其上安装众多发光二极管,如图 7-1-7 所示。

FDZ 型发光盘专用点灯装置是为配合 PFL-Ⅰ型发光盘而研发的新一代信号点灯装置,它只能与 PFL-Ⅰ型发光盘配套使用。该装置不仅性能稳定可靠,能适用于电压波动较大的

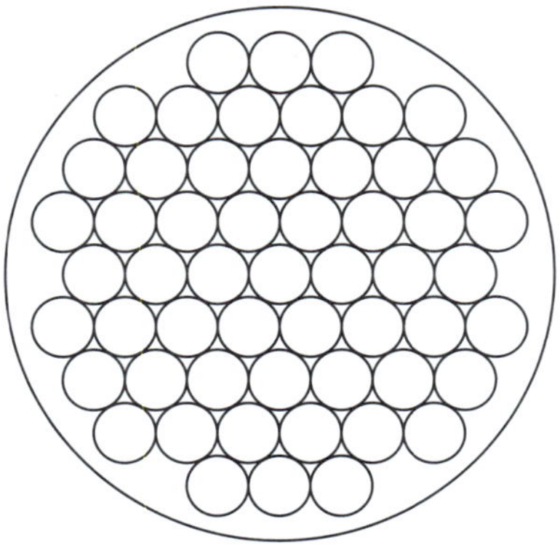

图 7-1-7　发光盘

区段，而且使用方便，现场不需要调整。FDZ 型发光盘由隔离变压器、整流电路、稳压电路和告警电路构成。输入电源经变压、整流后，由两路稳压电路进行稳压，两路稳压电路热备，以保证输出稳定的 12 V 直流电压。当发光盘内部发光二极管损坏数量超过总数的 30%，以及主、备电源一路发生故障时均产生告警条件，接通告警电路发出告警。

第二节　显示及应用

一、色灯信号机的显示意义

（一）进站色灯信号机显示

1. 三显示自动闭塞、半自动闭塞、自动站间闭塞区段进站色灯信号机

（1）一个绿色灯光——准许列车按规定速度经正线通过车站，表示出站及进路信号机在开放状态，进路上的道岔均开通直向位置（图 7-2-1）；

（2）一个绿色灯光和一个黄色灯光——准许列车经道岔直向位置，进入站内越过次一架已经开放的信号机准备停车（图 7-2-2）；

图 7-2-1　一个绿色灯光

图 7-2-2　一个绿色灯光和一个黄色灯光

（3）一个黄色灯光——准许列车经道岔直向位置，进入站内正线准备停车（图 7-2-3）；

（4）一个黄色闪光和一个黄色灯光——准许列车经 18 号及以上道岔侧向位置，进入站内越过次一架已经开放的信号机且该信号机防护的进路经道岔直向位置或 18 号及以上道岔侧向位置（图 7-2-4）；

图 7-2-3 一个黄色灯光

图 7-2-4 一个黄色闪光和一个黄色灯光

（5）两个黄色灯光——准许列车经道岔侧向位置[但不满足上述第（4）项条件]进入站内准备停车（图 7-2-5）；

（6）一个红色灯光——不准列车越过该信号机（图 7-2-6）。

图 7-2-5 两个黄色灯光

图 7-2-6 一个红色灯光

2. 四显示自动闭塞区段进站色灯信号机

（1）一个绿色灯光——准许列车按规定速度经道岔直向位置进入或通过车站，表示运行前方至少有三个闭塞分区空闲（图 7-2-1）；

（2）一个绿色灯光和一个黄色灯光——准许列车按规定速度经道岔直向位置进入站内，表示次一架信号机经道岔直向位置开放一个黄灯（图 7-2-2）；

(3)一个黄色灯光——准许列车按限速要求经道岔直向位置进入站内正线准备停车(图 7-2-3);

(4)一个黄色闪光和一个黄色灯光——准许列车经 18 号及以上道岔侧向位置,进入站内越过次一架已经开放的信号机且该信号机防护的进路经道岔直向位置或 18 号及以上道岔侧向位置(图 7-2-4);

(5)两个黄色灯光——准许列车按限速要求越过该信号机,经道岔侧向位置[但不满足上述第(4)项条件]进入站内准备停车(图 7-2-5);

(6)一个红色灯光——不准列车越过该信号机(图 7-2-6)。

(二)出站色灯信号机显示

1. 三显示自动闭塞区段

(1)绿色灯光——准许列车由车站出发,表示运行前方至少有两个闭塞分区空闲(图 7-2-7);

图 7-2-7　绿色灯光

(2)一个黄色灯光——准许列车由车站出发,表示运行前方有一个闭塞分区空闲(图 7-2-8);

图 7-2-8　黄色灯光

(3)两个绿色灯光——准许列车由车站出发,开往半自动闭塞或自动站间闭塞区间(图 7-2-9);

(4)一个红色灯光——不准列车越过该信号机(图 7-2-10);

(5)在兼作调车信号机时,一个月白灯光——准许越过该信号机调车(图 7-2-11)。

图 7-2-9 两个绿色灯光

图 7-2-10 红色灯光

图 7-2-11 月白灯光

2. 四显示自动闭塞区段

(1)一个绿色灯光——准许列车由车站出发,表示运行前方至少有三个闭塞分区空闲(图 7-2-12);

图 7-2-12　一个绿色灯光

(2)一个绿色灯光和一个黄色灯光——准许列车由车站出发,表示运行前方有两个闭塞分区空闲(图 7-2-13);

图 7-2-13　一个绿色灯光和一个黄色灯光

(3)一个黄色灯光——准许列车由车站出发,表示运行前方有一个闭塞分区空闲(图 7-2-14);

图 7-2-14　一个黄色灯光

(4)两个绿色灯光——准许列车由车站出发,开往半自动闭塞或自动站间闭塞区间(图 7-2-15);

图 7-2-15　两个绿色灯光

(5)一个红色灯光——不准列车越过该信号机(图 7-2-16);

图 7-2-16　一个红色灯光

(6)在兼作调车信号机时,一个月白色灯光——准许越过该信号机调车(图 7-2-17)。

图 7-2-17　一个月白色灯光

二、信号机及信号表示器的设置

信号机按类型分为色灯信号机、臂板信号机和机车信号机。信号机按用途分为进站、出站、通过、进路、预告、接近、遮断、驼峰、驼峰辅助、复示、调车信号机。

信号表示器分为道岔、脱轨、进路、发车、发车线路、调车及车挡表示器。

1. 各种信号机及表示器，在正常情况下的显示距离如下：

(1)进站、通过、接近、遮断信号机，不得小于 1 000 m；

(2)高柱出站、高柱进路信号机，不得小于 800 m；

(3)预告、驼峰、驼峰辅助信号机，不得小于 400 m；

(4)调车、矮型出站、矮型进路、复示信号机，容许、引导信号及各种表示器，不得小于 200 m。

在地形、地物影响视线的地方，进站、通过、接近、预告、遮断信号机的显示距离，在最坏的条件下，不得小于 200 m。

2. 铁路信号机应采用色灯信号机。色灯信号机应采用高柱信号机，在下列处所可采用矮型信号机：

(1)不办理通过列车的到发线上的出站、发车进路信号机；

(2)道岔区内的调车信号机及驼峰调车场内的线束调车信号机；

(3)自动闭塞区段，隧道内的通过信号机。

特殊情况需设矮型信号机时，须经铁路局集团公司批准。

3. 信号机设在列车运行方向的左侧或其所属线路的中心线上空。反向进站信号机可设在列车运行方向的右侧；其他特殊地段因条件限制，需设于右侧时，须经铁路局集团公司批准。

在确定设置信号机地点时，除满足信号显示距离的要求外，还应考虑到该信号机不至被误认为邻线的信号机。

4. 信号机离开线路的距离根据建筑接近限界尺寸，高柱信号机的突出边缘(一般是信号机构挡板)距正线和准许接发超限货物列车的站线，其距线路中心应不少于 2 440 mm。考虑到信号机柱的准许最大倾斜度，信号机基本宽度为 380 mm 时，则从机柱中心算起应为 2 630 mm。高柱信号机的突出边缘距一般到发线的线路中心应不少于 2 150 mm，如从机柱中心算起应为 2 340 mm。在曲线处设置时，应根据曲线上建筑限界加宽数值相应加宽。在现有设备中，复线区间两线路中心为 4 m，站内各线间不得少于 5 m。

5. 信号机离防护地点的距离如下：

(1)进站信号机：进站信号机的具体位置，应设于距列车进站时遇到的第一个道岔尖轨尖端不少于 50 m 的地点，如因调车作业和制动距离的需要，一般不超过 400 m。

(2)出站信号机：设置出站信号机时，除应尽量少影响股道有效长外，还应考虑下列情况。

①在无轨道电路的车站上，出站信号机在不入侵建筑接近限界的条件下，应尽量缩小与警冲标的距离，以增加股道的有效长度。

②在装有轨道电路的车站上，钢轨绝缘距警冲标应不少于 3.5 m 且不大于 4 m。出站信号机应设在警冲标内线间距离足够装设信号机的地方。信号机的钢轨绝缘原则上与信号机在同一坐标处，为了尽量避免在安装信号机时造成串轨、换轨和锯轨等工作，钢轨绝缘允许

设置在出站信号机前方 1 m 或后方 6.5 m 的范围内。

(3)预告信号机：进站信号机符合下列条件之一时，应装设预告信号机。

①不能连续显示 1 000 m 时；

②常有降雾、暴风雪雨及其他不良条件导致降低显示距离时；

③在运输繁忙的线路上，铁路局集团公司认为有必要时；

④进站信号机为色灯信号机时。

预告信号机与主体信号机的距离规定不得少于 800 m，以满足列车制动距离的要求。当主体信号机的显示距离不足 400 m 时，为了让司机预先有足够的时间确认信号，所以在这种情况下，规定预告信号机距主体信号机不得少于 1 000 m。

(4)调车信号机：依据调车信号机的设置特点可分为以下几种。

①差置调车信号机：当两架背向的咽喉调车信号机之间有一无岔区段时设置的这两架调车信号机称为差置调车信号机。

②并置调车信号机：当两架背向的咽喉调车信号机之间由于线路的限制，划分不出不小于 25 m 长的无岔区段，而需并置在一个绝缘点两侧时，这两架调车信号机称为并置调车信号机。

③单置调车信号机：其前后均有道岔的信号机为单置调车信号机。

④尽头线调车信号机：设在调车进路的始端，在其后有道岔区段，在其前方有固定的线段。

三、信号机的基本原理

色灯信号机的室外设备主要由信号变压器、点灯单元或灯丝转换继电器、信号机基础、信号机机构组成。信号机机构主要由遮檐、透镜组、灯泡、灯座组成。

色灯信号机的室内设备主要由隔离变压器、断路器、信号继电器、灯丝继电器组成。隔离变压器为信号机点灯提供电源，信号继电器控制信号机点不同的灯光以显示不同的含义。例如，进站信号机点灯电路如 7-2-18 所示。

第三节　标准化作业程序

信号机巡检、检修作业流程如图 7-3-1 所示。

一、检修前准备

1. 派班会：明确检修作业负责人、室内外防护员、作业人员、作业时间、地点、检修要求和安全预判及安全讲话。

2. 工具及仪表准备：联络工具(频道及通话质量核对)、照明灯(夜间作业)、扳手、克丝钳、尖嘴钳、长嘴钳、各种规格套筒扳手、各种规格螺丝刀、刮刀、钢卷尺、开箱钥匙、防护员防护用具、万用表等。

3. 材料准备：机油、棉纱、ϕ1.6 mm 防松铁丝、各种规格开口销，不同规格的螺丝、垫片及防松弹垫若干、灯泡等。

4. 集体出工：在室外防护的带领下按规定的安全路线到达设备处所，进行设备编号的核对。

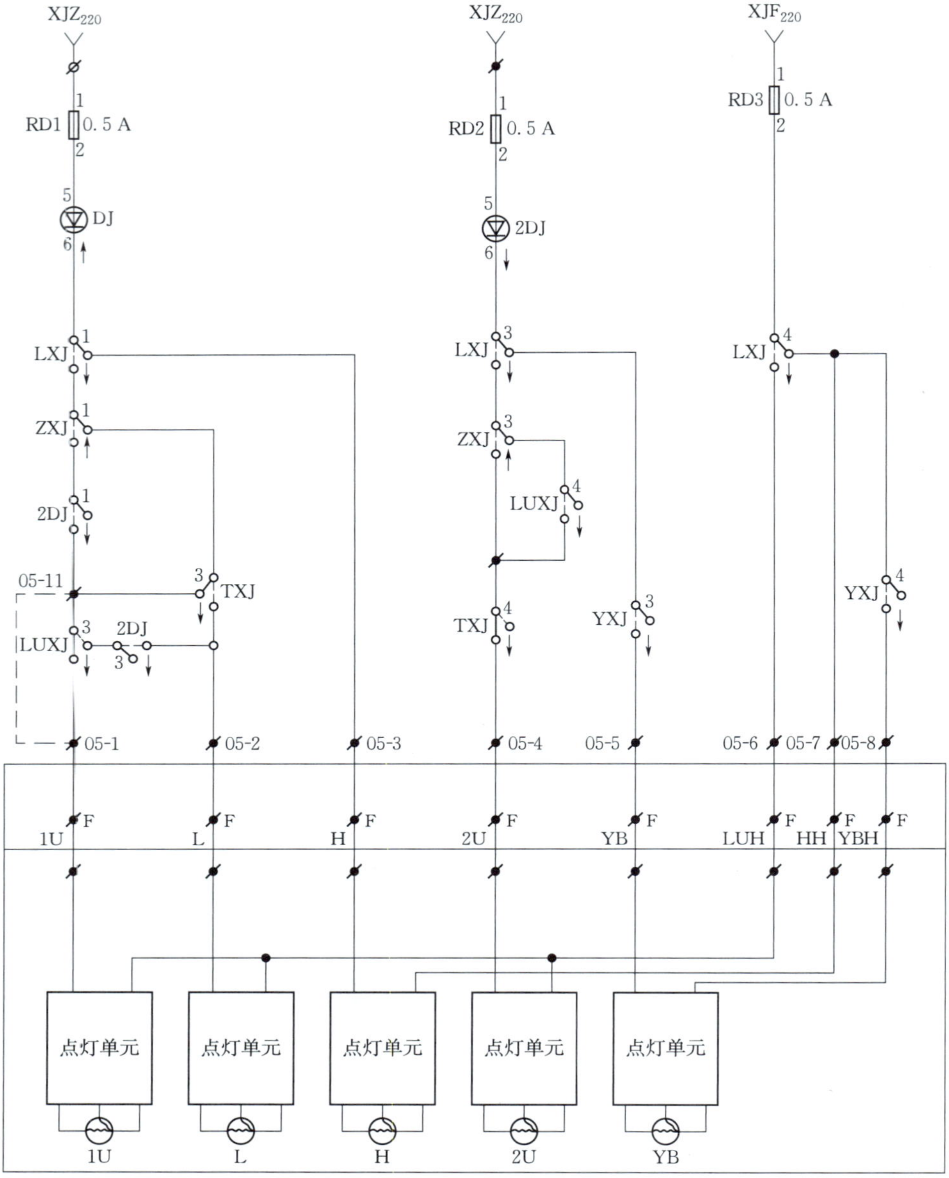

图 7-2-18　进站信号机点灯电路

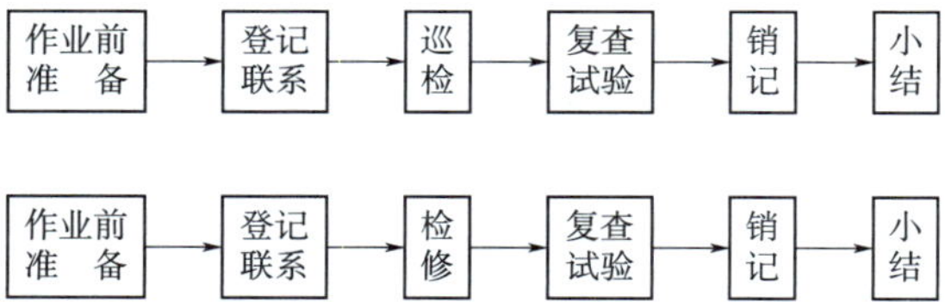

图 7-3-1　信号机巡检、检修作业流程

二、检修作业

(一)设备外观检查

1. 设备无外界干扰。

2. 机柱、机构、梯子安装稳固。

3. 基础牢固、整洁无杂物,倾斜度不超过 10 mm(在水平 300 mm 处测量);高柱信号机柱倾斜度不超过 36 mm(在水平 4 500 mm 处测量),水泥信号机柱无裂通圆周的裂纹,裂纹超过半周的应采取加固措施;纵向裂纹,钢筋不得外露;顶端封闭良好,不进雨雪;任何部分不得侵入限界。

4. 高柱信号机梯子不弯曲,支架水平,梯子中心线与机柱中心线一致。

5. 箱盒、机构无裂纹,密封良好,机柱引入孔封堵良好,蛇管无破损、脱落;各部螺栓齐全、紧固,注油良好,开口销齐全,防盗装置或加锁良好。

6. 外透镜清洁无污垢,不旷动,无破损,密封良好。

7. 设备名称清晰正确、粘贴稳固,油饰良好。

8. 硬面化完整,清洁无杂物。

(二)箱盒及机构内部检查

1. 检查调整信号显示距离,符合《技规》规定。

2. 箱盒、机构内部清洁,防尘、防水设施良好。

3. 箱盒、机构内部配线整齐、绑扎牢固,无破皮、老化;变压器、点灯单元安装牢固;各部端子螺帽垫片齐全、紧固不松动。

4. 器材类型正确不超期,无过热现象,铭牌齐全、正确,字迹清楚。

5. 灯座、灯口安装牢固,不松动,弹片压力适当,接触良好,灯头不松动,灯丝不变形。

6. 透镜组安装牢固,无裂纹,密封良好。

7. 配线图表完整、齐全,与实物相符。

8. 检查机构、机柱及梯子机械强度符合要求。

(三)色灯信号机测试

1. Ⅰ级测试内容

(1)点灯变压器Ⅰ、Ⅱ次侧电压。

(2)主灯丝点灯端电压。

(3)副灯丝点灯端电压。

(4)灯丝继电器电流。

2. 其他测试及试验

主、副灯丝转换试验,确认能够正常报警。

第八章　联锁设备

第一节　控制台基本操作

控制台是对全站信联闭的集中操纵设备，也是全站行车信联闭状态的一个集中反馈。大站电气集中均采用双按钮进路式选路方法，先后按压进路始端和终端两个按钮就可把进路上所有的道岔位置选出来，并使防护这条进路的信号机开放。计算机联锁系统采用鼠标器作为操作工具时，对应按钮盘上安装的每一个按钮，在显示器上就有一定的操作区域，用鼠标点击显示器上规定区域即相当于按下了相对应的按钮。

一、大站电气集中控制台

我国生产的大站电气集中控制台都是采用各种标准单元块拼成的，简称为单元控制台。控制台由表示器和按钮组成，在整个控制台上从中心线分为上、下行两个互不干扰(列车通过按钮除外)的控制系统。控制台上区段解锁用以对控制台光带表示器不能正常解锁时配合总人工解锁按钮来解决(部分车站单独设置区段解锁盘)。在控制台的站场模型上，对应每一条进路始端设有信号机的地方，都分别设一个按钮，进路终端即使没有信号机，也分别设一个按钮。对应出站兼调车信号机的地方，一般设两个按钮，用于区别列车和调车的进路性质。若同一地方既是列车进路终端又是调车进路终端，也要各设一个列车进路终端按钮和调车进路终端按钮。进路的始端按钮除用来排列进路外，在重复开放信号、取消进路和人工解锁进路时都要用到。进路按钮均采用二位自复式按钮。

二、大站电气集中控制台的基本操作

6502 电气集中采用双按钮进路式选路方法，先按压进路始端按钮，后按压进路终端按钮，就可以建立进路开放信号。

(一)选列车进路方法

例如，选 X→3G 的下行接车进路，应先按 XLA，后按 S3LA，如图 8-1-1(a)所示。选由ⅡG→XN(宝鸡方向)的上行发车进路时，应先按 SⅡLA，后按 XNLA，如图 8-1-1(b)所示。

(二)选调车进路方法

例如，选 D7→3G 的调车进路，应先按 D7A，后按 S3DA，如图 8-1-2 所示。

(三)引导接车方法

每架进站(接车进路)信号机上都设有引导按钮；它们有一个共同点就是在确认接车进路正确后，用以开放引导信号接车。

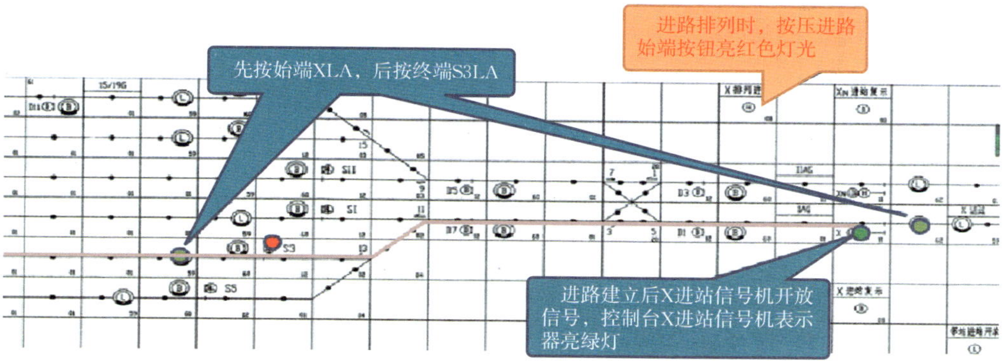

（a）X→3G的下行接车进路

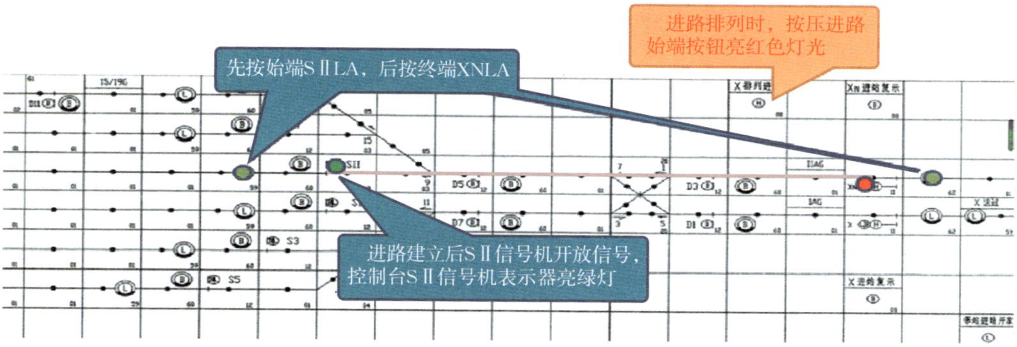

（b）ⅡG→XN的上行发车进路

图 8-1-1 列车进路

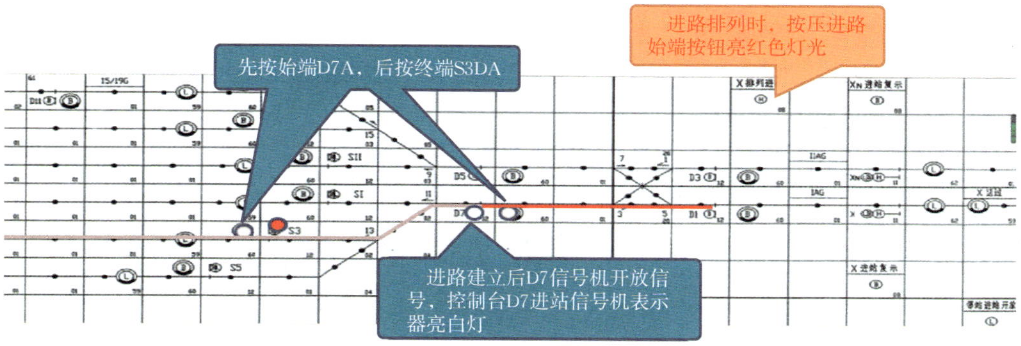

图 8-1-2 D7→3G 的调车进路

1. 引导按钮——当进站(进路)信号机因区段故障不能开放时，单操道岔至进路所需位置，破封按压此按钮即可。例如，选 X→ⅠG 的下行接车引导进路，应先把 1/3 号、5/7 号、11 号道岔单独操纵到定位，按压接通光带按钮以通过接通光带确认道岔进路位置，按压 X 引导按钮开放引导信号接车，如图 8-1-3 所示。解锁时采用人工解锁，即按压总人工解锁按钮，同时按压该条进路上的始端列车进路按钮，进路不经延时即解锁。

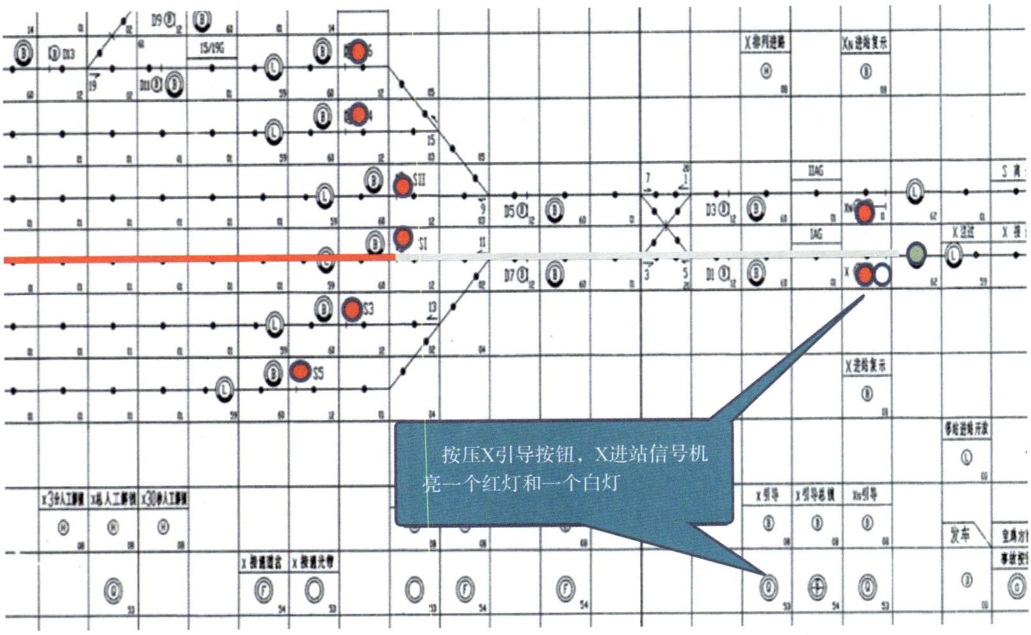

图 8-1-3　X→ⅠG 的下行引导接车进路

2. 引导总锁闭按钮——当进站(进路)信号机因道岔无表示不能开放时,可用引导总锁闭方式接车。例如,11 号道岔定位故障,选 X→ⅠG 的下行接车引导进路,应先将 1/3 号、5/7 号道岔单独操纵到定位,车务将 11 号故障道岔人工钩锁到定位位置,按压接通光带按钮以通过接通光带确认 1/3 号、5/7 号道岔进路位置,然后按下全咽喉总锁闭按钮,再按下 X 引导按钮,引导信号复示器亮一个红色和一个白色灯光,此时进路无白光带,如图 8-1-4 所示。解锁时,只要将该咽喉引导总锁闭按钮拉出,总锁闭上方的表示灯灭灯,即可实现咽喉区内道岔全部解锁。

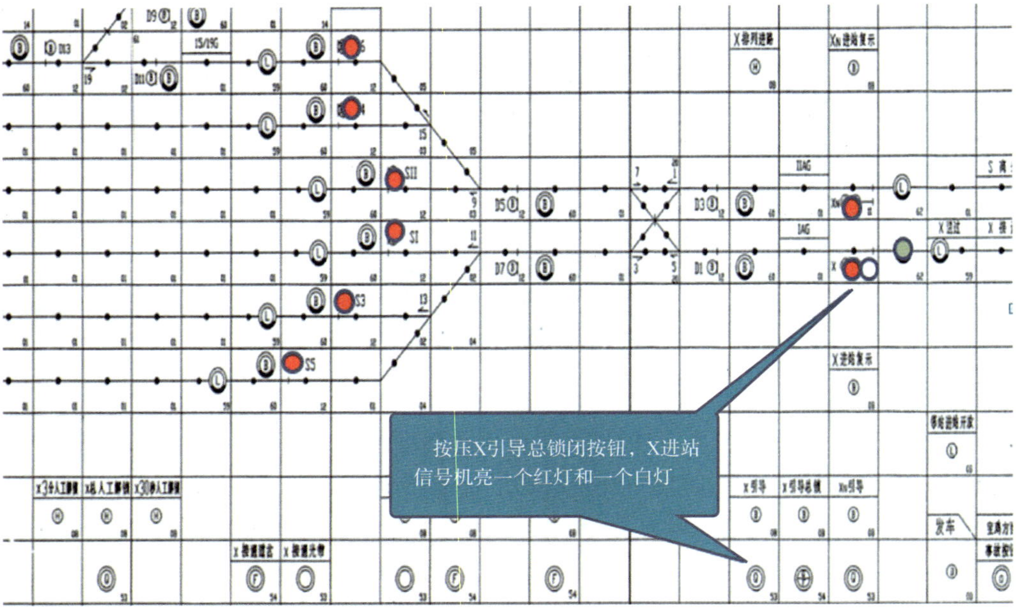

图 8-1-4　X→ⅠG 的下行引导总锁闭接车进路

（四）办理闭塞的方法（64D 型半自动闭塞）

发车站请求闭塞时按压闭塞按钮，本站发车表示灯与接车站接车表示灯同时亮黄灯；接车站同意闭塞，按压闭塞按钮，接车表示灯与发车站发车表示灯同时亮绿灯。出发列车压上出站方向轨道电路，发车站闭塞机发车表示灯与接车站闭塞机接车表示灯同时亮红灯；列车压上接车站进站信号机内方第一区段，接车站接、发车表示灯均亮红灯。接车进路解锁后，接车站按下复原按钮，接车站接车表示灯的红灯和发车表示灯的红灯均熄灭；发车站发车表示灯的红灯熄灭，并瞬间响铃，闭塞机复原。

三、计算机联锁控制台的基本操作

计算机联锁设备控制台的进路控制过程有进路的建立和解锁两个过程。排列进路按照联锁表中进路性质排列始端、终端按钮，顺序按压按钮。

（一）基本进路办理

在办理进路时，操作人员按压进路的始端、终端按钮以确定进路的范围、方向和性质（指列车进路或调车进路）。计算机联锁设备根据进路范围，自动选出与进路有关的道岔，并确定它们符合进路开通位置。将选出的道岔转到所需的位置。道岔转换完毕后，将进路上道岔予以锁闭。进路锁闭后，信号开放（给出允许显示），指示列车或车列可驶入进路。

（二）引导接车办理

进站信号机因故不能正常开放、接车进路上轨道电路出现故障可办理引导进路，接车进路上道岔没有表示办理引导总锁闭。

1. 引导进路：办理引导进路时，进路依然要锁闭（进路上有白光带）→开放信号（红白灯）→列车压入进路后信号关闭。

2. 引导总锁闭：办理引导总锁闭时，办理引导总锁闭的咽喉的所有道岔均被锁闭，选择组和执行组网络不参与工作（不选路，进路上无白光带）。

（三）进路解锁办理

1. 取消进路：人工办理取消进路手续，关闭进路始端信号，进路自动解锁。

2. 人工解锁：人工办理人工解锁手续，关闭进路始端信号。

延时：30 s 或 3 min（接车进路和正线发车进路，延时 3 min；侧线发车进路和调车进路，延时 30 s）。延时结束后，进路自动解锁（车列未进入进路）。

3. 故障解锁：在控制台上点击区段故障解锁按钮后再点击未解锁区段（列车通过进路时，因进路中设备故障或进路区段未满足三点检查，无法正常解锁时，需采用故障解锁使未解锁的部分解锁）。

（四）区间改方办理

1. 区间改方正常办理：区间空闲，由接车方向改发车方向时，车站办理发车进路，区间方向自动转换。

注意：向反向发车口办理发车进路时，需首先确认已按下相应发车口的改方按钮，若该区间口已经为发车方向则不需要按下改方按钮。

2. 区间辅助改方办理：区间故障或方向电路因故出现相邻的两站同为接车站的“双接”

现象（即它们均点亮接车箭头且区间灯为红色）时，必须采用辅助办理方式才能改变运行方向。此时两站值班员通过电话共同确认，双方都未办理发车进路、区间灯为红色是因设备发生故障所致或区间列车需换方向运行，均按规定手续登记破铅封，共同进行辅助办理。

第一步：原接车站值班员顺序按下相应的总辅助按钮、发车辅助按钮，出现发车辅助按钮的倒计时（25 s），表示该按钮保持在按下状态，辅助灯亮白灯，本站开始辅助办理。

第二步：在原接车站发车辅助按钮按下 25 s 之内，本站值班员顺序按下相应的总辅助按钮、接车辅助按钮，辅助灯点亮白灯，开始区间改方。

第三步：接发车方向完成改方后，辅助灯熄灭，双方站抬起总辅助按钮。辅助办理完毕。

（五）延续进路办理

办理相关接车进路时，首先顺序按压接车进路的始端按钮和终端按钮，再按压延续进路的终端按钮。接车进路及延续进路均锁闭后，进站信号即可开放。当延续进路通向车站的发车口时，如需连续发车，只需按压延续进路的始端列车按钮，检查区间条件满足后出站信号即可开放。当延续进路通向反向发车口时，如需连续发车，需首先按下此发车口对应的改方按钮，然后再按压延续进路的列车始端按钮，区间运行方向由接车方向自动改变为发车方向，出站信号即可开放。

第二节　控制台表示灯及按钮含义

一、大站电气集中控制台表示灯及按钮含义

（一）主副电源表示灯和电源故障表示灯

主副电源表示灯亮绿灯表示在使用主电源，表示灯亮黄灯表示在使用副电源。当主副电源切换时，控制台电源切换电铃鸣响，按下或拔出电源切换按钮，切断电铃工作电路使其停止鸣响。电源表示灯亮红灯表示主副电源有一路停电，如图 8-2-1 所示。

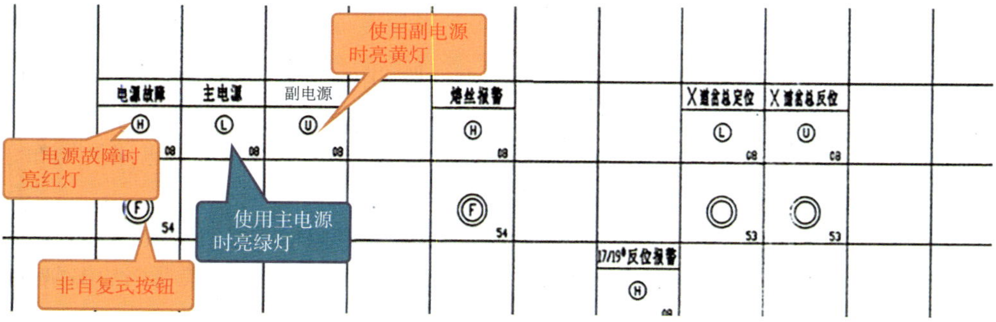

图 8-2-1　主副电源表示灯和电源故障表示灯

（二）挤岔报警表示灯

挤岔报警表示灯亮红灯表示控制范围内最少有一副道岔被挤坏及不能转向指定位置或转向指定位置后无法给出表示，如图 8-2-2 所示。此报警表示灯亮灯并伴以报警声时，为减少干扰可按下该按钮终止报警铃声，单操几次仍无法克服时，要通知信号人员处理。故障排除后，报警铃再响，应拔出按钮终止铃声。

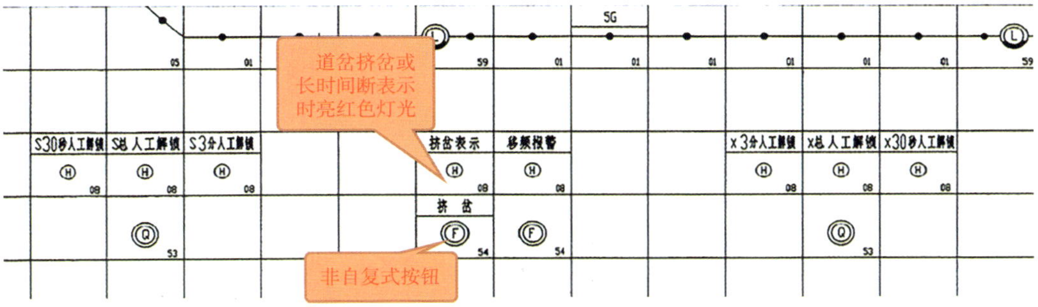

图 8-2-2　挤岔报警表示灯

(三)熔丝报警表示灯

熔丝报警表示灯亮红灯表示机械室内有熔丝断丝故障。当此报警表示灯亮红灯并伴以报警声时,为减少干扰可按下该按钮终止报警铃声,通知信号人员处理。故障排除后,报警铃再响,应拔出按钮终止铃声,如图 8-2-3 所示。

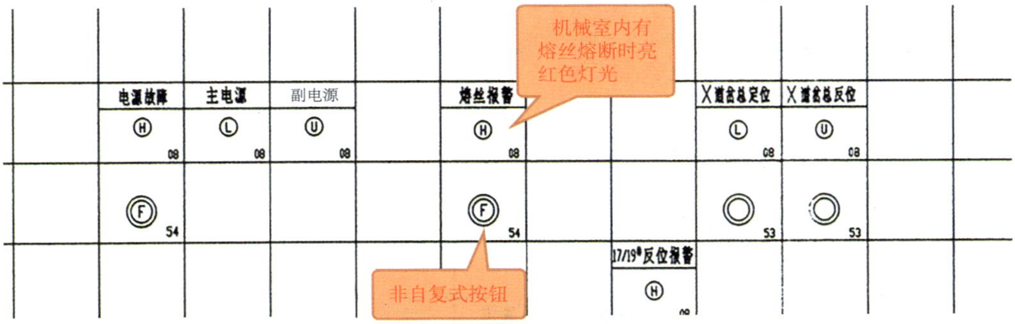

图 8-2-3　熔丝报警表示灯

(四)断丝报警表示灯

断丝报警表示灯亮红灯表示控制范围内最少有一个正在使用的信号机灯泡主丝断丝。分上、下行两端各设一个,如图 8-2-4 所示。当此报警表示灯亮红灯并伴以报警声时,为减少干扰可按下该按钮终止报警铃声,通知信号人员处理。故障排除后,报警铃再响,应拔出按钮终止铃声。

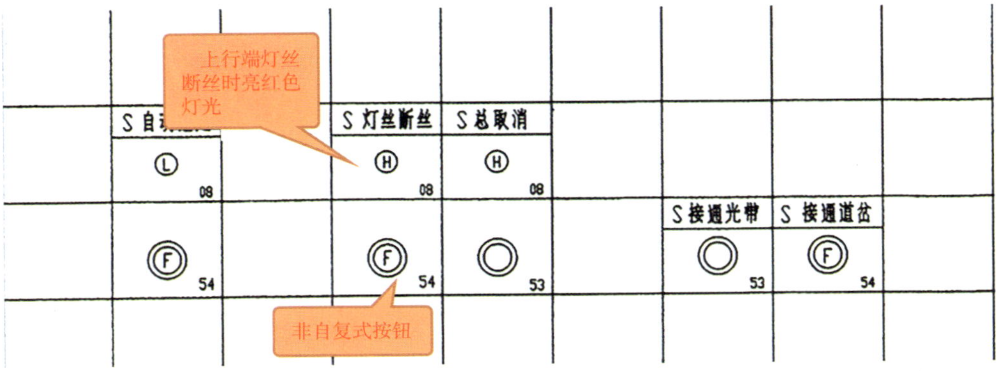

图 8-2-4　断丝报警表示灯

（五）道岔表示灯

道岔表示灯亮绿灯表示道岔在定位；道岔表示灯亮黄灯表示道岔在反位。道岔总反位表示灯亮绿灯表示道岔总定位操作按钮按下；道岔总反位表示灯亮黄灯表示道岔总反位操作按钮按下。接通道岔按钮是道岔表示灯的电源开关，按下该端按钮接通该端道岔表示灯，拔出按钮切断道岔表示灯。以上道岔表示灯和接通道岔按钮分上、下行两端各设一个，如图 8-2-5 所示。

道岔按钮：每一组（联动）道岔设一个按钮。同时按压道岔按钮和道岔总定（反）位按钮来实现单独扳动道岔至所需位置。将该道岔按钮拔出（按钮灯亮红灯），该道岔组单独锁闭。

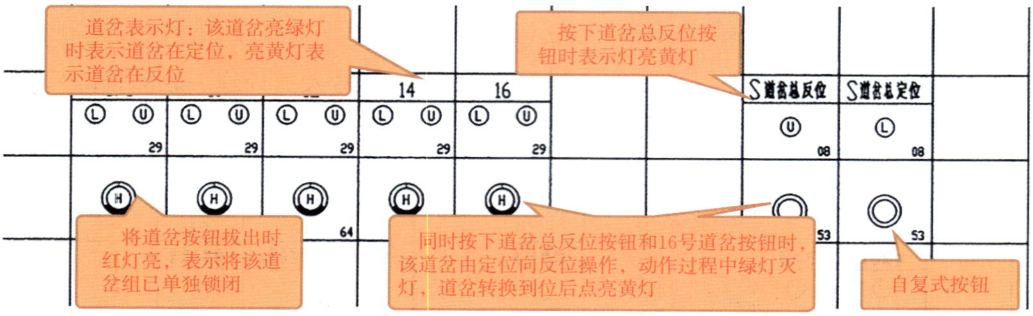

（a）道岔表示灯

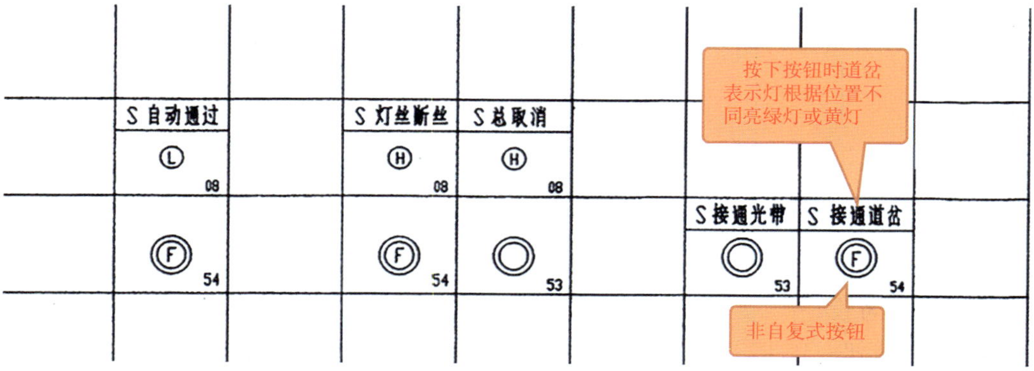

（b）接通道岔按钮

图 8-2-5 通岔表示灯及接通道岔按钮

（六）信号表示器

信号表示器是地面信号机显示状态的一个复示，分为行车信号表示器与调车信号表示器。信号表示器除引导信号有一红一白两个灯光显示外，正常情况只能显示一个灯光，如图 8-2-6 所示。

（七）光带表示器和排列进路表示灯

控制台每一段光带表示器代表现场的一个轨道电路区段，可监视线路和列车运行的情况。室外轨道电路空闲、未办理有进路时，控制台光带表示器无显示；当办理有进路时控制台上表示器显示白色光带；当轨道区段故障、工务断轨、被机车车辆占用等，在控制台上显示红色光带。排列进路表示灯表示排列进路的过程。无论排列何种进路，在按压始端按钮时，此灯亮即表示开始接受命令，按压终端按钮进路选排一致后此灯灭，表示命令接受完毕，如图 8-2-7 所示。

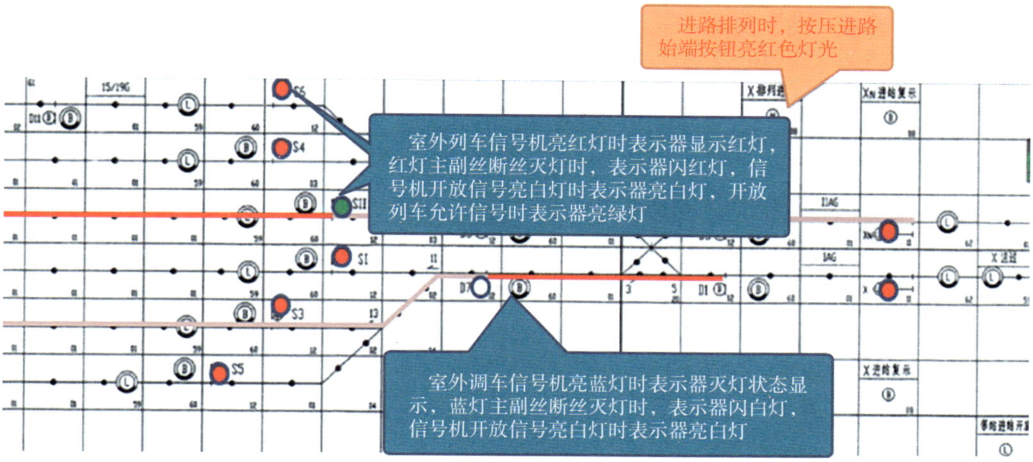

图 8-2-6　信号表示器

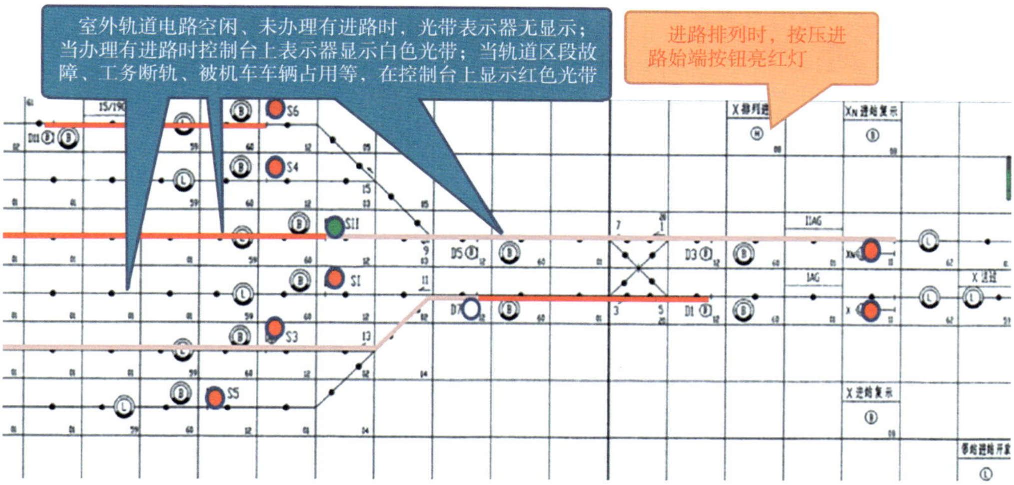

图 8-2-7　光带表示器和排列进路表示灯

(八)接近、离去表示器

接近、离去表示器：将自动闭塞区间划成几个闭塞分区，每一个闭塞分区用一条轨道电路表示器代替，有车占用亮红灯，无车占用灭灯。接车方向表示列车接近；发车方向则表示离开本站；此两种表示器的顺序均以列车运行方向来排序，如图 8-2-8 所示。

(九)接通光带

按压接通光带按钮，用以检查确认某一道岔开通位置。其操作办法是按压接通光带按钮即可，如图 8-2-9 所示。

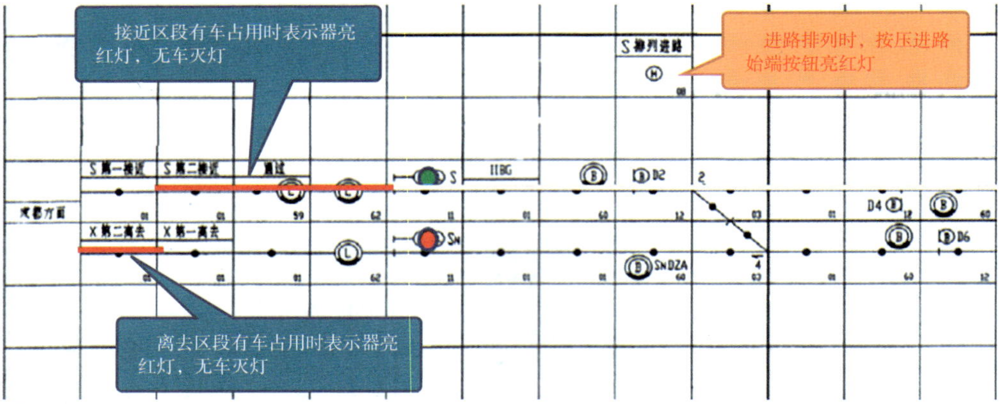

图 8-2-8　接近、离去表示器

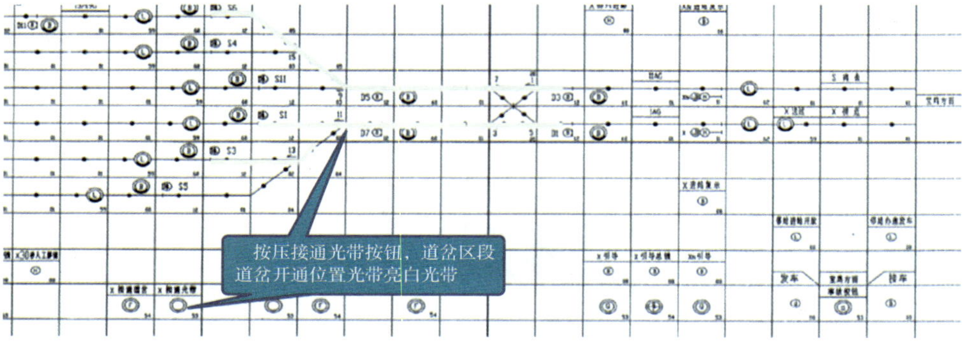

图 8-2-9　接通光带

（十）总取消按钮和总人工解锁按钮

1. 总取消按钮：用来取消尚未被机车车辆占用的进路。其操作办法为同时按压总取消按钮和进路始端按钮，光带消失，进路解锁。

注意：如果进路已被机车车辆占用或机车车辆已进入进路接近区段轨道电路，其作用是只能关闭信号，进路并不能解锁，如想恢复信号只需按压进路始端按钮即可，如图 8-2-10 所示。

2. 总人工解锁按钮：当接近区段有车占用或进路被占用过且进路始端和白光带还未消失时，均能取消和解锁进路，操作方法与总取消相同；当列车或车列通过进路后某一区段白光带不消时可同时按压总人工解锁按钮和区段解锁盘内相应按钮来解锁区段，如图 8-2-10 所示。

（十一）引导按钮和引导总锁闭按钮

引导按钮和引导总锁闭按钮每架进站（接车进路）信号机上都设有；它们有一个共同点就是在确认接车进路正确后，用以开放引导信号接车。

1. 引导按钮：当进站（进路）信号机因区段故障不能开放时，单操道岔至进路所需位置，破封按压此按钮即可，如图 8-1-3 所示。解锁时采用人工解锁，即按压总人工解锁按钮，同时按压该条进路上的列车进路始端按钮，进路不经延时即解锁。

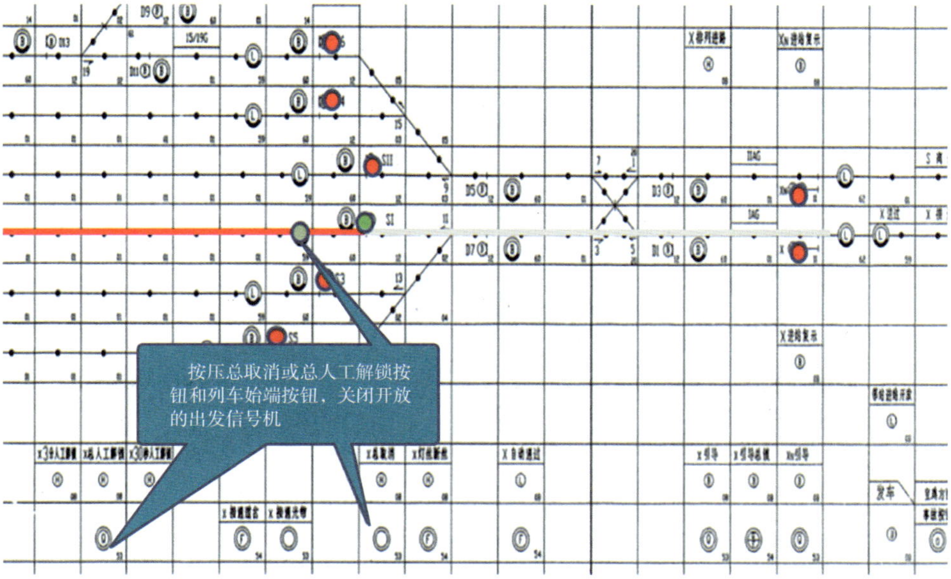

图 8-2-10 总取消按钮和总人工解锁按钮

2. 引导总锁闭按钮：当进站(进路)信号机因道岔无表示不能开放时，可用引导总锁闭方式接车。将道岔单独操纵至需要位置，然后按下全咽喉总锁闭按钮，再按下对应于该信号机的引导按钮，引导信号复示器亮一个红灯和一个白灯，此时进路无白光带；解锁时，只要将该咽喉引导总锁闭按钮拉出，总锁闭上方的表示灯灭灯，即可实现咽喉区内道岔全部解锁，如图 8-1-4 所示。

(十二)半自动闭塞按钮及表示灯

1. 闭塞按钮：请求(同意)闭塞。发车站请求闭塞时按压该按钮，本站发车表示灯与接车站接车表示灯同时亮黄灯；接车站同意闭塞按压闭塞按钮，接车表示灯与发车站发车表示灯同时亮绿灯。出发列车压上出站方向轨道电路，发车站闭塞机发车表示灯与接车站闭塞机接车表示灯同时亮红灯；列车压上接车站进站信号机内方第一区段，接车站接、发车表示灯均亮红灯。

2. 复原按钮：取消闭塞和到达复原时用。

取消闭塞：闭塞机表示灯亮黄灯或绿灯时都由发车站按压复原按钮，使闭塞机复原。

到达复原：接车进路解锁后，接车站按下复原按钮，接车站接车表示灯的红灯和发车表示灯的红灯均熄灭；发车站发车表示灯的红灯熄灭，并瞬间响铃，闭塞机复原。

3. 事故按钮：当因停电或其他故障引起闭塞不能正常复原时，按压事故按钮，办理事故复原，因事故按钮带有计数功能，因此按压此按钮必须有调度命令才能使用，如图 8-2-11 所示。

二、计算机联锁系统控制台界面含义

用户界面按显示区域一般可划分为报警信息窗、设备状态信息窗、预警信息窗、提示信息窗、时钟信息区、常用功能按钮区、站场图区等，如图 8-2-12 所示。

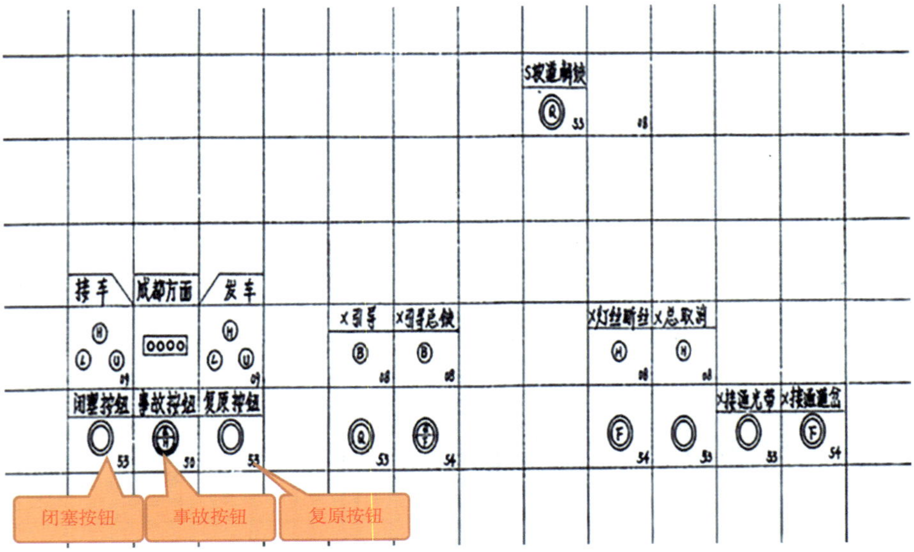

图 8-2-11　半自动闭塞按钮及表示灯

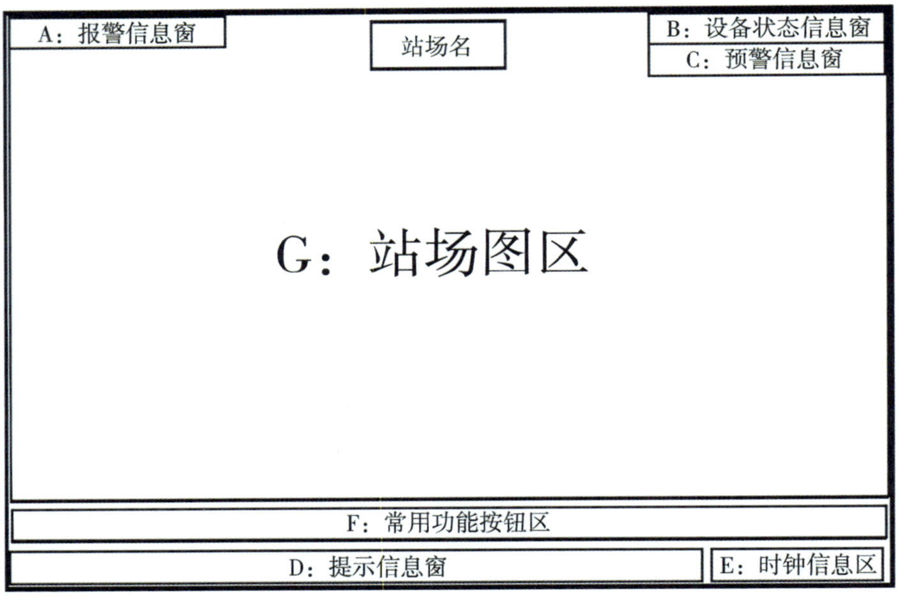

图 8-2-12　操作显示界面布局示意

(一)用户界面各区域具体含义

1. 报警信息窗：报警信息窗主要显示影响行车、影响使用的故障信息，如图 8-2-13 所示。

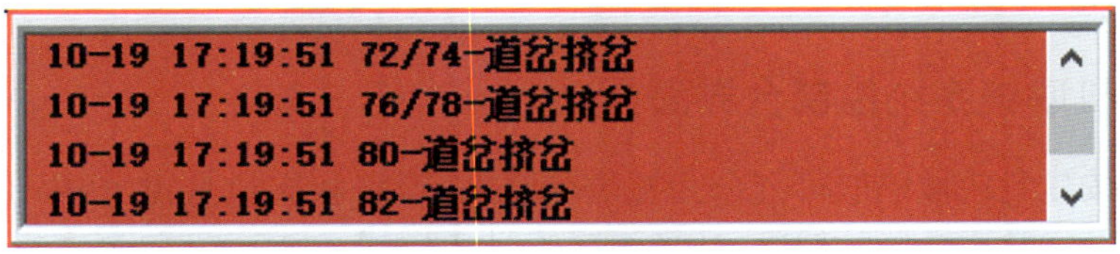

图 8-2-13　报警信息窗

2. 设备状态信息窗：设备状态信息窗的内容主要为联锁双系、操作双机、维修机的工作状态，如图 8-2-14 所示。

图 8-2-14　设备状态信息窗

3. 预警信息窗：预警信息窗主要显示设备局部故障信息，如图 8-2-15 所示。

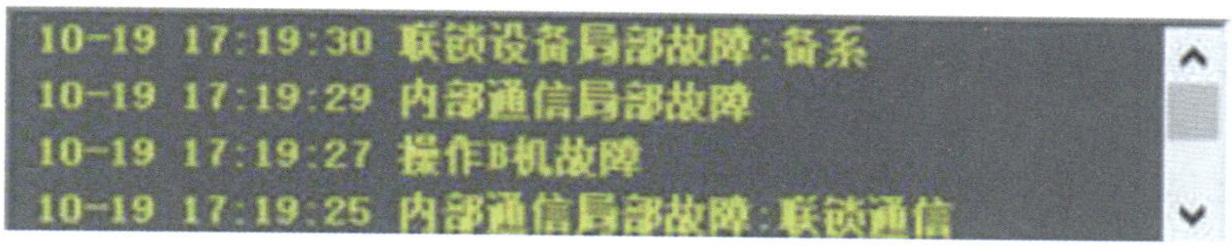

图 8-2-15　预警信息窗

4. 提示信息窗：提示信息窗主要包括操作、设备提示等信息，如图 8-2-16 所示。

图 8-2-16　提示信息窗

5. 时钟信息区：时钟信息区主要包括本机状态、系统时间及系统资源三部分，如图 8-2-17 所示。

图 8-2-17　时钟信息区

6. 常用功能按钮区：显示各种功能按钮，如图 8-2-18 所示。

图 8-2-18　常用功能按钮区

7. 站场图区：显示站场图。

（二）设备状态显示

1. 道岔的状态显示：道岔通过所在轨道区段断开和连接的状态表示当前开通位置，提供道岔定位、道岔反位、道岔失去表示、道岔锁闭、道岔封锁和道岔挤岔等 6 种状态信息，道岔名称用道岔号的数字表示。操作人员可以通过“辅助菜单”中的“道岔位置显示”或“道岔位置隐藏”菜单人工显示或隐藏全站道岔的岔心短线光带。

2. 轨道区段的状态显示（表 8-2-1）：系统提供轨道区段空闲、占用、锁闭和分路不良等状态信息。显示的优先级按占用、锁闭和空闲依次递减。无岔区段和股道名称固定显示在对应轨道区段附近。列车或车列占用出清后，轨道区段在延时 3 s 解锁期间，显示锁闭状态。

表 8-2-1　轨道区段状态显示

轨道区段状态	图　示	说　明
空闲	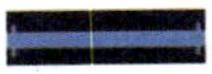	颜色为浅蓝色线段
占用		颜色为红色线段
锁闭		颜色为白色线段
分路不良	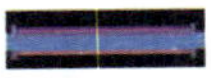	在原有区段状态上下增加粉红色线框

3. 信号机的状态显示(图 8-2-19)：列车信号机关闭状态显示红灯，开放时显示相应的允许信号。若室外信号点灯，则与室外信号机显示一致，若室外信号灭灯，则信号机在显示相应的允许信号灯位上增加黑色“×”。调车信号机关闭状态显示蓝灯(或红灯)，开放时显示白灯。信号机的名称用拼音字母与阿拉伯数字组合表示。

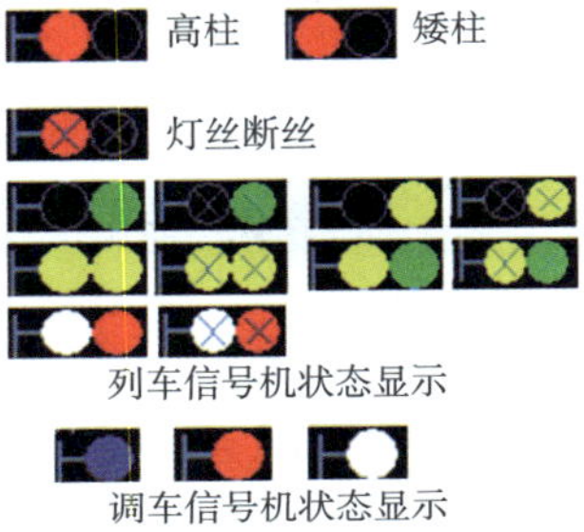

图 8-2-19　信号机状态显示

信号机灯丝断丝报警只有在室外点灯时出现灯丝断丝才会报警，信号机状态显示为关闭信号闪烁，同时屏幕左上方的报警信息区会有相应文字报警。

4. 信号按钮的状态显示(图 8-2-20)：信号按钮的名称用银白色字符表示；列车进路相关的列车按钮为有凸出效果的暗绿色方框图形，引导进路相关的引导按钮为有凸出效果的深蓝色方框图形；调车进路相关的调车按钮，当有信号机时采用信号机图形作为按钮，无信号机时为有凸出效果的灰色方框图形。

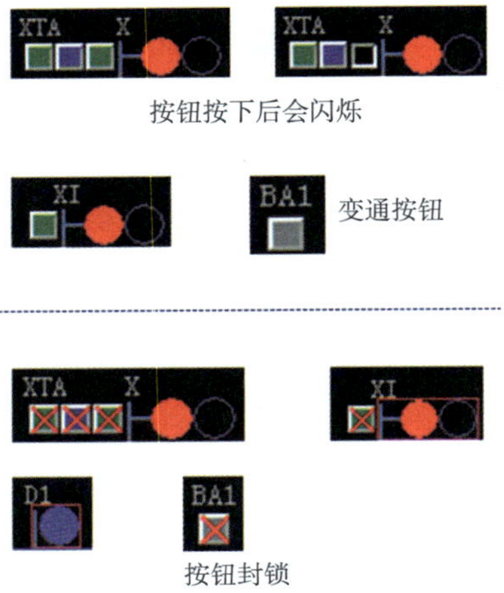

图 8-2-20　信号按钮状态显示

5. 其他功能按钮的状态显示(图 8-2-21)：其他功能按钮形状一般为矩形、圆形、三角形；一般分抬起和按下两种状态，抬起有凸起效果，按下有凹下效果。

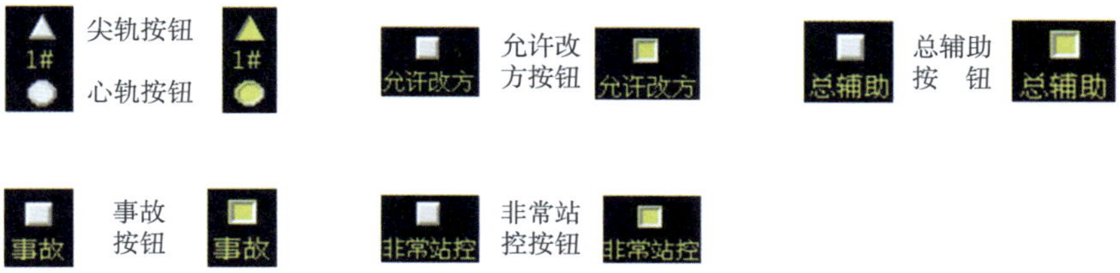

图 8-2-21　其他功能按钮状态显示

6. 铅封按钮计数显示：铅封按钮的操作次数由操作表示机自动累计计数，铅封采用输入口令并计数方式。计数值不能被维护人员人工消除或修改。计数值平时不显示，可通过“辅助菜单”中“破封统计显示”菜单查看破封按钮次数，弹出如图 8-2-22 所示的对话框。点击“辅助菜单”中“破封统计隐藏”菜单，破封统计框自动消隐。

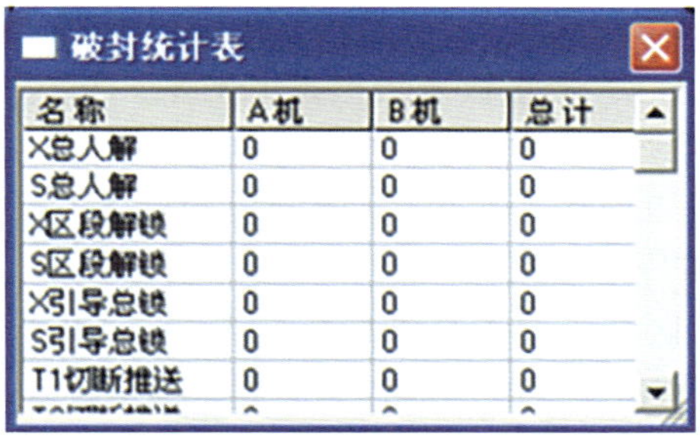
破封统计表

名称	A机	B机	总计
X总人解	0	0	0
S总人解	0	0	0
X区段解锁	0	0	0
S区段解锁	0	0	0
X引导总锁	0	0	0
S引导总锁	0	0	0
T1切断推送	0	0	0

图 8-2-22　破封统计表

7. CTC 状态信息显示：有 CTC 的车站控制台设非常站控按钮，非常站控、允许自律、自律控制三个表示灯。

当非常站控按钮按下时，非常站控表示灯显示红灯；当非常站控按钮抬起时，非常站控表示灯显示灭灯。

当与 CTC 连接正常时，根据 CTC 的反馈状态决定允许自律和自律控制表示灯的显示状态：当反馈允许自律时，允许自律表示灯显示黄灯；当反馈自律控制时，自律控制表示灯显示绿灯。

注意：当需要把非常站控按钮由按下转为抬起时，必须确认站场界面无按钮处于按下状态，无信号按钮处于闪烁状态。

8. 与区间相关表示信息。

(1)信号限速标识：当收到列控下发的对应信号机限速标识时，在相应信号机处设置表示灯。

(2)区间接车方向表示：接车箭头黄色表示区间空闲且对方站未办理发车进路；接车箭头红色表示区间占用或对方站已办理发车进路或处于上电锁闭状态；无箭头显示时表示与列控通信中断或列控中心处于无方向状态(若为继电电路时表示未采集到接车表示继电器)。

(3)区间发车方向表示：发车箭头绿色表示区间空闲且本站未办理发车进路；发车箭头红色表示区间占用或本站已办理发车进路，又或处于上电锁闭状态；无箭头时表示与列控通信中断或列控中心处于无方向状态(若为继电电路时表示未采集到发车表示继电器)。

(4)区间占用表示：区间占用时，显示红灯；区间空闲时，显示灭灯(若为继电电路时，存在闪红灯表示，表示发车锁闭继电器落下同时一方已经按压辅助办理，不能继续进行辅助办理)。

(5)辅助灯：白闪表示改方动作过程中；白灯表示改方成功且辅助按钮按下；灭灯表示无改方或改方结束，辅助按钮恢复。

(6)标记窗功能：股道、进站口外方可以设置标记窗。标记窗内容采用人工输入方式，无标记时不显示。标记窗图形在轨道区段图形上显示，颜色采用黄色底色，汉字、字符为蓝色，字体大小与股道名称大小相同。标记窗固定长度，股道标记窗前两个为汉字、后八个为字符；进站口标记窗为两个汉字，显示在进站口最外侧的接近区段图形上方。

(三)按钮操作

控制台操作人员按压按钮发出相关控制命令，联锁机根据命令内容进行运算，发布驱动指令，由驱动板驱动被控制对象，采集板采集被控制对象的执行结果，将采集的信息反馈给联锁机，联锁机将执行的最终结果信息发布到控制台上。

1. 信号按钮：信号按钮边框均为灰色，按钮的作用域等同于按钮的尺寸。办理进路时先按压进路的始端按钮后按压终端按钮。

2. 道岔按钮：道岔按钮区域为道岔号的数字或岔心区域位置，如图 8-2-23 所示。双动道岔的任一道岔按钮，对于道岔操作时功能是等同的。当鼠标移动至道岔按钮区域时，突出显示道岔的名称。点击鼠标右键，弹出对话框，再点击框内内容进行操作。

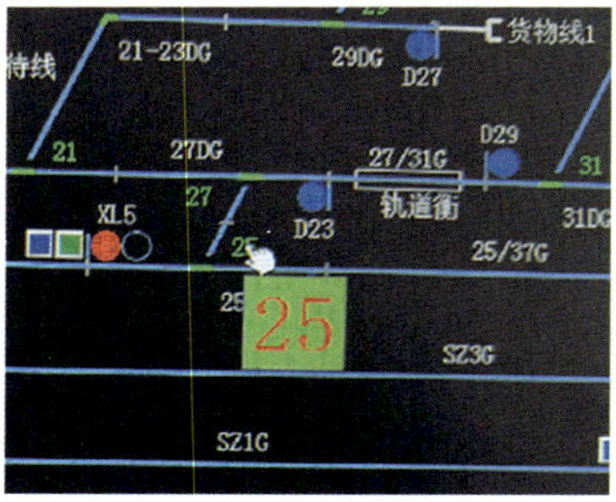

图 8-2-23　道岔按钮

3. 区段按钮：区段按钮区域为轨道区段的名称位置。

4. 常用功能按钮及用途。

(1)引导总锁闭按钮按咽喉设置，用于对本咽喉的全部道岔实施引导总锁闭操作。

(2)坡道解锁按钮作为特殊操作时不限时解锁延续进路。

(3)总取消按钮用于取消进路操作。

(4)总人解按钮用于人工解锁进路操作。

(5)区故解按钮用于解锁进路中漏解锁的区段。

(6)总定位按钮用于将道岔单独操纵至定位的操作。

(7)总反位按钮用于将道岔单独操纵至反位的操作。

(8)清除按钮用于复原当前操作界面中已按下的常用功能按钮区自复式按钮(不包含分路不良按钮和标记窗按钮)。

(9)道岔单锁按钮用于对道岔进行单独锁闭。

(10)道岔单解按钮用于对道岔进行单独解锁。

(11)按钮封锁按钮用于对信号按钮进行封锁。

(12)按钮解封按钮用于对信号按钮进行解封。

(13)道岔封锁按钮用于对道岔进行单独封锁。

(14)道岔解封按钮用于对道岔进行单独解封。

(15)上电解锁按钮用于设备上电时全站/场解锁。

(16)辅助菜单按钮用于扩展操作显示界面上联锁操作之外的其他辅助功能。

(17)分路不良按钮用于对区段添加分路不良标识。

(18)标记窗按钮用于对股道、进站口标记窗添加标识。

(四)特殊电路按钮及操作

1. 允许改方按钮及操作

移动鼠标到对应发车口的改方按钮上,当光标变成小手状时点击左键,出现口令框后输入口令并点击确认按钮,此时改方按钮处于按下状态,并在其按钮旁显示黄闪灯光,可以办理反方向发车。使用完毕,再次按压改方按钮,按钮转为抬起状态,不能办理反向发车进路。

注意:办理反向发车时,应首先确认已按下改方按钮,否则无法办理发车进路,若该区间口已经为发车方向则不需要按下改方按钮。

2. 区间辅助改方按钮及操作

对应的每个接发车口,分别设置总辅助按钮(铅封非自复)、接车辅助按钮(铅封自复)及发车辅助按钮(铅封自复)。

(1)总辅助按钮:辅助办理时,必须首先点击该按钮,输入口令后点击确认按钮,其按钮方块变化为黄色,表示该按钮在按下状态;再次点击该按钮,输入口令后点击确认按钮,按钮抬起,其按钮方块恢复为灰色。

(2)接车辅助按钮:在总辅助按钮按下后点击该按钮,输入口令后点击确认按钮,其按钮方块变化为黄色,同时出现该按钮的倒计时(15 s)。在此倒计时内该按钮保持按下状态。倒计时结束后,该按钮自动抬起,其按钮方块恢复为白色。在该按钮 15 s 倒计时结束前,如果重复点击接车辅助按钮,该按钮重新计时,可使其连续保持按下状态(超过 50 s 重复点击无效)。

(3)发车辅助按钮:在总辅助按钮按下后点击该按钮,输入口令后点击确认按钮,其按钮方块变化为黄色,同时出现该按钮的倒计时(25 s)。在此倒计时内该按钮保持按下状态。倒计时结束后,该按钮自动抬起,其按钮恢复为白色。在该按钮 25 s 倒计时结束前,如果重复点击发车辅助按钮,该按钮重新计时,可使其连续保持按下状态(超过 50 s 重复点击无效)。若按钮按下超过 25 s 后且区间已经改为发车方向后发车辅助按钮自动抬起。

第三节　计算机联锁系统

一、计算机联锁系统的基本概念

计算机联锁系统是以计算机技术为核心，综合采用通信、控制、容错、故障—安全等技术来实现车站联锁逻辑控制功能的，具有较高可靠性和故障—安全性要求的实时控制系统。计算机联锁系统可采用双机热备、二乘二取二冗余方式、三取二容错等方式。

我国主要的计算机联锁系统包括：

(1)中国全路通信信号研究设计院集团有限公司：DS6-11，DS6-K5B，DS6-60；

(2)中国铁道科学研究院集团有限公司：TYJL-Ⅱ，TYJL-Ⅲ，TYJL-TR9，TYJL-ADX；

(3)北京交大微联科技有限公司：JD-ⅠA，EI32-JD；

(4)卡斯柯信号有限公司：CIS-1，VPI，iLOCK。

计算机联锁系统主要由控制台、联锁机柜、电源机柜等组成，如图 8-3-1 所示。

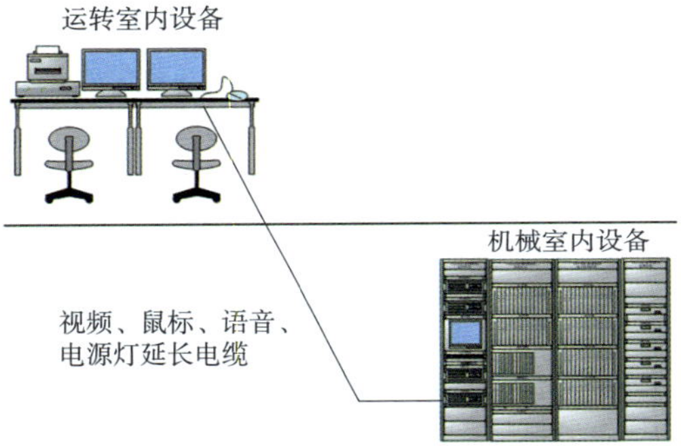

图 8-3-1　计算机联锁系统组成

(一)计算机联锁系统结构

1. 联锁主机：一般由电源板、CPU 板和各种通信板构成，且都采用冗余结构形式(双机热备、二乘二取二、三取二)。电源板、CPU 板、通信板一般采用单片机或可编程逻辑控制器(PLC)等。

2. 采集、驱动层：由具有采集、驱动功能的电路板构成。

3. 继电器电路。

(1)需要驱动的继电器信息主要有：

①信号：进站信号机 LXJ、YXJ、TXJ、LUXJ、ZXJ；出站兼调车信号机 LXJ、DXJ；调车信号机 DXJ。

②道岔：包括 DCJ、FCJ、YCJ、SFJ(道岔锁闭防护继电器)。

(2)需要采集的继电器信息主要有：

①反映信号开放情况的信号继电器前接点。

②反映信号灯丝完好的 DJ↑，随进站信号机还要采集 2DJ↑，主副灯丝转换报警继电器 X(S)DSZHJ↑。

③反映道岔位置的 DBJ↑或 FBJ↑。

④反映轨道占用情况的 DGJ↑。

4. 采集、驱动与继电器的一般连接形式。

室外电路：信号机、转辙机、轨道电路，根据站场情况进行设置和安装，控制电路与传统的继电联锁的基本一致。

(二)计算机联锁系统功能

1. 上位机主要功能：

(1)实时接收操作员下达的操作命令，如进路命令。

(2)实时下发操作员的操作命令到联锁主机。

(3)实时接收来自联锁主机的信息。

(4)实现进行站场动态显示和报警功能。

2. 电务维修机主要功能：

(1)实时接收来自联锁主机的信息。

(2)实现进行站场动态显示和报警功能。

(3)对从联锁主机接收到的信息实时存储(1 个月)。

(4)对近 1 个月内操作及联锁执行情况进行回放、再现和打印功能。

3. 联锁机主要功能：

(1)与上位机实时通信。

(2)与采集、驱动层中采集板和驱动板之间实时通信。

(3)完成联锁逻辑运算功能，实现 6502 电气集中电路中 1～13 线功能。

(4)冗余管理功能，如多 CPU 板之间的同步、故障检测和切换等功能。

二、计算机联锁系统的动作程序

计算机联锁系统必须依靠软件，才能实现它的全部功能。计算机联锁系统的软件也分为系统软件和应用软件。这些软件应当是可靠的、高标准的和易于扩展的。

(一)计算机联锁系统软件的任务划分

计算机联锁系统分为上位机系统和下位机(联锁机)系统。计算机联锁系统软件的任务由联锁机、人机会话机、电务维修机的软件分工完成。

人机会话机软件功能：对操作命令进行接收、判断与发送；站场信息显示；系统信息提示。

联锁机软件功能：按钮操作处理及站场信息处理；联锁运算；输入和输出。

维修诊断由电务维修机实现。电务维修机软件功能：站场状态跟踪与回放；操作命令记录与故障记录；输入/输出故障定位。

(二)计算机联锁系统软件的总体结构

不同的计算机联锁系统，软件的组成和原则是不一样的，但软件的总体结构可归结如图 8-3-2 所示。

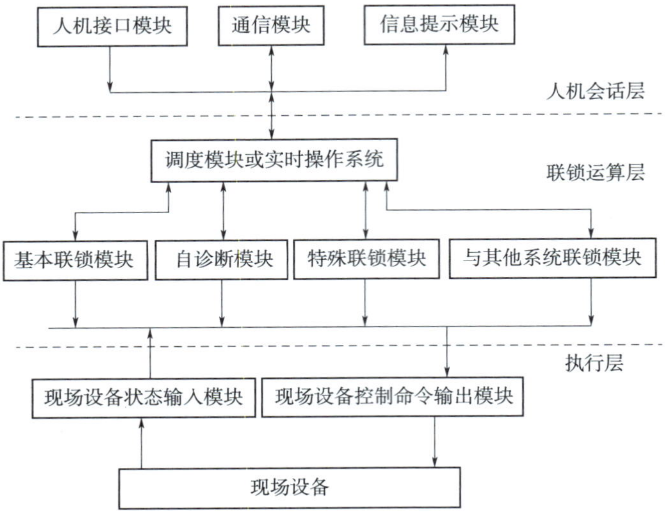

图 8-3-2　计算机联锁系统软件的总体结构

系统软件按系统硬件的结构划分为三个层次，即人机会话层、联锁运算层和执行层。每个层次又根据功能需要划分为几个功能模块。各种软件之间由专用通信软件实现沟通。

人机会话层完成人机界面信息处理；联锁运算层完成联锁运算；执行层完成控制命令的输出和表示信息的输入。

（三）联锁控制程序及联锁程序执行

联锁软件的编制思想与继电联锁有许多相同之处，如信号开放后，继电联锁是靠线网路的接通来证明具备信号开放的条件，而计算机联锁是靠 CPU 每次程序循环沿着模块链进行检查，以证明具备信号开放的条件。

1. 联锁控制程序的基本模块

联锁控制程序一般来说可分成六个模块：操作输入及操作命令形成模块、操作命令执行模块、进路处理模块、状态输入模块、表示输出模块和控制命令输出模块。

（1）操作输入及操作命令形成模块

操作输入是指把车站值班员操作按钮、键盘、鼠标或光笔等形成的操作信息输入到计算机中并记录下来。在计算机联锁系统中，为了防止由于误操作或误碰输入器件而形成有效的操作命令，原则上需由两个或两个以上的操作信息才能构成一个操作命令。当然，即使有两个操作信息，仍不一定是正确的。因此，该模块的主要功能是记录操作信息，分析操作信息是否能构成合法的操作命令。不合法时则向操作人员提示。

操作输入量是很大的，形成的操作命令的种类也有十几种，如进路操作命令、进路取消命令等。该模块一般由人机对话机完成。人机对话机将形成的操作命令经由串行数据通道输送到联锁计算机中，并存储在一个操作命令表中。

（2）操作命令执行模块

操作命令执行模块是根据操作命令执行相应功能的程序模块。在该执行模块中包括许多子模块。实际上，有多少种操作命令就有多少个子模块。由于每个子模块执行时间很短，而且不需考虑它们的优先权，所以在执行顺序上不受限制。在执行该模块时，根据操作命令表中每一条现存的命令，从操作命令执行模块中找出相应的子模块予以执行。如果执行结果达到预期目的，则从操作命令表中删去相应的操作命令。否则应给出表示信息，提醒车站值班员采取相应的措施。

(3)进路处理模块

进路处理模块是在执行了进路生成模块且对所办进路已形成进路表后，对进路进行处理的模块。进路处理模块执行可以划分为四个阶段，所以进路处理程序也就分成了四个子模块。

①检查进路选排一致性和形成道岔控制命令子模块。该模块的功能是检查道岔位置是否符合要求，若不符合要求，则应形成相应道岔控制命令，使该道岔转至规定位置。

②进路锁闭与信号开放子模块。该模块的功能是检查锁闭条件是否满足，若满足后锁闭进路，并形成防护信号机开放命令。

③信号保持子模块。在信号开放后，应不间断地查询开放信号条件是否满足，若条件满足使信号保持开放，否则取消信号开放命令，使信号机关闭。

④自动解锁子模块。该模块实现进路的正常解锁和调车进路的中途返回解锁。

(4)状态输入模块

状态输入模块功能是将信号机、道岔和轨道电路的状态信息送入计算机的 RAM 中，并分析和处理这些信息。

(5)表示信息输出模块

表示信息输出模块是将已形成的各种表示信息通过相应的接口输出，来驱动表示灯并使 CRT 工作。

(6)控制命令输出模块

控制命令输出模块是将已形成的道岔控制命令和信号控制命令通过相应的输出通道输出，来控制道岔控制电路和信号控制电路。

2. 操作命令及操作命令执行模块

(1)进路操作命令

该命令的任务是选出一条具体的进路。当采用站场型静态数据结构时，该命令的任务是从站场型静态数据库中选出一组符合所选进路需要的数据，形成一个进路表，并将该表存于进路总表中。因此，称进路操作命令的执行程序模块为“进路搜索模块”。

(2)取消进路命令

该命令的任务是取消已建立的进路。在执行该命令前，先检查该进路是否建立或已被取消。如果未建立或已取消，则本次命令是无效的。另外，在执行该命令时，则必须检查有关的联锁条件是否满足。例如，接近区段应无车，防护信号机内方应无车，信号机应在关闭状态，若这些条件满足后，才能取消进路，也就是从总进路表中删除该进路表及有关的变量(如锁闭变量)，即为解锁状态。

还有人工延时解锁命令、进路故障解锁命令、区段故障解锁命令、重复开放信号命令、非常关闭信号命令、开放引导信号命令、引导锁闭命令、引导解锁命令、道岔单独操作命令和道岔单独锁闭及道岔单独解锁命令。以上这些操作命令的执行条件和继电联锁的执行条件总体上是一样的。

对应每种操作命令都有一个执行程序子模块。这些子模块按一定的控制方式联系在一起就构成了操作命令执行模块，如图 8-3-3 所示。这种结构的思路是，假定各具体操作命令由人机对话机已生成并存放于联锁机所开辟的操作命令存储区内。

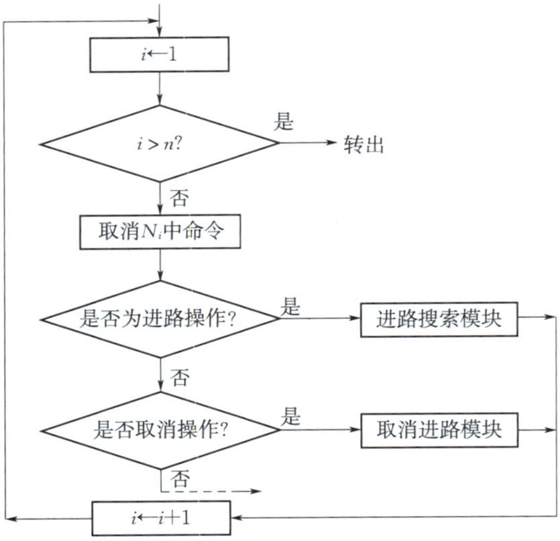

图 8-3-3　操作命令执行模块

如果规定存储区内最多可存放操作命令为 n 个，存放操作命令单元顺序为 N_i（$i=1,2,3\cdots$）。当主程序运行至“操作命令执行模块”时，顺序地将存储区中命令取出并予以执行。当执行条件满足而成功执行后，将该命令从存储区内删去，使空出的单元存放后续的操作命令。

3. 进路搜索程序模块

进路搜索程序的功能是根据所形成的进路操作命令，从站场型静态数据库中选出符合进路需求的静态数据，构成一个进路表并存于进路总表中。

在进路搜索中，根据操作命令必须仅能选出一条符合操作意图的进路，即在仅指明进路的始端和终端时只能选出一条基本进路而不应选出迂回进路。如果需要选出迂回进路，则操作人员必须增加附加操作，指明变更点。为了实现这一要求，采取了如下措施：

(1)按照进路的操作命令，确定相邻的指定节点对，按节点对分段依次搜索。在进路中，每两个相邻的指定节点构成一个“节点对”，而每个节点对可能是基本进路线路上的一段，也可能是迂回进路中的一段。

(2)设置搜索引导标志 Y_d，确定优先搜索方向。根据对站场结构的分析，可以确定出以下 Y_d 搜索原则：在进路搜索过程中，当搜索遇到每个对向道岔(以搜索方向为准)节点时，先沿直股搜索下去，当搜索不到目标节点(节点对中第二个节点)时，再返回到道岔节点，沿弯股搜索。这种搜索方式称为直股优先。如果要想使弯股优先，需要在对向道岔节点中设置(弯优先)引导标志 Y_d，这样可先搜索弯股，然后再搜索直股。采用弯股优先搜索方案可以选出平行的迂回进路，但有可能搜索出一条错误绕弯的迂回进路。如图 8-3-4 所示，若指定节点对为 $K(D_1)$和 $K(S_{II})$，如先后操作了 $K(D_1)$和 $K(S_{II})$所指定的元件后，本应选出一条由 $K(D_1)$到 $K(S_{II})$的基本进路，但由于在 K(1)和 K(17)中均有弯股优先引导标志 Y_d，这样当搜索到 K(1)时先沿弯股搜索而找到 K(17)，而找到 K(17)后，又沿弯股搜索到 $K(S_{II})$，这显然不符合操作意图。为防止错误搜索出迂回进路，又做了第三条规定。

(3)在节点对之间的搜索过程中，只允许沿着同类渡线进行搜索。这样就不致搜索出绕弯的迂回进路了。所谓同类渡线搜索，就是在搜索一条进路时都按八字一撇或八字一捺进行搜索，而不能在一次搜索过程中同时出现八字的撇和捺(除变更进路外)渡线。例如，由 $K(D_1)$到 $K(S_{II})$的基本进路的搜索，不能出现由 $K(D_1)$节点搜索到 $K(D_{13})$，然后由 $K(D_{13})$ →K(17)→K(19)→K(19DG)→$K(S_{II})$的错误搜索过程。

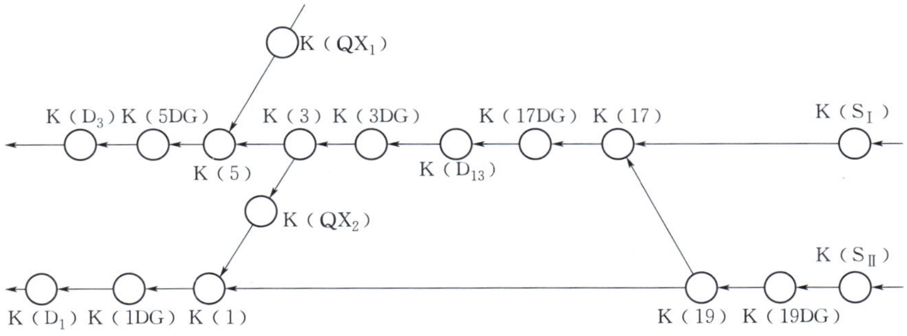

图 8-3-4 模块链接简图

4. 进路处理模块

进路处理模块是对已经搜索出来的进路进行处理的模块。它是各条进路所共用的模块。对于每条进路的处理可按时间先后次序进行，其模块执行流程如图 8-3-5 所示。若设进路总表中最多可存有 m 条进路，所以当主程序进入进路处理阶段时，便对进路总表中各条进路处理一遍，而后转出。如果进路总表中的存放进路的单元为 $L_i(i=1,2,3,\cdots,n)$，单元中 L_i 可能存有进路，也可能无进路(L_i 是空的)，假如本单元是空着的，则可将地址指针指向下一条进路单元进行处理。

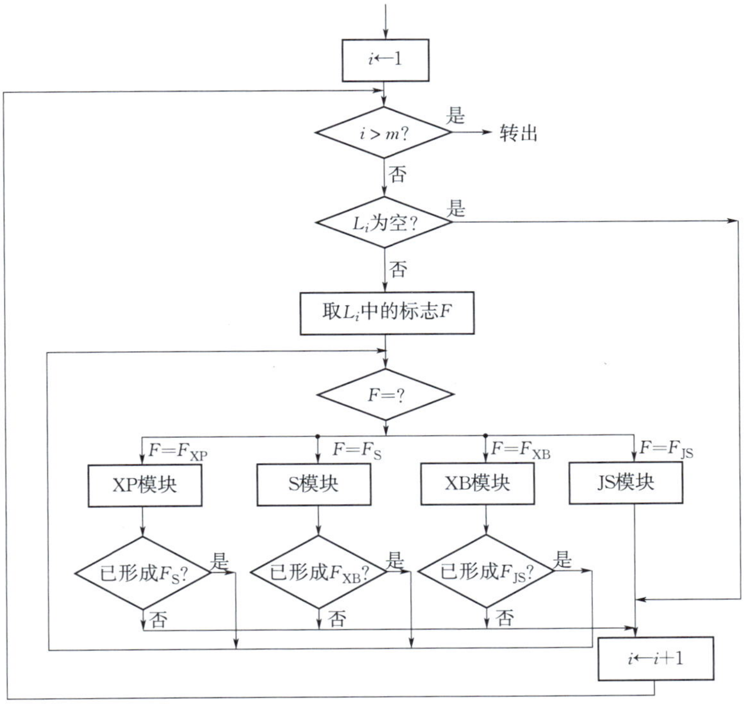

图 8-3-5 进路处理模块执行流程

具体到某一条进路的处理，可采用顺序非等待性处理方式，参照图 8-3-5 下半部分。可以把一条进路处理过程主要分成四个阶段，即四个处理子模块：

(1)选排一致性检查及道岔控制命令形成阶段(XP 模块)；

(2)进路锁闭与信号开放阶段(S 模块)；

(3)信号保持阶段(XB 模块)；

(4)进路自动解锁阶段(JS 模块)。

这些子模块执行采用顺序方式。为了表明处理进程，设四个进程标志：F_{XP}、F_S、F_{XB}、F_{JS}。当 $F=F_{XP}$ 时，进路处理进入 XP 模块；当 $F=F_S$ 时，进路进入 S 模块处理；当 $F=F_{XB}$ 时，进路进入 XB 模块处理；当 $F=F_{JS}$ 时，进路进入 JS 模块处理。在处理某个具体子模块时，其执行条件不一定满足，为了不延误计算机运行时间，当处理某一模块时，若条件满足，则处理该模块，待该模块执行完毕后立即处理它的后续模块。否则立即转出，进行对另一条进路的处理。

另外，在联锁运算中，需要实时地读取现场设备的状态并向现场的转辙机、信号机输出控制命令。这里的过程输入输出指的是，相应地由完成现场设备状态输入的安全输入程序，向现场设备输出控制命令的安全输出程序，完成将现场的设备状态读入联锁机的过程以及向现场的设备输出控制命令的过程。

第九章　区间闭塞

第一节　基础知识

一、闭塞基本概念

所谓区间，是指两个车站（或线路所）之间的铁路线路。相邻两站之间的区间称为站间区间。车站和线路所之间的区间称为所间区间。

在单线铁路，以两个车站的进站信号机柱的中心线为车站与区间的分界线；在双线或多线铁路上，分别以各线路的进站信号机柱或站界标的中心线为车站与区间的分界线。

列车在区间内运行的特点是速度快、制动距离长，又不能避让。鉴于上述特点，列车由车站向区间发车时，必须确认区间（闭塞分区）内没有列车，并需遵循一定的规律组织行车，以免发生列车正面冲突或追尾事故。这种按照一定规律组织列车在区间内行车的方法，叫作行车闭塞法，简称闭塞。实现闭塞方式的设备叫作闭塞设备。

闭塞的基本原则是：在同一区间（闭塞分区）只准许一列列车运行，一旦列车占用区间（闭塞分区），即实行闭塞，在闭塞解除之前，不准许其他列车驶入。

行车闭塞制式大致经历了：电报或电话闭塞——路签或路牌闭塞——半自动闭塞——自动闭塞的发展过程。

目前我国铁路单线多为半自动闭塞，双线多采用自动闭塞。

二、闭塞分类

无论闭塞技术如何变化，为了保证列车在区间内行车安全，列车由车站驶向区间时，必须验证区间空闲、有进入区间的凭证、实行区间闭塞。

1. 半自动闭塞

半自动闭塞是由人工办理闭塞，由出发列车实现闭塞的闭塞方式。区间两端车站各装设一台具有相互电气锁闭关系的半自动闭塞机，以出站信号机开放显示为行车凭证。在车站进站信号机内侧设有一小段专用轨道电路，它和闭塞机、出站信号机间也具有电气锁闭关系。其特点是：出站信号机不能任意开放，它受闭塞机控制，只有区间空闲时，双方办理闭塞手续后才能开放。列车出发离开车站时，出站信号机自动关闭，并使双方闭塞机处于“区间闭塞”状态，直到列车到达接车站办理到达复原时止。半自动闭塞法办理手续简便，效率高，可提高区段通过能力，改善劳动条件。但到达列车是否完整，仍须通过人工检查才能确定。故称“半自动闭塞”，半自动闭塞是现在中国单线铁路闭塞的主要类型。

2. 自动站间闭塞

在有区间占用检查设备的条件下，随着办理发车进路自动办理闭塞手续，列车凭出站信号机开放显示为行车凭证。发车后，出站信号机自动关闭。列车达到接车站，自动确认列车到达和自动复原。

其特征为：有区间占用检查设备；站间或所间区间只准运行一列列车；办理发车进路时自动办理闭塞手续；自动确认列车到达和自动解除闭塞。

3. 自动闭塞

将区间划分为若干个闭塞分区，使列车和通过信号机的显示联系起来，使信号机的显示随着列车运行位置而自动变换，完全不需要人工参与。

自动闭塞由于划分成闭塞分区，可用最小运行间隔时间开行追踪列车，从而提高区间通过能力。

其特征为：每个闭塞分区有占用检查设备，可以凭通过信号机的显示行车，也可凭车载信号行车；能实现列车追踪；无须办理闭塞手续，自动变换信号显示。

第二节　基本原理

一、半自动闭塞

继电半自动闭塞是以继电电路的逻辑关系来完成两站间闭塞作用的闭塞方式。目前，我国单线铁路主要采用的是 64D 型继电半自动闭塞。单线继电半自动闭塞示意如图 9-2-1 所示。

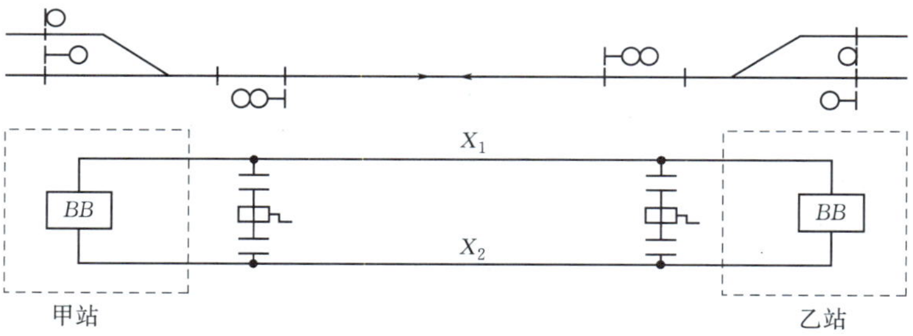

图 9-2-1　单线继电半自动闭塞示意

在一个区间的相邻两站设一对半自动闭塞机（BB），并经过两站间的闭塞电话线连接起来，通过两站半自动闭塞机的相互控制，保证一个区间同时只有一列列车运行。半自动闭塞机应能完成以下功能：

1. 发车站要向接车站发车，必须区间空闲并得到接车站同意并办理闭塞手续后，才能开放出站信号机；

2. 列车从发车站出发后，区间闭塞，两站都不能向该区间发车。

3. 列车到达接车站，车站值班员确认列车整列到达，办理到达复原后，区间才能解除闭塞。

64D 型继电半自动闭塞的办理手续为：单线继电半自动闭塞要求两站的值班员共同办理闭塞手续，其办理手续分为正常办理、取消复原和事故复原三种，根据列车运行情况和设备状态分别采用。

(一)正常办理

正常办理是指两站间列车的正常运行以及闭塞机处于正常状态时的办理方法，共有五个步骤。设甲站为发车站，乙站为接车站，办理步骤如下。

1. 甲站请求发车

甲站要向乙站发车，甲站值班员应先检查控制台上的接、发车表示灯处于灭灯状态，并确认区间空闲后，通过闭塞电话与乙站联系，然后按下闭塞按钮，向乙站发送请求发车信号。此时，乙站电铃鸣响。当甲站值班员松开闭塞按钮后，乙站自动向甲站发送自动回执信号，使甲站发车表示灯亮黄灯，同时电铃鸣响。当发完自动回执信号后，乙站接车表示灯也亮黄灯。

2. 乙站同意甲站发车

乙站如果同意甲站发车，乙站值班员在确认接车表示灯亮黄灯后，按下闭塞按钮，向甲站发送同意接车信号。此时，乙站接车表示灯亮黄灯后，绿灯点亮，甲站发车表示灯黄灯也熄灭，改亮绿灯，同时电铃鸣响。

至此，两站间完成一次列车占用区间的办理闭塞手续。闭塞机处于“区间开通”状态，表示乙站同意甲站发车，甲站至乙站方向区间开通，甲站出站信号机可以开放。

3. 列车从甲站出发

甲站值班员看到发车表示灯亮绿灯，即可办理发车进路，开放出站信号机。当出发列车驶入出站信号机内方，出站信号机自动关闭。当列车驶入进站信号机内方第一个轨道区段时使甲站发车表示灯变为点红灯，并自动向乙站发送出发通知信号，使乙站接车表示灯也变为点红灯，同时电铃鸣响。

至此，双方站的闭塞机均处于“区间闭塞”状态，表明该区间内有一列列车在运行，此时双站的出站信号机均不能再次开放。

4. 列车到达乙站

乙站值班员在同意接车后，应准备好接车进路。当接车表示灯由绿变黄及电铃鸣响后(说明列车已从邻站出发)，应该根据列车在区间运行时分的长短，及时建立接车进路，开放进站信号机，准备接车。当列车到达乙站，进入乙站进站信号机内方第一个轨道区段时，乙站的发车表示灯和接车表示灯都亮红灯，表示列车到达。此时，乙站进站信号机自动关闭。

5. 到达复原

列车全部进入乙站股道后，接车进路解锁。乙站值员在确认列车完整到达后，按下复原按钮，办理到达复原。此时乙站接、发车表示灯的红灯均熄灭。同时向甲站发送达到信号，使甲站的发车表示灯红灯熄灭，电铃鸣响。

至此，两站闭塞机均为定位状态。

(二)取消复原

取消复原是指办理闭塞手续后，列车因故不能发车时，而采用的取消闭塞的方法。取消复原有以下三种情况。

1. 发车站请求发车收到接车站的回执信号后，取消复原。

此时，发车站的发车表示灯、接车站的接车表示灯亮黄灯，如果接车站不同意对方站发车，或发车站需要取消发车时，经过双方联系后，可由发车站值班员按下复原按钮办理取消复原。

2. 发车站收到对方站的同意接车信号后，但其出站信号机尚未开放以前取消复原。

这时发车站的发车表示灯和接车站的接车表示灯均亮绿灯，如果需要取消闭塞，也须经过两站值班员联系后，由发车站值班员按下复原按钮，办理取消复原。

3. 在继电集中联锁的车站，发车站开放出站信号机后，列车尚未出发之前取消复原。

此时，若要取消复原，须经过两站值班员电话联系后，确认列车尚未出发，发车站值班员先办理发车进路的取消或人工解锁（视列车接近的情况）。在出站信号机关闭，发车进路解锁后，再按下复原按钮，办理取消复原。

以上三种情况的取消复原，执行者均为发车站值班员。如果由接车站值班员办理取消复原，则是无法实现的。

（三）事故复原

使用事故按钮使闭塞机复原的方法，叫事故复原。事故复原是在闭塞机不能正常复原时，所采用的一种特殊的复原方法。由于事故复原不检查任何条件，行车安全全靠人为保护，因此两站车站值班员必须共同确认区间没有被占用（列车没有出发、区间没有车运行、列车整列到达），双方出站信号机均关闭，并应在“行车设备检查登记簿”中登记，然后由发生故障的一方车站值班员打开铅封，按下事故按钮使闭塞机复原。

下列情况下，允许使用事故按钮使闭塞机复原。

1. 闭塞电源断电后重新恢复供电时；

2. 列车到达接车站，因轨道电路故障不能办理到达复原时；

3. 装有钥匙路签的车站，必须由区间返回原发车站的路用列车时。

加封的事故按钮，破封后不准连续使用。装有计数器的事故按钮，破封后可以继续使用。无论装不装计数器，每办理一次事故复原，车站值班员都应在“行车设备检查登记簿”中登记，并在交接班时登记计数器上的数字，以便明确责任。事故按钮使用后，应及时加封。

继电半自动闭塞虽具有设备简单、动作稳定、使用方便、维修容易、投资少、安装快等优点，但在铁路运输不断发展的情况下，它又暴露了一些缺陷，需要进一步改进。

半自动闭塞存在的主要问题是区间没有空闲检查设备，在区间遗留车辆或车辆溜逸的情况下，极易造成事故。因此，以计轴器为基础的自动站间闭塞是半自动闭塞的良好替代制式。

以计轴器为基础的自动站间闭塞减少了人工办理进路、人工确认列车完整性到达的过程，提高了作业效率，进一步保证行车安全。

二、自动站间闭塞

在半自动闭塞的基础上增加区间空闲检查设备——计轴设备或长轨道电路，可完成闭塞手续和到达复原的自动办理，构成自动站间闭塞。下文以计轴设备为例讲述区间状态检查的方法。

（一）计轴设备基本工作原理

计轴设备是利用轨道传感器、计数器来记录和比较驶入和驶出轨道区段的轴数，以此确定轨道区段的占用或空闲。当列车驶入，车轮进入轨道传感器作用区，轮对经过传感器磁头时，向驶入端处理器传送轴脉冲，轨道区段驶入端处理器开始计轴，驶入端处理器先判定运行方向，确定轮轴数是累加计数还是递减计数。列车进入轨道区段，驶入端计轴器对轮轴进行累加计数，发出区段占用信息，同时，驶入端处理器经传输线向驶出端处理器发送驶入轮轴数，列车全部通过驶入端计轴点时，停止计数。当列车到达区段驶出端计轴点时，由于列车是驶离区段，驶出端计轴器进行减轴运算，同时再传送给驶入端处理器。列车全部通过后，两站的微机同时对驶入区间和驶离区间的轮轴数进行比较运算，两站一致时，证明进入区段的轮轴数等于离开区段的轮轴数，认为区段已经空闲，发出区间空闲信息表示。当无法证明进入区段的轮轴数等于离开区段的轮轴数时，则认为区间仍将处于占用状态。

(二)计轴设备组成

计轴设备按技术性能和应用范围分为行车用计轴设备和调车用计轴设备。调车用计轴设备主要用在编组站，行车用计轴设备在车站和区间中使用，我国铁路使用的计轴设备有国内研制的 JWJ-C 型和 JZ-1 型，德国引进的 AZL70 和 AZL90 型。尽管几种类型计轴设备技术特征各异，但其技术要求基本相同。

计轴设备主要组成部分包括：

1. 轮轴传感器

轮轴传感器和电气连接箱构成计轴点，用于产生轮轴脉冲。传感器的主要功能是采集轮轴信息并准确地把它变成可计数脉冲送给微机。传感器类型很多，按工作原理分为变耦合式和变衰耗式。电磁式有源传感器由磁头、发送、接收三部分组成。

每套磁头包括发送和接收两个磁头，用以采集轮轴信息和鉴别列车运行方向，发送磁头 T_X 安装在钢轨外侧，接收磁头 R_X 安装在钢轨内侧。发送磁头的信号来自室内微机计轴箱的传感器板，然后由传感器发送电路分频、整形、功率放大，再经防雷单元隔离，由发送外线送给计轴点的两个发送磁头。通过磁场耦合，在发送磁头与接收磁头之间形成磁通桥路，从而在调谐的接收线圈上获得一定的信号输出。无车轮经过传感器时，其产生的磁力线如图 9-2-2(a)所示，在接收线圈内感应的交流电压相位与发送电压相位相同。有车通过时，轮缘改变了磁力线方向，T_X 产生的磁力线如图 9-2-2(b)所示，这样在 R_X 中产生的感应电压相位改变 180°。即车轮对载频信号进行了相位调制，在接收线圈内感应的交流电压相位与发送电压相反，这个载有轮轴信息的信号经传输电缆送到室内接收电路，经整形、检波后产生一个轴脉冲。

图 9-2-2　磁头磁力线示意

由于两磁头产生的轴脉冲在时间上先后不同。两脉冲组合后形成具有五种形态的轴脉冲对，根据两脉冲的组合时序可确定列车的运行方向，从而产生相应的加轴或减轴运算。

2. 计轴处理部分

计轴处理部分接收来自计轴点的轴脉冲，对轮轴脉冲进行计算并进行校对，以防止两个线圈所计轴数不一致，区段（区间）一端的计轴系统将本系统所计轴数送给相应区段（区间）的对方系统，并接收对方系统送来的轴数。根据两系统计轴数量是否一致确定区段（区间）的占用或空闲状态，计轴处理部分还要对计轴点进行监测，发现计轴点故障，显示计轴故障并报警。另外，计轴设备还要为联锁系统、闭塞系统提供"轨道空闲"或"轨道占用"的表示信息，一般用区间轨道继电器 QGJ 来表示。由于 QGJ 直接表征轨道空闲/占用，为了满足故障—安全原则，计轴处理部分需要采用安全冗余结构，即其中一个 CPU 出错，不能导致计轴结果出现错误。一般采用二取二结构，以两套 CPU 为最小系统。

3. 信息传输部分

一个区段（区间）是否处于占用或空闲状态必须由该区段（区间）两端计轴系统所计轴数共同判定。轴数相同为空闲，轴数不相同为占用。因此，两端计轴系统必须进行轴数互传，两端计轴系统的轴数互传是由传输子系统实现的。由于所传输的信息具有很高的安全性，因此，要求传输子系统具有安全传输能力。

站间通信采用专用的通道，当采用实回线点对点直连时，最大距离一般为 10 km，通信接口设备为调制解调器；当采用光纤点对点直连时，最大距离一般为 60 km，通信接口设备为光电转换模块；当通道采用音频话路或其他通信中继设备时，距离一般不受限制，要求通道带宽不小于 64 kbit/s。采取的安全措施包括：数据传输采用冗余方式，两组信息共用一条通道分时传递，接收端进行二取二确认，不一致则导向安全，信息源经 CRC 生成器（16 位）附加循环冗余码，到达接收方后经校验器校验；采用 ARQ 的发送等待技术，每次通信正确与否都将得到确认；接收方对安全信息进行多次重复确认，防止误动；接收方在规定的时间内不能正确收到对方的信息，将视为故障状态，导向安全；采用专用通信协议，有效防止干扰或恶意侵入；为最大限度地保证系统的安全性，在信息的接收方不进行纠错处理。

4. 输入输出部分

该部分一般有轴数显示模块，用来为车站值班员提供车轴信息，还包括轨道继电器（QGJ）驱动及计轴设备正常继电器（JZCJ）驱动等部分。QGJ 用以表示所监视的区段占用或空闲状态，是一个由故障－安全电子电路驱动的安全型偏极继电器，当电路出现故障应当使 QGJ 落下，导向安全侧。为了区别设备故障和区间占用状态，一般还设有一个计轴设备正常继电器 JZCJ，该继电器也是一个由故障—安全电子电路驱动的安全型偏极继电器。JZCJ 落下，说明计轴系统出现故障，无法判断所属区段（区间）的空闲与占用。

三、自动闭塞

自动闭塞是根据列车运行及有关闭塞分区状态，自动变换通过信号机显示，而司机凭信号行车的闭塞方法。自动闭塞是在列车运行过程中自动完成闭塞工作的。双线单方向自动闭塞如图 9-2-3 所示。

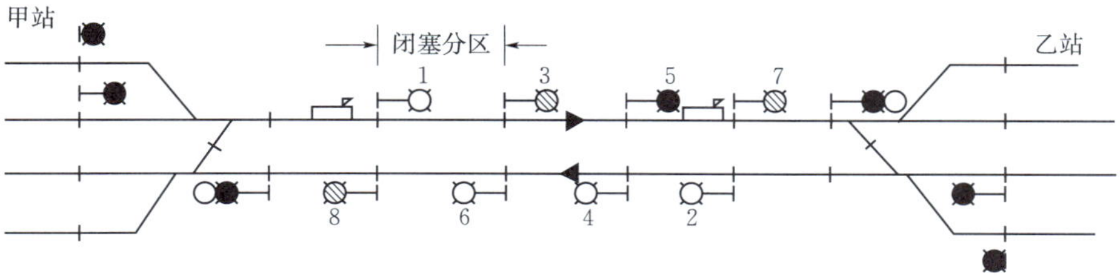

图 9-2-3　双线单方向自动闭塞

它将一个区间划分为若干小段，即闭塞分区，在每个闭塞分区的起点装设通过信号机（图 9-2-3 中的 1、3、5、7 和 2、4、6、8 信号机均为通过信号机），用以防护该闭塞分区。每个闭塞分区内都装设轨道电路（或计轴器等列车检测设备），通过轨道电路将列车和通过信号机的显示联系起来，根据列车有关闭塞分区的状态使通过信号机的显示自动变换。因为闭塞作用的完成不需要人工操纵，故称为自动闭塞。

（一）自动闭塞的基本原理

自动闭塞通过轨道电路（或计轴器等列车检测设备）自动地检查闭塞分区的占用情况，根据轨道电路的占用和空闲状态，通过信号机自动地变换其显示，以指示列车运行。三显示自动闭塞原理如图 9-2-4 所示。

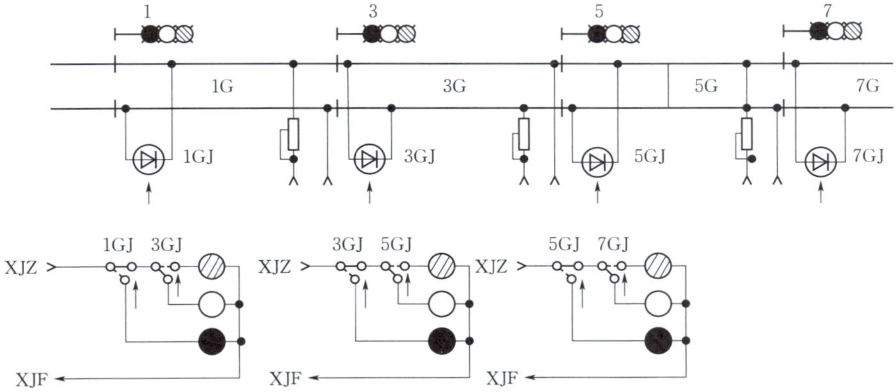

图 9-2-4　三显示自动闭塞原理

（二）自动闭塞通过信号机的显示意义

以三显示自动闭塞为例。

1. 一个绿色灯光——准许列车按规定速度运行表示运行，前方至少有两个闭塞分区。

2. 一个黄色灯光——要求列车注意运行，表示运行前方只有一个闭塞分区空闲。

3. 一个红色灯光——列车应在该信号机前停车。

通过信号机平时显示绿灯，即“定位开放式”，只有当列车占用该信号机所防护的闭塞分区或线路发生断轨、塌方等故障时，才显示红灯——停车信号。

每架通过信号机处为一个信号点，信号点的名称以通过信号机命名。例如，通过信号机“1”处就称为“1”信号点。

现以图 9-2-4 为例，说明自动闭塞的工作原理：当列车进入 3G 闭塞分区时，3G 闭塞分区的轨道电路被列车车轮分路，轨道继电器 3GJ 落下，通过信号机 3 显示红灯，则通过信号机 1 显示黄灯。当列车驶入 5G 闭塞分区并出清 3G 闭塞分区时，轨道继电器 3GJ 吸起，5GJ 落下，因而通过信号机 3 显示黄灯，通过信号机 1 显示绿灯。

由上述，可得出以下几点结论。

1. 通过信号机的显示是随着列车运行的位置而自动改变的。当显示黄灯时，列车运行前方只有一个闭塞分区空闲；当显示绿灯时，列车运行前方至少有两个闭塞分区空闲。

2. 通过信号机的禁止信号（红灯显示），是利用轨道电路传送的；而其他的显示信息可以利用轨道电路，也可利用电缆传送。对于三显示自动闭塞必须传递三种以上的信息。

3. 若利用轨道电路传送信息，在每一个信号点处不但有接收本信号点信息的接收设备，同时还须有向前方信号点发送信息的发送设备。

（三）自动闭塞的分类

1. 按行车组织方法分

（1）单线自动闭塞

在单线区段，只有一条线路，既要运行上行列车，又要运行下行列车。为了调整双方向列车的运行，在线路的两侧都要装设通过信号机，这种自动闭塞称为单线自动闭塞，如图 9-2-5 所示。

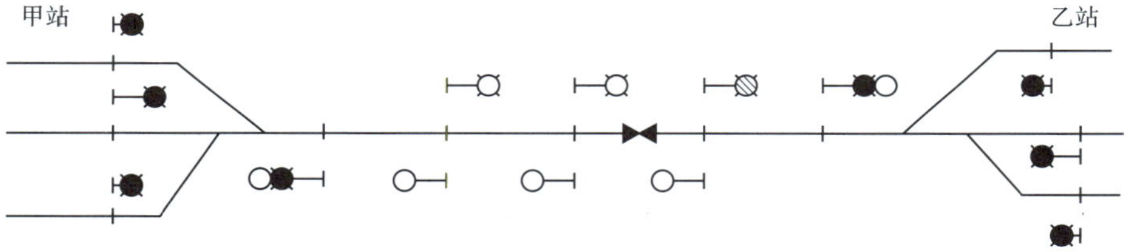

图 9-2-5　单线自动闭塞

（2）双线自动闭塞

在双线区段，以前一般采用单方向运行方式，即一条铁路线路只允许上行列车运行，而另一条线路只允许下行列运行。为此，对于每一条铁路线路仅在一侧装设通过信号机，这样的自动闭塞为双线单向自动闭塞。

为了充分发挥铁路线路的运输能力，在双线区段的每一条线路上都能双方向运行列车，这样的自动闭塞称为双线双向自动闭塞，如图 9-2-6 所示。

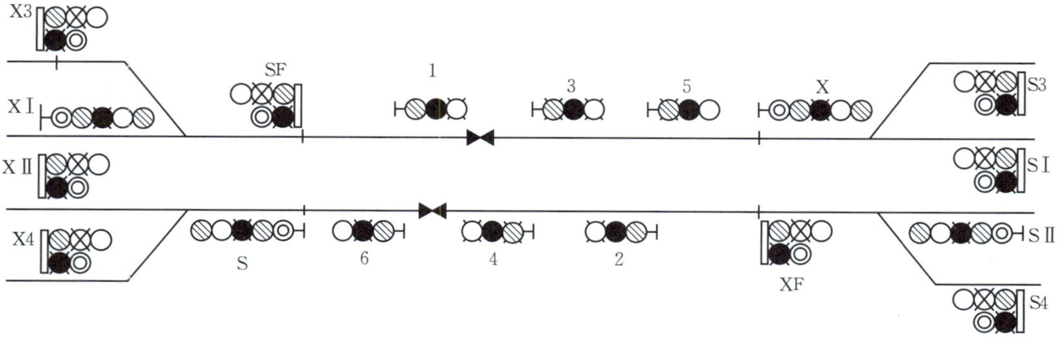

图 9-2-6　双线双向自动闭塞

正方向设置通过信号机，反方向运行的列车是按机车信号的显示作为行车命令的，即此时以机车信号作为主体信号。

双线单向自动闭塞，只防护列车的尾部，而单线或双线双向自动闭塞，必须对列车的尾部和头部两个方向进行防护。为了防止两方向的列车正面冲突，平时规定一个方向的通过信号机亮灯，另一个方向的通过信号机灭灯(或双线区段另一个方向的机车信号没有信息)，只有在需要改变运行方向，而且在区间空闲的条件下，由车站值班员办理一定的手续后才能允许反方向的列车运行。

2. 按传输信息的数量分

(1)三显示自动闭塞

三显示自动闭塞通过轨道电路传输的信息有 4 种。单线自动闭塞，图 9-2-5 所示为三显示自动闭塞。当通过信号机所防护的闭塞分区被列车占用时显示红灯；仅它所防护的闭塞分区空闲时显示黄灯；其运行前方有两个及以上的闭塞分区空闲时显示绿灯。其特征为：通过信号机具有三种显示；能预告列车前方两个闭塞分区状态；分两个速度等级，一个闭塞分区的长度满足从规定速度到零的制动距离。

列车运行在三显示自动闭塞区段，越过显示黄灯的通过信号机时开始减速，至次架显示红灯的通过信号机前停车，因此要求每个闭塞分区的长度绝对不能小于列车的制动距离。随着列车速度和密度的不断提高，在一些繁忙的客货混运区段，各种列车混运的速度和制动距离相差很大，如市郊列车等需经常停车，且制动距离短，要求实现最小运行间隔，闭塞分区长度越短越好；而高速客车、重载货车制动距离长，闭塞分区长度又不能太短。三显示自动闭塞不能解决这一矛盾，提高区间通过能力的最好方法是采用四显示自动闭塞。

(2)四显示自动闭塞

四显示自动闭塞通过轨道电路传输的信息有所增加，在我国四显示自动闭塞是在三显示自动闭塞的基础上增加一种绿黄显示，如图 9-2-7 所示。它能预告列车运行前方三个闭塞分区的状态，规定列车以规定的速度越过绿黄显示后必须减速，以使列车在抵达黄灯显示下运行时不大于规定的黄灯允许速度，保证在显示红灯的通过信号机前停车；分三个速度等级，两个闭塞分区的长度满足从规定速度到零的制动距离；而对于低速、制动距离短的列车越过绿黄显示后可不减速。由于增加了绿黄显示，四显示自动闭塞能缩短列车运行间隔，缩短闭塞分区长度，提高运输效率。

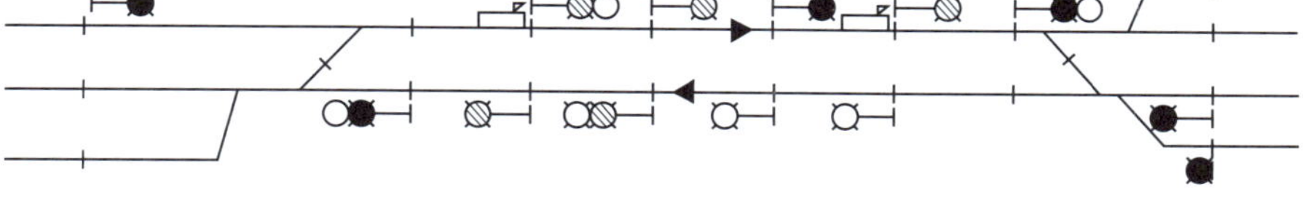

图 9-2-7　四显示自动闭塞

三显示自动闭塞中，黄灯是注意信号，表示运行前方有一个闭塞分区空闲，一个闭塞分区的长度能满足从规定速度到零的制动距离，可以越过黄灯后再开始制动。四显示自动闭塞中，绿黄灯是警惕信号，表示运行前方有两个闭塞分区空闲，两个闭塞分区的长度满足从规定速度到零的制动距离，可以越过绿黄灯后再开始减速；黄灯是限速信号，列车越过黄灯时必须减速至规定的限速值，不然就难以保证在个红灯前可靠停车。

四、移频自动闭塞

以移频轨道电路为基础的自动闭塞称为移频自动闭塞。它选用频率参数作为控制信息，采用频率调制的方法，把低频信号(F_c)搬移到较高频率(载频 f_0)上，以形成振幅不变、频率随低频信号的幅度作周期性变化的调频信号。将此信号用钢轨作为传输通道来控制通过信号机的显示，达到自动指挥列车运行的目的。

由于铁路向高速、高密度方向发展，传统的 4 信息移频自动闭塞不能适应发展的需要，迫切要求把以地面信号为主体信号的制式转变为以机车信号为主体信号的制式，把以反映列车空间间隔为主的信号显示制式转变为以指示列车运行速度为主的速差式信号显示制式，并要求发展限制列车运行速度的列车超速防护系统。在技术上要求将自动闭塞、机车信号和列车超速防护三个不同功能的系统有机地结合起来，配套使用，发挥整体功能。在这种背景下，我国于 20 世纪 90 年代初引进法国高速铁路的 UM71 移频自动闭塞设备，可以传输 18 种信息，并在此基础上研制了我国铁路的 ZPW-2000 系列移频自动闭塞设备。ZPW-2000 系列移频自动闭塞延用并发展了 UM71 技术。它保留了 UM71 移频自动闭塞的优点：信息量大，能满足速差式自动闭塞和超速防护的需要；具有抗 1 000 A 牵引电流和 100 A 不平衡电流电气化干扰的能力；防雷性能好；在轨道电路传输区段内具有较均衡的传输特性和断轨检查功能；并能满足双线双向自动闭塞的技术需要。它采用谐振式无绝缘轨道电路，以谐振构成电气绝缘节，取代了机械绝缘。UM71 为移频制式，其载频为 1 700 Hz、2 000 Hz、2 300 Hz、2 600 Hz，频偏 11 Hz，低频从 10. 3 Hz 到 29 Hz 按等差数列每隔 1. 1 Hz 一个，共 18 个。这 18 种低频信息分别为：10. 3 Hz、11. 4 Hz、12. 5 Hz、13. 6 Hz、14. 7 Hz、15. 8 Hz、16. 9 Hz、18 Hz，19. 1 Hz、20. 2 Hz、21. 1 Hz、22. 4 Hz、23. 5 Hz、24. 6 Hz、25. 7 Hz、26. 8 Hz、27. 9 Hz、29 Hz。在低频调制信号作用下，一个周期内，信号频率发生 f_1/f_2 来回变化。其中 $f_1=f_0-\Delta f$，$f_2=f_0+\Delta f_0$。当 f 为 1 700 Hz 时，f_1 即为 1 689 Hz，f_2 为 2 611 Hz；当 f_0 为 2 600 Hz 时，f_1 为 2 589 Hz，f_2 为 2 611 Hz。

ZPW-2000 系列移频自动闭塞的载频增加到 8 种，分别为 1700-1、1700-2、2000-1、2000-2、2300-1、2300-2、2600-1、2600-2，-1 为+1. 4 Hz，-2 为-1. 3 Hz。

第三节　基本功能

一、半自动闭塞

在继电半自动闭塞区段，出站信号机显示的绿色信号是列车向区间运行的凭证，所以对出站信号机必须严格控制。在单线区段，为了确保“一个区间只能允许一列列车运行”的原则，首先应排除区间两端的出站信号机同时开放的可能性，当区间内已有一列列车运行时，两站的出站信号机应不能开放。

因此，为了保护行车安全，64D 型单线继电半自动闭塞电路按下列原则进行设计。

为了防护外界电流的干扰，采用“+、-、+”三个不同极性的直流脉冲组合构成允许发车信号。即发车站要发车时，先向接车站发送一个正极性的请求发车信号，随后由接车站自动发回一个负极性的脉冲回执信号，并且要求收到接车站发来一个正极性脉冲的同意接车信号，之后发车站的出站信号机才能开放。

列车自发车站出发，进入发车站轨道电路区段时，使发车站的闭塞机闭塞，并且自动地向接车站发送一个正极性脉冲的列车出发通知信号。这个信号断开接车站的复原继电器电路，保证在列车未到达接车站之前，任何外界电流干扰或发车错误办理，既不能构成发车站允许发车条件，也不能构成接车站闭塞机的复原条件，从而保证了列车在区间运行的安全。

只有列车到达，并出清车站轨道电路区段，车站值班员确认列车完整到达，并发送负极性脉冲的到达复原信号之后，才能使两站闭塞机复原，区间才能解除闭塞。

闭塞机的开通和闭塞等控制电路，是以闭路式原理构成的，并采用安全型继电器，因此发生瞬间停电或断线事故时，均能满足故障—安全要求。

根据单线继电半自动闭塞电路的构成原理的要求，并考虑到当发车站办理请求发车后的取消复原，以及当闭塞发生故障时的事故复原，两站间应该传送以下七种闭塞信号。

1. 请求发车信号“+”；
2. 自动回执信号“－”；
3. 同意接车信号“+”；
4. 出发通知信号“+”；
5. 到达复原信号“－”；
6. 取消复原信号“－”；
7. 事故复原信号“－”。

在 64D 型单线继电半自动闭塞中，用正极性脉冲作为办理闭塞用的信号，用负极性脉冲作为闭塞机的复原信号。为了提高安全性，在请求发车和同意接车两个正极性信号之间，又增加二个负极性的自动回执信号。因此，构成允许发车条件，必须具有“+、－、+”三个直流脉冲的组合；而接发一列列车，应在线路上顺序传送“+、－、+、+、－”五个直流脉冲组合，如图 9-3-1 所示。

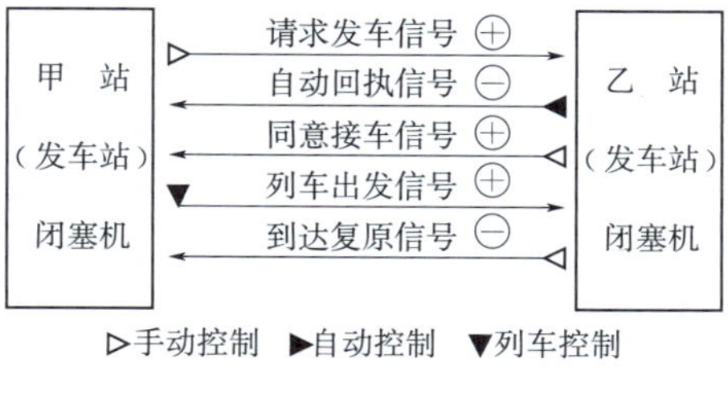

图 9-3-1 64D 型单线继电半自动闭塞两站间传送的闭塞信号

所以，如果外来单一极性脉冲或者多个不同顺序的脉冲干扰，既不能构成发车条件，也不能完成一次列车的接发车过程。

64D 型单线继电半自动闭塞由半自动闭塞机、半自动闭塞用的轨道电路、操纵和表示设备以及闭塞电源、闭塞机外线等部分组成。此外，在控制电路中还包括了车站的进、出站信号机的控制条件，它们之间以电线相连，借以实现彼此间的电气联系。为了实现闭塞设备之间的相互联系与控制，在相邻两车站上属于同区间的两台闭塞机之间，用两外线连接。64D 型单线继电半自动闭塞设备之间的联系如图 9-3-2 所示。

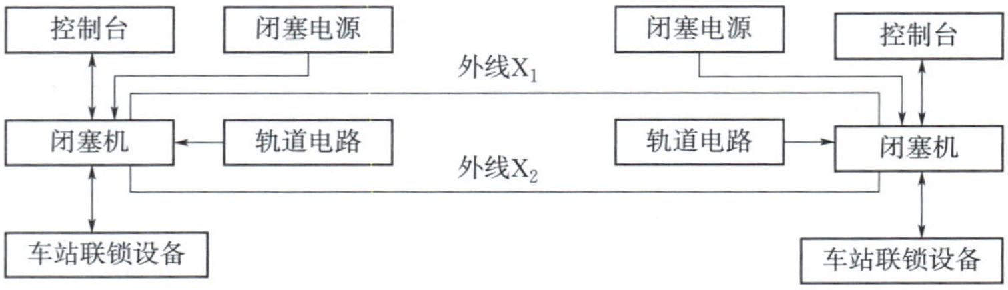

图 9-3-2　64D 型单线继电半自动闭塞设备之间的联系

(一)闭塞机

闭塞机是闭塞设备的核心，它由继电器、电阻、电容等元器件组成。在继电集中联锁车站，采用组合式，即将插入式继电器和电阻、电容器安装在组合架上。64D 型单线继电半自动闭塞机每台有 13 个继电器，它们构成半自动闭塞电路，完成闭塞作用。

1. 继电器

(1)正线路继电器 ZXJ，接收正极性的闭塞信号。

(2)负线路继电器 FXJ，接收负极性的闭塞信号。

(3)正电继电器 ZDJ，发送正极性的闭塞信号。

(4)负电继电器 FDJ，发送负极性的闭塞信号。

(5)闭塞继电器 BSJ，监督和表示闭塞机的状态。闭塞机在定位状态时，表示区间空闲；作为发车站时，当列车占用区间时它落下，作为接车站时，发出同意接车信号后它落下，表示区间闭塞。

(6)选择继电器 XZJ，选择并区分自动回执信号和复原信号；在办理发车时，监督出站信号机是否开放。

(7)准备开通继电器 ZKJ，记录对方站发来的自动回执信号。

(8)开通继电器 KTJ，记录接车站发来的同意接车信号，并控制出站信号机的开放。

(9)复原继电器 FUJ，接收复原信号，使闭塞机复原。

(10)回执到达继电器 HDJ，和 TJJ 一起构成自动回执电路，发送回执信号以及记录列车到达。

(11)同意接车继电器 TJJ，记录对方站发来的请求发车信号并使闭塞机转入接车状态，以及与 HDJ 一起构成自动回执电路。

(12)通知出发电器 TCJ，记录对方站发来的列车出发通知信号。

(13)轨道继电器 GDJ，是现场轨道继电器的复示继电器，监督列车出发和到达。

在这 13 个继电器中，除了 ZXJ 和 FXJ 采用偏极继电器(JPXC-1000 型)外，其余均为直流无极继电器(JWXC-1700 型)。

2. 电阻器和电容器

电阻器和电容器的作用是使继电器缓放。将它们串联后并接在继电器线圈上，即构成了继电器的缓放电路。电阻器用来限制电容器的充放电电流，只要适当选择它们的数值，便可以获得较长的缓放时间。

(二)轨道电路

64D 型单线继电半自动闭塞,在每个车站两端进站信号机的内方需设一段不小于 25 m 的轨道电路。其作用,一是监督列车的出发,使发车站闭塞机闭塞;二是监督列车的到达,然后由接车站值班员办理到达复原。由于这两个作用(尤其是第一个作用)的重要性,即轨道电路的动作直接影响行车安全,所以要求轨道电路不仅能够稳定可靠的工作,而且能满足故障—安全的要求。在电气集中联锁或计算机联锁车站用进站内方第一个区段轨道电路作为半自动闭塞的轨道电路。

1. 操作和表示设备

单线继电半自动闭塞的操纵和表示设备有按钮、表示灯、电铃和计数器等,这些元件安装在信号控制台上。

(1)按钮

为了办理两站之间的闭塞和复原要设:

①闭塞按钮 BSA:二位自复式按钮,办理请求发车或同意接车时按下。

②复原按钮 FUA:二位自复式按钮,办理到达复原或取消复原时按下。

③事故按钮 SGA:二位自复式按钮,平时加铅封。当闭塞机因故不能正常复原时,破封按下,使闭塞机复原。

(2)表示灯

车站的每一个接发车方向各设继电半自动闭塞表示灯两组。

①发车表示灯 FBD

FBD 由黄、绿、红三个光点式表示灯组成。表示灯经常熄灭,黄灯点亮表示本站请求发车,绿灯点亮表示对方站同意发车,红灯点亮表示发车闭塞。

②接车表示灯 JBD

JBD 由黄、绿、红三个光点式表示灯组成。表示灯经常熄灭,黄灯点亮表示对方站请求接车,绿灯点亮表示本站同意接车,红灯点亮表示发车闭塞。当接、发车表示灯同时点亮红灯时,表示列车到达。每组三个表示灯用箭头围在一起,箭头表示列车运行的方向。表示灯的排列顺序,从箭头的方向起为黄、绿、红。若车站为计算机联锁,采用显示器时,在屏幕上分别用黄、绿、红箭头作为半自动闭塞联系信号,接车方向箭头指向本站,发车方向箭头指向对方站。

(3)电铃 DL

电铃是闭塞机的音响信号;在闭塞电路总采用直流 24 V 电铃,装在控制台里。当对方站办理请求发车、同意接车或列车从对方站出发时,本站电铃鸣响;当对方站办理取消复原或到达复原时,本站电铃也鸣响。此外,如果接车站轨道电路发生故障时,当列车自发车站出发后,接车站电铃一直鸣响(但此时因电路中串联一个电阻,音量较小),以提醒接车站及时修复轨道电路,准备接车。

(4)计数器 JSQ

计数器是用来记录车站值班员办理事故复原的次数,每按下一次 SGA,JSQ 自动转换一个数字。因为事故复原是在闭塞设备发生故障时的一种特殊复原方法,当使用事故按钮使闭塞机复原时,行车安全完全由车站值班员人为保证,因此必须严格控制。使用时要登记,用后要及时加封,而且由计数器自动记录使用的次数。

（三）闭塞电源

闭塞电源应该连续不断地供应电，且保证继电器的端电压不低于120%，以保证闭塞机的可靠动作。64D型单线继电半自动闭塞采用直流24 V的电源，可以用交流电源的整流供电。

继电半自动闭塞的电源分为线路电源和局部电源，前者用于向邻站发送闭塞信号，后者供本站闭塞电路使用。当站间距离较长，外线环线电阻超过20 Ω时，允许适当提高线路电源电压。

（四）闭塞机外线

继电器半自动闭塞的外线原是与站间闭塞电话共用的。为了防护外界电源对闭塞机的干扰，提高闭塞电话的通话质量，应采用两根外线。当采用电缆作为闭塞外线时，应将闭塞机外线、闭塞电话外线分开。

当采用电缆线路时，由于电缆芯线的线径只有0.9 mm或0.6 mm，其环线电阻每千米为57 Ω或128 Ω。若在线路电源电压一定的条件下，则闭塞机的控制距离将要缩短。

闭塞外线的任一处发生断线、接地、混线、混电等外电干扰时，均不应使闭塞机发生危险侧故障。

目前，越来越普遍地采用光纤通信和无线通信，可将闭塞信号通过编码，由光纤或无线进行传输，以代替电缆传输。

二、自动站间闭塞

自动站间闭塞是将计轴设备的空闲检查与半自动区间闭塞设备结合起来，该系统保留64D型单线半自动闭塞的所有条件，在闭塞办理过程中64D型单线继电半自动闭塞通过结合电路，利用计轴设备检查区间空闲。

它的主要功能是：当发车站办理发车进路时，站间自动构成闭塞状态，列车到达接车站，经计轴设备检查区间空闲后，自动解除闭塞。自动实现闭塞申请、同意接车及到达确认，取消过去半自动闭塞人工办理闭塞、人工同意接车及人工确认到达手续，实现站间自动闭塞，提高区间运输效率，保证行车安全。

三、自动闭塞

在移频自动闭塞区段，移频信息的传输是按照运行列车占用闭塞分区的状态，迎着列车的运行方向，自动地向各闭塞分区传递信息的，如图9-3-3所示。

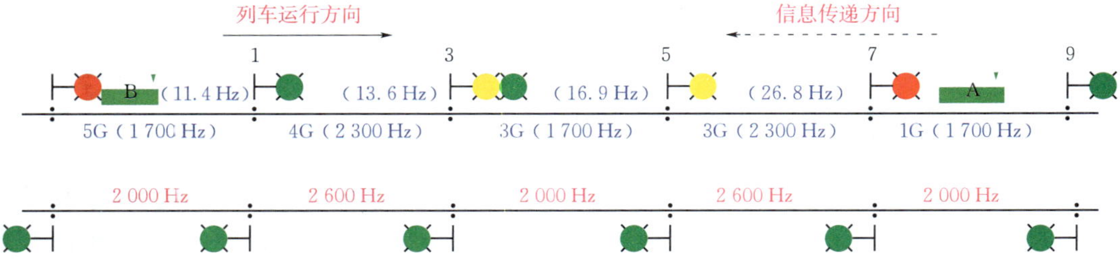

图9-3-3　移频自动闭塞区段示意

若下行线有两列列车 A、B 运行，列车 A 运行在 1G 分区，B 列车运行在 5G 分区。由于 1G 有车占用，防护该闭塞分区的通过信号机 7 显示红灯，这时 7 信号点的发送设备自动向闭塞分区 2G 发送以 26.8 Hz 调制的中心载频为 2 300 Hz 的移频信号。当 5 信号点的接收设备接收到该移频信号后，使通过信号机 5 显示黄灯。此时 5 信号点的发送设备自动地向闭塞分区 3G 发送以 16.9 Hz 调制的中心载频为 1 700 Hz 的移频信号。当 3 信号点的接收设备接收到该移频信号后，使通过信号机 3 显示绿黄灯。同理，3 信号点的发送设备又自动地向闭塞分区 4G 发送以 13.6 Hz 调制的中心载频为 2 300 Hz 的移频信号，当 1 信号点的接收设备接收到此移频信号后，使通过信号机 1 显示绿灯。1 信号点的发送设备自动向 5G 发送 11.4 Hz 调制 1 700 Hz 的移频信号，由于续行列车 B 已进入 5G 分区，该区段的接收设备接收不到 11.4 Hz 调制 1 700 Hz 的移频信号，防护后续区段的信号机点红灯。

此时 B 车司机可按绿灯显示定速运行。如列车 A 由于某种原因停在 1G 分区，续行列车 B 进入 4G 时，司机见到了信号机显示绿黄灯，则应注意减速运行。续行列车 B 进入 3G 分区时，司机见到 5 信号机显示黄灯，则应注意进一步减速运行。当续行列车 B 进入 2G 分区时，由于通过信号机 7 显示红灯，司机使用制动措施，使列车 B 能停在显示红灯的信号机的前方。这样，就可根据列车占用闭塞分区的状态，自动转变地面信号机的显示，准确地指挥列车的运行，实现自动闭塞。

(一)移频自动闭塞的优点

1. 抗干扰能力较强，既适用于内燃牵引区段，又适用于干扰较大的电力牵引区段。

2. 信息量多，可满足四显示自动闭塞和列车速度控制系统信息量的需要。

3. 信号显示的应变时间不大于 2 s，能满足高速行车的要求。

4. 移频轨道电路只作一次调整，便于维修。

5. 采用电子元件为主，因而耗电小、体积小、质量小，在电子元件发生故障的情况，能满足故障—安全的要求。

6. 有较完善的过压防护措施，在雷电冲击下，能起到保护作用，保证设备不间断使用。

7. 采用了冗余系统和设备故障自动报警装置，发送器 $N+1$ 备用，接收器双机并用，采用故障报警的冗余方式，可靠性高。

8. 移频自动闭塞信息能直接用于机车信号，因此在装设机车信号时无须增加地面设备。

(二)闭塞分区电路

闭塞分区电路包括接收电路、发送编码电路、和内方闭塞分区联系电路、通过信号机点灯电路。ZPW-2000 系列(UM71)自动闭塞采用的是无选频方式，接收器没有低频选放电路，只要收到本闭塞分区的载频，不论何种低频，轨道继电器均吸起，即相当于一个电子继电器。因此，各闭塞分区电路的发码及通过信号机点灯，均与其内方各闭塞分区的状态相联系，由 1GJ～5GJ 反映其内方各闭塞分区的状态；而各接近区段的发码及通过信号机点灯，都与进站信号机的状态相联系。

一般闭塞分区的通过信号机定位点绿灯，其闭塞分区电路又称 LL 信号点。由 1GJ～5GJ 编码，其编码情况见表 9-3-1。

表 9-3-1　闭塞分区电路编码

通过信号机显示	5GJ	4GJ	3GJ	2GJ	1GJ	发送信息码
红					↓	HU
黄				↓	↑	U
绿黄			↓	↑	↑	LU
绿		↓	↑	↑	↑	L
绿	↓	↑	↑	↑	↑	L2
绿	↑	↑	↑	↑	↑	L3

通过信号机由 1GJ、2GJ 来区分点黄灯、绿黄灯和绿灯。当本区段和运行前方两个区段空闲，GJF↑和 lGJ↑、2GJ↑的情况下，点绿灯；当本区段和运行前方第一个区段空闲，GJF↑和 lGJ↑，运行前方第二个区段占用，2GJ↓的情况下，点绿黄灯；仅本区段空闲，GJF↑，前方第一个区段占用，1GJ↓的情况下，点黄灯；本区段占用，GJF↓，点红灯。

区间设备分设于两端车站，位于两站管辖区分界处两侧的闭塞分区要互相利用对方的有关条件，故必须设站间联系电路。

在部分高速铁路，采用的 ZPW-2000 系列自动闭塞，不再由继电器接点编码，而由车站列控中心的计算机编码。车站列控中心驱动红灯继电器、黄灯继电器、绿灯继电器，来区分点黄灯、绿黄灯和绿灯。

（三）改变运行方向电路

在单线自动闭塞区段，平时规定方向的通过信号机开放，而反方向的通过信号机灭灯，反方向的出站信号机也不能开放。只有在区间空闲且原发车站变为接车状态而不能再向区间发车时，经办理一定手续，改变了运行方向后，反方向的出站信号机和通过信号机才能开放，此时规定运行方向的通过信号机和出站信号机不能开放。

在双线双向自动闭塞区段，反方向不设通过信号机，凭机车信号的显示运行。反方向运行时，通过改变运行方向，转换区间的发送和接收设备，并使规定方向的通过信号机灭灯。

改变运行方向这一任务是由改变运行方向电路完成的。改变运行方向电路的作用是：确定列车的运行方向，即确定接车站和发车站；转换区间的发送和接收设备；转接区间通过信号机的点灯电路。

对应车站的每一接车方向设一套改变运行方向电路，相邻两站间该方向的改变运行方向电路由 4 根外线联系组成完整。对于单线区段，一般车站每端需一套改变运行方向电路。对于双线双向运行区段，一般车站每端需两套改变运行方向电路。

四线制改变运行方向电路由方向继电器电路、监督区间继电器电路、局部电路、辅助办理电路和表示灯电路等组成。

高速铁路改变运行方向由车站列控中心完成。

第十章　电源设备

第一节　电源屏组成及原理

一、电源屏的组成

电源屏由电源模块、监控模块组成，如图 10-1-1 所示。

图 10-1-1　电源屏

(一)电源模块

电源模块包括直流模块、25 Hz 交流模块、50 Hz 交流模块(模块上都有电源指示灯、保护指示灯、故障指示灯、拨码开关、操作手把等)。

(二)监控模块

监控模块的前面有显示屏、键盘、复位键、指示灯、把手等;后面有通信接口、电源接口、输出接点。

(三)电源屏命名

电源屏命名如图 10-1-2 所示。

二、电源屏的机柜组成

(一)机　　柜

电源屏机柜由 UPS、系统切换单元、监控单元、直流电流模块、提速电源模块、25 Hz 轨道电源模块、蓄电池等组成，如图 10-1-3 所示。

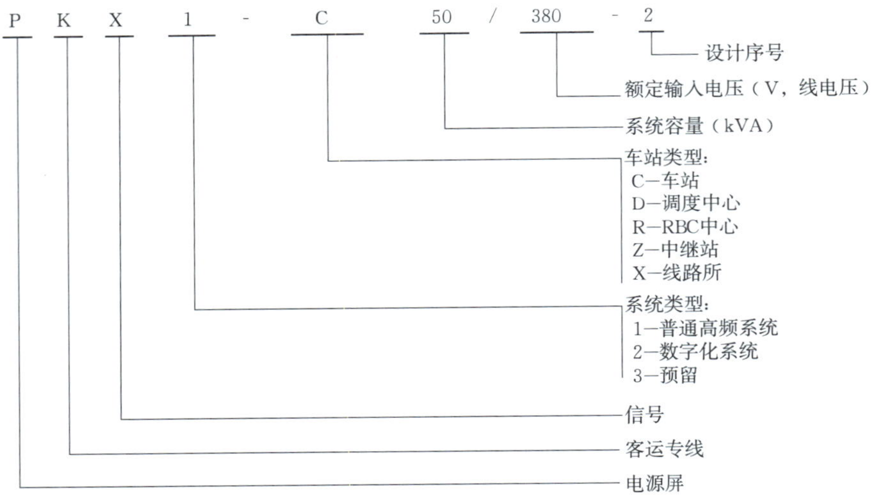

图 10-1-2 电源屏命名

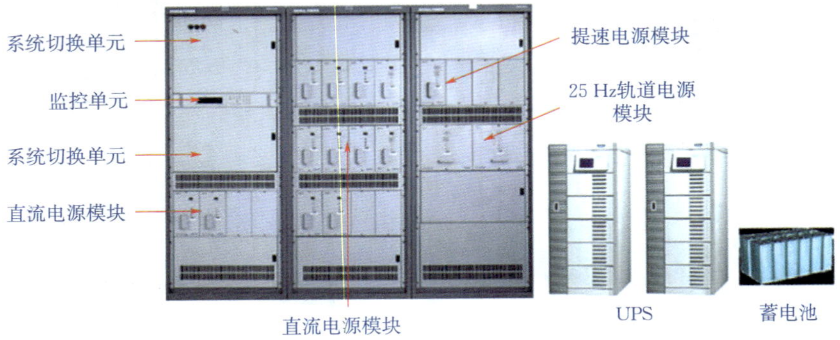

图 10-1-3 电源屏机柜组成

(二)面板显示

电源屏面板显示如图 10-1-4 所示，包含Ⅰ路有电、Ⅰ路工作、Ⅱ路有电、Ⅱ路工作、故障报警、状态切换、Ⅰ路切Ⅱ路、Ⅱ路切Ⅰ路。

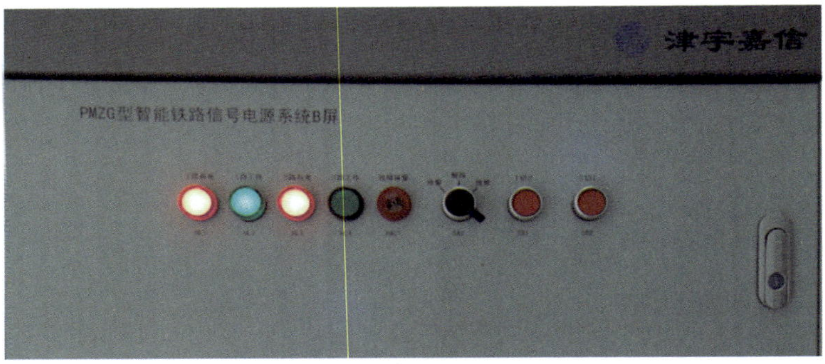

图 10-1-4 电源屏面板显示

系统切换单元内面板如图 10-1-5 所示，包含Ⅰ路电源、Ⅱ路电源、Ⅰ路防雷开关、Ⅰ路防雷、Ⅱ路防雷、Ⅱ路防雷开关、各输出电源开关、Ⅰ/Ⅱ路手动切换开关。

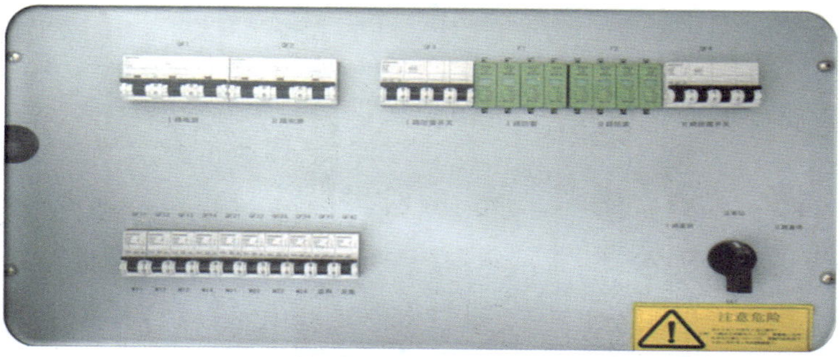

图 10-1-5　系统切换单元内面板

(三)灯光显示

电源屏灯光显示如图 10-1-6 所示。

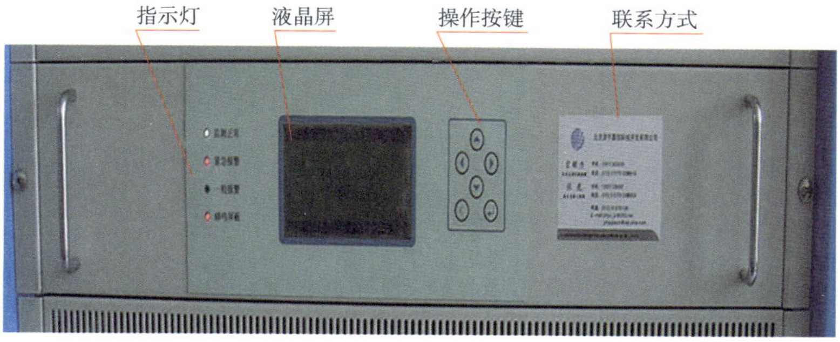

图 10-1-6　电源屏灯光显示

1. 监控单元指示灯:检测状态、紧急报警、一级报警、蜂鸣屏蔽。
2. 液晶屏:实时监测查看、历史数据查看。
3. 操作按键:对显示屏进行操作。

(四)电源模块

电源屏电源模块如图 10-1-7 所示。

图 10-1-7(续)

图 10-1-7　电源模块

(五)防　　雷

电源屏各级防雷安装位置如图 10-1-8 所示。

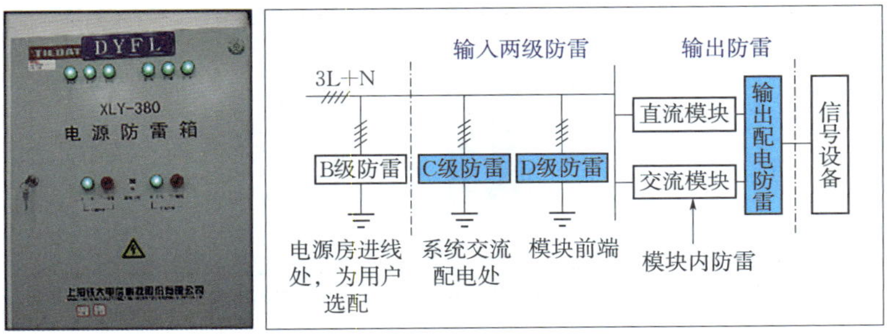

图 10-1-8　防雷安装位置

(六)信号设备常用电源

信号设备常用电源类型及指标见表 10-1-1。

表 10-1-1　信号设备常用电源类型及指标

电源类型	常见指标	供电负载
信号点灯电源	AC 220 V，3～20 A	信号机等
道岔表示电源	AC 220 V，3～5 A	道岔表示器等
轨道电源	AC 220 V/25 Hz，1.2 kVA	轨道电路
局部电源	AC 110 V/25 Hz，0.8 kVA	轨道电路
直流转辙机电源	DC 220 V，16 A	直流转辙机
继电器电源	DC 24 V，16 A、20 A	站内或区间继电器
信号集中监测电源	AC 220 V，5 A	监测计算机
交流转辙机电源	AC 380 V，15 A、23 A、45 A	交流转辙机
计算机联锁电源	AC 220 V，10～15 A	联锁计算机
闭塞/半自动闭塞电源	DC 24 V，2 A(每路)	区间闭塞用

（续）

电源类型	常见指标	供电负载
熔丝报警电源	AC 220 V,1 A 或 DC 24 V,5 A	报警熔丝
灯丝报警电源	AC 220 V,1 A 或 DC 24 V,5 A	报警灯丝
TDCS 电源	AC 220 V,5 A	TDCS
CTC 电源	AC 220 V,5 A	CTC
表示灯电源	AC 220 V/AC 24 V,1～5 A	表示灯
闪光灯电源	AC 220 V/AC 24 V,1～5 A	闪光灯
电码化电源	AC 220 V/DC 24 V,100～150 A	电码化发送盒等

三、各模块工作原理

输入电源采用两路独立的交流电源，由防雷配电箱引线进入电源屏输入端子，闭合输入断路器，经输入模块转换后，选择一路电源进入汇流排；输入电源由汇流排进入 UPS，经 UPS 滤波和变换后输出稳定的交流电源，供给各交直流配电单元。

（一）输入模块工作原理

1. 两路输入电源至屏内，采用一主一备供电方式，两路电源可以自动转换也可以手动切换；

2. 系统输入为一主一备的 Y 形供电模式，电源屏内设有两路输入电源转换电路，当某路供电电源发生故障或需要人为进行转换时，能在 0.15 s 内转换至另一路电源。

（二）监测模块工作原理

1. 智能监测单元模块能够实时监测、显示各供电单元的工作情况及状态信息，可将数据通过标准通信接口（RS-485，以太网）上传上位机或信号集中监测系统，支持历史数据查询。当输入停电时，检测系统由 UPS 供电，能维持正常采集、检测触摸屏工作大于 10 min。

2. 监测内容包括：

（1）模拟量：两外网输入电源电压、电流、频率、相位，各输出回路电压、电流；25 Hz 轨道、局部频率、相位差；

（2）开关量：电源屏各模块的状态、输入防雷状态、UPS 旁路开关状态；

（3）UPS：工作状态（放电、储电）输入输出模拟量数据、告警信息；

第二节　电源屏基本操作流程

电源屏的基本操作流程应遵循：上电时先打开总输入，依次打开各模块输入；断电时断开各模块输入，再断开总输入。

一、电源屏Ⅰ路、Ⅱ路电源人工转换

1. 电源屏Ⅰ路电源倒Ⅱ路电源：断开Ⅰ路电源输入，电源屏转为Ⅱ路电源供电。

2. 电源屏Ⅱ路电源倒Ⅰ路电源：断开Ⅱ路电源输入，电源屏转为Ⅰ路电源供电。

二、模块更换步骤

1. 屏内某个模块发生故障时，故障灯亮，蜂鸣器响；
2. 断开故障模块输入空开；
3. 拧下相应模块后部定位销上的蝶形螺母，拔出故障模块；
4. 更换前先确认模块型号是否正确；
5. 插入插槽并确认接触可靠后，锁紧蝶形螺母；
6. 闭合相应输入空开。

第三节　UPS日常养护

一、UPS

(一)UPS的作用

1. UPS(不间断电源)不仅保证的供电系统的质量，还保证供电的不间断性。

2. 在外网供电中断时，UPS也能够在一定时间内继续保证信号系统的正常运行，在该紧急时间段内，调度工作人员则能够及时将列车指挥到安全区域，并对列车运营数据做好存储，避免因为数据丢失对系统的运营造成影响。

(二)UPS的工作原理

市电正常时，输入的交流电先经输入滤波器滤除电网中的污染，再经整流滤波，给蓄电池充电，也给逆变器供电，由逆变器输出稳压稳频的交流电供给负载；市电断电时，逆变器将蓄电池提供的直流电变换为交流电供给负载，实现不间断供电。

1. 正常状态

在正常工作状况下电能由市电进入整流器(供给逆变器和电池，保证电池的满充状态)，逆变器将产生一个完全独立的输出正弦波供给负载(电器设备)。

2. 电池工作状态

市电一旦失败(指市电中断或不正常)，系统将用电池储备的能源逆变为交流电，一旦市电中断时间过长，当电池的电耗尽时，逆变器将停止工作。这时，UPS将无法对所连的设备供电。市电恢复时，逆变器将又由整流器供电，电池也将继续充电，以备下一次市电失败之需。

3. 旁路状态

如果逆变器无法工作(过载，过热)，或需要维修时，自动或手动切换到旁路。

二、UPS日常养护

工作准备：工具、材料准备、仪表；登记、联系；设备外观检查；各指示灯检查、电源容量检查及测试；待修问题记录、销记。

UPS日常养护作业程序及质量标准见表10-3-1。

表 10-3-1 UPS 日常养护作业程序及质量标准

项目	修程	"天窗"点内外	工作步骤	检修内容及质量标准	周期
UPS 日常养护作业程序及质量标准	日常养护	点外	一、设备外观检查	1. 安装牢固，外观清洁、良好，机背面风扇出风口无灰尘、积淀； 2. 输入、输出插头插接良好； 3. 运用状态良好，无过热现象，无异声、异味、异状； 4. 有外接电池的需检查电池连接良好，电池两极无油浸蚀现象	1 次/月
			二、指示灯核对检查	各指示灯检查： 1. 故障红灯不亮； 2. 逆变指示灯亮绿灯； 3. 旁路灯灭； 4. 无闪烁灯亮； 5. 市电指示灯亮； 6. 负载是否过载检查； 7. 电池指示灯检查	
		点内	三、试验及测试	1. 电池剩余容量检查； 2. 放电维护(放出容量的 50%左右)； 3. 测试	1 次/季
		点外	四、填写记录		

第十一章　调度集中系统/列车调度指挥系统

第一节　系统组成及基本原理

调度集中系统由调度中心子系统、车站子系统、网络系统三部分设备组成，具备调度中心及车站两级行车调度指挥功能，如图 11-1-1 所示。

一、调度中心子系统

调度中心子系统主要设备包括数据库服务器、应用服务器、通信服务器、仿真培训服务器、接口服务器[与中国国家铁路集团有限公司（以下简称国铁集团）中心、本局 TDCS/CTC 中心、相邻路局客专 CTC 中心、与 TSRS 服务器、无线闭塞中心（RBC）系统、GSM-R 系统等的接口]、复示终端查询服务器、运维服务器、对外信息提供服务器（与运调系统接口服务器等）、网络通信设备（路由器、交换机、光端机等）、网络安全设备（安全管理中心、安全网络边界、安全计算环境）、通信质量监督设备、时钟校核设备、电源设备、防雷设备、绘图仪设备、网管工作站、系统维护工作站、调度员工作站、助理调度员工作站（CTC）、控制工作站（CTC）、维修工作站、值班主任工作站、计划员工作站、仿真培训工作站、$N+1$ 备用工作站、机房综合监控设备等。以下仅对数据库服务器、应用服务器、通信服务器、接口服务器、调度员工作站、助理调度员工作站、控制工作站、维修工作站进行介绍。

（一）数据库服务器

配备两台双机热备的数据库服务器，用于存储列车运行的基本图、日班计划、阶段计划、实迹运行图、列车编组信息、信号显示信息、信号设备状态信息等。双套数据库服务器可以保证单机故障不影响整个系统的正常工作。

（二）应用服务器

配备两台双机热备的高性能应用服务器，主要功能包括：完成阶段计划生成、调整、冲突检测，实迹运行图自动生成与维护管理，消息转发等应用。主、备机在故障情况下能自动切换，保证单机故障不影响整个系统的正常工作。

（三）通信服务器

配备两台双机热备的通信服务器，主、备机通过广域网与车站子系统相连。主要功能是完成中心子系统与车站子系统的数据交换。

（四）接口服务器

1. 与 RBC 和 TSRS 的接口

CTC 系统在调度所通过 CTC-RBC 接口服务器与 RBC 系统通信，交互连接状态（包括 RBC 工作状态）、停车控制、注销登记时钟同步、列车位置、车次号及报警等信息。

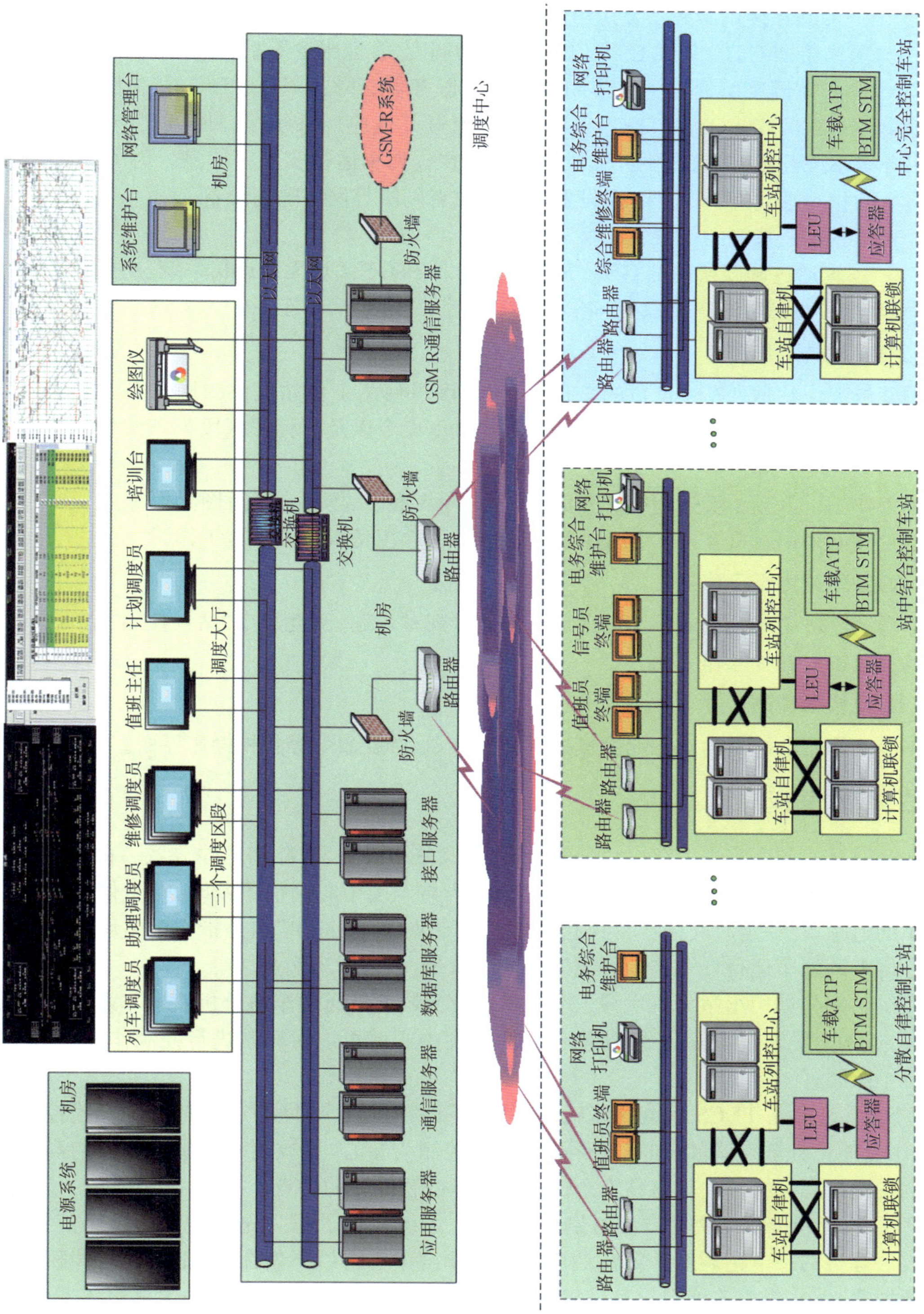

图11-1-1　调度集中系统

CTC 系统在调度所通过 CTC-TSR 接口服务器与 TSRS 连接。临时限速在调度台拟定，通过 CTC-TSR 接口服务器发送给 TSRS 保存，并由 TSRS 下达给 RBC 和 TCC。

2. 与国铁集团 CTC、邻线 CTC/TDCS、运营调度、客运服务等系统的接口

CTC 系统在调度所通过国铁集团中心通信服务器、邻线 CTC/TDCS 接口服务器分别与国铁集团 CTC、邻线 CTC/TDCS 系统互联；通过其他应用系统接口服务器与运营调度、客运服务等系统互联，传送有关行车计划、调度命令、列车运行实迹等信息。为了保证 CTC 系统运行的相对独立性、安全性，需设置防火墙或者网闸等网络隔离设备。

3. 与 GSM-R 系统的接口

CTC 系统通过调度所内的 GSM-R 接口服务器和 GSM-R 无线通信系统，向列车传递调度命令、车次号、进路预告、无线机车信号、C3 列控等信息，接口连接。

（五）调度员工作站

调度员工作站是列车调度员的工作平台，调度员使用工作站提供的操作界面来维护列车实迹运行图，调整和下达列车阶段计划，下达调度命令以及与相邻区段列车调度员交换信息等。

本工作站可以显示实迹运行图界面、调度命令界面、站场基本运行图界面等。

本工作站采用双机互备，当主用设备故障时，可起用备机继续正常工作。

（六）助理调度员工作站

助理调度员工作站功能是为助理调度员提供列车计划、调度命令、站场控制、临时限速、列车状态监视等各种操作界面。

（七）维修工作站

维修工作站功能是为施工调度员提供列车计划、调度命令等各种操作界面。

二、基本原理

在分散自律调度集中系统中，“分散”顾名思义是指设备、功能和危险分散。在系统中不仅能与调度中心互通信息，也可以和邻站交互，当与调度中心通信中断时，车站依然可以进行列车的追踪，在一定时间内照常执行列车运行计划。而“自律”则是指次级站可以把从调度中心传来的列车运行计划自动形成进路控制命令，协调调车作业。

在车站部分都用车站分机代替了车站值班员。调度员通过车站分机获取车站的实时状况和信息，调度员通过下发命令，让操作员在调度中心就可以对车站进行控制作业，实现了调度集中控制。

CTC 系统是在 TDCS 系统的基础上，综合了计算机技术、网络通信技术和现代控制技术，采用智能化分散自律，以列车运行调整计划控制为核心，兼顾列车和调车作业的高度自动化的调度指挥系统。它具有高安全性、高可靠性、智能化的特点。

CTC 系统和传统的调度方法区别在于 CTC 系统使用了更为先进的计算机通信技术，并通过计算机网络下达调度计划和调度命令。调度中心可以下发命令，由车站自律机按照调度计划执行，并将相关外围设备采集线路的实时信息传送到调度中心的中央服务器，以此实现列车追踪、监督报警、自动绘制运行图等功能。系统具有智能性，可以自动生成调度计划，依据计划自动选择适当的进路，操作相关联锁设备。

第二节　车站子系统

CTC 车站子系统是整个网络系统的基本功能节点，它根据中心子系统下发的列车运行调整计划完成进路选排、冲突检测、控制输出和状态显示等核心功能。

一、车站子系统组成

车站子系统包括：信号机械室（微机室）分机系统和运转室车务终端系统。机械室分机系统主要由电务维护终端、分散自律分机、网络接入系统、串口转换器、电源接入系统等组成；车务终端系统由值班员工作站、显示器、打印机构成。系统内设备之间、CTC 系统与外围系统之间有专用线缆相互连接。其组成示意如图 11-1-1 所示。

（一）车站自律机

自律机是 CTC 系统的核心设备，它通过串口与计算机联锁设备、列控设备、无线调度命令设备、无线车次号设备相连。通过网络与 CTC 中心服务器、车务终端相连。接收列车（调车）运行计划和调度命令，根据相关条件适时生成进路指令序列，自动触发驱动联锁执行的相关条件，实时处理、交换站场（相邻车站）及列车车次号等信息。自律机背面如图 11-2-1 所示。

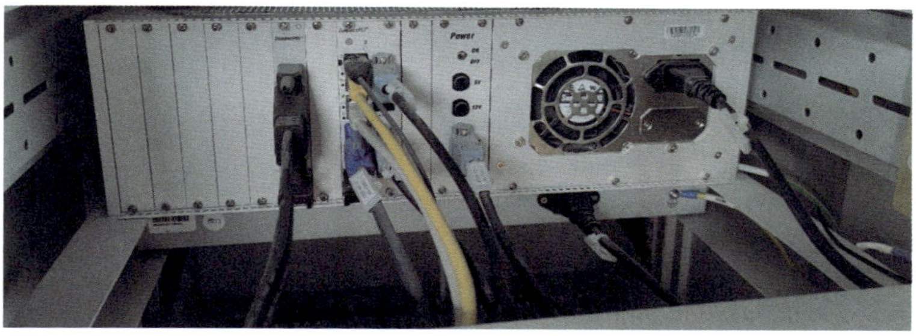

图 11-2-1　自律机背面

自律机背面从左至右依次为 C3544 四串口模块、显示卡、系统模块、采集电源模块、220 V 电源模块。各模块是可插拔的，但不支持热插拔。

C3544 四串口模块：转换出 4 个 25 芯标准 RS-422 串口，串口编号为 P1、P2、P3、P4，对应自律机 Com3～Com6（A-H）。联锁上位机、无线车次号、无线调度命令、列控，都是可以通过 C3544 四串口模块与 CTC 系统连接的。

采集电源模块：输出电压为采集机供电，上面有 ON 和 OFF 按钮，用于开和关采集电源。

（二）网络交换系统

网络交换系统由路由器、交换机组成。CTC 系统广域网是双环保护，每个路由节点（即每个站）都有两个不同物理路径的光纤通道与邻站路由器相连；内部的局域网采用双交换以太结构，每个终端设备都有两个以太网口分别接两台交换机。

网络交换系统包括的主要设备有：路由器、交换机、防火墙、通信质量监督、分光器、ODF 架及其中连接的光纤。网络交换系统设备如图 11-2-2 所示。

图 11-2-2　网络交换系统设备

（三）车站值班员工作站

车站值班员工作站采用双机热备冗余方式，一般配置双液晶显示器。其主要功能有：

1. 用户登录和权限管理。
2. 基本图、班计划、阶段计划、调度命令的调阅与签收。
3. 本站的站场显示和相邻车站的站场显示，区间的运行状态显示。
4. 本站车次号的输入、修改、确认。
5. 行车日志的自动记录、存储、打印。
6. 列车编组和站存车的输入上报。
7. 监督本站自律机的计划执行和进路办理。
8. 本站非正常情况的报警。

（四）车站信号员工作站

在一些规模较大车站，运输部门设有车站信号员，为此，这些车站各设置一套信号员工作站。在分散自律调度集中控制状态下，车站信号员辅助车站值班员控制车站信号设备，主要作用是办理调车作业和监督列车进路序列的正确性。车站信号员工作站设置于车站运转室内，采用双机热备冗余方式，配置双液晶显示器。

（五）电务维护终端

电务维护终端是一台工业计算机，通过接入 CTC 网络，运行相关的 CTC 电务维护软件，以进行电务日常维护工作。

电务维护终端主要是维护 CTC 车站子系统的正常运行，监视子系统内的所有设备及其程序的运行状况，并以图形、事件和日志的形式反馈给电务维护人员，帮助维护人员判断运行状态况良好与否，同时辅以相关的维护操作处理故障，确保子系统的安全稳定运行。

二、系统主要功能及工作原理

（一）信息采集

CTC/TDCS 系统通过与车站联锁、列控等设备接口或自带的采集控制单元，实现站场信号设备状态的信息采集和实时站场显示，进一步通过对获取的站场信息处理，实现列车运行自动追踪和自动采点，列车的实迹运行图的自动生成及行车日志的自动生成。

（二）列车进路控制

车站自律机通过解析列车运行调整计划，通常将计划分解成接车和发车两部分（线路所通过除外）。每一部分分别生成一个进路指令，并查找 CTC 进路表，生成包含始终端按钮等信息的进路序列。所有进路序列指令保存在自律机存储器中，等待执行时机。CTC 系统根据列车的调整计划，经完整性、无冲突性检查后生成进路序列，自律机循环检查进路序列中的逐个列车，分别判断时机条件、行车条件、信号条件是否满足，如果满足则向联锁发送进路控制指令。

自律机自动选排列车进路应遵循的基本原则是：基本进路优先于变更进路。

自律机自动排列列车进路时检查的条件应包括：车次号（列车性质和等级）、超限级别、列车长度、牵引类型、股道用途、股道有效长、道岔弯股进路的最大允许速度、轨道电路分路不良、接触网无电区和高、低站台等。

车站自律机因故无法排列基本进路时，系统应自动报警。调度中心可以对某一次列车进路进行人工干预（但须受分散自律安全条件控制）。

进站信号机外方列车制动距离内，进站方向为超过 6‰下坡道的车站，自律机应能自动办理相关延续进路的排列与锁闭。

对于多方向车站，当同时有多列列车需要选择进路时，系统应能按照列车运行调整计划、列车等级或调度员指定的列车优先权选择进路。

对于专列和特运列车等特殊列车进路，由调度员依照特殊管理规定特别设置，并产生相应的列车运行调整计划。

车站自律机指令执行的优先级为：调度员的直接操作、车站值班员的直接操作、列车运行调整计划。

CTC 系统应具有人工办理试排进路功能；条件具备时，也可利用列车运行空档自动办理，并可为进路指令的执行做好开放信号准备。

（三）进路预告

CTC 系统自动办理好进路后，自律机就会通过 G 网接口服务器向 GSM-R 系统发送进路预告信息，GSM-R 无线传输系统通过相应的基站将进路预告信息发送至车载设备，车载设备显示进路预告信息，并将接收回执反馈至 CTC 系统。

1. 进路预告发送条件：

（1）列车进路条件：系统检查进路序列的进路状态，进路办理成功后，才可以发送进路预告。

（2）车次追踪条件：列车运行于接车方向的区间，列车运行前方无其他车次且闭塞分区都空闲；

（3）无线车次条件：收到正确的无线车次校核信息。

2. 进路预告停发条件：

（1）CTC 自律机在收到进路预告的回执后即停发，若未收到回执，则每隔 15 s 发送一次，直到收到进路预告回执。

（2）如果进路状态发生变化，则根据变化后的进路状态再次发送进路预告。

（3）当列车越过进站信号机时，还未收到回执表示发送不成功，自动停止发送，并向维护台报警。

（四）列车车次号

列车车次号是 CTC 系统的重要基础信息，应保证及时、准确无误。CTC 系统应具备列车车次号自动输入及人工输入、自动校核以及人工校正等功能。车次号的列车自动跟踪结果、列车运行计划调整、无线车次校核信息三项应保证完全一致。如不一致时应立即报警，由调度员或车站值班员进行人工校正。

（五）调车作业管理功能

调度集中控制条件下的调车作业，有计划自动执行和人工直接控制执行两种模式。

1. 计划自动执行模式：由调度所下达到车站自律机自动生成调车进路指令予以执行。

2. 人工直接控制执行模式：由调度员或车站值班员直接办理调车进路，通过车站自律机控制执行。

计划自动执行模式、人工直接控制执行模式均应纳入列车运输调整计划约束管理，原则是调车作业不得干扰列车按图运行。

车站自律机自动选排调车进路应考虑的因素主要有：列车车次号（列车类型）、超限级别、甩挂车辆数量、车列长度以及股道有效长、区段长度、信号机坐标等站场参数。

车站自律机自动选排调车进路应遵循的基本原则是：尽量不影响正线列车作业、调车走行径路最短、基本进路优先。

三、非正常情况下的处理

（一）接车作业

进路锁闭状态下，进站信号机因故不能开放时，系统应能及时报警（语音和文字提示），由调度员人工办理接车作业。

由于轨道区段故障导致进路无法建立，由调度员在判明轨道电路故障条件下，人工开放引导信号。

当道岔无表示时，必须进行现场人工确认，并采取相关安全措施，由调度员办理引导总锁闭，开放引导信号；经现场人工确认列车整列到达后，取消引导总锁闭或转为非常站控模式后由车站办理引导接车。

（二）发车作业

发车进路因故无法排列时，系统应自动报警，由调度员人工办理非正常发车作业。

对于设有带引导信号的出站信号机，调度员办理非正常引导发车作业，准许列车由车站以站间闭塞方式出发，按规定速度进入区间，司机需准备随时停车。

(三)列车紧跟踪报警

列车从车站出发，进入区间后，当压上黄色灯光信号机(注：若本线区间地面没有信号机，为了叙述方便，这里所述的信号机是比照普速铁路，按照自动闭塞区段信号显示逻辑关系而虚拟的信号机，下同)所防护闭塞分区时，系统根据列车追踪逻辑和轨道电路、信号机状态自动判断出前方闭塞分区是否有车占用，当有车占用时，延时 6 s 后进行再次判断，确认有车后，即认为列车处于“紧跟踪”状态，立即向车站值班员和列车调度员进行报警。列车若是处在第一、二、三离去区段，则向本站报警；若是处在区间的其他闭塞分区，则还同时向前方车站报警。

(四)网络通信中断

当中心子系统与车站子系统之间的通信中断后，系统应立即向调度员和车站值班员报警。

中心与车站通信中断且未转为非常站控模式前，调度员不得改变该站来车方向列车运行调整计划设定的车序，由车站自律机按原已收到的列车运行调整计划和列车实际运行情况继续自动执行；也可及时通过人为操作，转为非常站控模式组织接发列车。

第三节　车站设备终端基本操作

一、车站设备终端基本操作

(一)设备检测操作

用右键选中设备，弹出菜单进行操作，如图 11-3-1 所示。

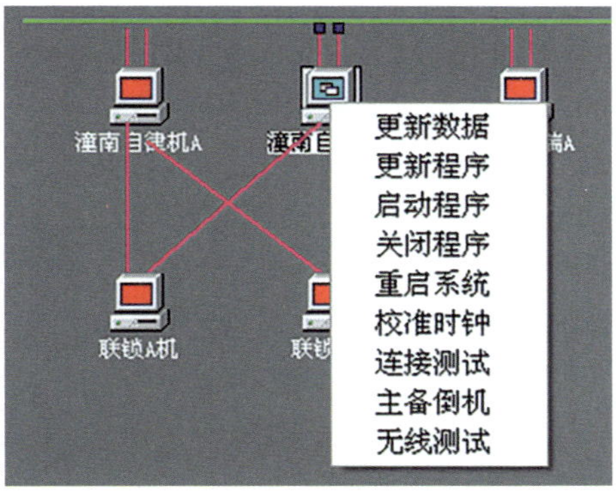

图 11-3-1　设备操作界面

(二)站场监视

系统提供车站运行状态实时监视功能，在站场视图中显示设定范围内的车站各元素实时状态，并提供该状态的历史回放功能。可在站场监视菜单中选择开始回放菜单，在系统弹出的对话框中选择要回放的日期和时间，点击确定即可观看该日期时间的回放。

(三)监视的相关操作

系统自动检测各设备的连接状态,工作状态以及其他状态。用户可以直接通过设备图的颜色判断各设备的状态,也可以选中某个设备,以观看该设备的具体信息。设备属性栏窗口将显示选中设备的具体信息。连接状态有三种,见表 11-3-1。

表 11-3-1　系统自动检测状态

颜　色	图　型	说　明
灰色		未知状态
绿色		连接
红色		断开

(四)模式转换

1. 在车站联锁控制台的非常站控按钮处及 CTC 系统调度、车务终端上,设置控制模式状态表示灯如图 11-3-2 所示。

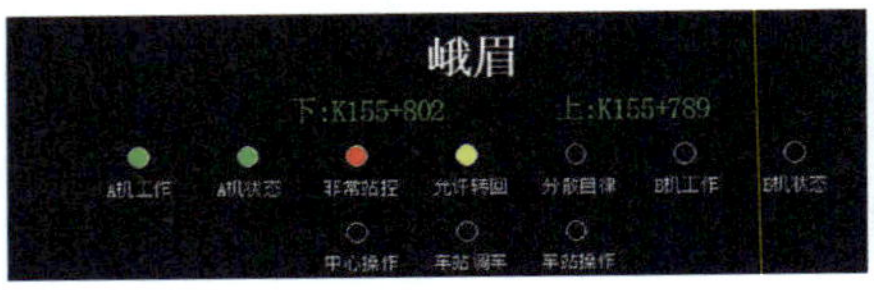

(a) 非常站控模式

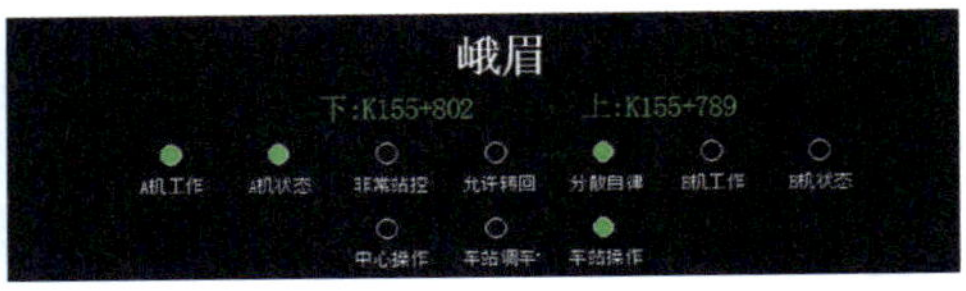

(b) 分散自律模式

图 11-3-2　控制模式状态表示灯

红灯:非常站控模式。

绿灯:分散自律控制模式。

黄灯:允许转回分散自律控制模式。

分散自律控制模式转非常站控模式:

(1)车站人员在联锁控制台上直接按下"非常站控"按钮。

(2)调度集中系统和联锁系统不检查任何条件。

(3)控制模式转换时,中心行调台、助调台和车务终端都有告警提示和语音提示。

非常站控模式转分散自律模式:

(1)车站人员在联锁控制台上直接按下"非常站控"按钮。

(2)检查的条件:CTC 系统工作正常;联锁控制台没有正在执行的按钮。

(3)CTC 实现方法:在 CTC 系统中设置允许转回表示灯,如果自律机工作正常,且与联锁主机通信正常、联锁上没有按下的一般按钮时,允许转回灯亮黄灯,允许转换回分散自律模式。

(4)控制模式转换时,中心行调台、助调台和车务终端都有告警提示和语音提示。

2. 分散自律下操作方式及切换。

(1)分散自律下操作方式有:中心控制、车站调车控制和车站控制三种操作方式,如图 11-3-3 所示。

(2)中心控制:列车调度员对列车和调车有全部的操作权,车站对列车和调车均无操作权。

(3)车站调车控制:列车调度员对列车进路有操作权,对调车进路无操作权,而车站对调车进路有操作权,对列车进路无操作权。对于道岔的单锁和设备的封锁操作,遵循"谁封谁解"的原则。

(4)车站控制:车站对于列车及调车进路均有操作权,列车调度员对列车和调车进路均无操作权。

(5)各操作方式之间可以动态切换,由车站值班员与助调员之间通过一方申请、另一方确认的操作转换,申请方发出申请,对方在 60 s 内同意,完成操作权转换。

(6)中继站的操作权与主控站始终保持一致。

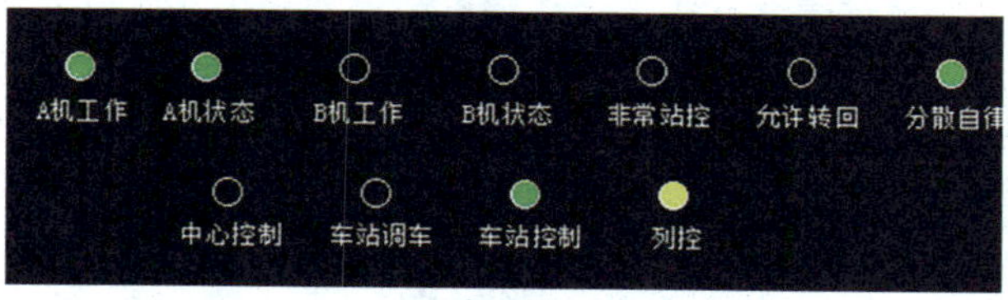

图 11-3-3　分散自律下操作方式

(五)分路不良操作

在分散自律模式下,可以利用维护终端对车站进行分路不良设置与取消的操作。操作方法如下。

1. 设置分路不良

在车站菜单中选择要设置分路不良的当前车站,系统会自动切换到该车站的视图,在控制命令菜单中选择设置分路不良选项,将鼠标移至所要设定分路不良的车站设备上点击鼠标左键,会在该车站设备上显示一个黄色的选中方框,再次在控制命令菜单中选择执行命令,即完成设置分路不良的操作。分路不良设置成功后,会在车站视图的对应分路不良设备上显示紫色的光带,在未确认空闲的情况下紫色的光带会处于闪烁的状态。确认空闲后,紫色光带将不再闪烁。分路不良设置界面如图 11-3-4、图 11-3-5 所示。

2. 取消分路不良

在车站菜单中选择要取消分路不良的当前车站,系统会自动切换到该车站的视图,在控制命令菜单中选择取消分路不良选项,将鼠标移至所要取消分路不良的车站设备上点击鼠标左键,会在该车站设备上显示一个黄色的选中方框,再在控制命令菜单中选择执行命令,即完成取消分路不良的操作。取消分路不良设置成功后,车站视图的对应分路不良设备上显示紫色的光带将消失。

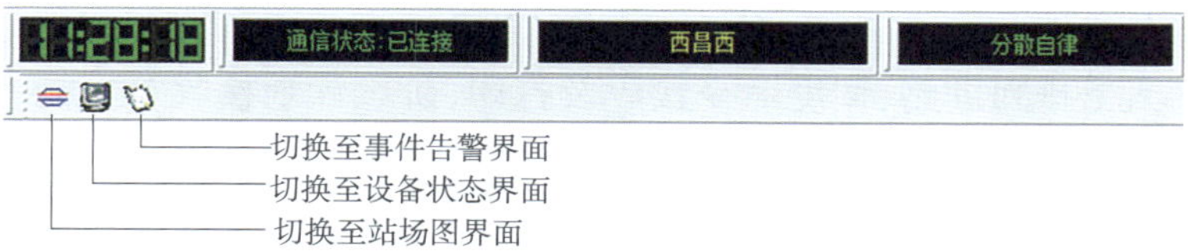

图 11-3-4　分路不良设置界面(一)

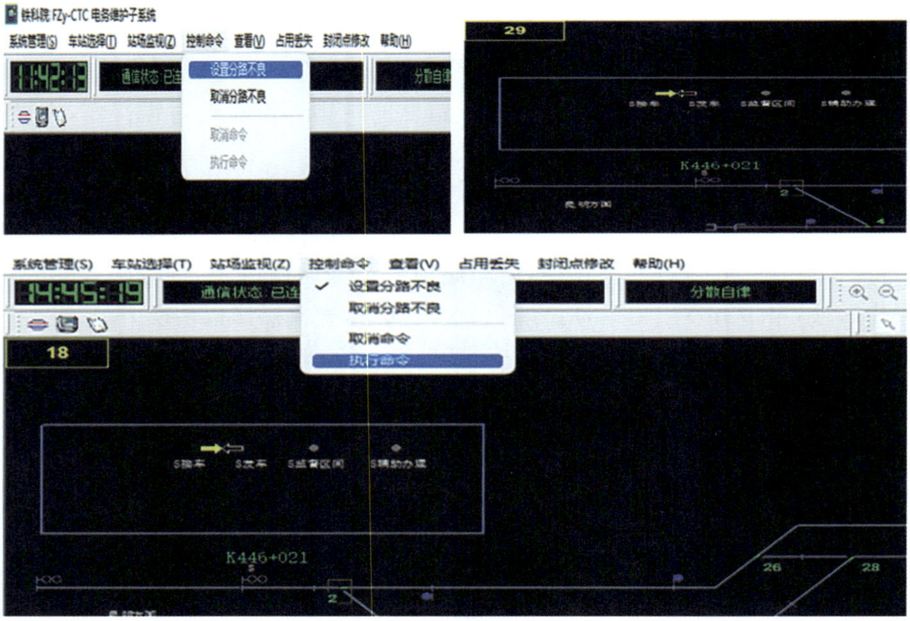

图 11-3-5　分路不良设置界面(二)

二、CTC 车站设备巡检作业

(一)巡检准备

1. 预测预判：通过前期发现的设备不良反应，针对可能存在的问题，对 CTC 车站设备巡检重点，提出巡检要求。

2. 派班会：明确巡检作业负责人、室内防护员、作业时间、地点、作业人员分工、巡检要求和安全预判及安全讲话。

3. 工具及仪表准备：联络工具、照明灯、螺丝刀、镊子、尖嘴钳、斜口钳、万用表、测电笔、毛刷等。

4. 材料准备：标识、扎带、标牌等。

(二)CTC 车站设备巡检作业流程

CTC 车站设备巡检作业应做到一问、二看、三检查。

1. 一问：访问车站值班员，了解 CTC 车站设备运用情况。

2. 二看：行车室操作终端、系统维护终端设备状态(不得代替车站值班员操作 CTC 设备)。

(1)查看车务终端

进路触发、人工排列进路、调度命令接收及打印、阶段计划接收等功能；显示的道岔位置、信号机灯位、进路光带、临时限速状态、信号机点灭灯状态、车次号跟踪、站内分路不良区段设置等表示信息；终端同步状态及时钟。

查看车务终端调监显示(单站画面为宜)(图 11-3-6)：道岔或区段淡紫色线条代表分路不良区段，车站值班员确认空闲后为稳定状态，未确认空闲时为闪烁状态；道岔单锁为绿色圆形标识；道岔单封为红色矩形标识；信号机（按钮）、股道封锁、区间封锁加封为白色锁型标识；非自复式按钮被按下会以明显不同的方式显示；区段黄色外包线代表临时限速（图 11-3-7）；信号机灭灯状态时信号机图标圆形内带有"×"形符号，无"×"形符号时为开灯状态。

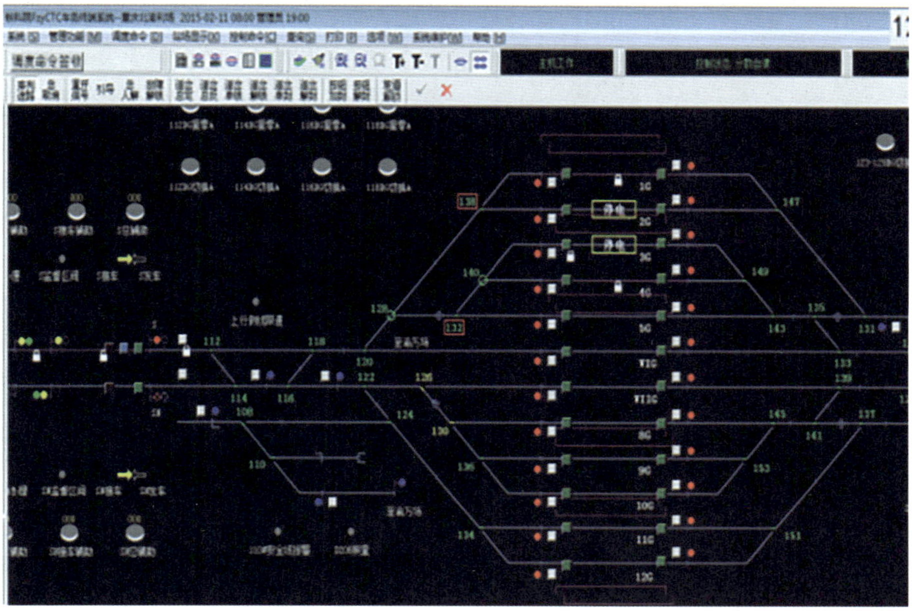

（a）车务终端调监显示画面

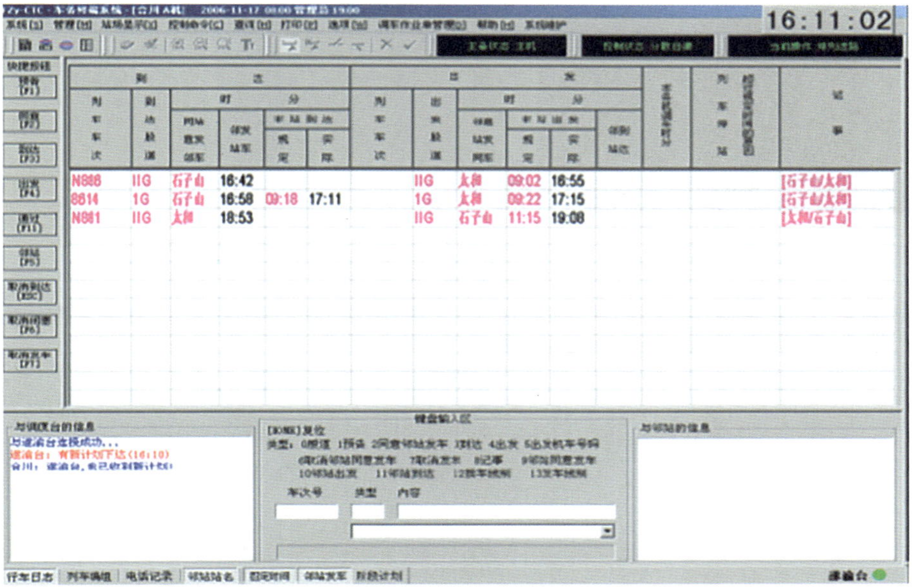

（b）行车日志

图 11-3-6　车务终端显示

（2）查看电务维护机

电务维护机调监界面、设备连接图界面、报警窗口如图 11-3-8、图 11-3-9 所示。

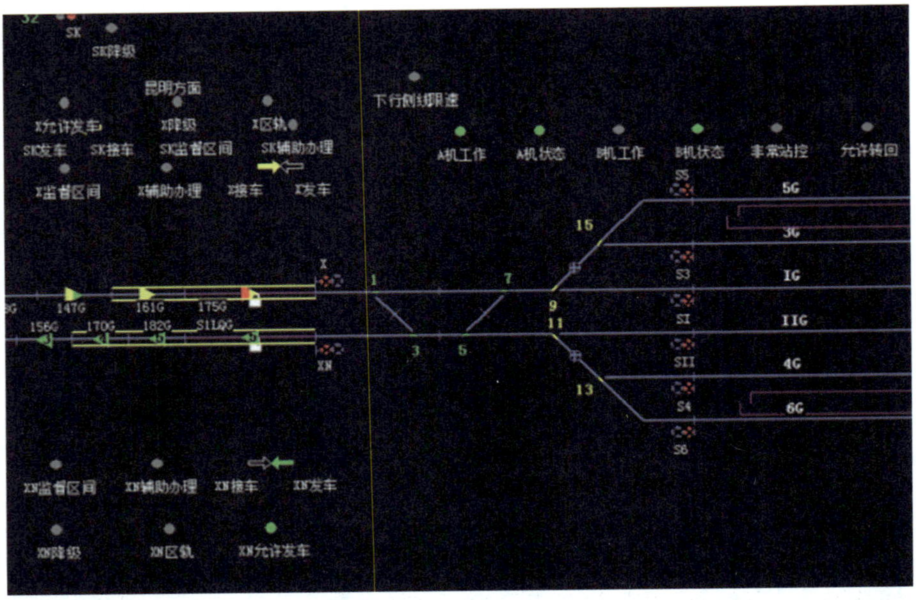

图 11-3-7　区段黄色外包线

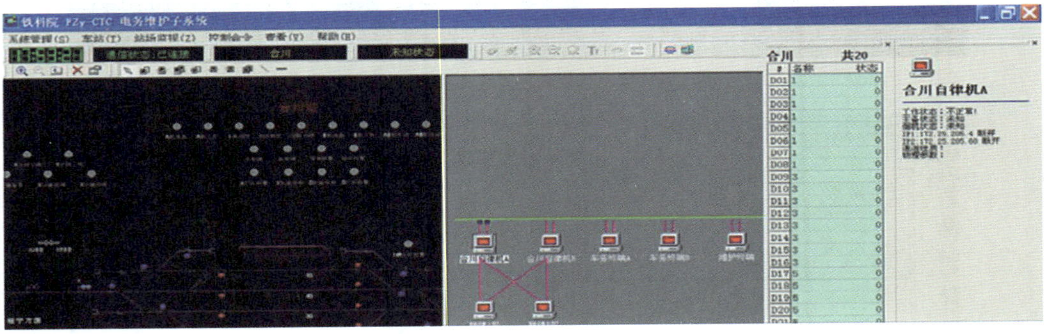

图 11-3-8　电务维护机调监画面、设备连接图界面

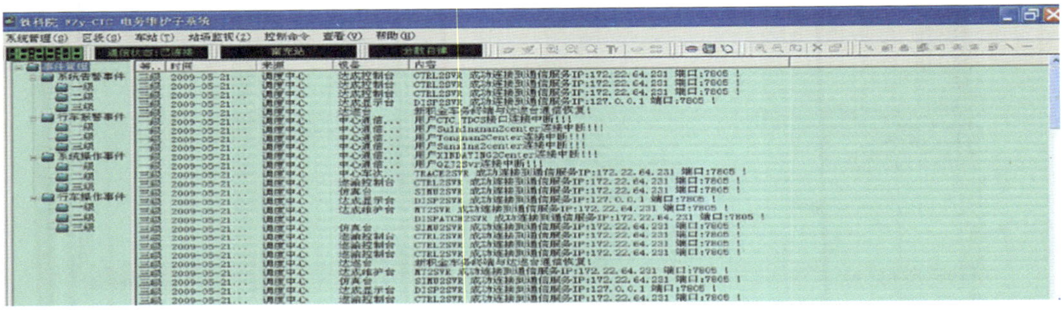

图 11-3-9　电务维护机报警窗口

3. 三检查：检查 6 个项目（检查项目可同时进行，无顺序要求）。

（1）机柜及设备外部清扫、除尘（含各部风扇、工控机过滤网）。工控机过滤网如图 11-3-10 所示。

图 11-3-10　工控机过滤网

(2)各子系统指示灯,如图 11-3-11 所示。

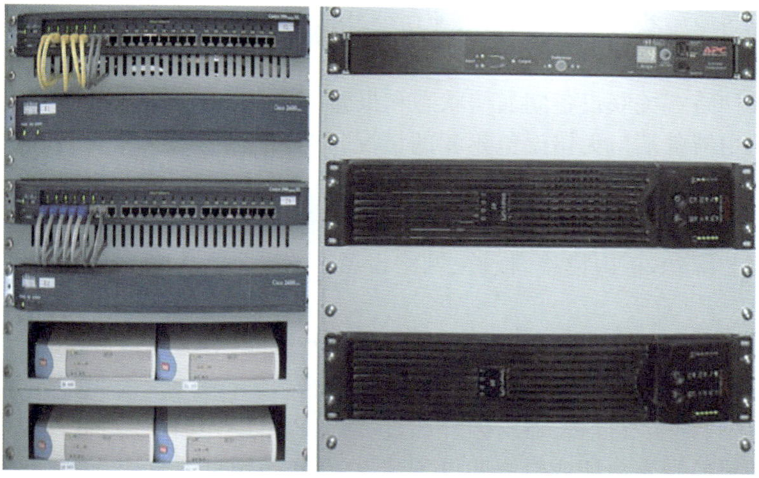

图 11-3-11　路由器、交换机、协议转换器、UPS 指示灯

(3)电源适配器及电缆、电线、接地线、防雷单元。

(4)各类标识铭牌。

(5)USB 口加封状态。

(6)倒机开关(钥匙/旋钮)在自动位。自律机倒机单元正、背面如图 11-3-12、图 11-3-13 所示。

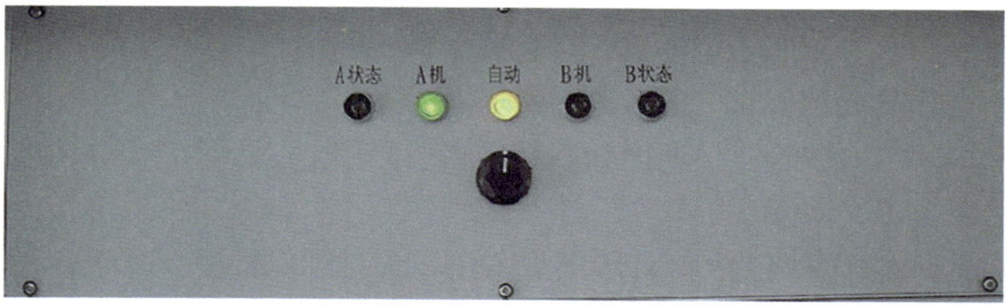

图 11-3-12　自律机倒机单元正面

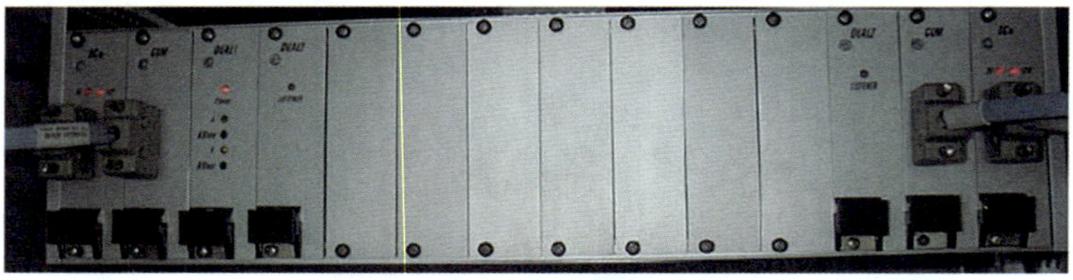

图 11-3-13　自律机倒机单元背面

三、CTC 车站设备检修作业流程

CTC 车站设备检修作业应做到一问、二查、三检修、四试验、五复验。

1. 一问。

(1)访问车站值班员，了解 CTC 车站设备运用情况。

(2)访问现场工区人员，了解 CTC 车站设备存在的不良情况。

2. 二查。

(1)检查设备原始状态，包括临时限速命令、区间封锁、股道封锁、非自复式按钮、信号机点灭灯状态(按类型)等标识显示。

(2)检查维护终端关联设备间通信状态和报警信息。

(3)检查路由器各端口无错误包累积的情况，端口连接状态无异常；ping 命令检查无丢包情况。

3. 三检修：检修 8 个项目(检修项目可同时进行，无顺序要求)。

(1)机柜安装螺丝，柜内模块、板件、网络设备、电源适配器、断路器(熔断器)等安装、插接状态。

(2)接线端子，防雷单元，电缆、电线焊接、插接及接地、等电位连接状态。

(3)设备配线状态。

(4)清扫机柜、终端及设备、器材内外部，包括 UPS、工控机防尘过滤网、风扇。

(5)按周期更换到寿命期或轮修期设备、器材及状态不良器材。

(6)更换、补充各类标识铭牌。

(7)USB 端口加封。

(8)系统软件版本检查。

4. 四试验：试验 5 项内容。

(1)各子系统Ⅰ、Ⅱ系自动、手动切换试验。

(2)UPS 供电和电源直供切换试验，UPS 主、备切换试验，放电试验。

(3)CTC 系统输入、各种输出电压及接地绝缘测试、电缆对地绝缘测试。

(4)CTC 系统模式转换试验。

(5)进路触发、人工排列进路、调度命令接收及打印、阶段计划接收等功能试验。

5. 五复验：复验 6 个环节。

(1)恢复设备原始状态，包括临时限速命令、区间封锁、股道封锁、电力臂、非自复式按钮、信号机点灯状态等标识显示正确。

(2)各终端同步状态正常，时钟正确。

(3)站内分路不良区段设置正确、齐全。

(4)倒机开关(钥匙/旋钮)在自动位。

(5)各子系统模块、I/O 板件、交换机、路由器、协议转换器、通信质量监督、防火墙、KVM、UPS 等设备指示灯显示正确。

(6)清点工具、材料，清理周围杂物等，做到现场工完料清。

第十二章　信号设备防雷与接地

第一节　防雷概述

一、雷电的分类

雷电是一部分带电云层与另一部分带异种电荷的云层，或者带电云层与大地之间产生强烈闪电并伴随巨大响声的放电现象。

按雷电的危害方式可分类为直击雷、感应雷和雷电侵入波。

(一)直 击 雷

1. 直击雷是带电云层(雷云)与地面突出物之间的电场强度达到空气击穿强度时，发生激烈放电并出现闪电和雷鸣的现象。

2. 直击雷的放电过程。

每一次放电过程分为先导放电、主放电和余光三个阶段。先导放电是雷云向大地发展的不太明亮的一种放电，当先导放电接近大地时，立即发生从大地向雷云发展的极明亮的主放电，主放电有微弱余光。大约50%的直击雷有重复放电的性质。平均每次雷击有三四个冲击，最多能出现几十个冲击。第一个冲击的先导放电是阶段形先导放电，第二个冲击以后的先导放电是箭形先导放电。阶段形先导放电的时间为5～20 ms，箭形先导放电的时间约为1 ms，主放电时间不超过0.5～0.1 ms，余光延续时间为30～50 ms。

(二)感 应 雷

感应雷也称雷电感应或感应过电压。感应雷分为静电感应雷和电磁感应雷两种。

1. 静电感应雷

静电感应雷是雷云接近地面时，使邻近的金属设施特别是较长的金属设施(如架空线路)上，感应产生与雷云相反的大量束缚电荷。在雷云对其他部位或其他雷云放电后，这些金属设施上的电荷失去束缚，以雷电波的形式高速传播，形成静电感应。静电感应电压的幅值可达到几万到几十万伏，往往造成建筑物内的导线、接地不良的金属导体和大型的金属设备放电而引起电火花，从而引起电击、火灾、爆炸，危及人身安全或对供电系统造成危害。

2. 电磁感应雷

电磁感应雷是由于雷电放电时，巨大的冲击雷电流在周围空间产生迅速变化的磁场引起的。这种强磁场能使周围的金属导体产生很高的感应电压。电磁感应雷会对建筑物内的电子设备造成干扰、破坏，或者使周围的金属构件感应出电流，产生大量的热而引起火灾。

(三)雷电侵入波

雷电侵入波是指雷击在架空线或空中金属管道上产生的冲击电压沿线路或管道的两个

方向迅速传播的雷电波。雷电侵入波在架空线上的传播速度为 300 m/μs，在电缆中为 150 m/μs。

二、雷电侵入信号设备的主要途径

（一）空间电磁感应

雷电直击装有信号设备的建筑物及装有信号设备的场所附件的构筑物、地面突出物或大地时，雷电电磁脉冲将在信号系统内产生过电压和过电流。此种雷电侵入方式对信号设备的影响具有较大的不确定性，它与电磁感应的强弱、方向、持续时间及信号设备所处的位置都直接有关。

（二）由供电电源侵入

向信号设备供电的电源系统上遭受直接雷击产生的电磁脉冲，或电源馈线附近遭受直接雷击时感应在电源线上的雷电电磁脉冲，经电源馈线传导，在信号系统电源设备上产生的过电压和过电流。

（三）由信号传输线侵入

与信号系统设备相连的信号传输线路、钢轨等设施上遭受直接雷击时产生的电磁脉冲，或与信号系统设备相连的信号传输线路附近遭受直接雷击时，感应在信号传输线上的电磁脉冲，经线路传导侵入信号系统内的过电压和过电流。具体有由轨道电路侵入、由信号点灯电路侵入、由道岔控制回路侵入等。

（四）地电位反击

雷击信号设备场地建筑物的避雷针（或避雷带、避雷网）时，雷电流沿避雷针（或避雷带、避雷网）引下线进入接地装置引起地电位升高，这时，在信号系统接地导体和其他导体间产生的反击雷过电压。

无论经由哪种途径侵入的雷电，从一开始作用到信号设备上都是以过电压的形式出现，雷击造成两线间的过电压称为横向过电压，造成线对地的过电压称为纵向过电压。

三、信号设备的防雷要求

1. 铁路信号设备雷电防护应采取综合防护的方法，主要为三个方面：

（1）改善电磁兼容环境条件，包含屏蔽、等电位设置以及合理布线；

（2）分区分级设置防雷保安器；

（3）良好接地措施。

2. 铁路信号设备本身的电磁兼容性应当符合相关标准要求。电气化牵引区段，与钢轨连接的信号设备，还应符合不平衡牵引电流抗干扰度试验要求。

3. 与室外连接的信号设备，其雷电电磁脉冲的抗扰度应符合相关标准要求。

4. 信号设备的防雷原则。

不同的雷电活动地区，应采取相应的防雷措施，采用多级防雷时，防护元件应配置合理。采取屏蔽、等电位连接、合理布线、良好接地等方式改善信号设备电磁兼容。

信号设备、器材要具有符合规定的耐受电压、过电流的能力，满足电磁脉冲抗扰度。防雷元器件应与被防护设备匹配设置，保证雷电感应电磁脉冲过电压在被保护设备以下。

第二节　接地装置分类及相关要求

一、信号设备的接地装置分类

信号设备应设安全地线、屏蔽地线和防雷地线。信号设备的机架(柜)、控制台、箱盒、信号机梯子等应设安全地线,交流电力牵引区段的电缆金属护套应设屏蔽地线,防雷保安器应设防雷地线,安装防静电地板的机房应设防静电地线,微电子设备需要时可设置逻辑地线。上述地线均由共用接地系统的地网引出。

信号机房室内信号设备的接地装置应构成网状(地网),如图 12-2-1 所示。

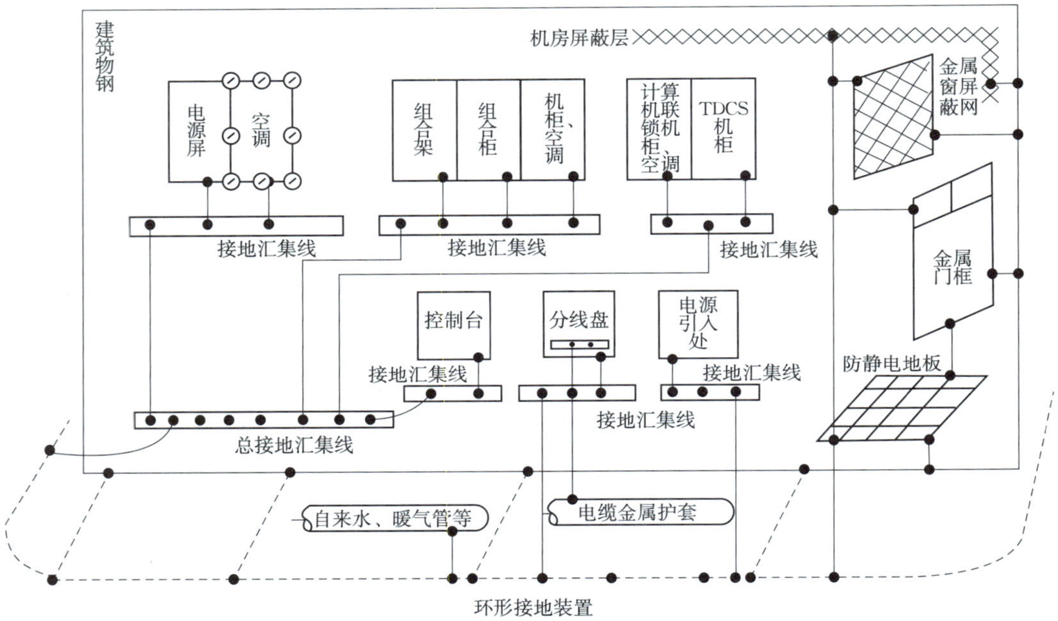

图 12-2-1　信号机房室内信号设备接地装置

接地导线上严禁设置开关、熔断器或断路器。

为抗击直击雷和降低雷电电磁干扰,信号机房的建筑物应采用法拉第笼进行电磁屏蔽。电源室(电源引入处)、防雷箱处、防雷分线柜(或分线盘)处的接地汇集线应单独设置,并分别与环形接地装置单点冗余连接。建筑物内所有不带电的自来水管、暖气管道等金属物体都必须与环形接地装置(或与建筑物钢筋、机房屏蔽层)做等电位连接。

二、信号设备接地装置的相关要求

(一)既有机房建筑物直击雷防护和屏蔽

1. 为抗御直击雷和降低雷电电磁干扰,信号机房的建筑物应采用法拉第笼进行电磁屏蔽。

(1)法拉第笼由屋顶避雷网、避雷带、引下线、机房屏蔽和接地系统构成。

(2)避雷网由不大于 3 m×3 m 的方形网格构成,每隔 3m 与避雷带焊接连通。网格由 40 mm×4 mm 的热镀锌扁钢交叉焊接构成。热镀锌钢材的镀层厚度为 20～60 μm。

(3)避雷带应采用不小于 $\phi 8$ mm 热镀锌圆钢沿屋顶周边设置一圈，距墙体高度 0.15 m，并用热镀锌圆钢均匀设置避雷带支撑柱，支撑柱间距不大于 1 m。

(4)引下线是避雷带与接地装置的连接线，沿机房建筑物外墙均匀垂直敷设 4～6 根，安装应平直，并与其他电气线路距离大于 1 m。引下线的固定卡钉布置应均匀牢固，间距宜小于 2 m。

(5)引下线宜采用 40 mm×4 mm 热镀锌扁钢或不小于 $\phi 8$ mm 热镀锌圆钢，上端与避雷带焊接连通，焊接处不得出现急弯(弯角不小于 $R90°$)，下端与地网焊接。

(6)引下线与分线盘(柜)间距应不小于 5 m。

2. 信号机房建筑物屋顶不允许设置避雷针。

3. 为节省投资和合理利用资源，法拉第笼也可利用建筑物的钢筋混凝土结构或框架结构建筑物，实现引下线和大空间屏蔽网的作用。引下线利用建筑物内主钢筋时，主钢筋应与接地装置(地网)、避雷带焊接。

4. 安装电子设备的机房宜进行更完善的室内法拉第笼屏蔽。

(1)其屏蔽层应选用铁板或铝板等电磁屏蔽材料，板材厚度应不小于 0.6 mm。

(2)门窗屏蔽应采用截面积不小于 3 mm^2、网孔小于 80 mm×80 mm 的铝合金网，并用截面积不小于 16 mm^2 的软铜线与地网或屏蔽层可靠连接。

(3)金属板间每间隔 500 mm 必须焊接或用截面积不小于 2 mm^2 的软铜线可靠连接。

(4)屏蔽层必须在引下线与地网连接处用截面积不小于 25 mm^2 的软铜线可靠连接(可多处连接)。

(5)机房已经预留钢筋接地端子板的，屏蔽层还应与钢筋接地端子板栓接。

(6)机房地面宜采用防静电地板；其金属支架间应互相可靠连接，或在金属支架底部采用 0.1 mm×20 mm 铜箔带构成与支架一致的网格，铜箔带交叉处用锡焊接。

(7)互相连接的金属支架或网格铜箔带应采用 10 mm^2 的铜带(扁平铜网编织带)与地网或屏蔽层连接，至少 4 处，铜带一端加线鼻后与地网或屏蔽层栓接，另一端用锡焊接。

(二)新建机房建筑物直击雷防护和屏蔽

1. 机房在选址上除考虑生产需要、生活方便外，还应选在土壤电阻率低、腐蚀性小、距变(配)电所大于 200 m 的位置。

2. 房屋结构应采用钢筋混凝土框架结构。在混凝土框架内应设置不小于 $\phi 12$ mm 的圆钢为主筋(加强钢筋)，主筋间用相同规格的圆钢相互焊接成不大于 5 m×5 m 的网格，并保证电气连接的连续性。主筋上端必须与避雷带焊接，下端必须就近与基础接地网焊接。

3. 建筑物施工时，应在机房四周室内、室外距地面 0.3 m 处预留与混凝土框架内主筋连接的接地端子板各 4 块。室外接地端子板应与环形接地装置栓接，室内接地端子板应与机房屏蔽层或与防静电地板下的金属支架(或支架下的铜箔带)栓接。

4. 机房直击雷防护和屏蔽应符合“既有机房建筑物直击雷防护和屏蔽”中第 1、2、4 条要求。

5. 安装电子设备的机房可在墙体内用钢筋网设置屏蔽层。钢筋网应采用不小于 $\phi 8$ mm 的圆钢焊接成不大于 600 mm×600 mm 网格，并与主筋焊接连通，窗户设有防盗网的还应与防盗网钢筋焊接。门窗屏蔽及采用金属板的机房屏蔽应符合既有机房建筑物直击雷防护和屏蔽中第 4 条要求。

（三）室外信号设备直击雷防护和屏蔽

1. 室外电子设备集中的区域，可在距电子设备和机房建筑物 30 m 以外的地点安装多支独立避雷针。

2. 包含信号设备的箱、盒、柜等壳体应具有良好的电气贯通和电磁屏蔽性能，壳体内应设专用接地端子（板）。室外信号设备的金属箱、盒壳体必须接地。进出金属箱、盒的电源线、信号线宜采用屏蔽电缆或非屏蔽电缆穿钢管埋地敷设，屏蔽电缆的金属屏蔽层或钢管应接地。

3. 严禁用钢轨代替地线。

4. 高柱信号机点灯线缆应采用屏蔽线缆。

第三节　接地体和接地汇集线

一、接 地 体

地线、水平接地体、垂直接地体可采用石墨电极、铜包钢、铜材、热镀锌钢材（钢管、圆钢、角钢、扁钢）或其他新型接地材料，电力牵引区段宜采用石墨接地体。采用热镀锌扁钢时，扁钢不小于 40 mm×4 mm；采用热镀锌圆钢时，圆钢直径不小于 8 mm。采用热镀锌钢管时，钢管壁厚不小于 3.5 mm；采用热镀锌角钢，角钢不小于 50 mm×50 mm×5 mm。难以避开污水排放和土壤腐蚀性强的地点时，水平接地体应选用耐腐蚀性材料，采用热镀锌扁钢镀层不宜小于 60 μm。

贯通地线应采用截面积不小于铜当量 35 mm^2、耐腐蚀并符合环保要求的镀锌裸铜材。

二、接地汇集线

接地汇集线采用大于 30 mm×30 mm 紫铜排，如图 12-3-1 所示。接地汇集线与地网的连接线采用截面积不小于 50 mm^2 的有绝缘护套铜导线。

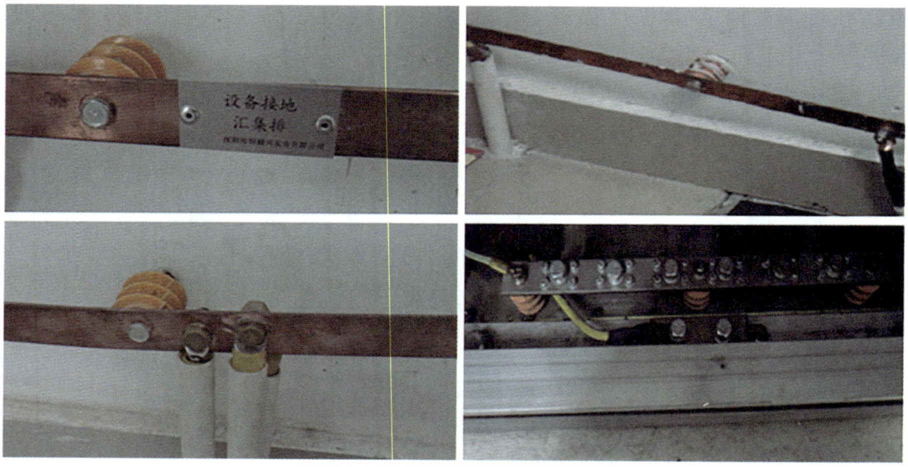

图 12-3-1　接地汇集线

三、线路防护

引入信号机械室内的电力线路应采用多级防雷，单独设置电源防雷箱。引入信号机械室内的信号线缆、通信等其他线缆应设置浪涌保护器。防雷电波侵入的主要措施是安装防雷保护器（即浪涌保护器SPD）。

（一）信号设备的防雷保护器组成及连接方式

1. 防雷保护器组成：由压敏电阻（氧化锌压敏电阻器、劣化指示氧化锌压敏电阻器）、放电管（金属陶瓷二极放电管、金属陶瓷三极放电管）、瞬变电压抑制器、防雷变压器组成。

2. 防雷保护器的连接方式：绝大部分SPD都是由上述元件根据不同的场合和要求以不同的组合方式而构成。接线方式采用并联、串联两种，SPD一般与电路并联安装，少数信号防雷保护器采用串联方式，如图12-3-2所示。

（a）SPD并联接线　（b）SPD串联接线

图12-3-2　防雷保护器的接线方式

（二）信号设备的防雷防护

在铁路信号防雷中，信号电源采用全模防护，轨道电路用横向防护，信号机与其他电路用纵向防护，如图12-3-3所示。

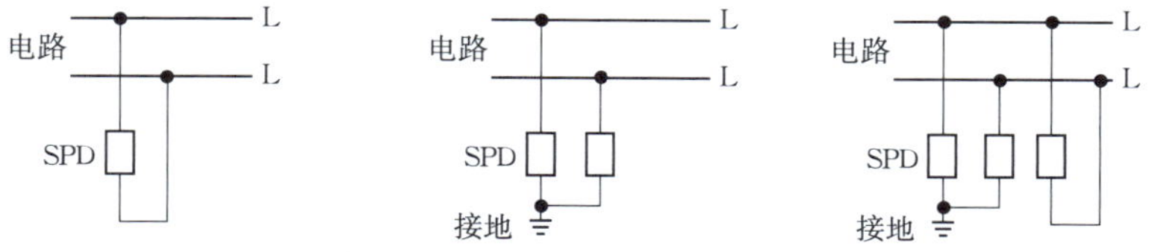

（a）差模（横向）防护　（b）共模（纵向）防护　（c）全模（纵横）防护

图12-3-3　防雷的三种防护方式

第十三章　信号集中监测系统

第一节　体系结构及功能

一、信号集中监测系统体系结构

铁路信号集中监测系统(CSM,Centralized Signalling Monitoring System),原称铁路信号微机监测系统,是面向高速铁路及普速铁路信号领域(其监测范围包括联锁、闭塞、列控、CTC/TDCS、驼峰、电源屏、计轴等信号系统和设备)的综合性维护支持和信息监控网络系统,它集实时数据采集、数字通信、数据处理、自动控制、多任务协调、图文显示为一体,是保证行车安全、加强信号设备及其结合部监控管理和维护支持的重要行车安全设备,是信号设备唯一的综合性维修平台。信号集中监测系统实时、准确、可靠监测铁路信号设备及其结合部的状态和运用质量,为铁路基层信号工日常维修维护提供了一个利用设备自动测试的工作手段,代替了原来的全手工测试方式;并通过智能化的预警分析技术和故障诊断技术辅助并指导现场设备维护,提高电务部门维护水平和维护效率,是信号设备维修工作必须配备的维护工具和装备,已经成为电务维护人员离不开的辅助维修手段。

监测系统体系结构包括系统配置的层次结构和数据通信的网络结构。体系结构的划分应符合电务部门监测、维护和管理工作的实际需要。

监测系统的层次结构为"三级三层"结构(图 13-1-1)。三级:国铁集团级、集团公司级、站段级;三层:国铁集团层监测子系统、铁路局集团公司/站段层监测子系统、车站层监测子系统。

二、站机结构

(一)硬件总体结构

CSM-2010-WD 型监测系统的核心是车站现场信号设备监测系统和通信网络系统。其硬件总体结构如图 13-1-2 所示。

(二)软件总体结构

站机监测软件是基于 Windows NT 平台,在若干支持软件下开发的应用软件包,具有数据采集、图形处理、实时报警、数据报表、联网通信、辅助分析等功能。

站机监测软件由以下几部分组成。

1. 前置机通信部分。封装成 DLL 形式,在模块内部启动线程函数综合接收数据,并以回调的形式处理各种数据。

2. 主线程。主要处理转发分机缓冲上的数据、接收并处理列控、ZPW-2000 系列轨道电路数据,以及周期性处理日报表、开关量、模拟量、系统状态等。

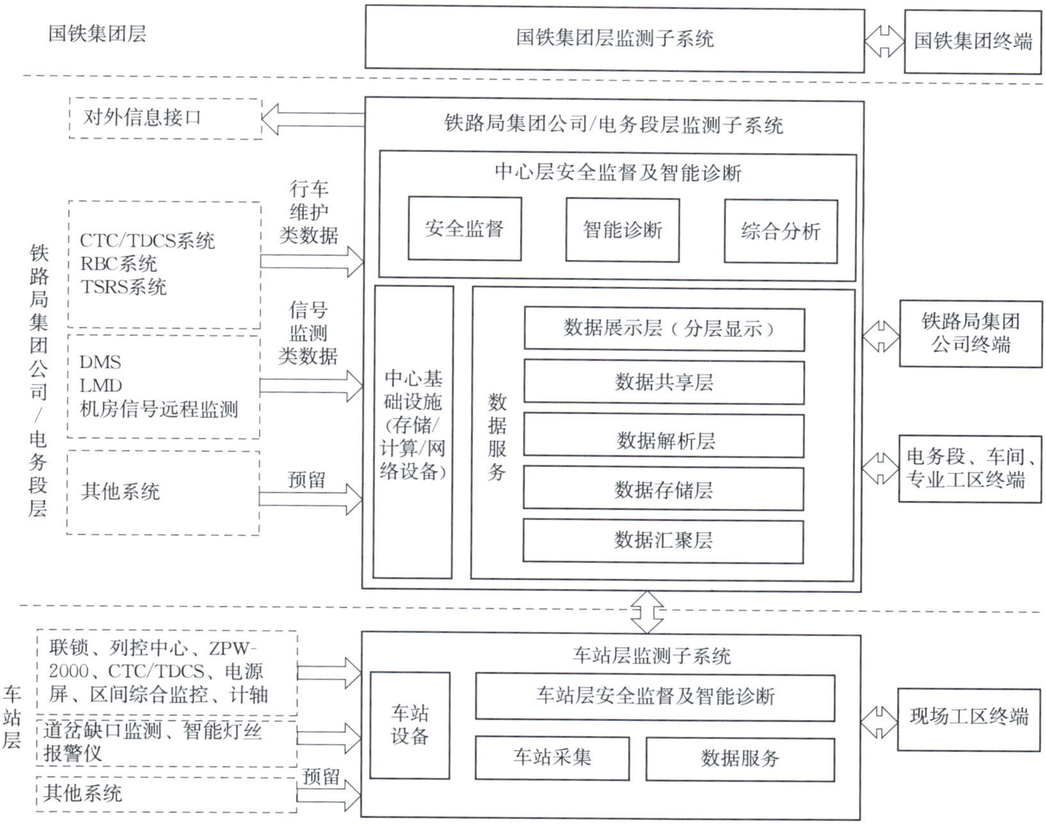

图 13-1-1　信号集中监测系统体系结构

3. 数据库模块。异步接收入库的操作、转换成 SQL 语句后，线程给予入库，查询则直接返回。

4. 网络、站机命令处理模块。为统一站机、终端的处理流程，以命令形式处理相应操作。站机直接拷贝到缓冲；服务器或终端命令则网络发送。

5. 界面显示部分。根据开关量状态画站场图，而各个模块根据配置文件显示相应功能菜单。

(三)采集机结构

CSM-2010-WD 型监测系统车站设备分为四部分：采集机柜（铁道行业标准）、采集综合柜（组合柜）、站机柜（欧洲标准）、外电网智能传感器（安装在外电网综合防雷配电箱中）。

采集机柜内设备含采集分机、板卡、传感器板、绝缘漏流测试组合等。

采集综合柜内设备含零层、空开、JZ24 V 电源、传感器电源、智能采集分机、智能传感器、分机组合、传感器组合等。

站机柜内设备含监测机（前置机）、分析机、联网设备、UPS 等。

三、信号集中监测系统功能

(一)模拟量监测功能

1. 外电网综合质量。

(1)监测点：G2 盘配电箱（电务部门管理）闸刀外侧。

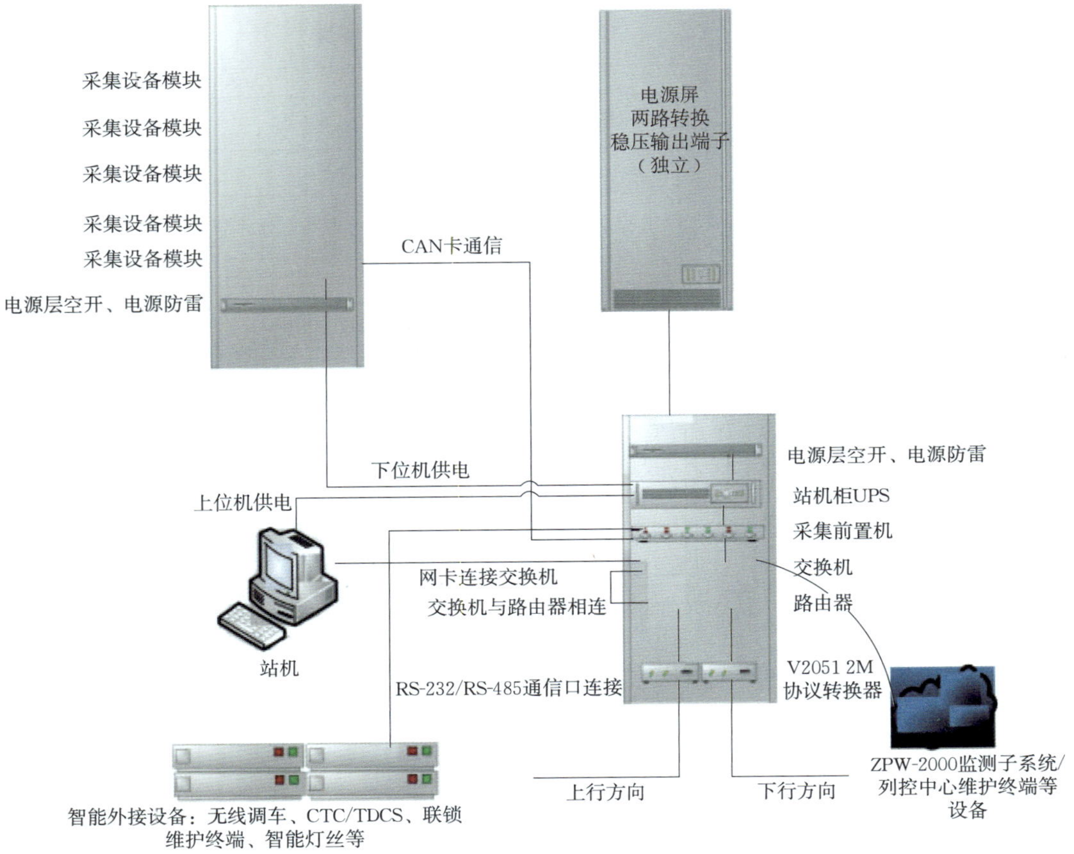

图 13-1-2　硬件总体结构

（2）外电网命名规则：Ⅰ路（贯通电源或其他电源），Ⅱ路（贯通电源或其他电源）。

2. 电源屏监测。

（1）非智能电源屏监测内容：各电源屏输入电压；各电源屏输出电压；25 周电源屏输出电压、频率、电压相位角；6502 电气集中联锁车站采集闪光电源闪光频次。

（2）智能电源屏监测补充规定：监测内容、报警信息接入智能屏，由智能屏接口传送至监测站机；6502 电气集中联锁车站智能电源屏自监测机应采集闪光电源的闪光频次，并送达至信号集中监测站机。

3. 电缆绝缘监测。

（1）计轴设备：计轴电缆 2 芯备用芯线。

（2）区间备用电缆：区间每根电缆备用贯通电缆 1 芯线。

（3）站内备用电缆：分线盘至设备最远端贯通电缆芯线，每方向 2 芯。

4. 站（场）间联系电压监测。

（1）监测内容：硅整流输出电压。

（2）监测点：组合架侧面。

5. 其他监测内容。

（1）车站信号机械室空调电压、电流、功率模拟量监测。

(2)单线自动闭塞区段计轴备用电缆芯线对地电压监测。

(3)各系统自带 UPS 输入、输出电压、电流监测。

(4)断相保护器 BHJ 励磁电压、输出 AC 380 V 电压。

预留监测项目采集传感器。监测项目采集传感器的监测内容为 AC 380 V、AC 220 V、AC 110 V,DC 220 V、DC 24 V 各 1 路。

(二)开关量监测功能

1. 开关量监测类型规定

(1)控制台按钮、表示灯

①6502 电气集中联锁车站:控制台所有按钮、表示灯。

②计算机联锁车站:控制台显示器盘面上所有按钮、表示灯。

(2)关键继电器

①继电联锁车站采集项目。进站、出站、调车信号:KJ、GJJ、FKJ。轨道电路:DGJ、FDGJ、QJJ、人解盘 SGA(ZRJ 提供条件电源)。方向电路:LJJ、LFJ、DJJ、DFJ、ZXJ、TXJ。计轴:QGJ、GYFLJ、FLJ。道岔控制电路:SJ7、SJ8、1DQJ、DBJ、FBJ(含提速分表示)。坡道电路:PZJ、PJSJ、PJAJ。中岔电路:CSJ、FSJ、LZJ。站内电码化:JMJ、FMJ、GCJ。零散:WGJ、GJ、防灾继电器。64D 半自动闭塞:FUAJ、SGAJ、BSAJ、XZJ、KTJ、ZXJ、FXJ(站间安全信息设备已采集的不再采集)。继电方向电路:DJ、CF、KJ。

②计算机联锁车站采集项目。轨道电路:DGJ。计轴:QGJ、GYFLJ、FLJ。道岔电路:1DQJ、DBJ、FBJ(含提速分表示)。站内电码化:JMJ、FMJ、GCJ。其他:WGJ、GJ、防灾继电器。

2. 开关量采集点规定

(1)自动闭塞区段:区间信号机点灯、区间轨道占用状态。继电编码区段:CTC/TDCS 接口。列控编码区段:列控接口。

(2)列车信号机主灯丝断丝。

①6502 电气集中联锁车站:智能灯丝监测仪接口,无智能灯丝监测仪时从表示灯电路采集。

②计算机联锁车站:智能灯丝监测仪接口,无智能灯丝监测仪时从计算机联锁接口获取。

(3)主、副熔丝转换:智能熔丝报警器接口,无智能熔丝报警器时从组合排架熔丝报警器采集。

SJ 第 8 组接点封连动态监测规定:6502 电气集中车站股道中有 2 个中间出岔的道岔电路或带动道岔电路的只监测不报警。

(三)系统接口

车站基建、大修、更改工程中,具有自诊断功能的铁路设备供应商应及时向监测系统设备集成商提供码位表等相关数据和仿真模拟测试软件。

1. 计算机联锁接口

(1)监测内容。

设备状态:联锁系统内部网络通信状态。按钮状态应进入大排队表。报警信息:联锁系统内部网络通信报警。驼峰联锁系统：ZK4 道岔转换时间，缓行器制动时间，缓行器缓解时间，驼峰测长、测速、测重等信息。

(2)联锁仿真试验前，联锁厂家应向监测系统厂家提供码位表等数据；联锁仿真试验时，应同步进行联锁系统与监测系统的联调测试。

2. 25 Hz 轨道电路参数智能测试盘接口

(1)监测内容：轨道接收端交流电压、相位角。

(2)监测点：二元二位轨道电路继电器端、局部电压输入端，相敏轨道电路电子接收器端。

(3)监测精度：电压±1%；相位角±1%。

(4)监测测试方法：变化测试，轨道继电器励磁时测相位角，轨道占用时不测相位角。

(5)与监测接口方式：RS-485 接口，硬件光电隔离，与监测系统通信周期不大于 1 s。

3. G2 盘远动接口

(1)信号工区终端机、电务段调度终端机上，安装相应管辖内车站的信号 G2 盘断路器远程控制软件，并通过监测界面上的“G2 盘远动控制”菜单实现启动 G2 盘断路器远程控制软件。

(2)电务段调度终端机、电务段分析中心终端机、信号车间终端机、信号工区终端机上，具备显示管辖内信号机械室 G2 盘断路器状态功能，以及记录、查询 G2 盘断路器远程闭合操作记录功能。

(四)站机系统整体界面

站机系统整体界面如图 13-1-3 所示，分为标题栏、菜单栏、快捷工具栏、站场图图形显示区域、实时操作状态栏、通信状态栏等几个部分。

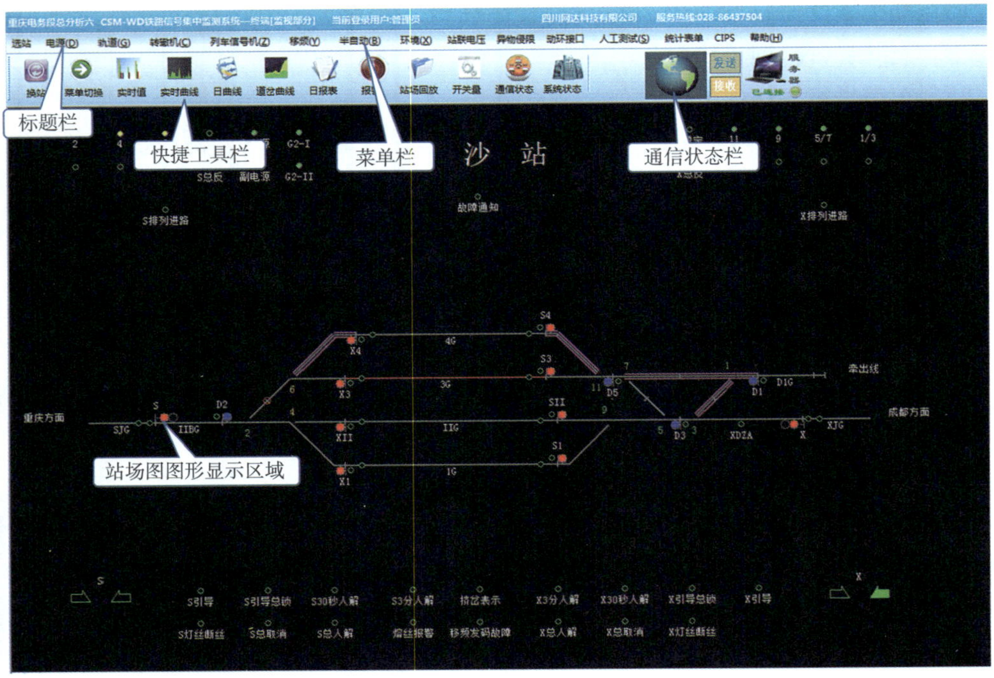

图 13-1-3　站机系统整体界面

标题栏——显示系统信息，公司名称及服务热线。

菜单栏——列出系统的全部功能菜单以供选择。

下拉菜单栏——列出具体系统设备功能菜单。

快捷工具栏——提供快速的功能选择，包括了菜单切换、实时值、日曲线、道岔曲线、日报表、报警、站场回放、开关量。

站场图图形显示区域——显示当前车站所有设备的运行状态。

通信状态栏——显示与中心服务器通信状态。

状态栏——显示本机当前时间、战场图当前时间以及与前置机采集设备连接状态。

实时操作状态——显示当前操作提示。

右键菜单栏——包括程序的其他拓展功能操作。

（五）站场图显示功能

1. 站场图动态提示。当鼠标移动到对应站场图设备上后，系统将自动提示该设备的名称，便于在站场图缩小时能准确显示设备信息，包括当前站总体信息。

2. 车站名称应与车站控制台一致，电子地图中线路类型应与现场保持一致（单线区段为单线条，复线区段为双线条）。

3. 鼠标点到车站名称时显示本站基本概况，包括联锁类型及型号、电源屏类型机型号、闭塞方式、站内轨道电路制式、车站所属工区和车间、道岔数量、区段数量、监测型号等。鼠标点到设备应显示设备名称、型号。

4. ZPW-2000 系列轨道电路按现场设备实际显示。

5. 监测界面原则上应与车站联锁显示界面保持一致，当联锁显示界面未统一时，监测界面以 6502 电气集中联锁控制台显示界面为准。

（六）报警和预警

监测系统根据设备故障性质产生三类报警和预警。

1. 一级报警

原则：涉及行车安全的信息报警。

报警方式：车站站机“窗口”报警，各级终端机“声”“光”“窗口”报警。车站站机人工确认后停止报警，其他终端机由人工在本地终端机上确认后停止报警。电务段“安全信息分析中心”销号后，车站站机、各级终端机停止报警。

类型：挤岔报警、列车信号非正常关闭报警、故障通知按钮报警、火灾报警、防灾异物侵线报警、6502 电气集中联锁车站 SJ 锁闭封连报警。

2. 二级报警

原则：影响行车或设备正常工作的信息报警。

报警方式：车站站机“窗口”报警，铁路局集团公司电务部终端“光”“窗口”报警，电务段各级终端机“声”“光”“窗口”报警。延时 30 s 后“声”“光”自动停止报警；车站站机人工确认后停止报警，其他终端机由人工在本地终端机上确认后停止报警。电务段“安全信息分析中心”销号后，车站站机、各级终端机停止报警。

类型：

（1）普通电源屏输出断电报警。

(2)列车信号主灯丝断丝报警。

(3)熔丝断丝报警。

(4)环境监测温度超上限报警。

(5)计算机联锁系统报警：控显机故障、I/O 板故障、CPU 板故障、主备机故障。

(6)列车运行控制系统报警：A/B 机故障、板卡故障、A/B 机不同步、与计算机联锁通信中断、与 CTC/TDCS 通信中断、与邻站通信中断、与 ZPW-2000 系列轨道电路通信中断、与 LEU 通信中断、LEU 应答器故障。

(7)CTC/TDCS 系统报警：A/B 机故障、板卡故障、A/B 机不同步、无线调度命令转接器通信中断、与计算机联锁通信中断。

(8)智能电源屏报警：系统 2 路输入停电、电源输出断电、输出空开故障、UPS 输入断电、UPS 输出断电、UPS 故障。

(9)计轴设备报警：主机故障、自身板卡故障、室外设备故障、自身 UPS 故障、主机工作电源故障。

(10)站间安全信息数传设备报警：系统故障、Ⅰ系故障、Ⅱ系故障、Ⅰ系待机、Ⅱ系待机、I/O 板卡故障、主系(*N*)行方向通道 1 中断、主系(*N*)行方向通道 2 中断、与邻站通信中断。

(11)信号安全数据网网管设备报警：交换机端口工作状态报警、IP 地址冲突报警、MAC 地址冲突报警、通信状态异常报警、交换机工作电源告警。

(12)移频报警。

(13)ZPW-2000 系列轨道电路设备报警：CI-TC、FS、JS 通信接口故障、CI-TC 通信盘故障。

(14)道岔无表示报警。

(15)外电网报警：2 路同时断电报警。转辙机缺口超限报警。

3. 三级报警

原则：信号设备电气特性超限和其他报警。

报警方式：车站站机及工区、车间、电务段终端机“窗口”报警。电务段“安全信息分析中心”销号后，车站站机、各级终端机停止报警；电务段“安全信息分析中心”分析后(未销号)，段、车间终端机停止报警；车站站机人工确认后工区机、站机停止报警。

类型：

(1)模拟量电气特性超限报警：电源(含硅整流)、25 Hz 轨道电路、移频轨道电路、电码化、道岔直流表示电压、电源对地漏泄电流、电缆绝缘。

(2)监测系统与智能设备通信接口故障报警。

(3)信号集中监测采集分机(智能采集器)通信故障报警。

(4)转辙机油位超限报警。

(5)计算机联锁主机与维修机通信中断报警。

(6)ZPW-2000 系列轨道电路设备报警：维修机与 CI-TC 通信盘通道中断报警。

(7)ZPW-2000 系列轨道电路设备报警：CC 机与采集分机通道中断报警。

(8)CTC/TDCS 系统报警：与联锁 A 机通信中断、与联锁 B 机通信中断、与列控 A 机通信中断、与列控 B 机通信中断。

(9)智能电源屏：UPS 旁路告警、UPS 电池容量超限告警。

(10)计轴设备报警：主机工作电源超限、传感器漂移、主机与维修机通信故障。

(11)无线调车机车信号和监控系统报警：地面控制主机板卡故障、地面控制主机与数传主机通信故障、维修机与监测系统通信故障、地面控制主机与电务终端机通信故障、地面控制主机与车务终端机通信故障、地面控制主机与现车系统通信故障、车载主机与 LKJ 通信故障、地面应答器故障、地面控制主机与计算机联锁通信故障。

(12)站间安全信息数传设备报警：Ⅰ系与Ⅱ系通信故障、Ⅰ系主机与 I/O 板通信中断、Ⅱ系主机与 I/O 板通信中断。

(13)外电网报警：输入电源断相/断电报警、三相电源错序报警、输入电源瞬间断电报警。

(14)信号继电器室、微机室、电源室空调电源断电报警(只记录，不报警)。

(15)电源两极对地电压之比超限报警。

(16)分路不良区段设置超时报警。

(17)监测检修屏蔽开启超时。

4. 预警

原则：根据电气特性变化趋势，设备状态及运用趋势等进行逻辑判断并预警。

报警方式：车站站机及工区、车间、段“窗口”报警。电务段“安全信息分析中心”销号后，车站站机、各级终端机停止报警；电务段“安全信息分析中心”分析后(未销号)，段、车间终端机停止报警；车站站机人工确认后工区机、站机停止报警。

类型：ZPW-2000 系列轨道电路功出、轨出 1 预警。25 Hz 轨道电路继电器端电压预警。道岔转辙机功率、电流预警。

(七)调阅分析周期和处理时限

1. Ⅰ、Ⅱ级报警：实时确认、分析，立即组织处理。

2. Ⅲ级报警：分析时限不超过 1 h，发现信号设备故障隐患立即组织处理。

3. 预警：分析时限不超过 2 h，设备故障隐患立即处理。

第二节　基本数据及调看方法

一、基本要求

1. 信号集中监测数据是信号设备故障分析的重要依据，各级监测设备使用和维护人员应对监测数据进行保密，不得删除、泄露数据。

2. 信号集中监测一、二级报警信息及相关数据应在电务段中心服务器自动保存 1 年。信号设备故障时的监测数据应保存 5 年，并做好故障现象说明。

3. 凡信号集中监测系统能完成的测试项目，可不再进行人工测试；未纳入监测的测试项目，仍进行人工测试；当信号集中监测系统发生故障时应按相关要求进行人工测试

4. 信号集中监测网络是独立封闭运行的网络，严禁擅自扩展监测网络、加设终端和安装无关软件。

二、设备监测基础数据

(一)外电网综合质量监测

1. 监测内容：

(1)外电网Ⅰ、Ⅱ路输入线电压、相电压、电流有效值、频率、相位角、有功功率、无功功率。

(2)外电网Ⅰ、Ⅱ输入断相、错序、断电、瞬间断电报警。

2. 监测量程：AC 380 V，电压量程范围为 0～500 V；AC 220 V，电压量程范围为 0～300 V。

(二)轨道电路监测

1. 交流连续式轨道电路监测

接收端电压监测应满足以下要求：

(1)监测内容：轨道继电器交流电压、直流电压。

(2)监测量程：交流量程范围为 0～40 V；直流量程范围为 0～40 V。

2. 25 Hz 相敏轨道电路监测

接收端电压、相位角及 50 Hz 干扰电压监测应满足以下要求：

(1)监测内容：轨道接收端交流电压、相位角、50 Hz 干扰电压。

(2)监测量程：接收电压量程范围为 0～40 V、50 Hz 干扰电压量程范围为 0～40 V。

(三)直流转辙机动作曲线监测

1. 监测内容：道岔转换过程中转辙机动作电流、故障电流、动作时间、转换方向。

2. 监测量程：电流量程范围为 0～10 A(单机)，动作时间为 0～40 s(单机)。

(四)交流转辙机监测

类型：ZY(J)系列电液转辙机、S700K 电动系列、ZDJ9 系列交流电动转辙机。

动作曲线监测应满足以下要求：

1. 监测内容：道岔转换过程中转辙机动作功率、电流、动作时间、转换方向。

2. 监测量程：电流量程范围为 0～10 A(单机)；动作时间为 0～40 s(单机)；功率量程范围为 0～5 kW(单机)。

(五)道岔表示电压监测

1. 监测内容：交流转辙机 X1X3、X1X2、X2X4、X3X5 道岔表示交、直流电压。

2. 监测量程：直流量程范围为 0～100 V；交流量程范围为 0～200 V。

(六)断相保护器监测

1. 监测内容：断相保护器驱动 BHJ 的直流电压。

2. 监测量程：直流量程范围为 0～40 V。

三、历史数据调看方法

以表格形式将在调阅时间内的模拟量、开关量历史数据顺序显示，如图 13-2-1 所示。

设备类型选择——选择不同类型设备名称。

设备名称选择——选择具体设备的设备名称。

起始时间选择——选择需要调阅数据的起始时间，调阅范围不超过 24 h。

结束时间选择——选择需要调阅数据的结束时间，调阅范围不超过 24 h。

备注：历史数据最长保存时间为 15 天。

四、实时曲线调看方法

将采集到的实时模拟量数据以示波器方式实时曲线的形式显示到界面，便于更加直观清晰地分析和观察监测数据的实时变化。在曲线中每个曲线点对应采集机的每一采样点。曲线显示如图 13-2-2 所示。

图 13-2-1　历史数据调看功能

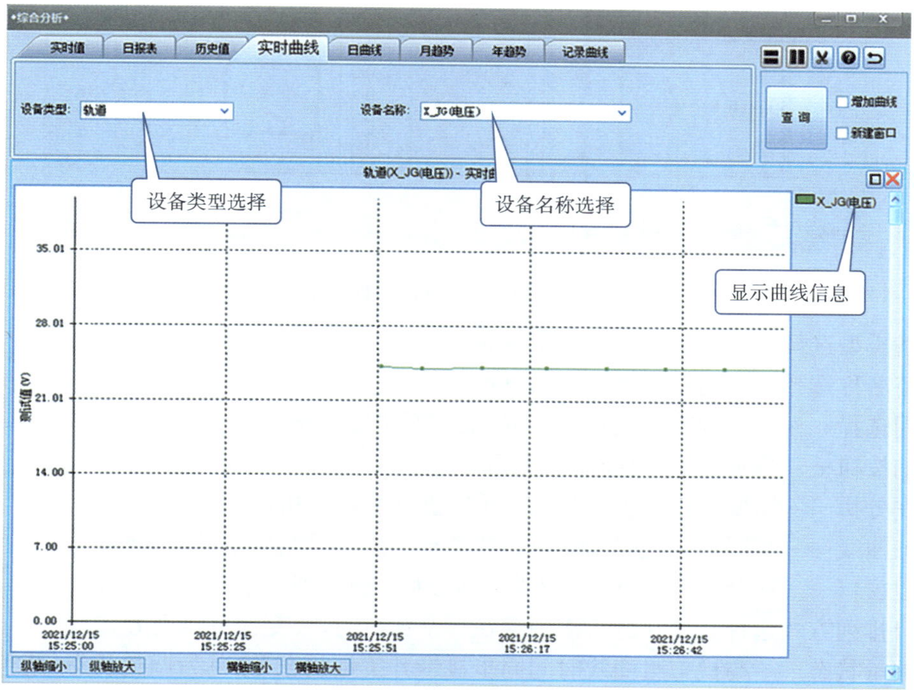

图 13-2-2　曲线显示

设备类型选择——选择不同类型设备名称。

设备名称选择——选择具体设备的设备名称。

显示曲线信息——显示出选择曲线的具体设备名称信息。

发送读取数据按钮——开始接收采集设备发送过来的高压不对称数据，并且绘制出曲线显示。

停止接收数据按钮——停止接收采集设备发送过来的高压不对称数据，并且将数据保存。

五、日曲线调看方法

日曲线是将站场设备一天的最大、最小、平均值绘制取点，通过图形化方式展示出某个站场设备该天的一个设备状态趋势，便于对设备故障进行排查与分析，如图 13-2-3 所示。

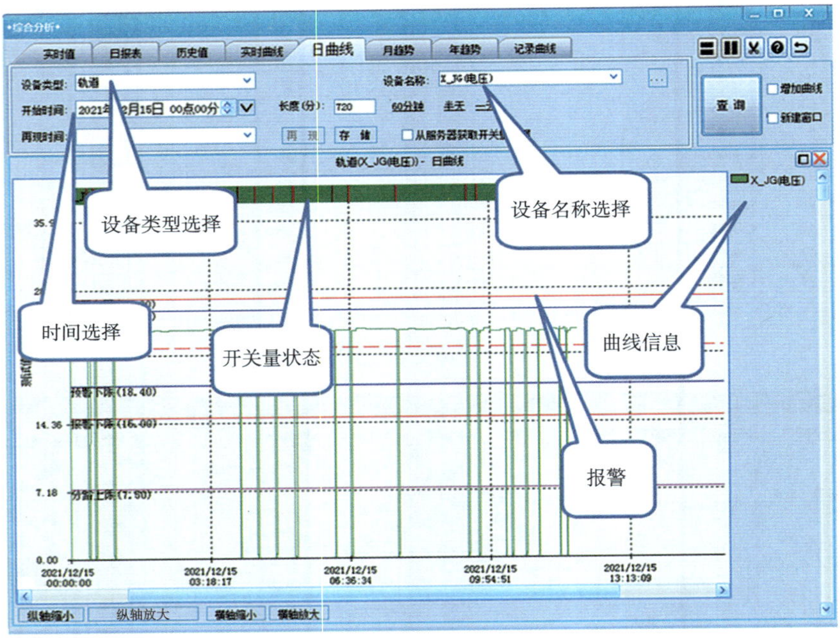

图 13-2-3　日曲线

设备类型选择——选择不同类型设备名称。

设备名称选择——选择具体设备的设备名称。

时间选择——显示调阅曲线时间范围，最长不超过 24 h。

查询按钮——选定设备、时间后查询调阅。

关联分析——需要各功能组合分析显示时选择关联分析模式。

增加曲线——在同一曲线显示窗口可并列显示同一时间多个设备曲线。

新建窗口——在分析框中可增加不同表格、曲线窗并列显示。

窗口排列方式选择——在分析框中存在多个窗口时，改变窗口排列方式。

开关量状态——与模拟量曲线时间同步显示开关量状态，绿色为调整状态，紫色为分路状态。

六、月曲线调看方法

月曲线是将站场设备一个月中每天的最大、最小、平均值绘制取点，通过图形化方式展示出某个站场设备该月的一个设备状态趋势，便于对设备故障进行排查与分析，如图 13-2-4 所示。

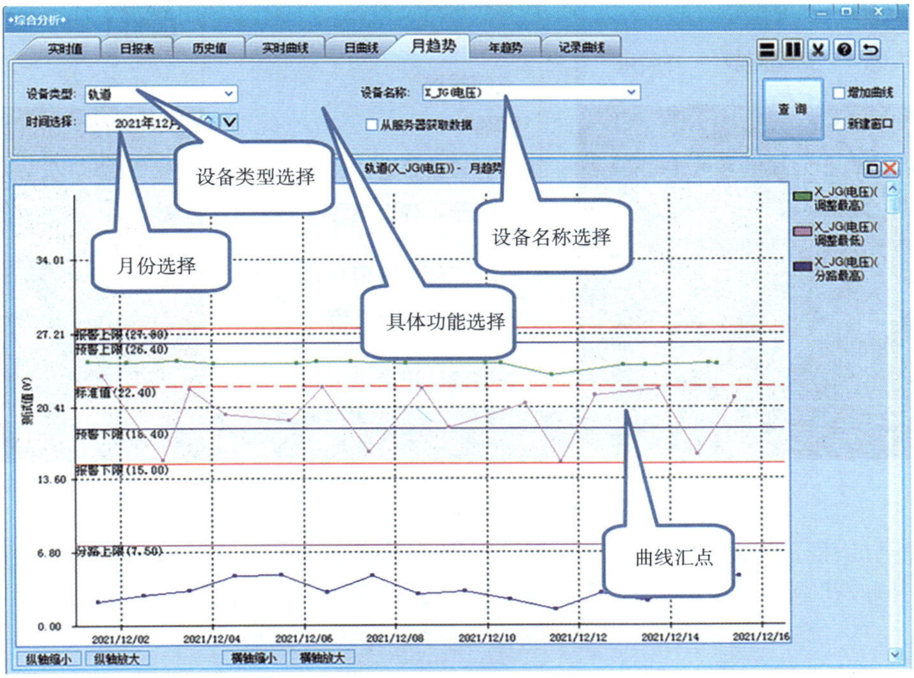

图 13-2-4　月曲线

设备类型选择——选择不同类型设备名称。

设备名称选择——选择具体设备的设备名称。

月份选择——选择 3 年内的某一个月来显示该月某设备的曲线走势。

曲线绘点——显示出某设备的调整、分路、最大值、最小值具体图形走向。

十字光标——用于显示某些点的具体值，有助于更好的定位数据位置及其准确值，可以通过右键菜单去掉十字线的显示。

七、报警窗调看方法

1. 鼠标左键单击菜单栏上的报警按钮，如图 13-2-5 所示。

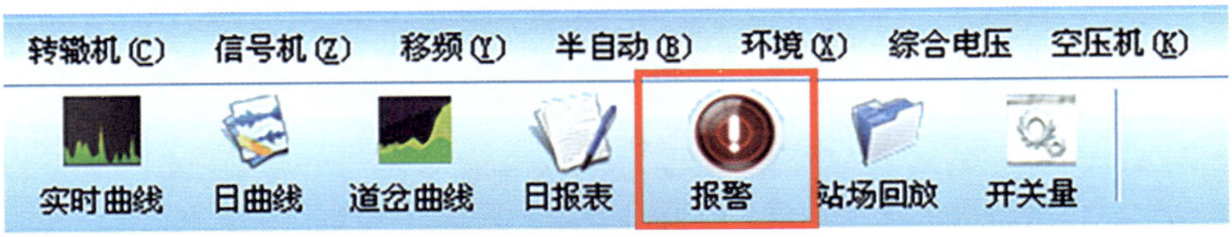

图 13-2-5　报警对话框的打开

2. 鼠标左键单击菜单栏上的菜单选项，在展开的菜单中可以选择一级报警、外接设备报警、只记录不弹窗报警(如破封按钮报警)等，也可打开报警调阅对话框，如图 13-2-6 所示。

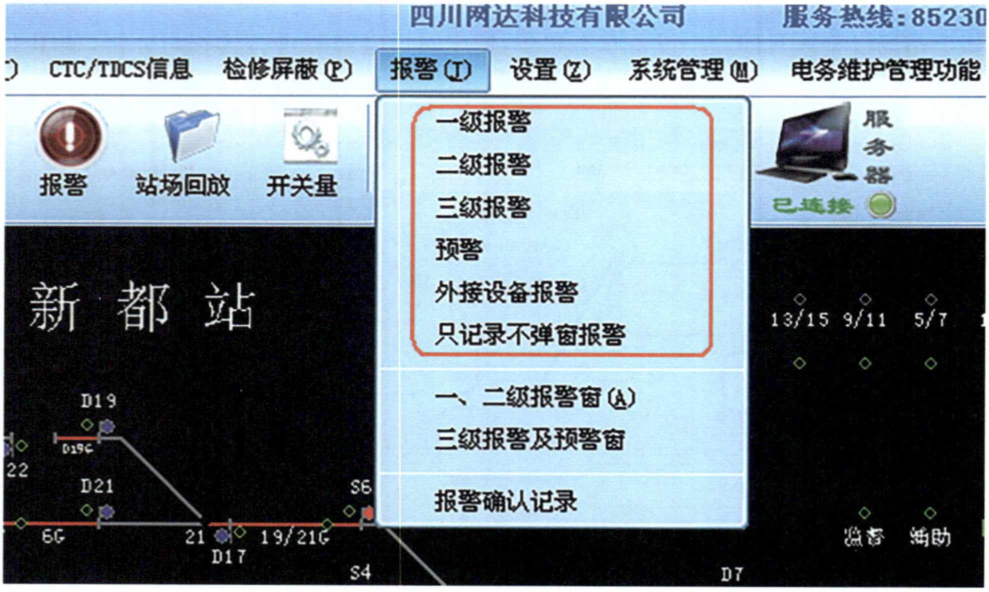

图 13-2-6　报警展开菜单

3. 在对话框左边的选择区域选择需要查询的报警名称和查询的时间范围，然后鼠标左键单击调阅按钮，则在右边的报警显示区域将列出与查询条件相符合的报警信息，如图 13-2-7 所示。

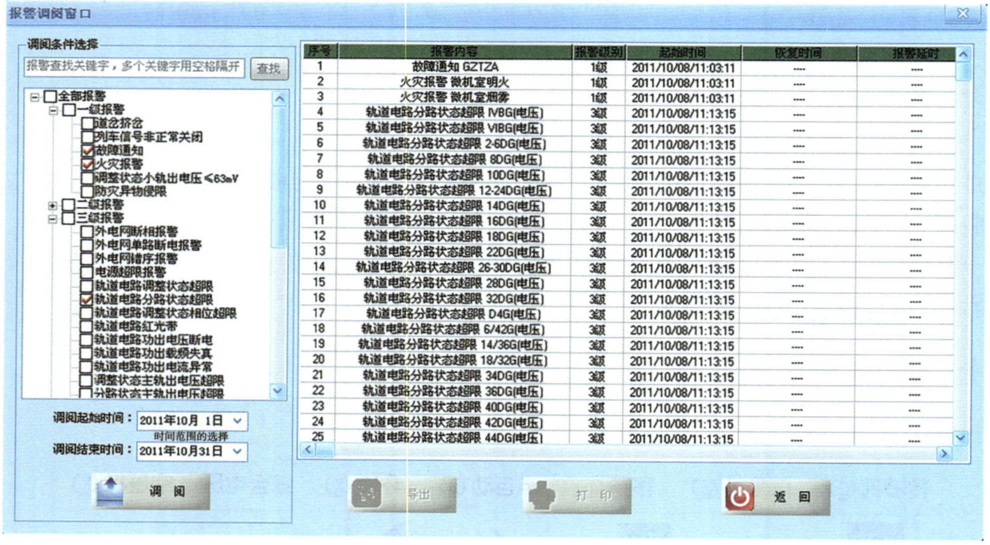

图 13-2-7　报警的调阅

同时，也可以选择所有同一级报警或全部报警进行查询，如图 13-2-8、图 13-2-9 所示。

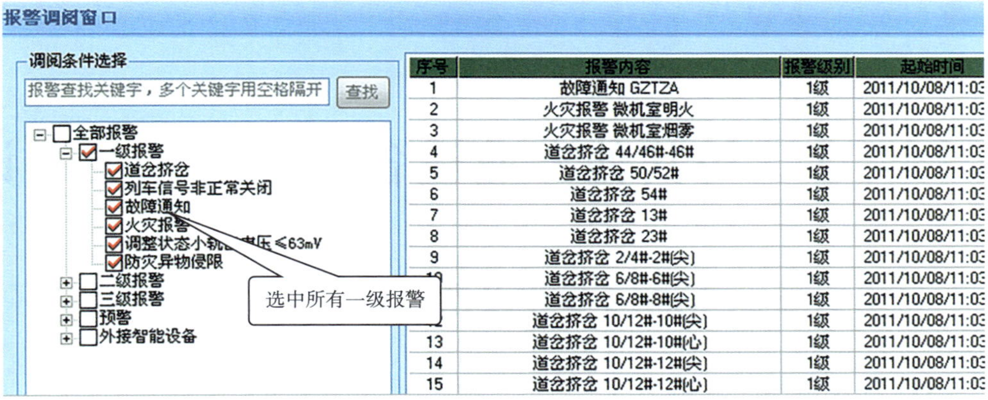

图 13-2-8　选中全部一级报警

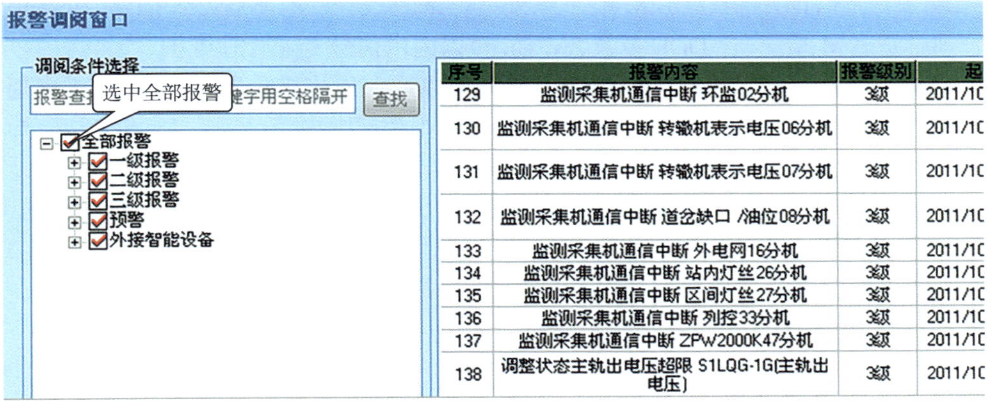

图 13-2-9　选中全部报警

第十四章　与其他专业设备结合部相关知识

第一节　与通信专业设备结合部的相关知识

一、TDCS设备维护管理分工

1. TDCS联网电路以车站信号机械室2M通道DDF板端子（或TDCS中心、分中心DDF架端子）分界，DDF板（架）2M端子以外（含2M头及电缆，不含2M插座）由通信专业负责管理维护，2M端子（含DDF板及2M插座）以内由信号专业管理维护。

2. TDCS设备地线接至通信机械室地线排时，以通信地线排分界，通信地线排由通信专业管理维护，地线排至TDCS设备的连线由信号专业管理维护。

3. 无线车次号车站设备以TDCS分机数传控制设备的RS-422接口分界，RS-422接口由信号专业管理维护，RS-422接口以外网络线及RS-422头由通信专业负责管理维护。

4. 通信专业用户端的光端机应自备电源，特殊情况下经信号专业同意可以使用TDCS电源。光端机使用TDCS电源时，若出现一方设备故障和损坏对方设备时对方免责。双方自行负责各自的设备修复。

二、CTC设备维护管理分工

1. CTC与调度命令无线传送系统之间以CTC的RS-422串口为界，RS-422由信号专业负责维护管理，与RS-422相连接的线缆等及调度命令无线传送系统由通信专业负责维护管理。

2. CTC网络子系统以CTC中心机房DDF端子和车站子系统的DDF端子为界，DDF端子插座由信号专业负责维护管理，2M端子头及连接线缆由通信专业负责维护管理。

三、信号集中监测系统设备维护管理分工

1. 2M电路以信号集中监测机柜DDF条为分界点，端子至通信机房由通信专业负责，端子（含DDF条）至信号集中监测接口设备由信号专业负责。

2. 64K、音频、实回线电路以信号机械室联网通道防雷单元输入端为分界点，防雷单元输入端至通信机房由通信专业负责，防雷单元输入端（含防雷单元）至站机设备由信号专业负责管理。

四、信号安全数据网设备维护管理分工

从通信机房引入到信号机房的光缆以信号机房的ODF子架的适配器端子分界，ODF子架适配器端子以外（含光纤插头及光缆）由通信专业负责管理维护，适配器端子（含ODF子架及适配器端子）以内由信号专业管理维护。

五、防灾系统设备维护管理分工

1. 异物侵限报警系统以信号机房分线盘为界，分线盘至通信机械室由通信专业负责管理维护，分线盘及以内设备由信号专业负责管理维护。

2. 地震监测报警系统以信号机房分线盘为界，分线盘至通信机械室由通信专业负责管理维护，分线盘及以内设备由信号专业负责管理维护。

第二节　与工务专业设备结合部的相关知识

一、道岔工电结合部设备维护管理分工

1. 道岔钢轨、辙叉、轨枕、滑床板、垫板、连接杆、拉杆、间隔铁、限位器、防跳限位装置、轨撑、顶铁、挡砟板、连接零配件、连接销、螺栓，岔枕上用于安装道岔安装装置的螺栓孔，提速道岔钢岔枕与钢轨连接螺栓的绝缘垫板及绝缘套管，心轨牵引点处连接铁（拉板）及其连接螺栓等由工务专业负责维修管理。

2. 道岔转辙机、密贴检查器、锁闭装置、导管装置、动作杆、表示杆、连接杆、防踩板、安装装置（含绝缘），可动心轨道岔的锁闭板、锁闭板绝缘垫片及锁闭板与钢枕的连接螺栓，心轨牵引点拉板安装外锁闭块的方孔及安装电务转辙机托盘的螺栓，CN 道岔下拉装置、辙叉夹紧杆、辙叉连接柄及其紧固件由信号专业负责维修管理。

3. 岔枕等工务设备上用于安装电务设备的螺栓孔由信号专业负责检查，道岔钢岔枕与钢轨连接螺栓的绝缘垫板及绝缘套管由信号专业负责测试，发现失效时通知并配合工务专业修复。

4. 锰钢辙叉上的导电销由信号专业负责日常检查、工务专业负责维护；信号专业发现导电销脱落或无法安装跳线时，应通知并配合工务专业焊修。

5. 道岔辊轮安装、固定、维护由工务专业负责，辊轮调整由信号专业负责。辊轮及其部件缺失、脱落或破损时，由工务专业准备材料并安装恢复，信号专业负责调整。

6. 车辆减速器（缓行器）部分的基本轨、护轮轨、枕木、固定基本轨的配件及其螺栓、轨距杆、木枕上部承座的维修及更换工作由工务专业负责，减速器制动夹板、制动梁、复轨器部分动力设备的维修由信号专业负责。

二、钢轨绝缘等工电结合部设备维护管理分工

1. 分体式绝缘接头夹板（俗称鱼尾板）及其螺栓等有关线路强度的金属部分由工务专业负责维护，其保证电气特性的绝缘部分由信号专业负责维护。工务专业、信号专业发现绝缘接头不良需分解检查或更换时，应通知对方联合整治。

2. 胶接绝缘接头、轨距杆、地锚拉杆由工务专业负责维护，其保证电气特性的绝缘部分由信号专业负责测试，测试发现绝缘部分存在问题时由工务专业负责维修。工务专业、信号专业发现绝缘接头不良时，通知对方配合作业。

第三节　与车务专业设备结合部的相关知识

一、电动转辙机钥匙、手摇把保管使用的规定

1. 车站电动转辙机钥匙、手摇把由信号专业配备，车务集中保管，按规定存放在车务站段统一制作的手摇把箱内。手摇把由信号专业统一编号，手摇把箱由车务专业加锁、信号专业加封。

2. 使用手摇把前，使用单位应在“行车设备检查登记簿”内登记申请，经车站值班员（车务应急值守人员）签认后方可领取（施工维修可在计划开始时间前 60 min 领取）。

3. 手摇把使用完毕后，使用单位应及时归还、销记。车务专业、信号专业共同确认手摇把数量、编号正确后，由车务专业加锁、信号专业加封。

4. 由列车调度员办理接发列车时，车站值班员（车务应急值守人员）准许（签认）使用手摇把前，应得到列车调度员的口头同意。

二、道岔清扫分工的规定

1. 集中操纵的道岔由电务负责清扫，非集中操纵的道岔由操作人员负责清扫。

2. 道岔清扫分工的规定。

（1）设有信号车间（工区）的三等及以上车站的集中操纵道岔，由信号专业负责清扫；其他车站的道岔，由车务专业负责清扫。

（2）非集中联锁、无联锁的道岔，由操纵人员负责清扫。

（3）段管线内纳入联锁的道岔由信号专业负责清扫，未纳入联锁的道岔由操纵人员负责清扫。

（4）电务段应会同车务站段对所属车站的集中操纵道岔清扫进行明确，由电务段报铁路局集团公司备案。

三、道岔融雪装置使用的规定

1. 道岔融雪装置启动及使用。

（1）得到降雪报告后，车务专业应急值守人员（车站值班员）应开启道岔融雪装置，并通知信号专业；无法启动时，通知信号专业现场启动道岔融雪装置。

（2）得到降雪结束报告后，车务专业应急值守人员（车站值班员）应通知信号专业，关闭道岔融雪装置；无法关闭时，通知信号专业现场关闭道岔融雪装置。

（3）遇道岔融雪装置故障时，车站在“行车设备检查登记簿”登记，通知信号专业处理。

2. 道岔融雪装置系统故障无法正常使用或因气候原因不能达到正常融雪效果时，各单位根据站区应急预案组织人工扫雪。

四、无联锁或联锁失效时道岔加锁及准备进路的规定

（一）无联锁或联锁失效时道岔加锁办法

1. 道岔勾锁器配备及管理的规定

（1）车站按道岔类型配备足够数量的勾锁器，数量须满足车站（线路所）办理接、发列车进路时道岔（包括防护道岔）加锁的需要。

(2)加锁装置包括密贴尖轨勾锁器、可动心轨勾锁器、斥离尖轨勾锁器。

(3)勾锁器应进行编号管理。

2. 道岔加锁位置的规定

(1)集中联锁道岔须配有勾锁器，加锁的勾锁器只具有防误动功能。

(2)道岔勾锁器加锁的具体位置，由车站会同工务专业、信号专业进行扳动试验，确认能够保证道岔密贴后，由工务专业在加锁一侧钢轨轨腰处用红色油漆画一"竖线"，作为加装勾锁器的标记，并负责日常检查，发现标记颜色脱落、不清晰时，应重新涂漆。

(3)车站道岔定、反位某一位置未开通使用时，由工务专业对该道岔尖轨和心轨进行紧固；信号专业确认道岔尖轨及心轨密贴状态，同时切断室内及室外相关转辙机控制电源；车务专业确认进路后加锁(集中联锁良好的道岔可在控制台上进行单独锁闭)。相关单位应加强巡视检查。

(二)无联锁或联锁失效时接发列车准备进路的要求

1. 检查或确认线路、道岔空闲的规定

(1)集控站，工务专业、信号专业人员应根据车务专业应急值守人员指示，协助办理检查确认线路、道岔空闲。

(2)非集控站，检查确认线路、道岔空闲由车务专业负责。

2. 进路准备、确认的规定

(1)集控站，工务专业、信号专业人员应根据车务专业应急值守人员指示，协助办理进路准备工作(含摇动道岔和使用勾锁器对道岔加锁)，车务专业负责现场进路确认工作。

(2)非集控站，进路准备、确认由车务专业负责。

(三)道岔故障通知及检查处理的规定

车站值班员发现道岔设备故障时，应立即通知工务专业、信号专业人员处理。工务专业、信号专业等设备管理单位现场检查后，应在"行车设备检查登记簿"内登记道岔行车限制条件(应注明定、反位能否正常开放信号)，使用单位按登记的行车限制条件组织行车。

(四)30号及以上道岔的规定

30号及以上道岔故障时，不宜采用现场人工方式准备进路。

五、利用旅客列车运送故障处理人员的规定

1. 信号专业、工务专业、供电专业人员需搭乘动车组列车处理故障时，应在登乘站"行车设备检查登记簿"内登记，注明所属单位、搭乘理由、负责人及职名、搭乘人数、上下车地点。车站值班员向列车调度员报告。受时间原因限制时，搭乘人员可通过所属站段调度室向调度所专业调度员申请，调度所专业调度员转告列车调度员。

2. 列车调度员经调度所值班主任(副主任)准许后，向指定动车组列车及登乘人员发布准许登乘的调度命令。调度命令中应注明上、下车地点。登乘人员原则上在操纵端司机室后车厢站台侧上车。

3. 动车组列车司机接到调度命令后，应及时向随车机械师和列车长转达。司机按调度命令规定的停车地点停车。

4. 需在区间下车时，下车人员按规定通过司机向列车调度员请求下车。列车调度员准许下车后，随车机械师人工开启列车运行方向驾驶室后方左(非会车)侧车门，客运乘务组配

合做好人员上、下车。

5. 随车机械师向故障处理负责人确认人员全部下车并撤至安全地点或确认故障处理人员全部上车后，随车机械师人工关闭车门并通知司机，司机报告列车调度员，确认行车凭证后即可开车。

六、集中联锁车站道岔无表示处置的规定

1. 当集中联锁车站道岔出现无表示时，车站值班员（列车调度员）应对该道岔进行三个及以内来回的扳动操作（如定位无表示，从定位操到反位，再操回定位为一个来回；如反位无表示，从反位操到定位，再操回反位为一个来回），如在扳动过程中，道岔表示恢复按照正常组织行车；如已扳动三个来回，道岔仍无表示按行车设备故障办理。

2. 当集中联锁车站已准备好进路后，进路上的相关道岔出现无表示时，按行车设备故障办理。

第四节　与供电专业设备结合部的相关知识

一、电源结合部

1. 信号电源引入车站信号机械室内的第一配电盘为 G2 盘。以 G2 盘的电源上桩头为分界点，分界点（不含）至电源侧设备由供电专业负责维护管理，分界点（含）至负荷侧设备由信号专业负责维护管理。

2. 信号电源应以电缆专线方式直接引入到 G2 盘，向信号设备及其配套和监控系统、信号机械室事故应急照明灯（不超过 60 W）供电，除信号集中监测系统外电网综合质量电压采集线应接于 G2 盘空气开关进线端外，上述设备应接于 G2 盘空气开关出线端。

3. 用于信号设备用电量计量的电度表及信号电源监控装置或监视灯等属供电专业管理的设备应设于信号机械室外。

4. 严禁用户在专线上外接其他线路、设备和私自增加用电设备容量，如需新增用电设备和容量，须向供电专业提出申请，经批复后方可接入。

5. 信号电源引入电缆（即电力电缆）应从 G2 盘上端引入 G2 盘，电力电缆与信号电缆不得同沟敷设。

二、牵引回流及地线

1. 27.5 kV 变压器台接地扼流变压器的分界，以扼流变压器上变台地线连接端子为界，分界点（含扼流变压器不含连接螺栓）至轨道侧由信号专业负责维护管理，分界点（含连接螺栓不含扼流变压器）至变台侧由供电专业负责维护管理。

2. 信号保证轨道电路牵引回流线畅通，回流线、扼流箱容量符合要求。

3. 接触网杆塔地线不能直接接入钢轨，采用火花间隙隔离接入钢轨时，必须保证火花间隙绝缘良好。

4. 吸上线接入扼流箱中点连接线应螺丝紧固、接触良好，连接端子由供电专业负责，扼流箱维护由信号专业负责。

第十五章　综合知识

第一节　法律法规

一、《中华人民共和国劳动法》相关知识

(一)总　　则

第三条　劳动者享有平等就业和选择职业的权利、取得劳动报酬的权利、休息休假的权利、获得劳动安全卫生保护的权利、接受职业技能培训的权利、享受社会保险和福利的权利、提请劳动争议处理的权利以及法律规定的其他劳动权利。

劳动者应当完成劳动任务，提高职业技能，执行劳动安全卫生规程，遵守劳动纪律和职业道德。

第八条　劳动者依照法律规定，通过职工大会、职工代表大会或者其他形式，参与民主管理或者就保护劳动者合法权益与用人单位进行平等协商。

(二)劳动合同和集体合同

第十六条　劳动合同是劳动者与用人单位确立劳动关系、明确双方权利和义务的协议。

建立劳动关系应当订立劳动合同。

第十七条　订立和变更劳动合同，应当遵循平等自愿、协商一致的原则，不得违反法律、行政法规的规定。

劳动合同依法订立即具有法律约束力，当事人必须履行劳动合同规定的义务。

第十八条　下列劳动合同无效：

(1)违反法律、行政法规的劳动合同；

(2)采取欺诈、威胁等手段订立的劳动合同。

无效的劳动合同，从订立的时候起，就没有法律约束力。确认劳动合同部分无效的，如果不影响其余部分的效力，其余部分仍然有效。

劳动合同的无效，由劳动争议仲裁委员会或者人民法院确认。

第十九条　劳动合同应当以书面形式订立，并具备以下条款：

(1)劳动合同期限；

(2)工作内容；

(3)劳动保护和劳动条件；

(4)劳动报酬；

(5)劳动纪律；

(6)劳动合同终止的条件；

(7)违反劳动合同的责任。

劳动合同除前款规定的必备条款外，当事人可以协商约定其他内容。

第二十条　劳动合同的期限分为有固定期限、无固定期限和以完成一定的工作为期限。

劳动者在同一用人单位连续工作满十年以上，当事人双方同意续延劳动合同的，如果劳动者提出订立无固定期限的劳动合同，应当订立无固定期限的劳动合同。

第二十一条　劳动合同可以约定试用期。试用期最长不得超过六个月。

第二十三条　劳动合同期满或者当事人约定的劳动合同终止条件出现，劳动合同即行终止。

第二十四条　经劳动合同当事人协商一致，劳动合同可以解除。

第二十五条　劳动者有下列情形之一的，用人单位可以解除劳动合同：

(1)在试用期间被证明不符合录用条件的；

(2)严重违反劳动纪律或者用人单位规章制度的；

(3)严重失职，营私舞弊，对用人单位利益造成重大损害的；

(4)被依法追究刑事责任的。

第二十六条　有下列情形之一的，用人单位可以解除劳动合同，但是应当提前三十日以书面形式通知劳动者本人：

(1)劳动者患病或者非因工负伤，医疗期满后，不能从事原工作也不能从事由用人单位另行安排的工作的；

(2)劳动者不能胜任工作，经过培训或者调整工作岗位，仍不能胜任工作的；

(3)劳动合同订立时所依据的客观情况发生重大变化，致使原劳动合同无法履行，经当事人协商不能就变更劳动合同达成协议的。

第二十七条　用人单位濒临破产进行法定整顿期间或者生产经营状况发生严重困难，确需裁减人员的，应当提前三十日向工会或者全体职工说明情况，听取工会或者职工的意见，经向劳动行政部门报告后，可以裁减人员。

用人单位依据本条规定裁减人员，在六个月内录用人员的，应当优先录用被裁减的人员。

第二十八条　用人单位依据本法第二十四条、第二十六条、第二十七条的规定解除劳动合同的，应当依照国家有关规定给予经济补偿。

第二十九条　劳动者有下列情形之一的，用人单位不得依据本法第二十六条、第二十七条的规定解除劳动合同：

(1)患职业病或者因工负伤并被确认丧失或者部分丧失劳动能力的；

(2)患病或者负伤，在规定的医疗期内的；

(3)女职工在孕期、产期、哺乳期内的；

(4)法律、行政法规规定的其他情形。

第三十一条　劳动者解除劳动合同，应当提前三十日以书面形式通知用人单位。

第三十二条　有下列情形之一的，劳动者可以随时通知用人单位解除劳动合同：

(1)在试用期内的；

(2)用人单位以暴力、威胁或者非法限制人身自由的手段强迫劳动的；

(3)用人单位未按照劳动合同约定支付劳动报酬或者提供劳动条件的。

第三十三条　企业职工一方与企业可以就劳动报酬、工作时间、休息休假、劳动安全卫生、保险福利等事项，签订集体合同。集体合同草案应当提交职工代表大会或者全体职工讨论通过。

集体合同由工会代表职工与企业签订；没有建立工会的企业，由职工推举的代表与企业签订。

第三十四条　集体合同签订后应当报送劳动行政部门；劳动行政部门自收到集体合同文本之日起十五日内未提出异议的，集体合同即行生效。

第三十五条　依法签订的集体合同对企业和企业全体职工具有约束力。职工个人与企业订立的劳动合同中劳动条件和劳动报酬等标准不得低于集体合同的规定。

（三）工作时间和休息休假

第三十六条　国家实行劳动者每日工作时间不超过八小时、平均每周工作时间不超过四十四小时的工时制度。

第三十七条　对实行计件工作的劳动者，用人单位应当根据本法第三十六条规定的工时制度合理确定其劳动定额和计件报酬标准。

第三十八条　用人单位应当保证劳动者每周至少休息一日。

第三十九条　企业因生产特点不能实行第三十六条、第三十八条规定的，经劳动行政部门批准，可以实行其他工作和休息办法。

第四十条　用人单位在下列节日期间应当依法安排劳动者休假：

（1）元旦；

（2）春节；

（3）国际劳动节；

（4）国庆节；

（5）法律、法规规定的其他休假节日。

第四十一条　用人单位由于生产经营需要，经与工会和劳动者协商后可以延长工作时间，一般每日不得超过一小时；因特殊原因需要延长工作时间的，在保障劳动者身体健康的条件下延长工作时间每日不得超过三小时，但是每月不得超过三十六小时。

第四十二条　有下列情形之一的，延长工作时间不受本法第四十一条规定的限制：

（1）发生自然灾害、事故或者因其他原因，威胁劳动者生命健康和财产安全，需要紧急处理的；

（2）生产设备、交通运输线路、公共设施发生故障，影响生产和公众利益，必须及时抢修的；

（3）法律、行政法规规定的其他情形。

第四十三条　用人单位不得违反本法规定延长劳动者的工作时间。

第四十四条　有下列情形之一的，用人单位应当按照下列标准支付高于劳动者正常工作时间工资的工资报酬：

（1）安排劳动者延长工作时间的，支付不低于工资的百分之一百五十的工资报酬；

（2）休息日安排劳动者工作又不能安排补休的，支付不低于工资的百分之二百的工资报酬；

（3）法定休假日安排劳动者工作的，支付不低于工资的百分之三百的工资报酬。

第四十五条　国家实行带薪年休假制度。

劳动者连续工作一年以上的，享受带薪年休假。具体办法由国务院规定。

（四）工　资

第四十六条　工资分配应当遵循按劳分配原则，实行同工同酬。

工资水平在经济发展的基础上逐步提高。国家对工资总量实行宏观调控。

第四七条　用人单位根据本单位的生产经营特点和经济效益，依法自主确定本单位的工资分配方式和工资水平。

第四十八条　国家实行最低工资保障制度。最低工资的具体标准由省、自治区、直辖市人民政府规定，报国务院备案。

用人单位支付劳动者的工资不得低于当地最低工资标准。

第五十条　工资应当以货币形式按月支付给劳动者本人。不得克扣或者无故拖欠劳动者的工资。

第五十一条　劳动者在法定休假日和婚丧假期间以及依法参加社会活动期间，用人单位应当依法支付工资。

（五）劳动安全卫生

第五十二条　用人单位必须建立、健全劳动安全卫生制度，严格执行国家劳动安全卫生规程和标准，对劳动者进行劳动安全卫生教育，防止劳动过程中的事故，减少职业危害。

第五十四条　用人单位必须为劳动者提供符合国家规定的劳动安全卫生条件和必要的劳动防护用品，对从事有职业危害作业的劳动者应当定期进行健康检查。

第五十五条　从事特种作业的劳动者必须经过专门培训并取得特种作业资格。

第五十六条　劳动者在劳动过程中必须严格遵守安全操作规程。

劳动者对用人单位管理人员违章指挥、强令冒险作业，有权拒绝执行；对危害生命安全和身体健康的行为，有权提出批评、检举和控告。

（六）女职工和未成年工特殊保护

第五十九条　禁止安排女职工从事矿山井下、国家规定的第四级体力劳动强度的劳动和其他禁忌从事的劳动。

第六十条　不得安排女职工在经期从事高处、低温、冷水作业和国家规定的第三级体力劳动强度的劳动。

第六十一条　不得安排女职工在怀孕期间从事国家规定的第三级体力劳动强度的劳动和孕期禁忌从事的劳动。对怀孕七个月以上的女职工，不得安排其延长工作时间和夜班劳动。

第六十二条　女职工生育享受不少于九十天的产假。

第六十三条　不得安排女职工在哺乳未满一周岁的婴儿期间从事国家规定的第三级体力劳动强度的劳动和哺乳期禁忌从事的其他劳动，不得安排其延长工作时间和夜班劳动。

（七）社会保险和福利

第七十二条　社会保险基金按照保险类型确定资金来源，逐步实行社会统筹。用人单位和劳动者必须依法参加社会保险，缴纳社会保险费。

第七十三条　劳动者在下列情形下，依法享受社会保险待遇：

（1）退休；

(2)患病、负伤；

(3)因工伤残或者患职业病；

(4)失业；

(5)生育。

劳动者死亡后，其遗属依法享受遗属津贴。

劳动者享受社会保险待遇的条件和标准由法律、法规规定。

劳动者享受的社会保险金必须按时足额支付。

(八)劳动争议

第七十七条 用人单位与劳动者发生劳动争议，当事人可以依法申请调解、仲裁、提起诉讼，也可以协商解决。

调解原则适用于仲裁和诉讼程序。

第七十九条 劳动争议发生后，当事人可以向本单位劳动争议调解委员会申请调解；调解不成，当事人一方要求仲裁的，可以向劳动争议仲裁委员会申请仲裁。当事人一方也可以直接向劳动争议仲裁委员会申请仲裁。对仲裁裁决不服的，可以向人民法院提起诉讼。

第八十二条 提出仲裁要求的一方应当自劳动争议发生之日起六十日内向劳动争议仲裁委员会提出书面申请。仲裁裁决一般应在收到仲裁申请的六十日内作出。对仲裁裁决无异议的，当事人必须履行。

第八十三条 劳动争议当事人对仲裁裁决不服的，可以自收到仲裁裁决书之日起十五日内向人民法院提起诉讼。一方当事人在法定期限内不起诉又不履行仲裁裁决的，另一方当事人可以申请人民法院强制执行。

第八十四条 因签订集体合同发生争议，当事人协商解决不成的，当地人民政府劳动行政部门可以组织有关各方协调处理。

因履行集体合同发生争议，当事人协商解决不成的，可以向劳动争议仲裁委员会申请仲裁；对仲裁裁决不服的，可以自收到仲裁裁决书之日起十五日内向人民法院提起诉讼。

(九)法律责任

第八十九条 用人单位制定的劳动规章制度违反法律、法规规定的，由劳动行政部门给予警告，责令改正；对劳动者造成损害的，应当承担赔偿责任。

第九十条 用人单位违反本法规定，延长劳动者工作时间的，由劳动行政部门给予警告，责令改正，并可以处以罚款。

第九十一条 用人单位有下列侵害劳动者合法权益情形之一的，由劳动行政部门责令支付劳动者的工资报酬、经济补偿，并可以责令支付赔偿金：

(1)克扣或者无故拖欠劳动者工资的；

(2)拒不支付劳动者延长工作时间工资报酬的；

(3)低于当地最低工资标准支付劳动者工资的；

(4)解除劳动合同后，未依照本法规定给予劳动者经济补偿的。

第九十三条 用人单位强令劳动者违章冒险作业，发生重大伤亡事故，造成严重后果的，对责任人员依法追究刑事责任。

第九十五条 用人单位违反本法对女职工和未成年工的保护规定，侵害其合法权益的，由劳动行政部门责令改正，处以罚款；对女职工或者未成年工造成损害的，应当承担赔偿责任。

第九十六条　用人单位有下列行为之一，由公安机关对责任人员处以十五日以下拘留、罚款或者警告；构成犯罪的，对责任人员依法追究刑事责任：

(1)以暴力、威胁或者非法限制人身自由的手段强迫劳动的；

(2)侮辱、体罚、殴打、非法搜查和拘禁劳动者的。

第九十七条　由于用人单位的原因订立的无效合同，对劳动者造成损害的，应当承担赔偿责任。

第九十八条　用人单位违反本法规定的条件解除劳动合同或者故意拖延不订立劳动合同的，由劳动行政部门责令改正；对劳动者造成损害的，应当承担赔偿责任。

第一百零二条　劳动者违反本法规定的条件解除劳动合同或者违反劳动合同中约定的保密事项，对用人单位造成经济损失的，应当依法承担赔偿责任。

二、《中华人民共和国安全生产法》相关知识

(一)总　　则

第三条　安全生产工作坚持中国共产党的领导。

安全生产工作应当以人为本，坚持人民至上、生命至上，把保护人民生命安全摆在首位，树牢安全发展理念，坚持安全第一、预防为主、综合治理的方针，从源头上防范化解重大安全风险。

安全生产工作实行管行业必须管安全、管业务必须管安全、管生产经营必须管安全，强化和落实生产经营单位主体责任与政府监管责任，建立生产经营单位负责、职工参与、政府监管、行业自律和社会监督的机制。

第六条　生产经营单位的从业人员有依法获得安全生产保障的权利，并应当依法履行安全生产方面的义务。

第十六条　国家实行生产安全事故责任追究制度，依照本法和有关法律、法规的规定，追究生产安全事故责任单位和责任人员的法律责任。

(二)生产经营单位的安全生产保障

第二十八条　生产经营单位应当对从业人员进行安全生产教育和培训，保证从业人员具备必要的安全生产知识，熟悉有关的安全生产规章制度和安全操作规程，掌握本岗位的安全操作技能，了解事故应急处理措施，知悉自身在安全生产方面的权利和义务。未经安全生产教育和培训合格的从业人员，不得上岗作业。

生产经营单位使用被派遣劳动者的，应当将被派遣劳动者纳入本单位从业人员统一管理，对被派遣劳动者进行岗位安全操作规程和安全操作技能的教育和培训。劳务派遣单位应当对被派遣劳动者进行必要的安全生产教育和培训。

生产经营单位接收中等职业学校、高等学校学生实习的，应当对实习学生进行相应的安全生产教育和培训，提供必要的劳动防护用品。学校应当协助生产经营单位对实习学生进行安全生产教育和培训。

生产经营单位应当建立安全生产教育和培训档案，如实记录安全生产教育和培训的时间、内容、参加人员以及考核结果等情况。

第三十五条　生产经营单位应当在有较大危险因素的生产经营场所和有关设施、设备上，设置明显的安全警示标志。

第四十三条　生产经营单位进行爆破、吊装、动火、临时用电以及国务院应急管理部门会同国务院有关部门规定的其他危险作业，应当安排专门人员进行现场安全管理，确保操作规程的遵守和安全措施的落实。

第四十五条　生产经营单位必须为从业人员提供符合国家标准或者行业标准的劳动防护用品，并监督、教育从业人员按照使用规则佩戴、使用。

第四十八条　两个以上生产经营单位在同一作业区域内进行生产经营活动，可能危及对方生产安全的，应当签订安全生产管理协议，明确各自的安全生产管理职责和应当采取的安全措施，并指定专职安全生产管理人员进行安全检查与协调。

(三)从业人员的安全生产权利义务

第五十三条　生产经营单位的从业人员有权了解其作业场所和工作岗位存在的危险因素、防范措施及事故应急措施，有权对本单位的安全生产工作提出建议。

第五十四条　从业人员有权对本单位安全生产工作中存在的问题提出批评、检举、控告；有权拒绝违章指挥和强令冒险作业。

生产经营单位不得因从业人员对本单位安全生产工作提出批评、检举、控告或者拒绝违章指挥、强令冒险作业而降低其工资、福利等待遇或者解除与其订立的劳动合同。

第五十五条　从业人员发现直接危及人身安全的紧急情况时，有权停止作业或者在采取可能的应急措施后撤离作业场所。

生产经营单位不得因从业人员在前款紧急情况下停止作业或者采取紧急撤离措施而降低其工资、福利等待遇或者解除与其订立的劳动合同。

第五十七条　从业人员在作业过程中，应当严格落实岗位安全责任，遵守本单位的安全生产规章制度和操作规程，服从管理，正确佩戴和使用劳动防护用品。

第五十八条　从业人员应当接受安全生产教育和培训，掌握本职工作所需的安全生产知识，提高安全生产技能，增强事故预防和应急处理能力。

第五十九条　从业人员发现事故隐患或者其他不安全因素，应当立即向现场安全生产管理人员或者本单位负责人报告；接到报告的人员应当及时予以处理。

第六十一条　生产经营单位使用被派遣劳动者的，被派遣劳动者享有本法规定的从业人员的权利，并应当履行本法规定的从业人员的义务。

(四)安全生产的监督管理

第六十五条　应急管理部门和其他负有安全生产监督管理职责的部门依法开展安全生产行政执法工作，对生产经营单位执行有关安全生产的法律、法规和国家标准或者行业标准的情况进行监督检查，行使以下职权：

(1)进入生产经营单位进行检查，调阅有关资料，向有关单位和人员了解情况；

(2)对检查中发现的安全生产违法行为，当场予以纠正或者要求限期改正；对依法应当给予行政处罚的行为，依照本法和其他有关法律、行政法规的规定作出行政处罚决定；

(3)对检查中发现的事故隐患，应当责令立即排除；重大事故隐患排除前或者排除过程中无法保证安全的，应当责令从危险区域内撤出作业人员，责令暂时停产停业或者停止使用相关设施、设备；重大事故隐患排除后，经审查同意，方可恢复生产经营和使用；

（4）对有根据认为不符合保障安全生产的国家标准或者行业标准的设施、设备、器材以及违法生产、储存、使用、经营、运输的危险物品予以查封或者扣押，对违法生产、储存、使用、经营危险物品的作业场所予以查封，并依法作出处理决定。

监督检查不得影响被检查单位的正常生产经营活动。

第六十六条　生产经营单位对负有安全生产监督管理职责的部门的监督检查人员（以下统称安全生产监督检查人员）依法履行监督检查职责，应当予以配合，不得拒绝、阻挠。

第七十条　负有安全生产监督管理职责的部门依法对存在重大事故隐患的生产经营单位作出停产停业、停止施工、停止使用相关设施或者设备的决定，生产经营单位应当依法执行，及时消除事故隐患。生产经营单位拒不执行，有发生生产安全事故的现实危险的，在保证安全的前提下，经本部门主要负责人批准，负有安全生产监督管理职责的部门可以采取通知有关单位停止供电、停止供应民用爆炸物品等措施，强制生产经营单位履行决定。通知应当采用书面形式，有关单位应当予以配合。

负有安全生产监督管理职责的部门依照前款规定采取停止供电措施，除有危及生产安全的紧急情形外，应当提前二十四小时通知生产经营单位。生产经营单位依法履行行政决定、采取相应措施消除事故隐患的，负有安全生产监督管理职责的部门应当及时解除前款规定的措施。

第七十四条　任何单位或者个人对事故隐患或者安全生产违法行为，均有权向负有安全生产监督管理职责的部门报告或者举报。

因安全生产违法行为造成重大事故隐患或者导致重大事故，致使国家利益或者社会公共利益受到侵害的，人民检察院可以根据民事诉讼法、行政诉讼法的相关规定提起公益诉讼。

（五）生产安全事故的应急救援与调查处理

第八十三条　生产经营单位发生生产安全事故后，事故现场有关人员应当立即报告本单位负责人。

单位负责人接到事故报告后，应当迅速采取有效措施，组织抢救，防止事故扩大，减少人员伤亡和财产损失，并按照国家有关规定立即如实报告当地负有安全生产监督管理职责的部门，不得隐瞒不报、谎报或者迟报，不得故意破坏事故现场、毁灭有关证据。

第八十五条　有关地方人民政府和负有安全生产监督管理职责的部门的负责人接到生产安全事故报告后，应当按照生产安全事故应急救援预案的要求立即赶到事故现场，组织事故抢救。

参与事故抢救的部门和单位应当服从统一指挥，加强协同联动，采取有效的应急救援措施，并根据事故救援的需要采取警戒、疏散等措施，防止事故扩大和次生灾害的发生，减少人员伤亡和财产损失。

事故抢救过程中应当采取必要措施，避免或者减少对环境造成的危害。任何单位和个人都应当支持、配合事故抢救，并提供一切便利条件。

第八十八条　任何单位和个人不得阻挠和干涉对事故的依法调查处理。

（六）法律责任

第九十六条　生产经营单位的其他负责人和安全生产管理人员未履行本法规定的安全

生产管理职责的，责令限期改正，处一万元以上三万元以下的罚款；导致发生生产安全事故的，暂停或者吊销其与安全生产有关的资格，并处上一年年收入百分之二十以上百分之五十以下的罚款；构成犯罪的，依照刑法有关规定追究刑事责任。

第一百零四条　两个以上生产经营单位在同一作业区域内进行可能危及对方安全生产的生产经营活动，未签订安全生产管理协议或者未指定专职安全生产管理人员进行安全检查与协调的，责令限期改正，处五万元以下的罚款，对其直接负责的主管人员和其他直接责任人员处一万元以下的罚款；逾期未改正的，责令停产停业。

第一百零六条　生产经营单位与从业人员订立协议，免除或者减轻其对从业人员因生产安全事故伤亡依法应承担的责任的，该协议无效；对生产经营单位的主要负责人、个人经营的投资人处二万元以上十万元以下的罚款。

第一百零七条　生产经营单位的从业人员不落实岗位安全责任，不服从管理，违反安全生产规章制度或者操作规程的，由生产经营单位给予批评教育，依照有关规章制度给予处分；构成犯罪的，依照刑法有关规定追究刑事责任。

第一百零八条　违反本法规定，生产经营单位拒绝、阻碍负有安全生产监督管理职责的部门依法实施监督检查的，责令改正；拒不改正的，处二万元以上二十万元以下的罚款；对其直接负责的主管人员和其他直接责任人员处一万元以上二万元以下的罚款；构成犯罪的，依照刑法有关规定追究刑事责任。

第一百一十二条　生产经营单位违反本法规定，被责令改正且受到罚款处罚，拒不改正的，负有安全生产监督管理职责的部门可以自作出责令改正之日的次日起，按照原处罚数额按日连续处罚。

第一百一十六条　生产经营单位发生生产安全事故造成人员伤亡、他人财产损失的，应当依法承担赔偿责任；拒不承担或者其负责人逃匿的，由人民法院依法强制执行。

生产安全事故的责任人未依法承担赔偿责任，经人民法院依法采取执行措施后，仍不能对受害人给予足额赔偿的，应当继续履行赔偿义务；受害人发现责任人有其他财产的，可以随时请求人民法院执行。

三、《中华人民共和国铁路法》相关知识

(一)总　　则

第二条　本法所称的铁路，包括国家铁路、地方铁路、专用铁路和铁路专用线。

国家铁路是指由国务院铁路主管部门管理的铁路。

地方铁路是指由地方人民政府管理的铁路。

专用铁路是指由企业或者其他单位管理，专为本企业或者本单位内部提供运输服务的铁路。

铁路专用线是指由企业或者其他单位管理的与国家铁路或者其他铁路线路接轨的岔线。

第六条　公民有爱护铁路设施的义务。禁止任何人破坏铁路设施，扰乱铁路运输的正常秩序。

(二)铁路安全与保护

第四十二条　铁路运输企业必须加强对铁路的管理和保护，定期检查、维修铁路运输设

施，保证铁路运输设施完好，保障旅客和货物运输安全。

第四十六条　在铁路线路和铁路桥梁、涵洞两侧一定距离内，修建山塘、水库、堤坝，开挖河道、干渠，采石挖砂，打井取水，影响铁路路基稳定或者危害铁路桥梁、涵洞安全的，由县级以上地方人民政府责令停止建设或者采挖、打井等活动，限期恢复原状或者责令采取必要的安全防护措施。

在铁路线路上架设电力、通讯线路，埋置电缆、管道设施，穿凿通过铁路路基的地下坑道，必须经铁路运输企业同意，并采取安全防护措施。

在铁路弯道内侧、平交道口和人行过道附近，不得修建妨碍行车瞭望的建筑物和种植妨碍行车瞭望的树木。修建妨碍行车瞭望的建筑物的，由县级以上地方人民政府责令限期拆除。种植妨碍行车瞭望的树木的，由县级以上地方人民政府责令有关单位或者个人限期迁移或者修剪、砍伐。

违反前三款的规定，给铁路运输企业造成损失的单位或者个人，应当赔偿损失。

第四十九条　对损毁、移动铁路信号装置及其他行车设施或者在铁路线路上放置障碍物的，铁路职工有权制止，可以扭送公安机关处理。

第五十条　禁止偷乘货车、攀附行进中的列车或者击打列车。对偷乘货车、攀附行进中的列车或者击打列车的，铁路职工有权制止。

第五十一条　禁止在铁路线路上行走、坐卧。对在铁路线路上行走、坐卧的，铁路职工有权制止。

第五十二条　禁止在铁路线路两侧二十米以内或者铁路防护林地内放牧。对在铁路线路两侧二十米以内或者铁路防护林地内放牧的，铁路职工有权制止。

第五十三条　对聚众拦截列车或者聚众冲击铁路行车调度机构的，铁路职工有权制止；不听制止的，公安人员现场负责人有权命令解散；拒不解散的，公安人员现场负责人有权依照国家有关规定决定采取必要手段强行驱散，并对拒不服从的人员强行带离现场或者予以拘留。

第五十四条　对哄抢铁路运输物资的，铁路职工有权制止，可以扭送公安机关处理；现场公安人员可以予以拘留。

第五十五条　在列车内，寻衅滋事，扰乱公共秩序，危害旅客人身、财产安全的，铁路职工有权制止，铁路公安人员可以予以拘留。

第五十八条　因铁路行车事故及其他铁路运营事故造成人身伤亡的，铁路运输企业应当承担赔偿责任；如果人身伤亡是因不可抗力或者由于受害人自身的原因造成的，铁路运输企业不承担赔偿责任。

违章通过平交道口或者人行过道，或者在铁路线路上行走、坐卧造成的人身伤亡，属于受害人自身的原因造成的人身伤亡。

（三）法律责任

第六十一条　故意损毁、移动铁路行车信号装置或者在铁路线路上放置足以使列车倾覆的障碍物的，依照刑法有关规定追究刑事责任。

第六十二条　盗窃铁路线路上行车设施的零件、部件或者铁路线路上的器材，危及行车安全的，依照刑法有关规定追究刑事责任。

第六十三条　聚众拦截列车、冲击铁路行车调度机构不听制止的，对首要分子和骨干分子依照刑法有关规定追究刑事责任。

第六十四条　聚众哄抢铁路运输物资的，对首要分子和骨干分子依照刑法有关规定追究刑事责任。

铁路职工与其他人员勾结犯前款罪的，从重处罚。

第六十六条　倒卖旅客车票，构成犯罪的，依照刑法有关规定追究刑事责任。铁路职工倒卖旅客车票或者与其他人员勾结倒卖旅客车票的，依照刑法有关规定追究刑事责任。

第七十一条　铁路职工玩忽职守、违反规章制度造成铁路运营事故的，滥用职权、利用办理运输业务之便谋取私利的，给予行政处分；情节严重、构成犯罪的，依照刑法有关规定追究刑事责任。

四、《中华人民共和国道路交通安全法》相关知识

（一）总　　则

第一条　为了维护道路交通秩序，预防和减少交通事故，保护人身安全，保护公民、法人和其他组织的财产安全及其他合法权益，提高通行效率，制定本法。

第二条　中华人民共和国境内的车辆驾驶人、行人、乘车人以及与道路交通活动有关的单位和个人，都应当遵守本法。

第三条　道路交通安全工作，应当遵循依法管理、方便群众的原则，保障道路交通有序、安全、畅通。

（二）车辆和驾驶人

1. 机动车、非机动车

第八条　国家对机动车实行登记制度。机动车经公安机关交通管理部门登记后，方可上道路行驶。尚未登记的机动车，需要临时上道路行驶的，应当取得临时通行牌证。

第十一条　驾驶机动车上道路行驶，应当悬挂机动车号牌，放置检验合格标志、保险标志，并随车携带机动车行驶证。

机动车号牌应当按照规定悬挂并保持清晰、完整，不得故意遮挡、污损。任何单位和个人不得收缴、扣留机动车号牌。

第十四条　国家实行机动车强制报废制度，根据机动车的安全技术状况和不同用途，规定不同的报废标准。

应当报废的机动车必须及时办理注销登记。

达到报废标准的机动车不得上道路行驶。报废的大型客、货车及其他营运车辆应当在公安机关交通管理部门的监督下解体。

第十六条　任何单位或者个人不得有下列行为：

（1）拼装机动车或者擅自改变机动车已登记的结构、构造或者特征；

（2）改变机动车型号、发动机号、车架号或者车辆识别代号；

（3）伪造、变造或者使用伪造、变造的机动车登记证书、号牌、行驶证、检验合格标志、保险标志；

（4）使用其他机动车的登记证书、号牌、行驶证、检验合格标志、保险标志。

第十八条　依法应当登记的非机动车，经公安机关交通管理部门登记后，方可上道路行驶。

依法应当登记的非机动车的种类，由省、自治区、直辖市人民政府根据当地实际情况规定。

非机动车的外形尺寸、质量、制动器、车铃和夜间反光装置，应当符合非机动车安全技术标准。

2. 机动车驾驶人

第十九条　驾驶机动车，应当依法取得机动车驾驶证。

申请机动车驾驶证，应当符合国务院公安部门规定的驾驶许可条件；经考试合格后，由公安机关交通管理部门发给相应类别的机动车驾驶证。持有境外机动车驾驶证的人，符合国务院公安部门规定的驾驶许可条件，经公安机关交通管理部门考核合格的，可以发给中国的机动车驾驶证。

驾驶人应当按照驾驶证载明的准驾车型驾驶机动车；驾驶机动车时，应当随身携带机动车驾驶证。

公安机关交通管理部门以外的任何单位或者个人，不得收缴、扣留机动车驾驶证。

第二十一条　驾驶人驾驶机动车上道路行驶前，应当对机动车的安全技术性能进行认真检查；不得驾驶安全设施不全或者机件不符合技术标准等具有安全隐患的机动车。

第二十二条　机动车驾驶人应当遵守道路交通安全法律、法规的规定，按照操作规范安全驾驶、文明驾驶。

饮酒、服用国家管制的精神药品或者麻醉药品，或者患有妨碍安全驾驶机动车的疾病，或者过度疲劳影响安全驾驶的，不得驾驶机动车。任何人不得强迫、指使、纵容驾驶人违反道路交通安全法律、法规和机动车安全驾驶要求驾驶机动车。

第二十四条　公安机关交通管理部门对机动车驾驶人违反道路交通安全法律、法规的行为，除依法给予行政处罚外，实行累积记分制度。公安机关交通管理部门对累积记分达到规定分值的机动车驾驶人，扣留机动车驾驶证，对其进行道路交通安全法律、法规教育，重新考试；考试合格的，发还其机动车驾驶证。

对遵守道路交通安全法律、法规，在一年内无累积记分的机动车驾驶人，可以延长机动车驾驶证的审验期。具体办法由国务院公安部门规定。

（三）道路通行条件

第二十五条　全国实行统一的道路交通信号。

交通信号包括交通信号灯、交通标志、交通标线和交通警察的指挥。

交通信号灯、交通标志、交通标线的设置应当符合道路交通安全、畅通的要求和国家标准，并保持清晰、醒目、准确、完好。

根据通行需要，应当及时增设、调换、更新道路交通信号。增设、调换、更新限制性的道路交通信号，应当提前向社会公告，广泛进行宣传。

第二十六条　交通信号灯由红灯、绿灯、黄灯组成。红灯表示禁止通行，绿灯表示准许通行，黄灯表示警示。

第二十八条　任何单位和个人不得擅自设置、移动、占用、损毁交通信号灯、交通标志、交通标线。道路两侧及隔离带上种植的树木或者其他植物，设置的广告牌、管线等，应当与交通设施保持必要的距离，不得遮挡路灯、交通信号灯、交通标志，不得妨碍安全视距，不得影响通行。

第三十一条　未经许可，任何单位和个人不得占用道路从事非交通活动。

(四)道路通行规定

1. 一般规定

第三十五条　机动车、非机动车实行右侧通行。

第三十六条　根据道路条件和通行需要，道路划分为机动车道、非机动车道和人行道的，机动车、非机动车、行人实行分道通行。没有划分机动车道、非机动车道和人行道的，机动车在道路中间通行，非机动车和行人在道路两侧通行。

第三十七条　道路划设专用车道的，在专用车道内，只准许规定的车辆通行，其他车辆不得进入专用车道内行驶。

第三十八条　车辆、行人应当按照交通信号通行；遇有交通警察现场指挥时，应当按照交通警察的指挥通行；在没有交通信号的道路上，应当在确保安全、畅通的原则下通行。

2. 机动车通行规定

第四十二条　机动车上道路行驶，不得超过限速标志标明的最高时速。在没有限速标志的路段，应当保持安全车速。

夜间行驶或者在容易发生危险的路段行驶，以及遇有沙尘、冰雹、雨、雪、雾、结冰等气象条件时，应当降低行驶速度。

第四十三条　同车道行驶的机动车，后车应当与前车保持足以采取紧急制动措施的安全距离。有下列情形之一的，不得超车：

(1)前车正在左转弯、掉头、超车的；

(2)与对面来车有会车可能的；

(3)前车为执行紧急任务的警车、消防车、救护车、工程救险车的；

(4)行经铁路道口、交叉路口、窄桥、弯道、陡坡、隧道、人行横道、市区交通流量大的路段等没有超车条件的。

第四十五条　机动车遇有前方车辆停车排队等候或者缓慢行驶时，不得借道超车或者占用对面车道，不得穿插等候的车辆。

在车道减少的路段、路口，或者在没有交通信号灯、交通标志、交通标线或者交通警察指挥的交叉路口遇到停车排队等候或者缓慢行驶时，机动车应当依次交替通行。

第四十六条　机动车通过铁路道口时，应当按照交通信号或者管理人员的指挥通行；没有交通信号或者管理人员的，应当减速或者停车，在确认安全后通过。

第五十条　禁止货运机动车载客。

货运机动车需要附载作业人员的，应当设置保护作业人员的安全措施。

第五十一条　机动车行驶时，驾驶人、乘坐人员应当按规定使用安全带，摩托车驾驶人及乘坐人员应当按规定戴安全头盔。

第五十二条　机动车在道路上发生故障，需要停车排除故障时，驾驶人应当立即开启危险报警闪光灯，将机动车移至不妨碍交通的地方停放；难以移动的，应当持续开启危险报警闪光灯，并在来车方向设置警告标志等措施扩大示警距离，必要时迅速报警。

3. 非机动车通行规定

第五十七条　驾驶非机动车在道路上行驶应当遵守有关交通安全的规定。非机动车应当在非机动车道内行驶；在没有非机动车道的道路上，应当靠车行道的右侧行驶。

第五十八条　残疾人机动轮椅车、电动自行车在非机动车道内行驶时，最高时速不得超过十五公里。

4. 行人和乘车人通行规定

第六十一条　行人应当在人行道内行走，没有人行道的靠路边行走。

第六十二条　行人通过路口或者横过道路，应当走人行横道或者过街设施；通过有交通信号灯的人行横道，应当按照交通信号灯指示通行；通过没有交通信号灯、人行横道的路口，或者在没有过街设施的路段横过道路，应当在确认安全后通过。

5. 高速公路的特别规定

第六十八条　机动车在高速公路上发生故障时，应当依照本法第五十二条的有关规定办理；但是，警告标志应当设置在故障车来车方向一百五十米以外，车上人员应当迅速转移到右侧路肩上或者应急车道内，并且迅速报警。

机动车在高速公路上发生故障或者交通事故，无法正常行驶的，应当由救援车、清障车拖曳、牵引。

（五）交通事故处理

第七十条　在道路上发生交通事故，车辆驾驶人应当立即停车，保护现场；造成人身伤亡的，车辆驾驶人应当立即抢救受伤人员，并迅速报告执勤的交通警察或者公安机关交通管理部门。因抢救受伤人员变动现场的，应当标明位置。乘车人、过往车辆驾驶人、过往行人应当予以协助。

在道路上发生交通事故，未造成人身伤亡，当事人对事实及成因无争议的，可以即行撤离现场，恢复交通，自行协商处理损害赔偿事宜；不即行撤离现场的，应当迅速报告执勤的交通警察或者公安机关交通管理部门。

在道路上发生交通事故，仅造成轻微财产损失，并且基本事实清楚的，当事人应当先撤离现场再进行协商处理。

第七十四条　对交通事故损害赔偿的争议，当事人可以请求公安机关交通管理部门调解，也可以直接向人民法院提起民事诉讼。

经公安机关交通管理部门调解，当事人未达成协议或者调解书生效后不履行的，当事人可以向人民法院提起民事诉讼。

第七十六条　机动车发生交通事故造成人身伤亡、财产损失的，由保险公司在机动车第三者责任强制保险责任限额范围内予以赔偿；不足的部分，按照下列规定承担赔偿责任：

（1）机动车之间发生交通事故的，由有过错的一方承担赔偿责任；双方都有过错的，按照各自过错的比例分担责任。

（2）机动车与非机动车驾驶人、行人之间发生交通事故，非机动车驾驶人、行人没有过错的，由机动车一方承担赔偿责任；有证据证明非机动车驾驶人、行人有过错的，根据过错程度适当减轻机动车一方的赔偿责任；机动车一方没有过错的，承担不超过百分之十的赔偿责任。

交通事故的损失是由非机动车驾驶人、行人故意碰撞机动车造成的，机动车一方不承担赔偿责任。

（六）法律责任

第八十八条　对道路交通安全违法行为的处罚种类包括：警告、罚款、暂扣或者吊销机动车驾驶证、拘留。

第八十九条　行人、乘车人、非机动车驾驶人违反道路交通安全法律、法规关于道路通行规定的，处警告或者五元以上五十元以下罚款；非机动车驾驶人拒绝接受罚款处罚的，可以扣留其非机动车。

第九十条　机动车驾驶人违反道路交通安全法律、法规关于道路通行规定的，处警告或者二十元以上二百元以下罚款。本法另有规定的，依照规定处罚。

第九十一条　饮酒后驾驶机动车的，处暂扣六个月机动车驾驶证，并处一千元以上二千元以下罚款。因饮酒后驾驶机动车被处罚，再次饮酒后驾驶机动车的，处十日以下拘留，并处一千元以上二千元以下罚款，吊销机动车驾驶证。

醉酒驾驶机动车的，由公安机关交通管理部门约束至酒醒，吊销机动车驾驶证，依法追究刑事责任；五年内不得重新取得机动车驾驶证。

饮酒后驾驶营运机动车的，处十五日拘留，并处五千元罚款，吊销机动车驾驶证，五年内不得重新取得机动车驾驶证。

醉酒驾驶营运机动车的，由公安机关交通管理部门约束至酒醒，吊销机动车驾驶证，依法追究刑事责任；十年内不得重新取得机动车驾驶证，重新取得机动车驾驶证后，不得驾驶营运机动车。

饮酒后或者醉酒驾驶机动车发生重大交通事故，构成犯罪的，依法追究刑事责任，并由公安机关交通管理部门吊销机动车驾驶证，终生不得重新取得机动车驾驶证。

第九十五条　上道路行驶的机动车未悬挂机动车号牌，未放置检验合格标志、保险标志，或者未随车携带行驶证、驾驶证的，公安机关交通管理部门应当扣留机动车，通知当事人提供相应的牌证、标志或者补办相应手续，并可以依照本法第九十条的规定予以处罚。当事人提供相应的牌证、标志或者补办相应手续的，应当及时退还机动车。

故意遮挡、污损或者不按规定安装机动车号牌的，依照本法第九十条的规定予以处罚。

第九十六条　伪造、变造或者使用伪造、变造的机动车登记证书、号牌、行驶证、驾驶证的，由公安机关交通管理部门予以收缴，扣留该机动车，处十五日以下拘留，并处二千元以上五千元以下罚款；构成犯罪的，依法追究刑事责任。

伪造、变造或者使用伪造、变造的检验合格标志、保险标志的，由公安机关交通管理部门予以收缴，扣留该机动车，处十日以下拘留，并处一千元以上三千元以下罚款；构成犯罪的，依法追究刑事责任。

使用其他车辆的机动车登记证书、号牌、行驶证、检验合格标志、保险标志的，由公安机关交通管理部门予以收缴，扣留该机动车，处二千元以上五千元以下罚款。

当事人提供相应的合法证明或者补办相应手续的，应当及时退还机动车。

第九十八条　机动车所有人、管理人未按照国家规定投保机动车第三者责任强制保险的，由公安机关交通管理部门扣留车辆至依照规定投保后，并处依照规定投保最低责任限额应缴纳的保险费的二倍罚款。

依照前款缴纳的罚款全部纳入道路交通事故社会救助基金。具体办法由国务院规定。

第九十九条　有下列行为之一的，由公安机关交通管理部门处二百元以上二千元以下罚款：

（1）未取得机动车驾驶证、机动车驾驶证被吊销或者机动车驾驶证被暂扣期间驾驶机动车的；

(2)将机动车交由未取得机动车驾驶证或者机动车驾驶证被吊销、暂扣的人驾驶的；

(3)造成交通事故后逃逸，尚不构成犯罪的；

(4)机动车行驶超过规定时速百分之五十的；

(5)强迫机动车驾驶人违反道路交通安全法律、法规和机动车安全驾驶要求驾驶机动车，造成交通事故，尚不构成犯罪的；

(6)违反交通管制的规定强行通行，不听劝阻的；

(7)故意损毁、移动、涂改交通设施，造成危害后果，尚不构成犯罪的；

(8)非法拦截、扣留机动车辆，不听劝阻，造成交通严重阻塞或者较大财产损失的。

行为人有前款第二项、第四项情形之一的，可以并处吊销机动车驾驶证；有第一项、第三项、第五项至第八项情形之一的，可以并处十五日以下拘留。

第一百条　驾驶拼装的机动车或者已达到报废标准的机动车上道路行驶的，公安机关交通管理部门应当予以收缴，强制报废。

对驾驶前款所列机动车上道路行驶的驾驶人，处二百元以上二千元以下罚款，并吊销机动车驾驶证。

出售已达到报废标准的机动车的，没收违法所得，处销售金额等额的罚款，对该机动车依照本条第一款的规定处理。

第一百零一条　违反道路交通安全法律、法规的规定，发生重大交通事故，构成犯罪的，依法追究刑事责任，并由公安机关交通管理部门吊销机动车驾驶证。

造成交通事故后逃逸的，由公安机关交通管理部门吊销机动车驾驶证，且终生不得重新取得机动车驾驶证。

第一百零八条　当事人应当自收到罚款的行政处罚决定书之日起十五日内，到指定的银行缴纳罚款。

对行人、乘车人和非机动车驾驶人的罚款，当事人无异议的，可以当场予以收缴罚款。

罚款应当开具省、自治区、直辖市财政部门统一制发的罚款收据；不出具财政部门统一制发的罚款收据的，当事人有权拒绝缴纳罚款。

第一百零九条　当事人逾期不履行行政处罚决定的，作出行政处罚决定的行政机关可以采取下列措施：

(1)到期不缴纳罚款的，每日按罚款数额的百分之三加处罚款；

(2)申请人民法院强制执行。

第一百一十二条　公安机关交通管理部门扣留机动车、非机动车，应当当场出具凭证，并告知当事人在规定期限内到公安机关交通管理部门接受处理。

公安机关交通管理部门对被扣留的车辆应当妥善保管，不得使用。

逾期不来接受处理，并且经公告三个月仍不来接受处理的，对扣留的车辆依法处理。

五、《铁路安全管理条例》相关知识

(一)总　　则

第二条　铁路安全管理坚持安全第一、预防为主、综合治理的方针。

第五条　从事铁路建设、运输、设备制造维修的单位应当加强安全管理，建立健全安全生产管理制度，落实企业安全生产主体责任，设置安全管理机构或者配备安全管理人员，执行保障生产安全和产品质量安全的国家标准、行业标准，加强对从业人员的安全教育培训，保证安全生产所必需的资金投入。

铁路建设、运输、设备制造维修单位的工作人员应当严格执行规章制度，实行标准化作业，保证铁路安全。

第七条 禁止扰乱铁路建设、运输秩序。禁止破坏或者非法占用铁路设施设备、铁路标志和铁路用地。

任何单位或者个人发现损坏或者非法占用铁路设施设备、铁路标志、铁路用地以及其他影响铁路安全的行为，有权报告铁路运输企业，或者向铁路监管部门、公安机关或者其他有关部门举报。接到报告的铁路运输企业、接到举报的部门应当根据各自职责及时处理。

对维护铁路安全作出突出贡献的单位或者个人，按照国家有关规定给予表彰奖励。

(二)铁路线路安全

第二十七条 铁路线路两侧应当设立铁路线路安全保护区。铁路线路安全保护区的范围，从铁路线路路堤坡脚、路堑坡顶或者铁路桥梁(含铁路、道路两用桥，下同)外侧起向外的距离分别为：

(1)城市市区高速铁路为 10 米，其他铁路为 8 米；

(2)城市郊区居民居住区高速铁路为 12 米，其他铁路为 10 米；

(3)村镇居民居住区高速铁路为 15 米，其他铁路为 12 米；

(4)其他地区高速铁路为 20 米，其他铁路为 15 米。

前款规定距离不能满足铁路运输安全保护需要的，由铁路建设单位或者铁路运输企业提出方案，铁路监督管理机构或者县级以上地方人民政府依照本条第三款规定程序划定。

在铁路用地范围内划定铁路线路安全保护区的，由铁路监督管理机构组织铁路建设单位或者铁路运输企业划定并公告。在铁路用地范围外划定铁路线路安全保护区的，由县级以上地方人民政府根据保障铁路运输安全和节约用地的原则，组织有关铁路监督管理机构、县级以上地方人民政府国土资源等部门划定并公告。

铁路线路安全保护区与公路建筑控制区、河道管理范围、水利工程管理和保护范围、航道保护范围或者石油、电力以及其他重要设施保护区重叠的，由县级以上地方人民政府组织有关部门依照法律、行政法规的规定协商划定并公告。

新建、改建铁路的铁路线路安全保护区范围，应当自铁路建设工程初步设计批准之日起 30 日内，由县级以上地方人民政府依照本条例的规定划定并公告。铁路建设单位或者铁路运输企业应当根据工程竣工资料进行勘界，绘制铁路线路安全保护区平面图，并根据平面图设立标桩。

第二十八条 设计开行时速 120 公里以上列车的铁路应当实行全封闭管理。铁路建设单位或者铁路运输企业应当按照国务院铁路行业监督管理部门的规定在铁路用地范围内设置封闭设施和警示标志。

第二十九条 禁止在铁路线路安全保护区内烧荒、放养牲畜、种植影响铁路线路安全和行车瞭望的树木等植物。

禁止向铁路线路安全保护区排污、倾倒垃圾以及其他危害铁路安全的物质。

第三十条 在铁路线路安全保护区内建造建筑物、构筑物等设施，取土、挖砂、挖沟、采空作业或者堆放、悬挂物品，应当征得铁路运输企业同意并签订安全协议，遵守保证铁路安全的国家标准、行业标准和施工安全规范，采取措施防止影响铁路运输安全。铁路运输企业应当派员对施工现场实行安全监督。

第三十一条　铁路线路安全保护区内既有的建筑物、构筑物危及铁路运输安全的，应当采取必要的安全防护措施；采取安全防护措施后仍不能保证安全的，依照有关法律的规定拆除。

拆除铁路线路安全保护区内的建筑物、构筑物，清理铁路线路安全保护区内的植物，或者对他人在铁路线路安全保护区内已依法取得的采矿权等合法权利予以限制，给他人造成损失的，应当依法给予补偿或者采取必要的补救措施。但是，拆除非法建设的建筑物、构筑物的除外。

第三十二条　在铁路线路安全保护区及其邻近区域建造或者设置的建筑物、构筑物、设备等，不得进入国家规定的铁路建筑限界。

第三十七条　任何单位和个人不得擅自在铁路桥梁跨越处河道上下游各 1 000 米范围内围垦造田、拦河筑坝、架设浮桥或者修建其他影响铁路桥梁安全的设施。

因特殊原因确需在前款规定的范围内进行围垦造田、拦河筑坝、架设浮桥等活动的，应当进行安全论证，负责审批的机关在批准前应当征求有关铁路运输企业的意见。

第四十五条　架设、铺设铁路信号和通信线路、杆塔应当符合国家标准、行业标准和铁路安全防护要求。铁路运输企业、为铁路运输提供服务的电信企业应当加强对铁路信号和通信线路、杆塔的维护和管理。

第四十八条　机动车或者非机动车在铁路道口内发生故障或者装载物掉落的，应当立即将故障车辆或者掉落的装载物移至铁路道口停止线以外或者铁路线路最外侧钢轨 5 米以外的安全地点。无法立即移至安全地点的，应当立即报告铁路道口看守人员；在无人看守道口，应当立即在道口两端采取措施拦停列车，并就近通知铁路车站或者公安机关。

第五十条　在下列地点，铁路运输企业应当按照国家标准、行业标准设置易于识别的警示、保护标志：

(1)铁路桥梁、隧道的两端；

(2)铁路信号、通信光(电)缆的埋设、铺设地点；

(3)电气化铁路接触网、自动闭塞供电线路和电力贯通线路等电力设施附近易发生危险的地点。

第五十二条　禁止实施下列危及铁路通信、信号设施安全的行为：

(1)在埋有地下光(电)缆设施的地面上方进行钻探，堆放重物、垃圾，焚烧物品，倾倒腐蚀性物质；

(2)在地下光(电)缆两侧各 1 米的范围内建造、搭建建筑物、构筑物等设施；

(3)在地下光(电)缆两侧各 1 米的范围内挖砂、取土；

(4)在过河光(电)缆两侧各 100 米的范围内挖砂、抛锚或者进行其他危及光(电)缆安全的作业。

第五十三条　禁止实施下列危害电气化铁路设施的行为：

(1)向电气化铁路接触网抛掷物品；

(2)在铁路电力线路导线两侧各 500 米的范围内升放风筝、气球等低空飘浮物体；

(3)攀登铁路电力线路杆塔或者在杆塔上架设、安装其他设施设备；

(4)在铁路电力线路杆塔、拉线周围20米范围内取土、打桩、钻探或者倾倒有害化学物品；

(5)触碰电气化铁路接触网。

(三)铁路运营安全

第五十八条　铁路运输企业应当加强铁路专业技术岗位和主要行车工种岗位从业人员的业务培训和安全培训，提高从业人员的业务技能和安全意识。

第七十四条　禁止使用无线电台(站)以及其他仪器、装置干扰铁路运营指挥调度无线电频率的正常使用。

铁路运营指挥调度无线电频率受到干扰的，铁路运输企业应当立即采取排查措施并报告无线电管理机构、铁路监管部门；无线电管理机构、铁路监管部门应当依法排除干扰。

第七十七条　禁止实施下列危害铁路安全的行为：

(1)非法拦截列车、阻断铁路运输；

(2)扰乱铁路运输指挥调度机构以及车站、列车的正常秩序；

(3)在铁路线路上放置、遗弃障碍物；

(4)击打列车；

(5)擅自移动铁路线路上的机车车辆，或者擅自开启列车车门、违规操纵列车紧急制动设备；

(6)拆盗、损毁或者擅自移动铁路设施设备、机车车辆配件、标桩、防护设施和安全标志；

(7)在铁路线路上行走、坐卧或者在未设道口、人行过道的铁路线路上通过；

(8)擅自进入铁路线路封闭区域或者在未设置行人通道的铁路桥梁、隧道通行；

(9)擅自开启、关闭列车的货车阀、盖或者破坏施封状态；

(10)擅自开启列车中的集装箱箱门，破坏箱体、阀、盖或者施封状态；

(11)擅自松动、拆解、移动列车中的货物装载加固材料、装置和设备；

(12)钻车、扒车、跳车；

(13)从列车上抛扔杂物；

(14)在动车组列车上吸烟或者在其他列车的禁烟区域吸烟；

(15)强行登乘或者以拒绝下车等方式强占列车；

(16)冲击、堵塞、占用进出站通道或者候车区、站台。

(四)监督检查

第八十一条　铁路监管部门发现安全隐患，应当责令有关单位立即排除。重大安全隐患排除前或者排除过程中无法保证安全的，应当责令从危险区域内撤出人员、设备，停止作业；重大安全隐患排除后方可恢复作业。

第八十二条　实施铁路安全监督检查的人员执行监督检查任务时，应当佩戴标志或者出示证件。任何单位和个人不得阻碍、干扰安全监督检查人员依法履行安全检查职责。

(五)法律责任

第八十七条　有下列情形的，由铁路监督管理机构责令改正，处2万元以上10万元以下的罚款：

(1)用于铁路运输的安全检测、监控、防护设施设备，集装箱和集装化用具等运输器具、专用装卸机械、索具、篷布、装载加固材料或者装置、运输包装、货物装载加固等，不符合国家标准、行业标准和技术规范；

(2)不按照国家有关规定和标准设置、维护铁路封闭设施、安全防护设施；

(3)架设、铺设铁路信号和通信线路、杆塔不符合国家标准、行业标准和铁路安全防护要求，或者未对铁路信号和通信线路、杆塔进行维护和管理；

(4)运输危险货物不依照法律法规和国家其他有关规定使用专用的设施设备。

第八十九条　未经铁路运输企业同意或者未签订安全协议，在铁路线路安全保护区内建造建筑物、构筑物等设施，取土、挖砂、挖沟、采空作业或者堆放、悬挂物品，或者违反保证铁路安全的国家标准、行业标准和施工安全规范，影响铁路运输安全的，由铁路监督管理机构责令改正，可以处 10 万元以下的罚款。

铁路运输企业未派员对铁路线路安全保护区内施工现场进行安全监督的，由铁路监督管理机构责令改正，可以处 3 万元以下的罚款。

第九十条　在铁路线路安全保护区及其邻近区域建造或者设置的建筑物、构筑物、设备等进入国家规定的铁路建筑限界，或者在铁路线路两侧建造、设立生产、加工、储存或者销售易燃、易爆或者放射性物品等危险物品的场所、仓库不符合国家标准、行业标准规定的安全防护距离的，由铁路监督管理机构责令改正，对单位处 5 万元以上 20 万元以下的罚款，对个人处 1 万元以上 5 万元以下的罚款。

第九十一条　有下列行为之一的，分别由铁路沿线所在地县级以上地方人民政府水行政主管部门、国土资源主管部门或者无线电管理机构等依照有关水资源管理、矿产资源管理、无线电管理等法律、行政法规的规定处罚：

(1)未经批准在铁路线路两侧各 1 000 米范围内从事露天采矿、采石或者爆破作业；

(2)在地下水禁止开采区或者限制开采区抽取地下水；

(3)在铁路桥梁跨越处河道上下游各 1 000 米范围内围垦造田、拦河筑坝、架设浮桥或者修建其他影响铁路桥梁安全的设施；

(4)在铁路桥梁跨越处河道上下游禁止采砂、淘金的范围内采砂、淘金；

(5)干扰铁路运营指挥调度无线电频率正常使用。

第九十六条　铁路运输托运人托运货物、行李、包裹时匿报、谎报货物品名、性质、重量，或者装车、装箱超过规定重量的，由铁路监督管理机构责令改正，可以处 2 000 元以下的罚款；情节较重的，处 2 000 元以上 2 万元以下的罚款；将危险化学品谎报或者匿报为普通货物托运的，处 10 万元以上 20 万元以下的罚款。

铁路运输托运人在普通货物中夹带危险货物，或者在危险货物中夹带禁止配装的货物的，由铁路监督管理机构责令改正，处 3 万元以上 20 万元以下的罚款。

第二节　职业道德

一、职业道德

(一)职业道德的含义

职业道德是指从事一定职业的人员在职业活动中应遵循的行为规范的总和，也是从职人员在职业活动中应当遵循的道德。各行各业都有各自的职业道德。

职业道德的概念有广义和狭义之分。广义的职业道德，指从业人员在职业活动中应遵循的行为准则，涵盖了从业人员与服务对象、职业与职工、职业与职业之间的关系。狭义的职业道德，指在一定职业活动中应遵循的、体现一定职业特征的、调整一定职业关系的职业行为准则和规范。

职业道德的含义包括以下八个方面：

1. 职业道德是一种职业规范，受社会普遍的认可。
2. 职业道德是长期以来自然形成的。
3. 职业道德没有确定形式，通常体现为观念、习惯、信念等。
4. 职业道德依靠文化、内心信念和习惯，通过职工的自律实现。
5. 职业道德大多没有实质的约束力和强制力。
6. 职业道德的主要内容是对职工义务的要求。
7. 职业道德标准多元化，代表了不同企业可能具有不同的价值观。
8. 职业道德承载着企业文化和凝聚力，影响深远。

(二)职业道德体现责任和义务

职业道德体现了本行业对社会所承担的职业责任和职业义务，是社会和行业对从业人员在职业活动中的态度和行为要求。所谓职业责任，就是指从事某种职业的个人对他人、集体(班组、部门、单位、行业)和社会所应承担的责任。各行各业的职业责任各不相同，但忠于职守，尽心尽力，保质保量，按时完成党和国家、单位交给自己的各项任务，都是共同的职业责任要求、

职业道德中体现出来的责任有以下三个特点：

1. 差异性。不同职业岗位的性质、功能、业务规范、技术要求及与其他职业岗位的相互关系千差万别，因此，职业责任各不相同。

2. 独立性。从业人员在执行本岗位职责时有相对独立的权利，这种权利有时不容他人干预。

3. 强制性。职业责任是通过制定具体业务规章制度、岗位职责、条例、公约、守则等形式表现的，因而带有一定的强制性。职业道德上存在的问题，一般会受到舆论的谴责、习俗的约束、良心的责备。如失职、玩忽职守给他人、集体、国家造成损失的就要受到处罚，严重的要依法追究责任。

职业道德中义务的含义主要是指在职业活动中，在道德上应尽的责任和不要报酬的奉献。职业义务具有利他性和无偿性两个基本特点。利他性是指从业人员在尽职业义务时，实际上做出了有利于他人、有利于社会的行为，这种行为的客观效果是对他人有利，而不是对自己有利，甚至有时还要做出某种程度上的自我牺牲。无偿性是指从业人员在履行职业义务时，不把谋求个人权利和回报与履行职业义务相联系或相对应，也就是说，它是一种“不要报酬”的奉献。

二、铁路职业道德基本规范

铁路职业道德基本规范是全路职工在职业活动中必须共同遵守的职业行为准则。身体力行铁路职业道德基本规范，是各部门、各岗位员工践行“人民铁路为人民”这一基本原则的

有效途径，是实现“交通强国、铁路先行”的重要基础，更是擦亮“中国高铁”这一国家名片的必要保障。

（一）遵章守纪、确保安全

遵章守纪、确保安全是新时代下的铁路工作对每一个铁路从业人员的基本要求。

1. 遵章守纪、确保安全的基本含义

遵章守纪，指的是铁路职工在从事各自的职业活动中，始终按照明文规定的各种行为规则，一丝不苟地完成生产作业的行为。它包括遵章和守纪两层意思。

遵章实质上是要尊重客观规律，而违章则是违背客观规律。因为铁路安全方面的各项规章制度是运输安全生产中客观规律的反映，它既是铁路运输生产实践经验的结晶，也是生产过程中历次重大事故血的教训的凝结。规章制度都是铁路企业各个部门的职工在生产实践中不断总结、不断修改、不断补充和完善而逐渐确立起来的，它采用简明适用的形式反映铁路职业道德的要求，有利于养成职工良好的职业道德习惯。

守纪实质上是要求职工严格自律，不允许有违反规定的行为发生。纪律是国家和社会各种组织为所属人员制定的、必须共同遵守的行为准则。这里讲的纪律主要是指铁路行业的职业纪律，主要包括作业纪律和劳动纪律。由于各部门、各工种工作内容不同，职业纪律也各异，它只规定某一特定职业部门或岗位应该做什么，不应该、不允许做什么。

确保安全，指的是在铁路运输生产中各部门、各环节要始终处于有序可控、基本稳定的状态。对于铁路运输来讲，确保安全主要指的是保证行车安全，防止出现各种行车重大事故，尤其是注意避免旅客列车重大事故的发生。因为行车安全是铁路运输部门的大事，是安全工作的重中之重，一旦发生事故，对企业、对社会和人民生命财产、对铁路职工本身危害极大。确保安全就是千方百计地确保客货列车的行车安全，平安地实现旅客与货物的位移。

遵章守纪、确保安全就是要求铁路职工在从事自己本职工作时，应从思想到行为上，把遵章守纪、确保安全作为自己的行为准则，作为调整和处理企业与社会、职工与企业、职工与职工的利益关系的标准，作为判断企业和职工行为对与错、善与恶、荣与辱的准绳。

2. 遵章守纪、确保安全的基本要求

（1）树立“安全第一、预防为主”的观念

“安全第一”是指铁路企业和员工要把安全工作摆在各项工作的首位，作为铁路工作的首要目标和首要任务，铁路的一切工作都要服从安全工作。“安全第一”明确了安全工作在铁路工作中的地位和作用，确定了正确处理安全工作与其他工作关系的根本原则。

“预防为主”是指铁路企业和员工要掌握安全工作的主动权，防患于未然，超前预想，及时发现和科学处理运输生产中不利于安全的潜在因素，事先采取周密有效的防范措施，以防止和避免事故的发生。坚持“预防为主”，应始终坚持“规范管理，强基达标”，规范安全管理，加强安全基础建设。

“安全第一、预防为主”是铁路安全生产的指导思想，是铁路工作的永恒主题，是对长期铁路运输生产实践的经验教训的高度概括。“安全第一、预防为主”是不可分割的，“安全第一”是“预防为主”要达到的目标，“预防为主”是实现“安全第一”的主要手段和基本途径。

（2）认真学习铁路法律法规和规章制度

铁路法律法规和规章制度，是对铁路运输安全客观规律的总结，是铁路运输多年来生产实践经验和教训的总结，是铁路运输安全的制度保障。应该认真学习法律法规和规章制度。首先，要认真学习国家颁布的有关铁路安全的法律法规，以贯彻落实《铁路安全管理条例》为重点，学习《中华人民共和国安全生产法》《中华人民共和国铁路法》《铁路安全管理条例》《铁路交通事故应急救援和调查处理条例》及其他与铁路安全相关的法律法规。其次，要认真学习国铁集团、集团公司及各单位制订的安全管理规章制度，熟悉、领会、掌握规章制度，具有必备的安全知识，能熟练运用法规规章方面的"必知必会"。最后，要加强对一系列新的技术标准、规章制度的学习。铁路职工必须结合自身工作实际，及时掌握《铁路技术管理规程》(简称《技规》)、《铁路行车组织规则》(简称《行规》)等新规章对本工种、本岗位的要求，把握新旧《技规》的变化，熟悉各工种的作业标准、作业流程，对必知必会的内容培训过关，遵循新的操作规律，提高技能，强化应急处理能力。在工作中自觉遵守这些规章制度，保证铁路运输的安全。

(3)标准化作业，养成遵章守纪的职业习惯

学习铁路法律法规、规章制度及新规章、新技术标准，必须转化为在岗位上严格遵守规章、按标准化作业的职业行为，并将他律转变为自律，把安全变成职工的内在需求，使标准化作业成为一种职业行为方式、职业行为习惯。树立"遵守规章光荣、违章违纪可耻"的良好风尚，做到说标准语、干标准活、上标准岗，不简化作业，不错不漏作业，不离岗串岗，不盲目蛮干。

(4)一丝不苟，认真履行职责

人们经常把"安全高于一切""责任重于泰山"并列而言，意味着安全意识与职工的职业责任感息息相关。铁路作为一个大联动机，其规章制度规定了每个工种、每个岗位的作业标准、作业流程、劳动纪律。每个部门、每个工种、每个岗位的标准化作业都是铁路运输安全链的一个环节，所谓"安全重担大家挑，人人头上有指标"，只有每个职工都认真履行职责、忠于职守，才能实现安全稳定有序。因此，为了保证铁路运输的安全正点，铁路职工都应树立"安全在我心里，安全在我手中"的意识，具备强烈的职业责任心，自觉为运输安全尽责尽职。要养成一丝不苟的严谨工作作风，铁路职工要做到"在岗一分钟，尽责六十秒""坚持岗位一刻不离，按章操作一项不漏，标准用语一字不差，列车运行一丝不苟"，严守规章，一点不差。

(5)关注路外安全，主动参与平安铁路建设

在生活中，铁路涉及的许多事故都来自铁路系统之外，如环境破坏对铁路安全的影响，不法分子和闲杂人员对路轨设施的破坏，牲畜上道、违规扒乘车等问题未得到根治。解决这些问题，不仅铁路企业和国家要采取措施，每个铁路职工也应该以主人翁的态度，主动对路外群众进行铁路法律法规安全知识的宣传，减少路外伤亡事故，创造良好的安全环境。

(二)尊客爱货、热情周到

尊客爱货、热情周到是铁路行业服务性的具体要求，直接体现了"人民铁路为人民"的宗旨，也是铁路职工在新时代应该履行的道德义务。坚持以尊客爱货、热情周到这一职业道德规范铁路职工的职业行为，必将进一步促进铁路精神文明建设，并辐射到全社会，有利于形成相互尊重、相互关心、互助友爱的社会道德风尚和社会氛围。

1. 尊客爱货、热情周到的基本含义

尊客爱货指的是铁路职工对自身服务对象的态度和道德情感。铁路职工应该牢固树立

“旅客货主至上”“以服务旅客为宗旨，待旅客为亲人”的职业道德观念，自觉履行职业责任，时时注意尊重旅客货主的意志和愿望，处处关心和维护旅客货主的利益，及时为旅客货主排忧解难，通过主动积极的服务，让旅客货主切实感受到铁路职工对人民、对社会的满腔热情和责任感。热情周到指的是铁路运输服务的优质程度及所要达到的效果。铁路职工在从事职业活动时，要通过端庄整洁的仪表，文明礼貌的语言，娴熟完美的技能，细致周到的服务，达到“以人为本、以客为尊”的服务目标和职业道德境界。

2. 尊客爱货、热情周到的基本要求

(1)树立全心全意为人民服务的观念

人民铁路事业是党的事业的重要组成部分，铁路工人是党的阶级基础的组成部分。应当树立全心全意为人民服务的观念，立足本职，为旅客货主服务。在铁路运输过程中，旅客货主与铁路企业形成了合同关系。因此，广大铁路职工必须树立服务观念，维护旅客货主的利益。

(2)主动热情、优质服务

主动热情指的是铁路职工在接待旅客货主时要有热情的态度和真挚的情感。优质服务指的是铁路职工所提供的服务的优质程度及所达到的效果。铁路企业所有部门、工种、岗位都应直接或间接地为“尊客爱货”提供优质服务。

铁路企业的各部门、各工种、各岗位都有自己特定的服务对象。任何一个职工，都应当把自己放到被服务对象的位置上，体会服务对象对自己提供优质服务的需求和渴望，体会由于自己没有尽到职责可能给对方造成的困难，从而强烈地意识到自己的责任和义务。由此产生的职业责任感和职业义务感，在人们各自独特的职业道德体验中不断得到反思和强化，就能转化为内心的职业道德信念；经常以内心的职业道德信念来监督和调节自己的职业行为，就能逐渐达到尽心尽责的道德境界。

(3)行为端庄、举止文明

尊重旅客货主，要做到文明礼貌待客。服务工作是为了满足人们的各种需要而进行的，离不开服务者与被服务者之间的人际交往。特别是铁路客货运输，进行的是面对面的服务，这就决定了铁路职工在从事职业活动时的语言、仪表及对待旅客货主的态度，在服务中居于至关重要的地位，对服务工作的效果具有重大的影响。在服务工作中坚持礼貌用语，来有迎声，去有送声，有问必答，百问不烦，语言亲切，语音悦耳，会在无形之中给旅客货主带来一缕温馨、一丝亲情，融洽与旅客货主的关系，营造充满友爱的温暖氛围。

仪表端庄。仪表端庄实质上是一个人的思想情操、道德品质、文化修养和人格气质的综合反映。举止端庄、统一着装、精神饱满、行为规范，不仅体现了铁路职工对广大旅客货主的尊重，也反映了整个铁路行业的精神风貌。

环境整洁。在铁路运输十分繁忙的情况下，保持整洁优美的工作环境，铁路工作人员要付出十分艰巨的劳动，但是这对于减轻旅客长途旅行的疲劳，保护旅客货主的身心健康，维护铁路行业的整体形象，展现铁路行业精神文明的风貌，具有十分重要的意义。

微笑服务。尊重旅客货主还应该做到热情服务、真诚待客。对旅客货主的尊重是热情服务的思想基础，热情服务则是“以客为尊”理念的外在表现。对旅客货主的态度要热心、亲切、真诚、主动。服务工作特别注重面部表情，冷若冰霜只会使旅客、货主望而生畏；亲切自然的微笑，会使人如沐春风。

(三)讲求质效、维护信誉

对于铁路企业和铁路职工来说,讲求质效、维护信誉是必须具备的职业道德素质。这一道德规范在发展新时代中国特色社会主义市场经济条件下具有更加重要的意义。

1. 讲求质效、维护信誉的基本含义

质效通常是指产品或工作的优劣程度。信誉,即信用和名誉。在市场竞争中,质效和信誉对企业来说是至关重要的。

(1)把工作质效摆到首位

一个企业必须依靠质效、工作时效站稳脚跟,从而赢得信誉和市场。因此,必须把产品质效、工作实效摆到首位。

把优质服务和生产高质效的产品作为自己最重要的工作目标。每一个铁路职工都必须牢固树立起"质效第一"的观点。安全是铁路运输工作的头等质效问题。保证旅客人身和财产安全,既是人命关天的大事,也是事关铁路信誉的大事。每一个职工都必须以对国家和人民高度负责的精神,把安全工作放在一切工作的首位,时刻注意,着力抓好。

(2)依靠信誉树立企业的良好形象

在市场竞争中,必须在提供高质效的产品基础上,建立企业和产品的信誉,进而树立铁路行业的良好形象,使企业在竞争中处于有利地位。信誉与形象是紧密相关的,铁路行业要树立良好的形象,就必须建立自己的信誉,而信誉获得的关键是保证服务质效,质效不好,就不可能建立好的信誉。

2. 讲求质效、维护信誉的基本要求

(1)树立质效第一、信誉为重的观念

树立质效第一、信誉为重的观念,要认识到讲求质效是每个从业人员履行岗位责任的具体要求,每个从业人员都要有高度的责任心、一丝不苟的工作态度,具有创全优、高效服务的思想。要反对和谴责不讲质效、不负责的作风和行为。

(2)严守规程、诚实工作

严守规程,就是要认真严格地遵守作业规程和劳动纪律,做到认真学习和掌握铁路的法律规章、规程和条例,执行规章制度、作业规程要一点也不差,差一点也不行。

诚实工作,就是要自觉履行岗位职责,严格按照有关标准工作。

(3)提高技能、精心操作

职业技能是劳动者劳动能力的具体化,是人们进行职业活动、完成职业责任的能力和手段。它包括实际操作能力、业务处理能力、技术能力及有关的理论知识等等。提高技能就是要求从业人员努力钻研所从事的专业,孜孜不倦、锲而不舍,不断提高职业技能。一个人只有掌握了所从事职业必需的技能,才能在社会上立足,才能为人民服务。

精心操作,主要是指在工作中忠实履行岗位职责,一丝不苟,做到精益求精。掌握良好的专业技能,提高业务能力,是每个劳动者对社会应尽的道德义务。职业技能是为人民服务的基本手段。如果缺少了一定的技能,不懂业务知识,往往还会出现好心办坏事的情况,严重的还会给国家人民造成惨重的损失。职业技能直接关系到服务质效,关系到人民群众的生命财产安全。每一个职工都需要努力提高自己的职业技能,在职业工作中做到精心操作,才能保证自己的生产、服务质效,达到为人民服务的目的。

(4)改革创新、开拓进取

随着国民经济的发展和人民生活水平的提高,人们对运输服务质效的要求越来越高。铁路要改革创新、开拓进取,提供安全快捷的运输、方便舒适的环境、热情周到的服务以满足广大旅客货主的需要,提升客货运的服务质效,建立中国铁路良好的信誉。

(四)团结协作、艰苦奋斗

团结协作、艰苦奋斗是人民铁路的光荣传统,是推动铁路事业发展的精神动力,是做好各项工作的重要环节,是评价和衡量铁路职工职业道德水平的一条重要标准。因此,在推进新时代铁路建设中,必须继续弘扬团结协作、艰苦奋斗的崇高职业道德。

1. 团结协作、艰苦奋斗的基本含义

团结协作、艰苦奋斗要求铁路职工在职业活动中,一切从铁路局集团公司利益出发,立足当下、忠于职守,团结协作、艰苦奋斗,锐意进取、精益求精,有强烈的事业心和主人翁意识,工作中能够充分发挥自己的主动性和积极性,确保各项铁路运输任务顺利完成。

成都局集团公司管内地处祖国西南腹地,有相当多的岗位位于偏远山区,大量职工必须流动作业。因此,迎难而上、艰苦奋斗,就成了铁路职工必须具备的素质。

我国领土辽阔,铁路遍布全国,南北纵进,东西横贯,线路长,跨度大。由于我国经济区域发展不平衡,老、少、边地区还比较落后,工作和生活条件比较艰苦。改变这种状况,迫切需要多修铁路,改善交通条件,促进经济社会发展。而铁路修通后,需要大批铁路职工管理运营,有相当数量的铁路职工需要在环境艰苦的地方工作和生活。在戈壁沙漠、风区荒野、高寒高原、贫困地区等艰苦环境中安心铁路工作、干好本职工作,是知难而进、吃苦耐劳的基本要求。

2. 团结协作、艰苦奋斗的基本要求

(1)树立团结协作、艰苦奋斗的观念

思想是行为的先导,树立团结协作、艰苦奋斗的观念有利于铁路职工形成正确、积极的职业态度,为铁路职工奋发向上、克服困难提供扎实的精神基础。团结协作、艰苦奋斗是铁路在新中国的建设发展中所形成的政治优势。与过去相比,铁路基础设施、技术装备、后勤保障等方面都有了极大的改善,因此新时期的团结协作、艰苦奋斗是顽强拼搏精神与实事求是态度的有机结合,是开拓进取精神与倡俭崇实作风的有机结合,是奉献精神与效益观念的有机结合。继承和发扬团结协作、艰苦奋斗精神,既是新时代铁路建设的题中之义,也是新时代铁路建设的客观要求。

(2)弘扬团结协作、艰苦奋斗的精神

新时代铁路建设是一项关乎民生福祉、民族复兴、国家战略的伟大工程,伟大的事业需要伟大的精神,因此,必须在铁路职工中大力弘扬团结协作、艰苦奋斗的精神。弘扬团结协作、艰苦奋斗的精神,要求我们努力向在铁路事业中做出突出贡献的先进模范们学习,要求我们投身新时代铁路建设的实践,要求我们奋发图强、坚韧不拔、无私奉献。事业和人生的高峰从来都没有捷径,只有脚踏实地,一步一步地攀登。在人生和事业的道路上,挫折是不可避免的,要相信"天无绝人之路""路就在脚下",无论什么人生境遇,都要勇敢地面对。我们并不是为了吃苦而去吃苦,而是为了锻炼意志、增长才干,为了祖国的发展、人民的幸福和社会的进步。即使将来生活更富裕了,物质条件更优越了,同样要发扬团结协作、艰苦奋斗的精神。害怕艰苦、拒绝责任、逃避困难等于在放弃锤炼意志品质、提升人生价值的机遇。

要始终牢记“人民铁路为人民”的服务宗旨，在工作实践中，不忘初心、砥砺前行，以实际行动为建设新时代下的中国铁路做贡献。

(五)廉洁自律、秉公办事

从事铁路工作，廉洁自律、秉公办事是铁路人应该自觉遵循的职业行为规范。

1. 廉洁自律、秉公办事的基本含义

廉洁自律、秉公办事并不仅仅是领导干部的职业道德，也是社会主义铁路职工应该自觉遵循的一种职业行为规范。有所不同的是，领导干部遵循的廉洁自律、秉公办事，是相对于他们所掌握的人民赋予的权力而言的，而铁路职工遵循的廉洁自律、秉公办事，是特指铁路职工面对铁路职业活动中存在的职业方便和行业特权而言的，是铁路职工在使用职业权力过程中应该持有的态度和正确选择的行为。

(1)严于律己，自觉按规章制度规范自己的行为

廉洁自律、秉公办事中的自律就是强调自觉。自律是较高的道德境界，如果把执行规章制度看作是不得不做的事，那还仅仅停留在道德的他律阶段，而一旦把按规章制度规范自己的行为看作是义不容辞的责任时，就从道德的他律阶段转向了道德的自律阶段。

(2)秉公办事，正确使用手中的职业权力

廉洁自律、秉公办事中的秉公办事，铁路职工应该从人民的利益出发，用权为民，供职为民，不谋私利，反对把铁路的工作职权演变成个人或小集团谋取私利的资本。

秉公办事要求每一个铁路职工把“为人民服务”作为行使手中职业权力的出发点，而不能从个人或小集体的利益出发。秉公办事，就是要求铁路职工坚持把满足人民需要、维护国家利益作为使用职业权力的出发点和落脚点，而不是一切从小集体的收益出发。

(3)清正廉洁，严格防止职业权力异化

廉洁自律、秉公办事要求铁路职工在职业权力可能带来的物质和金钱的诱惑面前，坚持原则而不假公济私，一视同仁而不厚此薄彼，遵循道德和法律规范来处事待人。每一项职业活动都具有相应的职业权力，这种职业权力虽然并不具有领导权力那样大的指挥作用，但是它也是职工在职责范围内可以支配的力量。这种职业权力在使用过程中具有两重性：一方面，可以通过履行岗位职责，为人民群众提供职业服务；另一方面，也可以利用职业权力谋取个人或小集体的狭隘私利。职业权力的两重性，如果说前者是职业权力的正常体现，那么后者则是职业权力的异化。

提倡廉洁自律、秉公办事的职业道德规范，有利于铁路职工树立正确的职业权力观念，能更好地约束职业权力行为，从而维护铁路运输的正常秩序，为经济社会又好又快发展打下坚实基础。

2. 廉洁自律、秉公办事的基本要求

廉洁自律、秉公办事为铁路职工提出了正确使用职业权力的基本原则。要使这一规范真正成为约束职工行为的道德力量，就必须将其化为具体的道德要求，扎扎实实地去身体力行。

(1)树立廉洁自律、秉公办事的观念

廉洁自律、秉公办事的职业道德规范的提出，对于每一个铁路职工而言仅仅是一种外在的规范，根据道德只有成为人的内心信念才能长期持久地起作用的道理，必须树立起廉洁自律、秉公办事的观念，这是极为重要的。正确的思想观念由于符合社会发展的需要，因而对

社会的发展起积极作用，反之，就对社会的发展起阻碍作用。

树立廉洁自律、秉公办事的观念，必须正确认识各种规范、制度与人的关系。规范、制度是客观规律的体现，是经验的结晶，是教训的总结，是十分重要的。有了规范、制度，人的职业行为才有行为的依据、衡量和检验的标准。在规范、制度面前，人是十分重要的，规范、制度是人制定的，它约束了人的行为，而且要通过人来执行。离开人对规范、制度的认识、理解、制定和执行，规范、制度再健全也还是没有用武之地。此外，从内因外因的辩证关系看，制度、规范相对于个人而言，是条件，而人是根据，再好的制度和规范也只有通过人才能发生作用。

树立廉洁自律、秉公办事的观念，必须要正确认识社会大环境与个人行为之间的关系。大环境是由小环境组成的，大环境可以影响小环境，同样，小环境的变化也能逐步改变大环境。铁路职工应该自觉树立起廉洁自律、秉公办事的观念，从自我做起，以实际行动营造小环境，净化大环境，在环境与人的相互作用中，实现社会风气的进步。

树立廉洁自律、秉公办事的观念，必须要正确认识普通职工廉洁自律、秉公办事与党员干部率先垂范的关系。一方面，党员干部的行为对于树立廉洁自律、秉公办事的意识有着重要影响。这是因为中国共产党是新时代中国特色社会主义事业的领导核心，党员和干部是这个事业的中坚力量。我党提倡的价值观念首先要通过党员干部的作用体现出来。党员干部做到廉洁自律、秉公办事，会产生正面影响力，促进企业发展和良好风气的形成；反之，就会产生负面作用。另一方面，廉洁自律、秉公办事是每一个从业者都应具有的基本道德品质。这不仅是社会主义精神文明建设的要求，也是市场竞争条件下企业生存发展的要求。劳动者在职业活动中做到廉洁自律、秉公办事，就会在与旅客货主的交往中为企业赢得较好的企业信誉，增强企业的竞争力，就会在企业中形成一种凝聚力，产生一种发展的合力，促进企业的发展。普通职工也应该做到廉洁自律、秉公办事，同时对党员干部的行为进行监督。

在复杂的形势下，党员干部和普通职工都要保持清醒的头脑，抵御各种诱惑，以国家和人民的利益为重，增强原则性，自觉做到廉洁自律、秉公办事。

（2）照章办事、公私分明

照章办事就是要坚持真理，坚持实事求是的原则，按规章制度办事，做到行所当行，止所当止。公私分明就是指在职业活动中不凭借自己手中的职业权力谋取个人私利，损害社会集体和他人的利益。照章办事、公私分明表现了做人的一种独立的人格精神，是做人的一种美德。坚持照章办事、公私分明，必须在实践中不断坚定自己的信仰、志向，锤炼自己的意志和品质，确立高尚的人生追求和健康向上的生活情趣，做到不仁不义之事不为、不义之财不取、不正之风不染、不法之行不干；做到在大是大非面前立场坚定，按照规章制度的要求对待所有的服务对象，不徇私枉法、不徇情枉法；必须克服不同的主观感受带来的不同态度，不能因为服务对象的特点、职位、关系而采取不同的态度，要做到一视同仁。总之，坚持照章办事、公私分明的核心就是要克服私心，做到正直无私。

（3）公道正派、不徇私情

公道正派，是指铁路各部门职工在工作中不借职权职务之便而损公肥私。不徇私情是指铁路各部门职工在工作中按照原则办事，处理事情合情合理，做到公正公平。公道正派、不徇私情是人们在职业活动中应当遵守的道德要求。在人们的职业活动中，从业者与服务对象之间、同一部门内部的从业者之间、不同部门的从业者之间总会发生各种联系，形成各种关系，正确处理各种联系和关系的基本要求是做到公道正派、不徇私情。做到了公道正派、不徇私情，才能弘扬正气，打击邪气；加强团结，促进合作；增强凝聚力，提高工作效率；树立威信，赢得群众的拥护和尊重。

铁路职工在职业活动中，要做到公道正派、不徇私情，应从以下三点来严格要求自己：首先，要做到客观公正。这就是说在自己的职业活动中，对待周围的人和事做到从客观事实出发，不偏不倚，做出客观、公正的判断和处理。其次，要做到不徇私情。所谓徇私情，就是屈服于私人感情，把保持、维护私人关系看得比捍卫国家、人民的利益还要重要。不徇私情要求我们在面对亲朋好友时，采取客观中立的态度，排除感情因素，坚持公正原则。最后，要做到光明磊落。这就是说在自己的职业活动中要克服私心杂念，把社会、集体和企业的利益放在首位；在看待个人与他人、个人与集体、个人与社会的种种问题时，坚持客观公正的标准；在工作中，言行一致，表里如一，扎扎实实地做好本职工作；敢于认识和剖析自己，勇于开展批评和自我批评，改正自己的不足。

(4)坚持原则、抵制歪风

坚持原则、抵制歪风是职业活动中处理和解决问题的基本制度和准则。坚持原则是指铁路职工在行使职业权力的时候，按铁路运输工作的规章制度和准则来办事，一丝不苟，在任何时候都不能简化，更不能拿原则做交易。抵制歪风是指铁路职工在工作中，对于来自各方面的不正之风所应坚持的立场。只有做到坚持原则，才能敢于抵制歪风；敢于抵制歪风，才能更好地弘扬正气，有利于坚持原则。

坚持原则、抵制歪风，是一个原则性很强的职业道德要求，也是社会主义市场经济条件下具有新特点的职业要求，在当前铁路运能运量矛盾突出的状况下，每一个职工应该运用这一规范自觉地约束自己，做净化路风的有心人，在促进铁路路风净化的过程中，实现铁路职工人格的完善。

(六)爱路护路、履职尽责

爱路护路、履职尽责是对铁路人工作态度的基本要求，体现的是敬业精神。

1. 爱路护路、履职尽责的基本含义

保护铁路运输设施的完善，维护铁路良好的治安秩序，是保证铁路运输生产正常进行的基本条件。铁路职工爱祖国、爱铁路、爱岗位，不仅要努力完成本职工作任务，搞好自己岗位上各种设备的维修和保养，而且有义务、有责任爱护和保卫铁路的一切设施不受损害，保卫旅客、货主的生命财产在运输过程中不受侵犯，维护铁路治安秩序的良好。

(1)爱护铁路的一切设施

为全面建成小康社会提供可靠的运力支持，不仅需要加快发展改扩建铁路，而且需要维护好现有的铁路，保证铁路各类设施的完好，确保大动脉的畅通无阻。

铁路的各类设施，包括铁路的线路、桥梁、隧道、车站、厂房、机车车辆和通信信号设施，是铁路维持简单再生产和扩大再生产的基本技术装备，是铁路运输生产正常进行不可缺少的条件。爱护铁路的一切设施，就是保证铁路各类设施始终处于完好状态，在性能、质效、数量上都能满足运输生产正常进行的需要。铁路作为国家重要的基础设施，铁路设施的丢失或损坏，不仅是国家财产的损失，而且可能造成重大行车事故，使人民生命财产蒙受巨大损失。因此，铁路职工应该保护好铁路设施，保证铁路运输的正常进行，保证人民生命财产的安全，维护铁路和国家的声誉。

(2)维护铁路治安和运输生产的正常秩序

正常的铁路治安秩序和运输生产秩序是保证铁路运输生产正常进行的重要条件。维护铁路治安和运输生产的正常秩序，是铁路职工爱路护路的一项重要内容。

爱路护路就是要千方百计地维持运输生产的正常秩序。铁路运输通过列车在铁路线上高速运行，把旅客和货物运到预定的地点来实现其生产目的。铁路运输生产任务的顺利完成，不仅需要铁路内部严格管理，建立起有条不紊的生产工作秩序，需要铁路职工勤奋地工作，需要旅客在运输过程中密切配合，而且需要铁路沿线有良好的治安秩序。铁路治安秩序不好，就会影响列车安全运行，人民群众的生命财产安全就会受到威胁，铁路运输生产的目的就无法顺利实现。

维护铁路治安和运输生产的正常秩序，要求铁路职工认真地做好本职工作，坚决按照规章制度和生产工作规程进行操作，并注意及时排除生产工作中遇到的干扰和破坏，保证生产工作秩序，尤其是站车生产工作秩序；要遵纪守法，自觉地不做任何有损于铁路治安秩序的事，为群众遵守国家的法律法规和铁路的规章制度做出榜样；要勇于同一切破坏铁路运输生产秩序和治安秩序的不法分子和不法行为作斗争，保证铁路运输正常进行。

2. 爱路护路、履职尽责的基本要求

(1)树立爱路护路、履职尽责的观念

爱路护路、履职尽责是每个铁路职工应尽的道德义务，每个铁路职工都要不断提高对这一道德规范的认识，在思想上树立爱路护路、履职尽责的观念，在实践中自觉做到爱路护路、履职尽责。爱路护路、履职尽责的观念包含着铁路职工爱岗敬业的精神，包含着铁路职工对铁路事业的深厚感情，包含着铁路职工公而忘私、勇于献身的品质。归根到底，爱路护路、履职尽责的观念就是一种主人翁责任感的表现。所谓主人翁责任感就是铁路职工认识到自己是企业的主人，并由此产生的一种迫切希望对国家、对社会、对企业负责，迫切希望为国家、为社会、为企业贡献自己的力量的情感，同时对一切破坏国家、社会和企业利益的行为疾恶如仇。树立爱路护路、履职尽责的观念就要求铁路职工具备高度的主人翁责任感，只有具备了高度的主人翁责任感，才可能履职尽责地去爱惜和保护铁路的各种设施，才可能义无反顾地同一切破坏铁路设施及铁路生产秩序的行为作斗争。

(2)忠于职守、热爱本职工作

忠于职守、热爱本职是铁路职工爱路敬业精神的集中体现。所谓忠于职守，就是忠实地履行职业责任，安心本职工作，对本职工作恪尽职守，诚实劳动；在任何时候、任何情况下都能坚守岗位。

忠于职守、热爱本职是国家、社会、企业对每一个职业从业人员最起码的道德要求。职业从业人员只有忠于职守、热爱本职才能在工作中充分发挥自己的才智，做出成绩。

(3)爱护铁路设施，勇于同铁路运输的违法行为作斗争

爱护铁路设施是铁路职工职业道德的重要表现，主要有以下三个方面的内容。第一，爱护铁路设施，就是要铁路职工以主人翁的责任感履行自己的岗位职责，爱护、维护、管理好自己岗位上的各类设备。严格按照设备管理规程加强对本岗位设备的定检、维修和保养，使铁路运输生产设施始终处于良好状态。这是对铁路职工爱路护路的基本要求。第二，爱护铁路设施，就是要铁路职工以高度的责任心和不畏艰险的奋斗精神，及时排除自然灾害对铁路

造成的破坏。自然灾害主要是由恶劣的气候和复杂的地理环境造成的。这需要铁路职工具有不畏艰险的奋斗精神，勇于面对自然灾害，敢于克服各种艰难困苦，保护和及时恢复铁路设施的正常状态，保证铁路运输的正常进行。第三，爱护铁路设施，就是要求每一个铁路职工都必须遵纪守法，决不私拿公物和偷盗公物。